钱鍾書集

錢鍾書集

管錐編

（四）

生活 · 讀書 · 新知 三聯書店

圖書在版編目（CIP）數據

錢鍾書集：管錐編（四）／錢鍾書著．—2 版．—北京：生活·讀書·
新知三聯書店，2007.10　（2022.8 重印）
　ISBN 978－7－108－02750－4

　Ⅰ．錢…　Ⅱ．錢…　Ⅲ．①錢鍾書（1910～1998）－文集
②社會科學－文集　Ⅳ．C52

中國版本圖書館 CIP 數據核字（2007）第 086086 號

書名題簽　錢鍾書　楊　絳

特約編輯　趙秀亭
責任編輯　孫曉林　馮金紅
裝幀設計　陸智昌
責任印制　董　歡
出版發行　生活·讀書·新知三聯書店
　　　　　（北京市東城區美術館東街 22 號）
郵　　編　100010

目　次

全上古三代秦漢三國六朝文　一三七則

目　次

目　次

目　次

目　次

目　次

目　次

全上古三代秦漢三國六朝文

一三七則

一四一　全晉文卷一〇二

　　陸雲《與兄平原書》。按無意爲文，家常白直，費解處不下二王諸《帖》。什九論文事，著眼不大，著語無多，詞氣殊肖後世之評點或批改，所謂"作場或工房中批評"（workshop criticism）也。方回《瀛奎律髓》卷一〇姚合《游春》批語謂"詩家有大判斷，有小結裹"；評點、批改側重成章之詞句，而忽略造藝之本原，常以"小結裹"爲務。苟將雲書中所論者，過錄於機文各篇之眉或尾，稱賞處示以朱圍子，刪削處示以墨勒帛，則儼然詩文評點之最古者矣。

　　《書》三："兄文章已自行天下，多少無所在。"按參觀《漢書·翟方進傳》："又暴揚尚書事，言：'遲疾無所在'"；今語曰："不在乎多少、快慢"或"多少、快慢都一樣"。《書》一七："吾今多少有所定，及所欲去留粗爾"，又二五："猶復多少有所定，猶不副意"；"多少"則作增刪字句解，即"去留"。《書》三五："兄文雖復自相爲作多少，然無不爲高"；"多少"又別作等差、優劣解，謂機諸文相較，雖自分高下，然視他人之作，則莫不高出一頭。卷一一七《抱朴子·外篇》佚文："朱淮南嘗言：'二陸重規沓矩，無多少也；一手之中，不無利鈍，方之他人，若江漢之與潢汙’”；即以雲推重機者并施於雲。“無多少”謂不分優劣，“一手中不無利鈍”謂“雖復自相爲作多少”，“方之他人如江漢之與潢汙”謂“無不爲高”也。雲《書》九：“兄頓作爾多文，而新奇乃爾”；一八：“兄文方當日多，但文實無貴於爲多”；二一：“文章實自不當多。……兄文章已顯一世，亦不足復多自困苦”；二四：“文章誠不用多，苟卷必佳，便謂此爲足”；三二：“兄不佳，文章已足垂不朽，不足又多”；胥指一生中篇什或著作之多。《書》五：“微多‘民不輟歡’一句，謂可省”；九：“《文賦》甚有詞，綺語頗多，文適多，體便欲不清”；一一：“然猶皆欲微多，但清新相接，不以此爲病耳”；二一：“有作文唯尚多而家多豬羊之徒，作《蟬賦》二千餘言、《隱士賦》三千餘言，既無藻偉，體都自不似事。文章實自不當多”；二七：“欲令省，而正自輒多”；胥指一篇中詞句之多。二“多”相關，然不相混。小詩短文，連篇累什，是前“多”非後“多”也。

《書》四：“然了不見出語，意謂非兄文之休者”；《書》五：“《劉氏頌》極佳，但無出言耳。”按“出”如“出色”、“出乎其類”之“出”，“出語”、“出言”即奇句、警句。《宋書·顏延之傳·庭誥》：“文理精出”，《南齊書·張融傳·門律自序》：“屬辭多出，比事不羈”，鍾嶸《詩品》上稱謝靈運“名章迥句”而下稱江洪“亦能自迥出”，皆此“出”字。柳宗元《柳先生集》卷二二《送獨孤申叔侍親往河東序》：“出吾斯文於筆硯之伍”；孫樵《孫可之集》卷七《寓居對》：“古人取文，其責蓋輕，一篇跳出，至死馳名”；於“出”申之以“伍”、狀之以“跳”，義益醒豁。張籍《酬秘書王丞見寄》：“今體詩中偏出格”，亦謂特出非常，不同今語“出格”乃貶斥不合格、破壞規格也。皇甫湜《題浯溪石》詩："心語適相應，出句多分外"；以"分外"形容"出"，亦可參觀。

《書》五："雲作雖時有一佳語，見兄作又欲成貧儉家。"按《書》二一："有作文唯尚多而家多豬羊之徒，作《蟬賦》二千餘言、《隱士賦》三千餘言。……聊復作數篇，爲復欲有所爲以忘憂；貧家佳物便欲盡，但有錢穀，復羞出之。"皆以資産喻才學；自比清貧而以濁富目"家多豬羊"者，"但有錢穀"謂祇具家常物事而無珍異，猶《書》七："才不便作大文，得少許家語"也。"羞出"之"出"，解作出示於人，非"出語"之"出"；如《書》一六："兄小加潤色，便欲可出"，二五："命坐者皆賦諸詩。……諸詩未出，別寫送；弘遠詩極佳，中靜作亦佳"，皆謂公諸於世。喻"家語"於"錢穀"，似後世之稱"布帛菽粟之言"也。

《書》八："爾乃使熊羆之士"云云。按周嬰《巵林》卷七謂此即《南征賦》初稿，是也。可補嚴氏按語。

《書》一七："'徹'與'察'皆不與'日'韻，思惟不能得，願賜此一字。"按韓愈《記夢》："壯非少者哦七言，六字常語一字難"；《困學紀聞》卷一八引《文心雕龍·練字》所謂"貧於一字"釋之。陸雲此書乃作者自道"貧於一字"最古之實例。錢秉鐙《田間文集》卷八《陳官儀詩說》暢言"句工只在一字之間"，"若是乎一字恰好之難也！"亦自道甘苦語。

一四二　全晉文卷一〇三

　　陸雲《牛責季友》。按與卷七四左思《白髮賦》、卷八〇張敏《頭責子羽文》同意，然左、張二文皆有冒子引入，陸文一起即作牛語，殊突如來如也。卷一三八祖台之《荀子耳賦》祇存數句，觀“何斯耳之不辰，託荀子而宅形”，似亦此體。

一四三　全晉文卷一〇五

　　木華《海賦》。按遠在郭璞《江賦》之上，即張融《海賦》亦無其偉麗；異曲而同工者，殆韓愈《南海神廟碑》乎？"猶尚呀呷，餘波獨湧"；參觀《全後漢文》卷論班固《東都賦》，"呀呷"猶上文之"噓噏百川"，亦即梅堯臣《青龍海上觀潮》之"百川倒蹙水欲立，不久卻迴如鼻吸"，皆擬水勢於口鼻之呼吸吞吐也。"將世之所收者常聞，所未名者若無"；下句殊具義理。世間事物多有名而無實，人情每因名之既有而附會實之非無，遂摹慎思明辯者所謂"虛構存在"（fabulous entities，abstract fictitious entities）[1]。然苟有實而尚"未名"，則雖有而"若無"；因無名號則不落言說，不落言說則難入思維，名言未得，心知莫施。故老子曰："有名萬物之母"；歐陽建《言盡意論》曰："名不辯物，則鑑識不顯"；

　　【增訂四】尼采云："人之常情，知名始能見物。有創見者亦每即能命名之人也"（Wie die Menschen gewöhnlich sind, macht ihnen erst der Name ein Ding überhaupt sichtbar. Die

---

　　[1]　C. K. Ogden, *Bentham's Theory of Fictions*, pp. cxviii-ix, 16, 137, 152.

Originalien sind zumeist auch die Namengeber gewesen. —
Die fröhliche Wissenschaft, III, §261, *op. cit.*, Vol, II,
p.158)。歐陽建曰："名不辨物，則鑑識不顯"，此之謂矣。
西方博物學家（Linnaeus）亦曰："倘不知名，即不辨物"（Nomine si nescis，perit et cognitio rerum）[1]，蓋心知之需名，猶手工之需器（outillage mental）[2]也。木賦此句可以爲例。"陽冰不冶，
陰火潛然"；《文選》李善註："言其陽則有不冶之冰，其陰則有潛然之火也。《晏子春秋》曰：'陰冰凝，陽冰厚五寸'"；《選學膠言》卷七引《拾遺記》、《嶺表録異》等釋"陰火"。善註所引
見《晏子春秋》内篇《雜》上，作"陰水厥"，《讀書雜志》即據善註校正，且曰："陰冰者，不見日之冰也；陽冰者，見日之冰也。"張穆《月齋文集》卷一《陽冰説》稱善註"極分明，'其'
字指海也"，且曰："俞君理初爲穆校《文選》，擬二語於書眉曰：'水北曰陽，南曰陰。'"張、俞説尤確切。木賦此八字實師司馬相如《上林賦》："其南則隆冬生長，涌水躍波。……其北則盛夏
含凍裂地，涉冰揭河"，而加凝鍊；郭璞《江賦》："鳴石列於陽渚，浮磬肆乎陰濱"，亦指水南北言。

---

[1]　E.Cassirer, *An Essay on Man*, 210; cf.132 (Hunger for names).

[2]　R.Mandrou, *Introduction à la France moderne*, 86–7(Lucien Febvre).

一四四　全晉文卷一〇七

　　張韓《不用舌論》。按寥寥短篇而有兩義：一 “是謂至精，愈不可聞”，不落言詮也，參觀《老子》卷論第一章、五六章；二 “禍言相尋，造福甚希”，慎爾出話也，參觀《周易》卷論《頤》卦。道理玄妙，既不可以言傳，人事是非，又只緣多開口，故卷舌不用矣。卷一〇九歐陽建《言盡意論》則與張論前一義適反，而其謂言、意 “不得相與爲二” 曰：“欲辯其實，則殊其名，欲宣其志，則立其稱，名逐物而遷，言因理而變”，正是《老子》所謂 “道可道，非常道，名可名，非常名”。以言、名不定於一，故與理、物不歧爲二爾。《世説·文學》門記王導過江，“止道 ‘聲無哀樂’、‘養生’、‘言盡意’ 三理而已”；蓋嵇、阮、歐陽之説之於清談，亦如禪宗之有 “話頭”、“公案” 也。

一四五　全晉文卷一一一

　　陶侃《答慕容廆書》："收屈盧必陷之矛，集鮫犀不入之盾。"按本《韓非子·難一》、《難勢》兩篇所謂："不可陷之盾與無不陷之矛，爲名不可兩立。"陶侃若曰：勝算利器，悉操吾手，敵之盾不堪禦吾矛，敵之矛勿克穿吾盾，敵安能當我哉！名學之詩論，經點化而成游説之詞令，亦復言之成理。《晉書·赫連勃勃載記》："又造五兵之器，精鋭尤甚，既成呈之，工匠必有死者；射甲不入，即斬弓人，如其入也，便斬鎧匠"；則名學之"兩刀論法"（dilemma），真如刀鑽之可以殺人矣！《孟子·公孫丑》："矢人惟恐不傷人，函人惟恐傷人"，於韓非子所謂"不可並世而立"之旨，已明而未融；王符《潛夫論·釋難》曾駁韓非子堯舜矛盾之論。

　　陶潛《閑情賦》："初張衡作《定情賦》，蔡邕作《静情賦》，檢逸辭而宗澹泊，始則蕩以思慮，而終歸閑正，將以抑流宕之邪心，諒有助于諷諫。……余園閭多暇，復染翰爲之。"按《藝文類聚》卷一八《美婦人》門引蔡邕賦題作《檢逸賦》，復引陳琳、阮瑀各有《止欲賦》、王粲《閑邪賦》、應瑒《正情賦》、曹植《静思賦》等，而獨不取陶潛此賦，亦窺初唐於潛之詞章尚未重

視也。合觀諸賦命題及此賦結處"坦萬慮以存誠"，"閑情"之
"閑"即"防閑"之"閑"，顯是《易》"閑邪存誠"之"閑"，絕
非《大學》"閒居爲不善"之"閒"；薛士龍《浪語集》卷二有
《坊情賦》亦此體，"坊"如《禮記·坊記》之"坊"，即"防閑"
之"防"也。《全梁文》卷二〇昭明太子《陶淵明集序》："白璧
微瑕，惟有《閑情》一賦，揚雄所謂'勸百而諷一'者，卒無
'諷諫'，何足搖其筆端？惜哉！無是可也。"北宋而還，推崇陶
潛爲屈原後杜甫前一人，蘇軾《東坡志林》、王觀國《學林》、俞
文豹《吹劍錄》等遂集矢於昭明，訶爲齊梁小兒不解事，勿識潛
之賦"婦人"以喻"君子賢人"；明袁宏道《游記》之《蘭亭
記》、清舒夢蘭《古南餘話》卷五亦因而目昭明爲"文人之腐
者"、"笨伯"。閻若璩《潛邱劄記》卷五《與戴唐器書》之一三：
"惟認作'閒情'，自有'白璧微瑕'之刺；使知'終歸閑止'、
曲終奏雅之旨，東坡譬以《國風》，贊以屈、宋，正合矣。"能詮
題而未可以論文也。昭明何嘗不識賦題之意？唯識題意，故言作
者之宗旨非即作品之成效（參觀《史記》卷論《貨殖列傳》、《左
傳》卷論昭公十九年）[1]。其謂"卒無'諷諫'"，正對陶潛自稱
"有助諷諫"而發；其引揚雄語，正謂題之意爲"閑情"，而賦之
用不免於"閒情"，旨欲"諷"而效反"勸"耳。流宕之詞，窮

① De Sanctis, *Storia della Letteratura Italiana*, ed. Croce e A. Parente, I,
162: "si ha a distinguere il mondo intenzionale e il mondo effettivo" (cf. *Saggi critici*,
a cura di L. Russo, II, 159, 183); Henri Focillon, *Vie des Formes*, 3: "L'intention
de l'oeuvre d'art n'est pas l'oeuvre d'art"; D. H. Lawrence, *Studies in Classic Ameri-
can Literature*, 3: "Two blankly opposing morals, the autist's and the tale's. Never
trust the artist. Trust the tale"(cf. *Reflections on the Death of a Porcupine and other
Essays*, p. 123).

態極妍，澹泊之宗，形紲氣短，諍諫不敵搖惑；以此檢逸歸正，如朽索之馭六馬，彌年疾痰而銷以一丸也。司空圖《白菊》第一首："不疑陶令是狂生，作賦其如有《定情》!"；囿於平仄，易"閑"爲"定"，是知宗旨也，以有此賦而無奈"狂生"之"疑"，是言成效也，分疏殊明。事願相違，志功相背，潛斯作有焉；亦猶閻氏意在爲潛中雪，而不意適足示潛之懸羊頭而賣馬脯爾。玩世多可如王闓運，《湘綺樓日記》宣統二年十二月五日云："《閑情賦》十願，有傷大雅，不止'微瑕'。"故昭明語當分別觀之：勸多於諷，品評甚允；瑕抑爲瑜，不妨異見。李治《敬齋古今黈》卷七："東坡以昭明爲强解事，予以東坡爲强生事"；雖未道何故，而言外似亦不以昭明爲非也。

　　《閑情賦》："瞬美目以流眄，含言笑而不分。"按《大招》祇云："嫭目宜笑"，此則進而謂"流眄"之時，口無語而目有"言"，脣未嘻而目已"笑"，且虛涵渾一，不同"載笑載言"之可"分"；"含"者，如道學家説《中庸》所謂"未發"境界也。陶潛以前，未見有此刻劃。後世或復增眉於目，如劉孝威《在郗縣遇見人織、寄婦》："雲棟共徘徊，紗窗相向開；窗疏眉語度，紗輕眼笑來"；程嘉燧《青樓曲》："當爐少婦知留客；不動朱脣動翠眉"；《聊齋志異》卷四《青梅》："梅亦善候伺，能以目聽，以眉語"；《綠野仙踪》第六〇回寫齊蕙娘："亦且甚是聰明，眼裏都會説話"；《兒女英雄傳》第三八回："忽見旁邊兒又過來了個年輕的小媳婦子，……不必開口，兩條眉毛活動的就像要説話，不必側耳，兩隻眼睛積伶的就像會聽話"（參觀《楚辭》卷論《招魂》、《太平廣記》卷論卷二三八《大安寺》）。

　　【增訂三】《夷堅志補》卷八《吳約知縣》："酒酣以往，笑狎謔浪，目成雲雨，忘形無間。"第三句乃"眼語"、"目成"之增華；英詩人(John Donne)名篇(The Extasie)言兩人四目相交，瞳中映象如産生嬰兒(Our eyebeames twisted.../And pictures in our eyes to get/Was all our propagation——*Complete Poetry and Selected Prose*，ed.J.Hayward，38)，則充類以至於盡矣。

然眉目終不及口舌之意宣詞達，作者又因而起波生節，如晁元禮《洞仙歌》："眼來眼去，未肯分明道"；董以寧《蓉渡詞》：《鳳凰閣·閣中》："縱是愁難細説，説來防錯，抵多少眼酬眉酢"；洪亮吉《更生齋詩餘》卷一《減字木蘭花》："與我周旋，莫鬭眉梢眼角禪！"

【增訂四】《醉翁談録》甲集卷二《張氏夜奔吕星哥》："從此眼嫁眉婚，神交氣合"；"眼嫁眉婚"即《夷堅志補》之"目成雲雨"，與《蓉渡詞》之"眼酬眉酢"均善鑄詞。

西方詞章中慣道：目瞬即唇吻，盼睞亦語言，默默無聲而喁喁不止(Fanno ufficio di la labra/le palpebre loquaci，e sguardi e cenni/son parolette e voci，/e son tacite lingue，/la cui facondia muta io ben intendo；facondia muta e silenzio loquace)①；雙目含情，悄無言而工詞令，瘖無聲而具辯才(you shall see sweet silent rhetorick，and dumb eloquence speaking in her eyes)②。所覩警策莫過莎士比亞劇中稱女角云："咄咄！若人眼中、頰上、唇

---

① Marino，"La bruna Pastorella，""La Ninfa avara，" *Marino ei Marinisti*，Ricciardi，522，528. Cf. Petrarca，*Rime*，ccxv："eun atto che parla con silenzio"，*op.cit.*，287；Tasso，*Aminta*，II，iii，"Coro"："e'l silenzio ancor suole/aver prieghi e parole"，*op.cit.*，649.

② Jonson，*Everyman out of his Humour*，III，i(Fastidious)，*Plays*，"Everyman's"，I，97-8.

邊莫不有話言，即其足亦解語"（Fie，fie upon her！/There's language in her eye，her cheek，her lip；/Nay her foot speaks)①；又十七世紀一詩人云："諸女郎美目呢喃，作謎語待人猜度"（Then peep for babies，a new Puppet-play，/And riddle what their *pratling Eyes* would say)②，更酷似洪亮吉所咏"眉梢眼角禪"矣。"眉語"亦屢見古羅馬情詩中（Verba superciliis sine voce loquentia dicam；Tecta superciliis si quando verba remittis)③。

《閑情賦》："願在衣而爲領，……悲羅襟之宵離"云云。按姚寬《西溪叢語》、鍾惺、譚元春《古詩歸》皆謂機杼本之張衡《同聲歌》："思爲菀蒻席，在下蔽匡牀；願爲羅衾幬，在上衛風霜。"實則觀前人此題僅存之斷句，如張衡《定情賦》："思在面爲鉛華兮，患離塵而無光"，蔡邕《靜情賦》："思在口而爲簧，鳴哀聲獨不敢聆"，王粲《閑邪賦》："願爲環以約腕"，即知題中應有，無俟旁求矣。"願接膝以交言"，此願萬一尚得見諸實事；"願在衣而爲領"至"願在木而爲桐"，諸願之至竟僅可託於虛想。實事不遂，發無聊之極思，而虛想生焉，然即虛想果遂，仍難長好常圓，世界終歸闕陷，十"願"適成十"悲"；更透一層，禪家所謂"下轉語"也。張、蔡之作，僅具端倪，潛乃筆墨醋飽矣。祖構或冥契者不少，如六朝樂府《折楊柳》："腹中愁不樂，願作郎馬鞭，出入環郎臂，蹀座郎膝邊"；劉希夷《公子行》："願作輕羅着細腰，願爲明鏡分嬌面"；裴誠《新添聲楊柳枝詞》

---

① *Troilus and Cressida*. IV. v. 54-6(Ulysses).
② Henry Vaughan："In Amicum faeneratorem"，*Works*，ed. L. C. Martin，44.
③ Ovid，*Amores*，I. iv. 19(cf. II. v. 15)；Propertius，III. vii.

之一："願作琵琶槽那畔，得他長抱在胸前"；和凝《河滿子》："卻愛藍羅裙子，羨他長束纖腰"；黃損《望江南》："平生願，願作樂中箏；得近佳人纖手子，研羅裙上放嬌聲，便死也爲榮"；李郇《玉樓春》："暫時得近玉纖纖，翻羨鏤金紅象管"；劉弇《安平樂慢》："自恨不如蘭燈，通宵猶照伊眠"；《留松閣新詞合刻》中董俞《玉鳧詞》卷上《山花子》："願作翠堤芳草軟，襯鞋弓"，王士祿評："僕有詩云：'願化芳磁供茗飲，將身一印口邊脂'"；毛奇齡《西河合集·七言古詩》卷七《楊將軍美人試馬請賦》："將軍似妬九華韉"（參觀韓偓《馬上見》："自憐輸廄吏，餘暖在香韉"）；曹爾堪《南溪詞·風入松》："恨殺輕羅勝我，時時貼細腰邊"；朱彝尊《臨江仙》："愛他金小小，曾近玉纖纖"；邵無恙《鏡西閣詩選》卷三《贈吳生》之二："香唇吹徹梅花曲，我願身爲碧玉簫。"段成式《嘲飛卿》之二："知君欲作《閑情賦》，應願將身作錦鞋"；則明言本潛此賦之"願在絲而爲履"。明人《樂府吳調·掛真兒·變好》："變一隻繡鞋兒，在你金蓮上套；變一領汗衫兒，與你貼肉相交；變一個竹夫人，在你懷兒裏抱；變一個主腰兒，拘束着你；變一管玉簫兒，在你指上調；再變上一塊的香茶，也不離你櫻桃小"；疊出逞多。顧無論少祇一願或多至六變，要皆未下轉語，尚不足爲陶潛繼響也。西方詩歌亦每咏此，并見之小説，如希臘書中一角色願爲意中人口邊之笛（pipe），西班牙書中一角色顯爲意中人腰間之帶（cordón）[1]。況

---

　　[1]　*Anatomy of Melancholy*，Part. III，Sect. II，Mem. III，"Everyman's Lib."，III，169（Anacreon，Ovid，Catullus）；Longus，*Daphnis and Chloe*，I. 14，"Loeb"，31；Rojas，*La Celestina*，VI，"Collection Bilingue"，Aubier，262.

而愈下，甚且願親肌膚，甘爲蚤蝨或溷器者①！亦均未嘗下轉語，視此節猶遜一籌焉。

【增訂四】《情感教育》中男主角見意中人以巾掩目，遂願此身成爲此眼淚濕透之小帕（Quelquefois, elle[Mme Arnoux] appuyait dessus fortement son mouchoir, il [Frédéric] aurait voulu être ce petit morceau de batiste tout trempé de lar-mes. —*L'Education sentimentale*, II. ii, *op. cit.*, p.240）。斯亦"在口爲簧"、"在腰爲帶"之擬議變化也。

《閑情賦》："願在晝而爲影"云云，按參觀《全三國文》論陳王植《上責躬應詔詩表》。"託行雲以送懷"云云，按參觀《楚辭》卷論《九章·思美人》。

陶潛《歸去來兮辭》。按宋人以文學推陶潛，此辭尤所宗仰；歐陽修至謂晉文章唯此一篇，蘇軾門下亦仿和賡續，"陶淵明紛然一日滿人目前"。宋祁《筆記》卷中記其兄庠語："莒公言：'歐陽永叔推重《歸去來》，以爲江左高文。'丞相以爲知言"；晁說之《嵩山文集》卷一五《答李持國先輩書》："抑又聞大宋相公謂陶公《歸去來》是南北文章之絶唱、《六經》之鼓吹。"宋庠文格綺密，與陶尤不近，而能識異量之美如此；世僅知歐陽修"晉無文章"一語，包世臣《藝舟雙楫》卷二《書韓文後》下篇指目爲"流傳至盛"之"率爾語"者也。昭明《文選》於陶文祇録此《辭》，亦徵具眼；人每譏昭明之不解《閑情賦》而未嘗稱其能賞

---

① Cf. V. Imbriani: "La Pulce: Saggio di Zoologia letteraria", *Studi letterari e bizarri e satiriche*, a cura di B. Croce, 382 ff.; E. Fuchs, *Illustrierte Sittengeschichte*, II, 260, Ergänzungsband II, 17-8.

《歸去來》，又記過而不録功，世態之常矣。宋人復以陶潛賦《歸去來兮》，而子規鳥啼"不如歸去！"，遂撮合爲文字眷屬。如《清異録》卷二載潘崇女妙玉咏杜鵑："毛羽淵明鬼"；周紫芝《太倉稊米集》卷三六《杜鵑》之二："千秋但有一淵明，肯脱青衫伴耦耕"；洪咨夔《平齋集》卷二《題楚城靖節祠》："不如歸去來兮好，百世聞風只杜鵑"；趙蕃《淳熙稿》卷五《晨起聞杜鵑》："杜鵑我豈不知歸，淵明政爲飢驅去"；《江湖後集》卷二〇李龏《杜鵑》："血滴成花不自歸，銜悲猶泣在天涯；秋聲更比春聲苦，除卻淵明勸得誰！"；趙與虤《娛書堂詩話》卷下無名氏《子規》："剛道故鄉如此好，其如游子不歸何？自從五柳先生死，空染千山血淚多！"；莊季裕《雞肋編》卷中趙子櫟《杜鵑》："杜鵑不是蜀天子，前身定是陶淵明"；方岳《沁園春·賦子規》："歸來也！問淵明以後，誰是知音？"；劉因《静修先生文集》卷一一《啼鳥》："幾日春陰幾日晴，喚來山鳥話平生；杜鵑解道淵明語，只少鷓鴣相和鳴。"向來話陶，無及此者，拈爲談助云。

王若虛《滹南遺老集》卷三四摘《歸去來兮辭》謀篇之疵："將歸而賦耳，既歸之事，當想象而言之。今自問途以下，皆追録之語，其於畦徑，無乃窒乎？'已矣乎！'云者，所以總結而爲斷也，不宜更及耘耔、嘯咏之事"；劉祁《歸潛志》卷八亦記王謂此文"前想象，後直述，不相侔"。蓋《序》云："仲秋至冬，在官八十餘日，因事順心，命篇曰《歸去來兮》。乙巳歲十一月也"；王氏執着此數語，成見梗胸，未涵泳本文耳。《辭》作於"歸去"之前，故"去"後着"來"，白話中尚多同此，如《西遊記》第五四回女王曰："請上龍車，和我同上金鑾寶殿，匹配夫婦去來！"，又女妖曰："那裏走！我和你耍風月兒去來！"皆將而猶未之詞也。周君振甫曰："《序》稱《辭》作於十一月，尚在仲冬；倘爲'追録'、'直述'，豈有'木欣欣以向榮''善萬物之得時'等物色？亦豈有'農人告余以春及，將有事乎西疇'、'或植杖以耘耔'等人事？其爲未歸前之想象，不言而可喻矣。"本文自"舟遥遥以輕颺"至"亦崎嶇而經丘"一節，敍啓程之初至抵家以後諸況，心先歷歷想而如身正一一經。求之於古，則《詩·東山》第三章寫征人尚未抵家，而意中已有"鸛鳴於垤，婦歎於室，洒掃穹窒"等情狀，筆法庶幾相類；陳啓源《毛詩稽古編》必以此章屬居者，而謂"今概指行人思家言，趣味短矣"，至以"我征"釋成居者言"我家之征人"，亦緣未借明於《歸去來辭》也。陶文與古爲新，逐步而展，循序而進，迤邐陸續，隨事即書，此過彼來，各自現前當景。蘇軾《上巳日與二三子携酒出游、隨所見輒作數句》七古，紀昀批爲"信景直敍法"者，可以相參。後世院本中角色一路行來，指點物色，且演且唱；如王實甫《西廂記》第一本第一折張生白："行路之間，早到蒲津，……你看好形勢也呵！"，即唱《油葫蘆》、《天下樂》以道眼中形勝，又游普救寺白："是蓋造的好也呵！"，即唱《村裏迓鼓》，逐一道其正上堂轉殿、禮佛隨喜等事。與陶《辭》此節，波瀾莫二，特陶敍將來而若現在，更一重一掩矣。繪畫有長卷、橫披，其行布亦資契悟。樓鑰《攻媿集》卷三《高麗賈人有以韓幹馬十二匹質於鄉人者，題曰"行看子"，因命臨寫而歸之》："裝爲橫軸看且行，云是韓幹非虛聲"（參觀卷四《再題行看子》）。讀此節文，宜如"行看子"之"看且行"，匹似展觀《長江萬里圖》、《富春山居圖》耳。

【增訂四】柳永《夜半樂》："凍雲黯淡天氣，扁舟一葉，乘興

離江渚。渡萬壑千巖，越溪深處。怒濤漸息，樵風乍起，更聞
商旅相呼。片帆高舉，泛畫鷁，翩翩過南浦。望中酒旆閃閃，
一簇煙村，數行霜樹。殘日下，漁人鳴榔歸去。敗荷零落，衰
楊掩映，岸邊兩兩三三，浣紗遊女，避行客，含笑羞相語。到
此因念，繡閣輕拋，浪萍難駐。歎後約丁寧竟何據。慘離懷，
空恨歲晚歸期阻。凝淚眼，杳杳神京路。斷鴻聲遠長天暮。"
陳廷焯《詞則・別調集》卷一評曰："層折最妙。始而渡江；
繼乃江盡入溪，尚未依村；繼見酒旆；繼見漁人；繼見遊女，
已傍村矣；因遊女而觸離情，則長天日暮矣。"亦即逐步漸展、
"信景直敍"之法，如畫家長卷之稱"行看子"。白香山《游悟
真寺詩》尤此體之大觀也。

結處"已矣乎"一節，即《亂》也，與發端"歸去來兮"一節，
首尾呼應；"耘耔"、"舒嘯"乃申言不復出之志事，"有事西疇"、
"尋壑經丘"乃懸擬倘得歸之行事，王氏混而未察。"追錄"之
說，尤一言以爲不知，亦緣未參之《東山》之三章也。非回憶追
敍，而是懸想當場即興，順風光以流轉，應人事而運行。卷一一
二陶潛《自祭文》設想己身故後情狀："將辭逆旅之館，永歸於
本宅。故人悽其相悲，同祖行於今夕，羞以嘉蔬，薦以清酌。候
顏已冥，聆音愈漠。……外姻晨來，良友宵奔，葬之中野，以安
其魂"；亦"將"來而歷歷若"已"然，猶未而一一皆現"今"，
"今夕"即如潛《挽歌詩》："今旦在鬼錄"，"今但湛空觴"，"今
宿荒草郊"，大可節取元稹悼亡名句以要括之："戲言身後事，若
到眼前來。"《歸去來兮辭》寫生歸田園，《自祭文》寫死歸黃土
陌，機杼彷彿；"永歸於本宅"與"田園將蕪胡不歸"，均先事而
預擬屆時耳。余因思《詩・陳風・東門之枌》："視爾如荍，貽我

握椒"，孔穎達《正義》："毛以爲男子乃陳往日相好之事，語女
人云：'我往者語汝'"云云。經生拘迂，以爲謔浪調情之際，無
閒工夫作詩，詩必賦於事後，而"爾"、"我"之稱，則類當時面
語，故曲解爲追溯之記言。夫詩之成章，洵在事後，境已遷而跡
已陳，而詩之詞氣，則自若應機當面，脫口答響，故西方論師常
以現在時態爲抒情詩之特色①。毛謂"陳往日"，大類王氏謂
"追錄"，皆平地生波、畫蛇添足也。"雲無心以出岫"，按參觀
《毛詩》卷論《敝笱》。

陶潛《與子儼等書》："然汝等誰不同生，當思四海皆兄弟之
義。"按此一語合之《責子詩》之"雍、端年十三"一句，牽引
無數葛藤。自宋馬永卿《嬾真子》卷三、洪邁《容齋隨筆》卷八
至清張宗泰《魯巖所學集》卷七《書袁文〈甕牖閒評〉後》、平
步青《霞外攟屑》卷五，苦心揣臆，或謂陶有妻有妾，或謂其喪
室續娶，或謂其有二子孿生，推測紛紜。閒人忙事，亦如朱彝尊
《曝書亭集》卷五五《書〈楊太真外傳〉後》、惲敬《大雲山房文
稿》初集卷一一《駁朱錫鬯〈書楊太真外傳後〉》以來之爭辯
"處子入宮"，烟動塵上，呶呶未已。文獻徵存之考真妄，與帷薄
陰私之話短長，殆貌異而心同者歟。

陶潛《答龐參軍詩序》。按參觀前論王羲之《雜帖》。

陶潛《桃花源記》："南陽劉子驥，高尚士也，聞之欣然，親
往未果，尋病終。"按陶澍註《陶靖節集》卷六作"規往"，註：

----

① Cf. Jean Paul, *Vorschule der Aesthetik*, §75, *Werke*, Carl Hanser, V, s.
272: "... stellt die Lyra die Empfindung dar, welche sich in die Gegenwart ein-
schliesst"; E. Staiger, *Grundbegriffe der Poetik*, 5. Aufl., 55; Lowry Nelson, Jr.,
Baroque Lyric Poetry, p.27.

“焦本云：一作‘親’，非”；是也。“欲往”可曰“未果”，“親往”則身既往，不得言“未果”矣。“規”字六朝常用，如《魏書・孟表傳》：“云是叔業姑兒，爲叔業所遣，規爲内應”，又《爾朱榮傳》：“我本相投，規存性命”，皆謂意圖也。《全唐文》卷五二九顧況《仙遊記》刻意擬仿潛此篇，有云：“曰：‘願求就居得否?’云：‘此間地窄，不足以容’”，較潛記：“此中人語云：‘不足爲外人道也’”，風致遠遜；卷五二八況《莽墟賦》亦寫《仙遊記》中事。

一四六　全晉文卷一一二

陶潛《孟府君傳》。按參觀前論成公綏《嘯賦》又《全後漢文》卷章帝《賜東平王蒼書》。

陶潛《五柳先生傳》。按“不”字爲一篇眼目。“不知何許人也，亦不詳其姓氏”，“不慕榮利”，“不求甚解”，“家貧不能恒得”，“曾不吝情去留”，“不蔽風日”，“不戚戚於貧賤，不汲汲於富貴”；重言積字，即示狷者之“有所不爲”。酒之“不能恒得”，宅之“不蔽風日”，端由於“不慕榮利”而“家貧”，是亦“不屑不潔”所致也。“不”之言，若無得而稱，而其意，則有爲而發；老子所謂“當其無，有有之用”，王夫之所謂“言‘無’者，激於言‘有’者而破除之也”（《船山遺書》第六三册《思問錄》内篇）。如“不知何許人，亦不詳其姓氏”，豈作自傳而并不曉己之姓名籍貫哉？正激於世之賣聲名、誇門地者而破除之爾。仇兆鰲選林雲銘《挹奎樓稿》卷二《〈古文析義〉序》：“陶靖節‘讀書不求甚解’，所謂‘甚’者，以穿鑿附會失其本旨耳。《南村》云：‘奇文共欣賞，疑義相與析’；若不求‘解’，則‘義’之‘析’也何爲乎？”竊謂陶之“不求甚解”如杜甫《漫成》之“讀書難字過”也；陶之“疑義與析”又如杜甫《春日懷李白》之

"重與細論文"也。培根(Bacon)論讀書(Of Studies)云："書有祇可染指者，有宜囫圇圖吞者，亦有須咀嚼而消納者"(Some books are to be tasted，others to be swallowed，and some few to be chewed and swallowed)；即謂有不必求甚解者，有須細析者。語較周密，然亦祇道着一半：書之須細析者，亦有不必求甚解之時；以詞章論，常祇須帶草看法，而爲義理考據計，又必十目一行。一人之身，讀書之闊略不拘與精細不苟，因時因事而異宜焉。

【增訂三】《二程遺書》卷六《二先生語》："凡看書各有門徑。《詩》、《易》、《春秋》不可逐句看，《尚書》、《論語》可以逐句看"；《朱子語類》卷一九："《論語》要冷看，《孟子》要熟讀"；亦猶陶詩既言"不求甚解"而復言"疑義與析"也。朱熹雖以"如雞伏卵"喻熟讀，而此節"熟"字頗乖義理，《論語》豈不當"熟讀"哉？"熟"當作"熱"字爲長，謂快讀也，與"冷"字相對；如陶奭齡《小柴桑喃喃錄》卷上論草書云："熱寫冷不識。""熱"與急每相連屬，古醫書如《素問》第四〇《腹中論》"熱氣慓悍，……心不和緩，是爲焦急。"《樂府詩集》卷八〇張祜《熱戲樂》："熱戲爭心劇火燒"，又引《教坊記》載"熱戲"中"一伎戴百尺幢鼓舞而進"，又一伎出，"疾乃兼倍"；是"戲"之"熱"在乎奏技之競"疾"。《後村大全集》卷一〇四《跋本朝名臣帖十家·張無盡》："予聞佛者宗杲嘗問無虛[盡]：'賢溫公而論之，何也？'答曰：'熱荒[慌]要做官爾！'""熱慌"即今語"急忙"也。"熱讀"畧類董説《西遊補》第六回所謂"用個帶草看法"、"懷素看法"。蓋《孟子》詞氣浩乎沛然，苟十目一行，逐字數墨，便拆碎不成片段，難以領會其文瀾之壯闊。"冷看"則正是二程之"《論語》逐句看"
也。赫爾岑嘗道一英人言，英、法兩國人性習大異，觀其啖咽
之狀可知："法國人熱吃冷牛肉，英國人冷吃熱牛肉"（Her-
zen citant un Anglais："Les Français mangent du veau froid
chaudement；nous，nous Anglais mangeons notre boeuf
chaud froidement" ——*Journal des Goncourt*，8 février 1865，
éd. définitive，II，197）。吃相判"熱"與"冷"，猶讀法判
"熱"與"冷"，一忙一閒、一急一徐耳。

【增訂四】《孟子·萬章》："不得於君則熱中"，焦循《正義》即
以"焦急"、"燥急"釋之。

陶潛《自祭文》："人生實難，死如之何！"按語意本《全三
國文》卷五二嵇康《聖賢高士傳·尚長》："喟然歎曰：'吾知富
貴不如貧賤，未知存何如亡爾！'"；《後漢書·逸民傳》作"向
長"，記此言作"吾已知富不如貧，貴不如賤，但未知死何如生
耳！"潛曾撰《尚長禽慶贊》，即見本卷。《全唐文》卷六九六李
德裕《問泉途賦》："昔向子平稱'吾已知'云云，陶靖節亦稱
'人生實難'云云，今作賦以問之"；早以二語連類。庾信《擬詠
懷》之九："不特貧謝富，安知死羨生！"；倪璠註《庾子山集》
卷三此詩，未知其用向長語也。秦觀《淮海集》卷五《自作挽
詞》設想已死於貶所、身後淒涼寂寞之況，情詞慘戚，秦瀛撰
《淮海年譜》元符三年："先生在雷州，自作《挽詞》，自《序》
曰：'昔鮑照、陶潛皆自作哀詞，讀余此章，乃知前作之未哀
也'"；信然，而集中無此自《序》。

一四七　全晉文卷一一三

　　魯褒《錢神論》。按已別見《史記》卷論《貨殖列傳》、《易林》卷論《乾》之《未濟》、《太平廣記》卷論卷二四三《張延賞》及《毛詩》卷論《正月》者，不復道。《顏氏家訓·勉學》篇舉江南閭里"强事飾辭"諸例，有"道錢則'孔方'"；二字固早見《漢書·食貨志》："錢圜函方"，三國時孟康註："外圓而内孔方也"，然庾詞流播，當緣魯氏此《論》。《舊唐書·李密傳》祖君彦爲密作《移郡縣書》："《錢神》起《論》，銅臭爲公"，則顯指斯篇。《南史·梁宗室傳》上《臨川王宏傳》："晉時有《錢神論》，豫章王綜以宏貪愚，遂爲《錢愚論》，其文甚切"，惜未傳。所覩如張擴《東窗集》卷二《讀〈錢神論〉偶成》、李季可《松窗百説》之九七《孔奴》、程敏政《新安文獻志》卷三五吳達齋《孔元方傳》、戴名世《南山全集》卷一四《錢神問對》、汪懋麟《百尺梧桐閣文集》卷六《上士錢氏傳》，都乏新警。惟陳仁錫編本沈周《石田先生集》卷三《詠錢》："有堪使'鬼'原非謬，無任呼'兄'亦不來"，即以魯《論》中語屬對，子矛子盾，自立自破，天然湊泊。黃庭堅《送徐隱父宰餘干》之二："半世功名初墨綬，同兄文字敵青錢"，下句正用魯《論》語與張鷟文

詞號"萬選青錢"語牽合,"同"即"敵","兄"即"錢",謂
"文字"之效不亞於錢;史容註《山谷外集》乃曰:"'同兄'疑
舛誤",未之思耳。魯《論》"親愛如兄"、"見我家兄"云云,最
供踵事者以文爲戲之資。董斯張《吹景集》卷九《管城子與孔方
兄不兩立》:"或問:'南陽以錢爲神可也,謂之兄何居?'曰:
'只是金戈戈耳。'客大笑";"兄"爲"哥哥",音諧"錢"字偏
傍之疊"戈"也。

【增訂三】《秋澗大全集》卷二〇《和錢神詠》之二:"取象有
天還有地,縱貪無父亦無兄。"認"孔方"爲"阿兄"、"阿父",
即亦棄親兄、親父,是有父而"無父"、有兄而"無兄",且復
"無父"而有父,"無兄"而有兄焉。又按魯褒《錢神論》稱
"兄"者,銅鑄之錢也,所謂"黃銅中方"也,"中方"即"孔
方"。桓譚《新論·辨惑》(參觀825頁引)謂"銀者金之昆
弟",則稱"兄"者,金也,真董斯張所謂"金戈戈[哥哥]"
矣。南齊譯《百喻經》卷上《認人爲兄喻》:"昔有一人,形容
端正,智慧具足,復多錢財。……時有愚人,見其如此,便
言:'我兄。'……見其還債,言:'非我兄。'傍人語言:'汝是
愚人。……'愚人答言:'我以欲得彼之錢財,認之爲兄,實
非是兄;若其債時,則稱非兄。'"尊有錢人爲"我兄",實由
於尊錢爲"家兄",愛屋及烏之旨耳。

褚人穫《堅瓠六集》卷一引袁宏道《讀〈錢神論〉》:"閒來偶讀
《錢神論》,始識人情今益古;古時孔方比阿兄,今日阿兄勝阿
父!"《清人雜劇》二集葉承宗"敷衍《錢神論》"而作《孔方
兄》,通場爲金莖獨白,有云:"愛只愛,六書文,會識字,'戔'
從着'金';恨只恨,《百家姓》,'錢'讓了'趙'。……矢口爲

文笑魯褒，你可也太莽齎！怎把個至尊行，僭妄認同胞？稱他個
'孔方老師'罷？不好！不好！怕他嫌壇坫疎；稱他個'孔方家
祖'罷？也不好！也不好！怕嫌俺譜牒遥；倒不如稱一個'家父
親'纔算好！"筆舌俊利，魯論之增華而袁詩之衍義矣。徐石麒
《大轉輪》第一齣："趙母、張父，還添個孔方爲兄，聖裔賢孫，
倒不如青蚨有子"；則又以魯論之"兄"與《淮南萬畢術》之
"子母"（參觀《太平廣記》卷論卷四七七《青蚨》）團詞聚合。
西方舊俗有"錢娘娘"、"錢爺爺"（Frau Saelde，Sir Penny）等
稱①；意大利詩人（Cecco Angiolieri）句云："任人說長短，親戚
莫如錢：同胞復中表，父母子女兼"（I buoni parenti，dica chi
dir vuole，/a chi ne puòaver，sono i fiorini：/quei son fratei car-
nai e ver cugini，/e padre e madre，figlioli e figliole）②，所包更
廣；獨遺夫妻，殆爲韻律所限乎。視錢爲得人憐之"自家兒"，
似愈親於"家兄"、"家父"，蓋人情於子女之慈，每勝於孝悌也。

　　《錢神論》："諺曰：'官無中人，不如歸田'；雖有中人，而
無家兄，何異無足而欲行，無翼而欲翔？"按《全宋文》卷五六
檀珪《與王僧虔書》："去冬今春，頻荷二敕，既無中人，屢見蹉
奪"；皆即曹植樂府《當牆欲高行》所謂："龍欲升天須浮雲，人
之仕宦待中人。"今諺曰："朝裏無人莫做官"或"朝裏有人好做
官"。《韓非子·八姦》所云"同牀"、"在旁"、"父兄"三者，正
"中人"也；所云："爲人臣者，内事之以金玉"，又"雖有中人，

---

①　A. Taylor，*Problems in German Literary History of the 15th and 16th Cen-turies*，115.

②　E. M. Fusco，*La Lirica*，I，44.

而無家兄"之申意也。後世稱爲"奥援","奥"亦"内"、"中"之意。然如歧路中之有歧路,"中人"之中復有人焉,"朝裏人"之家裏人是矣。西人嘗謂升官(climb up)奥援,連貫如鎖鏈(there is at all Courts a chain),國君爲其後宮或外室所左右,彼婦又爲其歡子所左右,而兩人復各爲其貼身婢僕所左右,依此下推(The King's wife or mistress has an influence over him; a lover has an influence over her; the chambermaid or valet-de-chambre has an influence over both; and so ad infinitum)[1]。又按翟灏《通俗編》卷一三引曹植詩、李密詩、魯褒論、元曲《鴛鴦被》説"中人",然元曲中尚有一義,翟書未察,張相《詩詞曲語辭匯釋》亦失收。如《還牢末》第一齣,李榮祖:"二嫂蕭娥,他原是個中人,棄賤從良",又李孔目:"第二個渾家蕭娥,他是個中人";《灰闌記》第二齣大渾家:"是員外娶的個不中人",祇從:"噎!敢是個中人?"大渾家:"正是個中人。"乃謂勾欄中人,即妓也。明周祈《名義考》卷五《妘表》:"俗謂倡曰'表子',……'表'對'裏'之稱,'表子'猶言外婦";大似用王安石《字説》法,果若所云,則"中人"與"表子"文反而義合矣。

【增訂四】《玉臺新詠》卷六吳均《和蕭洗馬子顯古意》六首皆託爲閨中思婦之詞,傷離懷遠,所謂"賤妾思不堪"、"流涕憶遼東"也。第六首云:"中人坐相望,狂夫終未還",則"中人"即"室人"、"閨人"、"内人"之意,又與元曲之"中人"文合而義反焉。

---

[1]　Lord Chesterfield,*Letters*, ed. B. Dobrée, IV, 1383.

《錢神論》："貪人見我，如病得醫。"按《全宋文》卷三六顏延之《庭誥》："諺曰：'富則盛，貧則病'"；唐張説所以撰《錢本草》（《全唐文》卷二二六）耳。其文有云："錢、味甘，大熱，能駐顏，彩澤流潤"；《西湖二集》卷二九引諺："家寬出少年"；皆其意，"盛"與"病"對，謂强健也。

【增訂三】晚唐蘇拯《醫人》："徧行君臣藥，先從凍餒均；自然六合内，少聞貧病人"。正謂病出於貧，欲醫病，當療貧；參觀《莊子·讓王》及《新序·節士》原憲曰："憲貧也，非病也。"

范頵《請采録陳壽〈三國志〉表》："《三國志》辭多勸誡，明乎得失，有益風化。雖文艷不如相如，而質直過之，願垂采録。"按於西漢兩司馬中，不舉遷而舉相如，較擬失倫，大似比量"木與夜孰長？智與粟孰多？"（《墨子·經説》下）。劉熙載《藝概》卷一斥范《表》曰："此言殆外矣！相如自是詞家，壽是史家，體本不同，文質豈容並論？"是也。且范所引而相比者，司馬相如之《封禪文》，則導諛之作耳，與稱陳壽之"辭多勸誡"，適相反背。以此爲文中賓主，真圖前而却步、不近而愈遠矣。張裕釗《濂亭遺文》卷一《辨司馬相如〈封禪文〉》力言其文乃"譎諫"，强詞終難奪理，苟知范氏此表，當引以自助乎？

一四八　全晉文卷一一六

　　葛洪《〈關尹子〉序》。按《關尹子》之爲贗託，説者無異詞。其文琢洗瑩潔，顯出唐宋人手，格調不特非先秦，亦不足以充六朝也。《吕氏春秋・不二》曰："關尹貴清，子列子貴虚"，一字之品，三隅難反。然張湛序《列子》所謂："所明往往與佛經相參，大歸同於老、莊"，則大可移評今本《關尹子》；微惜好比附五行，自玷其書，遂勿得與《列子》比數。竊謂老之言幼眇，莊之言傲詭，佛經言冗不殺，《關尹子》雖依傍前人，而融貫禪玄，擇精削繁。欲知吾國神秘宗指略，易簡便讀，無或逾其書焉者，正如西方神秘家言要覽，莫過贗託之狄奥尼修士（Pseudo-Dionysius the Areopagite）也。葛洪之序，自亦僞撰。《關尹子》論道德，洪僅知有方術；《關尹子・四符》："若有厭生死心，超死生心，止名爲妖，不名爲道"；洪所盡心竭力以求者，正《關尹子》所擯斥之"妖"而已。《抱朴子》自序："今爲此書，粗舉長生之理"，内篇《金丹》至謂："還丹、金液二事，蓋仙道之極也"，《釋滯》且病《老子》於長生之術語焉不詳，"文子、莊子、關令尹喜之徒"，皆"永無至言"（參觀《老子》卷論第一三章）。此序却扞喜禮贊："尹真人《文始經》九篇，洪愛之，誦之，藏之，拜之。……方士不能到，先儒未嘗言，可仰而不可攀，可玩而不可執，可鑒而不可思，可符而不可言。"與"永無至言"之詞，何自相矛盾乎？抑兩面二舌耶？彼託洪之名贋作此序者，蓋未嘗細檢《抱朴子》也。序中一節云："洪每味之：泠泠然若躡飛葉而遊乎天地之混溟，茫茫乎若履橫校而浮乎大海之渺漠，超若處金碧琳琅之居，森若握鬼魅神姦之印，倏若飄鸞鶴，怒若鬥虎兕，清如浴碧，慘若夢紅。"此中晚唐人序詩文集慣技，杜牧《李昌谷詩序》是其著例，牧甥裴延翰《樊川文集序》："竊觀仲舅之文"云云，亦即是體。他如顧況《右拾遺吳郡朱君集序》、張碧《詩自序》、李商隱《容州經略使元結文集後序》、吳融《奠陸龜蒙文》，皆犖犖大者；司空圖《註〈愍征賦〉述》："觀其才情之旖旎也，有如霞陣疊鮮"云云，尤爲偉觀，可與《二十四詩品》相表裏。然則《關尹子》之成書，倘亦在晚唐歟？胡應麟《少室山房類稿》卷一〇三又《少室山房筆叢》卷三一言《關尹子》冠以劉向一序，乃"晚唐人學昌黎聲口"，嚴輯《全漢文》卷三七錄劉向《關尹子書錄》，按語："此疑依託"；而均未及葛洪此序，故補論之。

【增訂四】譚獻《復堂日記》卷五："《關尹子》稚川一《序》，文句險譎，亦贋鼎也。"范君旭侖函示此則。

一四九　全晉文卷一一七

　　《抱朴子》佚文：“閹官無情，不可謂貞”；按參觀《全三國
文》論嵇康《與山巨源絶交書》。“頭蝨着身，稍變而白”；按參
觀《太平廣記》卷論卷二五六《平曾》。“余聞班固云：‘吕氏望
雲而知高祖所在。’天豈獨開吕氏之目而掩衆人之目耶？”按又一
則云：“俗人云：‘濤是伍子胥所作’，妄也。子胥始死耳；天地
開闢，已有濤水矣。”均可入《論衡·書虚》、《感虚》等篇，而
筆舌簡捷，似勝王充；《書虚》斥子胥爲江濤之妄，未樹此義也。
《佚文》一則記蔡邕賞愛《論衡》，藏爲帳秘；然觀邕集，即其好
言天人五行一端，已與王充主張背馳，將徒拾牙慧，初無心得
耶？“陸子十篇，誠爲快書”；按“快書”之詞始見於此，明人有
《快書》、《廣快書》之輯，未嘗寓目，不審命名別有所本否。

一五〇　全晉文卷一二〇

郭璞《江賦》。按刻劃物色，余最取“晨霞孤征”四字，以爲可以適獨坐而不徒驚四筵也。“滈汗六州之域，經營炎景之外”；句法仿左思《吴都賦》：“歊硊乎數州之間，灌注乎天地之半。”“類胚渾之未凝，象太極之構天”；按參觀《楚辭》卷論《天問》。“玉珧海月，土肉石華”；按謝靈運《遊赤石進帆海》：“揚帆采石華，掛席拾海月”，亦以“海月”、“石華”作對。姚旅《露書》卷五評此賦“總括漢泗，兼包淮湘”等句云：“江與淮泗，杳不相涉，何嘗包括？又江只跨梁、荆、揚三州，無所謂‘六州’，亦不注於五湖也。如鰻、鱟、玉珧、海月、土肉、石華、水母、紫菜等等，皆海錯也，斷不可以溷江族。作者借珠翠以耀首，觀者對金碧而眩目。”中肯抵瑕，具徵左思《三都賦·序》所譏“假稱珍怪”、“匪本匪實”，幾如詞賦家之痼疾難瘳矣。袁枚《隨園詩話》卷一：“《文選》詩：‘掛席拾海月’，妙在海月之不可拾也；註《選》者必以‘海月’爲蚌、蟜之類，則作此詩者不過一摸蚌翁耳！”李善註云：“‘揚帆’、‘掛席’一事也”；則“采石華”與“拾海月”亦二事之並行一貫者。袁氏意中當有李白采石江中捉月事及嚴羽“鏡花水月不可湊泊”等語，遂不顧上下句之對當，遽以此意嫁之於謝詩。非蚌蟶之"海月"固妙在"不可拾"，然亦妙在不可拾而可拾，于良史《青山夜月》不云"掬水月在手"乎？若"石華"之可"采"與否，均何"妙"之有？袁氏謬賞一句，遂使一聯偏枯。《法苑珠林》卷六六引《僧祇律》載五百獼猴欲撈出井底月影，《大般涅槃經‧如來性品》第四之六云："喻如獼猴捉水中月"；苟解爲蟶蚌，作詩者即如"摸蚌翁"，則解爲海中月影，作者將無同"點蒼山老猿"哉！皮日休《病中有人惠海蟹》："離居定有石帆覺，失伴惟應海月知"；使非蟶蚌，豈得爲蟹"伴"哉？然袁氏此解亦足以發。謝詩因"石華"之名，用"采"字以切"華"字，一若採折花卉者；其用"拾"字，亦當以"海月"之名，雙關"水鑒月而含輝"、"取水月之歡娛"（《全宋文》卷三〇謝靈運《歸塗賦》、卷三一《山居賦》），一若圓月浮漾水面，俯拾即是者。趙秉文《閒閒老人滏水集》卷六《海月》："滄波萬古照明月，化爲團團此尤物，爲君掛席拾滄溟，海嶽樓頭斫冰雪"；正説破月、蟶雙關。故袁氏之失，在不識兩意虛涵，而膠粘一意耳。

郭璞《鹽池賦》："動而愈生，損而滋益。"按《全後漢文》卷六五劉楨《魯都賦》："又有鹽沈漭漭，煎炙陽春；焦暴潰沫，疏鹽自殷，挹之不損，取之不動"——"鹽沈"當作"鹽池"，"疏"當作"流"，"動"當作"勤"。璞《井賦》："挹之不損，停之不溢，莫察其源，動而愈出"，幾如自相蹈襲。《鹽池賦》之"動而愈生"，"生"亦當作"出"，本《老子》五章："虛而不屈，動而愈出。"劉楨"取之不勤"則本《老子》六章："綿綿若存，用之不勤"，"勤"、盡也、竭也，見《列子》卷論《天瑞》篇。

一五一　全晉文卷一二一

郭璞《客傲》："是以水無浪士，巖無幽人。"按下文："無巖穴而冥寂，無江湖而放浪"，即申此二句，"浪士"之義了然。唐元結嘗自號"浪士"，用意正類而未必本於郭璞；觀其又號"漫叟"，詩如《登殊亭作》云："漫歌無人聽，浪語無人驚"，蓋以"浪"與"漫"互文同意，彼此遞代耳。

郭璞《〈爾雅〉敍》："總絕代之離詞，同實而殊號者也。"按《〈方言〉敍》："類離詞之指韻，明乖途而同致"，二節同意。"離詞"之"離"如同卷《爾雅圖贊·比目魚》："離不爲疏"，不同《比翼鳥》："延頸離鳴"；"離詞"謂分散單獨之字，非"屬書離詞"之謂配合單字以成詞，參觀《史記》卷論《老子、韓非列傳》。每一字各自爲政，不相爲謀，然苟義以同而聚，聲以諧而會，則"殊號"通，"乖途"合，"詞"之"離"析者"總"而歸"類"矣。二序所言，即名學之"人爲分類法"（artificial classi-fication）爾。許慎《説文解字敍》："分别部居，不相雜廁"；《後序》："方以類系，物以羣分，同條牽屬，共理相貫，雜而不越，據形系聯"；雖就字形而非就字音、義言，操術無乎不同。竊謂蘇轍《欒城集》卷二五《〈類篇〉敍》詮釋此旨，最爲透暢："雖

-1947-

天下甚多之物，茍有以待之，無不各獲其處也。多而至於失其處者，非多罪也。無以待之，則十百而亂；有以待之，則千萬若一。今夫字之於天下，可以爲多矣！然而從其有聲也，而待之以《集韻》，天下之字以聲相從者，無不得也。從其有形也，而待之以《類篇》，天下之字以形相從者，無不得也。"又按《〈爾雅〉敍》結語："輒復擁篲清道，企望塵躅者，以將來君子，爲亦有涉乎此也"；《文心雕龍·序志》結語："茫茫前代，既沉予聞，渺渺來世，倘塵彼觀也！"；劉知幾《史通·自敍》言"自《法言》以降，迄於《文心》而往"，皆"納胸中"，結云："將恐此書，與糞土同捐，煙燼俱滅，後之識者無得而觀，此余所以撫卷漣洏，淚盡而繼之以血也！"，則與《文心》同調。著書心事，不外此兩端，讀二劉語而悲者，得以郭語解之。

郭璞《註〈山海經〉敍》："物不自異，待我而後異，異果在我，非物異也。"按如嵇康所謂"愛憎在我"而"賢愚在彼"，具見《全三國文》卷論《聲無哀樂論》。卷一二三《山海經圖贊·自此山來，蟲爲蛇，蛇號爲魚》："物不自物，自物由人"，亦此意。"是不怪所可怪，而怪所不可怪也。不怪所可怪，則幾於無怪矣；怪所不可怪，則未始有可怪也。夫能然所不可，不可所不可然，則理無不然矣。"按末句不可解，疑有衍文，應作："夫能然所不可，可所不然，則理無不然矣。""然"、事物自然，即是當然；"可"、人心許可，不謂乖常。"然"即"不可怪"，物本得如此也，"可"即"不怪"，人不以爲異也。卷一二二《山海經圖贊·猈㹢》："視之則奇，推之無怪"；《患》："至理之盡，出乎自然"；《鳥鼠同穴山》："不然之然，難以理推"；卷一二三《厭火國》："推之無奇，理有不熱"；可以參印。此節詞意，實本《莊子·齊物論》："惡乎然，然於然；惡乎不然，不然於不然。物固有所然，物固有所可；無物不然，無物不可"；又《秋水》："因其所大而大之，則萬物莫不大；因其所然而然之，則萬物莫不然"云云。郭謂"可所不然，則理無不然"，正如晁迥《法藏碎金録》卷一云："見怪不怪怪自壞，見魔非魔魔自和。"

　　郭璞《爾雅圖贊》。按葉德輝《觀古堂彙刻書》收嚴氏此輯，并校馬國翰所輯，補《虺蛇》、《鸜鵒》二贊。《比目魚》："雖有二片，其實一魚；協不能密，離不爲疏。"按《比翼鳥》："雖云一質，氣同體隔。"《爾雅·釋地》僅言鰈"不比不行"，鶼"不比不飛"，郭贊强生分別，若魚乃二而一，鳥則一而二者，實欲行文避複，無與於博物。卷一二三《山海經圖贊·王予夜尸》："予夜之尸，體分成七，離不爲疏，合不爲密"，改"協"爲"合"耳。《枳首蛇》："夔稱一足，蛇則二首，少不知無，多不覺有。"按卷一二三《山海經圖贊·三身國、一臂國》："增不爲多，減不爲損"；《一目國》："蒼四不多，此一不少。"

一五二　全晉文卷一二二

　　郭璞《山海經圖贊》。按《觀古堂彙刻書》中亦有訂補。《象》，按具見《全三國文》卷論萬震《象贊》。《豪彘》："毛如攢錐，中有激矢；厥體兼資，自爲牝牡。"按《山海經·西山經·豪彘》郭註："亦自爲牝牡。"吾國古傳此物"自爲牝牡"，其故可以西方博物家言釋之。畢豐《博物志·箭豬（le porc-épic）》云："通身鋭矢，乃禦衛之利器而適成交合之障礙"（Ces mêmes armes qui leur sont si utiles contre les autres，leur deviennent très incommodes lorsqu'ils veulents'unir）；列那《博物小志》亦言箭豬中情侶皆以遍體插筆如林爲大不便（garni de porte-plume bien gênants pour lui et son amie）①。叔本華論交游相處不宜太密暱，設譬云："隆冬之日，豪彘凍欲僵，乃依偎取暖，而彼此相刺痛，乍親接即急分離"（Eine Gesellchaft Stachelschweine drängte sich，an einem kalten Wintertage，recht nahe zusammen，um durch die gegenseitige Wärme，sich vor dem Erfrieren zu schützen. Jedoch bald empfanden sie die gegenseitigen Stacheln；

---

① 　L. Guichard，*L'Oeuvre et l'Âme de Jules Renard*，202.

welches sie dann wieder von einander entfernte)①。寒威砭逼，則又非"自爲牝牡"所能禦矣。《鸚鵡》："鸚鵡慧鳥，棲林啄藥。……自貽伊籠，見幽坐伎。"按"坐"、因也；《全後漢文》卷八七禰衡《鸚鵡賦》："豈言語以階亂，將不密以致危?"又《全晉文》卷五一傅咸《鸚鵡賦》："謂崇峻之可固，然以慧而入籠"，即此贊之意。羅隱《鸚鵡》："莫恨雕籠翠羽殘，江南地暖隴西寒，勸君不用分明語，語得分明出轉難"；更暢言"見幽"之"坐伎"也。《鮆魚》："微哉鮆魚，食而不驕。"按"驕"即腋氣，今語所謂"狐騷臭"。《北山經》："食之不驕"，郭註："驕一作騷，臭也"；梁同書《頻羅菴遺集》卷一四《直語補證‧狐騷》條、梁玉繩《瞥記》卷四皆引之。陶九成《輟耕録》卷一七《腋氣》條謂即《北里志》之"慍羝"，馮維敏《海浮山堂詞稿》卷三《南黃鶯兒》亦曰"臊狐氣"，則與古羅馬詩所謂兩腋下有羊（caper，hircus）巧合②。《茈魚薄魚》："食之和體，氣不下溜"；按《東山經》："食之不糟"，郭註："止失氣也"；俞樾《茶香室三鈔》卷六論李赤肚事、章炳麟《新方言‧釋詞》第一《粃》條皆引之。卷一二三《郁州》："不行而至，不動而改，維神所運，物無常在"；按本《易‧繫辭》："唯神也，故不疾而速，不行而至。"

①　Schopenhauer，*Parerga und Paralipomena*，Kap. XXI，§ 396. *Sämtliche Werke*，hrsg. P. Deussen，V，717.

②　Catullus，LXXI，LXXI；Horace，*Sermonum*，I. ii；Ovid，*Ars amat.*，I. 522，III. 193；Martial，III. xciii，IV. iv.

一五三　全晉文卷一二五

　　范甯《春秋穀梁傳集解序》：“左氏豔而富，其失也巫。”按
參觀《左傳》卷論僖公五年；《全唐文》卷六〇五劉禹錫《唐故
衡州刺史吕君集序》：“始學左氏，故其文微爲富艷”，即用此序
語。“嚴霜夏墜，從弟彫落，二子泯没”；按《全梁文》卷六八劉
令嫻《祭夫文》：“霜碎春紅，霜彫夏緑。”

　　【增訂四】《搜神記》卷六崔氏女鬼贈盧充詩：“含英未及秀，
　　中夏罹霜萎。”亦即“嚴霜夏墜”，“霜彫夏緑”。

　　范甯《王弼、何晏論》。按具見前論庾翼《與殷浩書》。

一五四　全晉文卷一三四

習鑿齒《與桓秘書》。按參觀《全漢文》卷論枚乘《七發》。

習鑿齒《臨終上疏》："皇晉宜越魏繼漢，……謹力疾著論一篇。"按即《晉承漢統論》。《論》中"以晉承漢"之"漢"顯指魏文所"受禪"之東漢，其稱蜀漢，僅曰"蜀"而不繫以"漢"。《論》云："昔漢氏失御，九州殘隔，三國乘間，鼎峙數世"，"孫劉鼎立"，"吳蜀兩斃"，"吳魏犯順而強，蜀人杖正而弱，三家不能相一，萬姓曠而無主"；則"蜀"未得"漢統"，即亦非晉之所"承"。《論》又云："是故漢高稟命於懷王，劉氏乘斃於亡秦，超二僞以遠嗣，不論近而計功。……季無承楚之號，漢有繼周之業"；乃《疏》中"越魏"二字之闡發，蓋"鼎立"時"漢統"已斷，晉之"繼"漢，乃"超"、"越"三國，正如漢之越秦以"承"周也。《太平御覽》卷四四七引鑿齒譏周瑜、魯肅爲"小人"，有曰："今玄德、漢高之正胄也，信義著于當年，將使漢室亡而更立，宗廟絶而復繼"，亦猶《論》謂"蜀人杖正"，而"漢室"固已"亡"、漢統固已"絶"矣。鑿齒《漢晉春秋》已佚，端賴《晉書》本傳述其義例："至文帝平蜀，乃爲漢亡而晉始興焉"，又《史通·稱謂》篇"習談漢主"句自註："習氏《漢晉春

秋》以蜀爲正統，其編目敍事皆謂蜀先主爲‘昭烈皇帝’。”不
然，僅憑此《論》，尚不得如《四庫總目》卷四五《三國志》提
要遽言鑿齒爲“偏安”之蜀“争正統”，祇可言其祖蜀而惜劉備
之未克興廢繼絶耳。《史通·探賾》篇早稱鑿齒此事：“蓋定斜正
之途，明順逆之理”；唐以來“正統”“閏位”遂成史論一大題
目。覷記所及，如《全唐文》卷六八六皇甫湜《正閏論》、歐陽
修《居士集》卷一六《正統論》、司馬光《傳家集》卷六一《答
郭長官純書》又《資治通鑑》卷六〇皇初二年按語、蘇軾《東坡
集》卷二一《後〈正統論〉》、陳師道《後山集》卷一二《正統
論》、畢仲游《西臺集》卷四《正統議》、朱熹《語類》卷一〇五
《通鑑綱目》、楊維楨《正統辨》（陶宗儀《輟耕録》卷三載，不
見《東維子文集》）、方孝孺《遜志齋集》卷二《釋統》又《後
〈正統論〉》、楊慎《升菴全集》卷五《廣〈正統論〉》、周嬰《巵
林》卷三《魏論》、廖燕《二十七松堂文集》卷二《三統辨》、魏
禧《魏叔子文集》卷一《正統論》、張爾歧《蒿菴文集》卷三
《讀朱子〈通鑑綱目〉》、儲欣《在陸草堂集》卷二《正統辨》、梁
玉繩《瞥記》卷三記翟灝語、魯一同《通甫類稿》卷一《正統
論》等，合以周密《癸辛雜識》後集及光聰諧《有不爲齋隨筆》
乙之瀝液羣言，便得涯略。元黄溍《日損齋筆記》：“朱子《綱
目》推蜀繼漢，本於習鑿齒，絀周存唐，本於沈既濟；而《感興
詩》第六、七章皆不及”；

【增訂三】謂朱熹之論發於沈既濟，劉克莊已先黄溍道之。《後
村大全集》卷一七七《詩話》：“朱氏《感興詩》第七章，……
學者相承，皆謂其説本於程氏，而范氏、朱氏發之。其實未
然。按唐史《沈既濟傳》云云。蓋吴兢承遷、固《吕紀》之

誤，歐公承兢《武紀》之誤，中間有一沈既濟，健論卓識，照映千古。"《舊唐書》以既濟附其子《沈傳師傳》，亦即爲此事也。又蘇天爵《元文類》卷三二楊奐《正統八例總序》分爲"得、傳、衰、復、興、陷、絶、歸"八例。解縉《元鄉貢進士周君墓表》撮述周上史館萬言書論"正統"；未得見《解學士集》，據《水東日記》卷二四引文知之。錢秉鐙《藏山閣文存》卷四《正統論》上下篇爲南明作也。

【增訂四】俞樾《賓萌集》卷二有《蜀漢非正統説》。

清姚範《援鶉堂筆記》卷一三："'正統'二字，或謂撮《公羊》隱二年'君子大居正'及隱元年'大一統'也"；表微抉本，頗可補益。並世之人，每以當時之得失利鈍判是非曲直，《莊子·胠篋》所謂"符璽"與"仁義"並竊，"諸侯之門而仁義存焉"，西諺所謂"山呼'勝利者萬歲'!"[1] 後世之人，自負直筆公心，或復刺今陳古，每不以成敗論英雄、興廢定與奪[2]，于是乎"正統"之説起矣。《論語·子路》言爲衛政必以"正名"爲先，《孟子·滕文公》謂"成《春秋》而亂臣賊子懼"；干寶《晉紀總論》："以三聖之智，伐獨夫之紂，猶正其名教，曰'逆取順守'"，"正其名教"，即"正名"也。故争"正統"者，"正名"之一端，《春秋》之遺意，二字出於《公羊傳》，良有以夫。餘見《史記》卷論《儒林列傳》。

習鑿齒《又與謝安書稱釋道安》："統以大無，不肯稍齊物等

---

① *Don Quijote*，II. xx："... eres villano y de aquellos que dicen：'i Viva quien vence！'"，"Clásicos Castellanos"，VI，42.

② Cf. Lucan，*Civil War*，I. 128："Victrix causa diis placuit，sed victa Catoni"，"Loeb"，12.

智，在方中馳騁也。"按《世説·輕詆》載王坦之"著論《沙門不得爲高士》，大略云：'高士必在於縱心調暢，沙門雖云俗外，反更束于教，非情性自得之謂也'"；與習書各明一義。"齊物等智"，莊生所樹勝義也；《大宗師》託爲孔子語曰："彼遊方之外者也，而丘遊方之内者也，……丘則陋矣"，道家自詡逍遥"方外"而"陋"儒家之局趣"方内"也。習《書》言道安視道家不過"方中馳騁"，夷然不屑，則又正如道家視儒家爲"遊方之内"矣。楊萬里《誠齋集》卷三六《有歎》："飽喜飢嗔笑殺儂，鳳皇未可笑狙公；儘逃暮四朝三外，猶在桐花竹實中"；"方外"而仍在"方中"，亦復爾耳。釋教入華，初與道家依傍。蓋客作新旅，每結交家生先進之氣味相近者，所以得朋自固。逮夫豐羽可飛，遐心遂起，同道相謀變而爲同行相妬。始之喜其類己者，終則惡其彌近似而大亂真，如紫之奪朱、愿之賊德焉。故釋道均號"出世間法"，而後來釋之憎道，遠過於其非難"世法"之儒。如《摩訶止觀》卷五、卷一〇，又《法華玄義》卷八上、卷九上鄙斥老、莊，謂"以佛法義，偷安邪典，押高就下，推尊入卑"，"莊老與佛，如周璞、鄭璞，貴賤天懸"；而《止觀》卷六又《玄義》卷八上稱"孔丘、姬旦"爲"世智之法"，"世法即是佛法"，幾與《顔氏家訓·歸心》篇印可。其斥老、莊乃柱下書史、漆園小吏，官位卑微，故不得與釋迦之貴爲太子者比數，最令人笑來，亦見高僧不免勢利，未嘗以平等觀也。道安之世，二氏門户之見初起，尚未發爲醜詆，讀鑿齒此《書》，亦覘萍末而知風之自矣。參觀《列子》卷論《仲尼》篇。

一五五　全晉文卷一三七

　　戴逵《與遠法師書》三通。按自署"安公"，參觀前論索靖《月儀帖》。"夫冥理難推"云云，按逵不信"報應"，其《釋疑論》、《答周居士〈難釋疑論〉》獻疑送難，蓋於釋氏之教尚待祛滯，未盡皈依。北周"有菩薩戒弟子戴逵"者，貽書釋慧命，文采斐然，後人誤謂即此戴逵，釋道宣《高僧傳》二集卷二一《慧命傳》已"考據"其非是矣。

　　戴逵《放達爲非道論》："而古之人未始以彼害名教之體者何？達其旨故也。"按晉人以"名教"與"自然"對待，例如《世説・文學》王戎問阮瞻："聖人貴名教，老莊明自然，其旨同異？"；《全晉文》卷三三裴希聲《侍中嵇侯碑》："夫君親之重，非名教之謂也，愛敬出於自然，而忠孝之道畢矣"；卷五七袁宏《三國名臣贊》稱夏侯玄："君親自然，匪由名教，敬愛既同，情禮兼到。"蓋後天別於先天，外習別於内生，禮法別於情欲；故袁宏《贊》又曰："豈非天懷發中，而名教束物者乎？"，"天懷發中"者，先天内在也。"名教"亦即"禮法"，觀袁宏《贊》以"情"與"禮"分承"自然"與"名教"；嵇康《與山巨源絶交書》言阮籍"至性過人，……至爲禮法之士所繩"，《世説・任誕》記籍語："禮豈爲我輩設！"，又註引戴逵《竹林七賢論》："迨元康中，遂至放蕩越禮，樂廣譏之曰：'名教中自有樂地，何至于此！'"；《全晉文》卷三七庾冰《爲成帝出令沙門致敬詔》："然則名禮之設，其無情乎？……易禮典，棄名教，是吾所甚疑也。名教有由來，百代所不廢。……棄禮於一朝，廢教於當世"；即可例證。"名教"此解，不知何昉；《管子·山至數》："諸侯賓服，名教通於天下"，乃同《書·禹貢》："聲教訖於四海"，初非其義。謝靈運《從游京口北固應詔》："事爲名教用，道以神理超"；袁宏《三國名臣贊》尚有："於是君臣離而名教薄。……將以文若既明，名教有寄乎？"；干寶《晉紀總論》："以三聖之智，伐獨夫之紂，猶正其名教，曰'逆取順守'"；三篇在《文選》中，而李善均未註來歷。顧炎武《日知錄》卷一三《名教》條謂："漢人以名爲治，今人以法爲治"，"後之爲治者宜何術之操？曰唯名可以勝之。……曰名教，曰名節，曰功名，不能使天下之人以義爲利，而猶使之以名爲利"；祇引唐薛謙光疏、宋范仲淹與晏殊書而已。慣用此義，殆始于晉。如《全晉文》卷一〇成帝《奔喪詔》："今輕此事，於名教爲不盡矣"，又康帝《周年不應改服詔》："君親、名教之重也"；卷三七庾翼《貽殷浩書》："正當抑揚名教，以靜亂源，而乃高談莊老"；卷五七袁宏《後漢紀序》："夫史傳之興，所以通古今而篤名教也。……名教之本，帝王高義，輮而未敍"；卷八六仲長敖《覈性賦》："周孔徒勞，名教虛設"；卷一六一釋慧遠《沙門不敬王者論》之四《體極不兼應》："道法之與名教，如來之與堯孔。"諸若此類，無非謂"名教"乃儒家要指，出自周、孔，形爲禮法，用在約束，班嗣《報桓譚》："今吾子已貫仁誼之羈絆，繫名聲之韁鎖，……既繫攣於

世教矣"(《全漢文》卷五六);《抱朴子》佚文:"羈鞍仁義,纓
鎖禮樂"(《全晉文》卷一一七),王績《贈程處士》:"禮樂囚姬
旦,詩書縛孔丘";王勃《四分律宗記·序》:"由是糠粃禮樂,
錙銖名教,以堯舜爲塵勞,以周孔爲桎梏";盧仝《常州孟諫議
座上聞韓員外職方貶國子博士有感》:"功名生地獄,禮教死天
囚";數語足以示沿用之例矣。《舊唐書·傅奕傳》記其闢佛、註
《老子》,臨終誡其子曰:"老、莊玄一之篇,周、孔六經之説,
是爲名教,汝宜習之。妖胡亂胡,……汝等勿學也";稱斥棄
"名教"之老、莊爲"名教",所以溝佛而外之耳。

　　《放達爲非道論》:"且儒家尚譽者,本以興賢也,……其弊
必至於末僞。道家去名者,欲以篤實也,……其弊必至於本薄。"
按"名"與"譽"互文,示"名"涵毁譽。《顏氏家訓·名實》
篇論"聖人以爲名教",有曰:"勸也,勸其立名,則獲其實";
《困學紀聞》卷六:"名不可不謹也;《春秋》或名以勸善,或名
以懲惡,袞鉞一時,薰蕕千載。……名教立而榮辱公,其轉移風
俗之機乎!";可申此意。故"名教"者,以"名"爲"教"也,
參觀《列子》卷論《楊朱》篇。後來如范仲淹《范文正公文集》
卷五《近名論》又卷八《上資政晏侍郎書》、楊萬里《誠齋集》
卷九三《庸言》之一四、汪琬《鈍翁前後類稿》卷三七《名論》
等,實濫觴於"尚譽以興賢"一語;而《日知錄》、錢大昕《十
駕齋養新録》卷一八、梁章鉅《退菴隨筆》卷一八、江瀚《孔學
發微》卷下皆未溯及戴氏。焦循《雕菰集》卷八《辨名論》駁
《日知錄》,稍出新見;譚嗣同《仁學》卷上"嗟乎!以名爲教"
一節、卷下"名之爲害也"一節,又可爲"其弊必至于末僞"進
一解。馮煦《蒿盦隨筆》卷一記曾國藩一事,略謂曾督兩江,提

倡宋學，皖士楊某著《不動心說》呈曾，有曰："今置我於粉白黛綠之側，問：'動心乎?'曰：'不動!'今置我於紅藍頂帶之傍，問：'動心乎?'曰：'不動!'"曾幕僚李鴻裔見而執筆題其後曰："白綠粉黛側，紅藍頂帶傍，萬般都不動，只要見中堂!"曾大怒，訶李"狂悖"，李不服，曰："有請者：某之爲此說，爲名乎? 爲實乎?"曾曰："'名教'二字子盍爲我解之。"李罔措，曾曰："彼以名來，我即以名教"（張祖翼《清代野記》卷下亦載此事，謂楊爲池州進士楊長年）。解頤正復資解詁也。以名爲教，初不限於儒家，"名治"、"法治"亦非背馳而未嘗合轍；《莊子·養生主》："爲善無近名，爲惡無近刑"，已堪徵二者並行儷立矣。《申子·大體》："名者、天地之綱，聖人之符。……其名正則天下治"（《全上古三代文》卷四）；《管子·樞言》："有名則治，無名則亂，治者以其名"，又《正》："制斷五刑，各當其名，罪人不怨，善人不驚"；《韓非子·主道》："形名參同，君乃無事焉"，又《揚權》："用一之道，以名爲首，名正物定，……君操其名，臣效其形"，又《詭使》："聖人之所以爲治道者三：一曰利，二曰威，三曰名"，《二柄》言"罰功不當名"，《定法》言"循名責實"，蓋反復致意焉。

【增訂三】申、管、韓諸子言"名"爲政要，"治者以其名"。英國大史家吉朋論古羅馬奧古斯都大帝深知民可以"名"御、世可以"名"治（Augustus was sensible that mankind is governed by names; nor was he deceived in his expectation, etc. — Gibbon, *The Decline and Fall of the Roman Empire*, ch. 3, "World's Classics", I, 80），敷說頗暢，亦見了然於"名"之爲虛爲"實"者，未嘗不資之以作主宰而收"實"效也。陸贄

《翰苑集·奏草》卷四《又論進瓜果人擬官狀》云："名近虛而
　　於教爲重，利近實而於德爲輕"，亦頗識"名教"作用。
他若《公孫龍子·名實》、《吕氏春秋·正名》、《審分》等，均與
孔子、荀子之説"正名"相表裏出入，或言物色，或言人事，而
介介於"名"之傅"實"，百慮一致。《全晉文》卷八九魯勝《注
墨辯敍》曰："名者，所以别同異，明是非，道義之門、政化之
準繩也"，因論孔、墨、公孫諸子正名立本之旨相成，孟子雖非
墨子，而"辯言正辭，則與墨同"；洵不皮相而被眼謰者。其他
晉人以"名教"專屬儒家，范仲淹而下，倡"名教"與夫摒"名
教"者，歸功歸罪，亦唯儒一家是問，豈得爲圓覽方聞哉！邊沁
嘗言：獨夫或三數人操國柄，欲黎庶帖然就範，於是巧作名目，
强分流品，俾受愚而信虛稱爲實際；僧侣與法家均從事於此（A-
mongst the instruments of delusion employed for reconciling to
the dominion of one and the few, is the device of employing for
the designations of persons and classes of persons, instead of the
ordinary and appropriate denominations, the names of so many
abstract fictitious entities. Too often both priests and lawyers
have framed or made in part this instrument）[1]。蓋"正名"乃

---

[1]　Bentham, *Theory of Fictions*, ed. C, K. Ogden, pp. cxix and 18. Cf. Shake-
speare, *I Henry IV*, V. i, Falstaff("What is honour? A word"etc.); Ben Jonson,
Volpone, III. v, Corvino("Honour!... There's no such thing in nature: a mere term
invented to awe fools"); Beaumont and Fletcher, *A King and No King*, IV. iv. Arbac-
es and Panthea("Is there no stop/To our full happiness, but these mere sounds...? /
But these, alas! will separate us more/Than twenty worlds betwixt us" etc.); Ford,
'Tis Pity She's a Whore, I, i, Giovanni("Shall a peevish sound, /A customary form,
from man to man, /... be a bar/Twixt my perpetual happiness and me?").

爲政之常事、立法之先務，特可名非常名耳。名雖虛乎，却有實
用而著實效，治國化俗，資以爲利。《商君書·算地》："夫治國
者，能盡地力而致民死者，名與利交至。……主操名利之柄。"
守"名器"，爭"名義"，區"名分"，設"名位"，倡"名節"，
一以貫之，曰"名教"而已矣。以名爲教，猶夫神道設教，而神
道設教，正亦以名爲教，韓愈詩所謂："偶然題作'木居士'，便
有無窮求福人"，是一例也（參觀《太平廣記》卷論卷三一五
《鯢父廟》）。《莊子·逍遙遊》曰："名者，實之賓也"；當益之
曰："而每亦人事之主也"，義庶周賅。《齊物論》述狙公賦芧，
"名實未虧，而喜怒爲用"；豈非名虛易而情因以實變乎？《韓非
子·外儲說》右下記衛侯朝周，周行人問其號，對曰："諸侯辟
疆"，行人卻之曰："諸侯不得與天子同號"，更名"燬"，方得
入；豈非"虛名"亦類"實事"之"不借"乎？《公孫龍子·名
實論》："謂而不唯"，謝希深註："唯、應辭也"，名不"當"則
實不"應"也；而《莊子·天道》："子呼我'牛'也而謂之
'牛'，呼我'馬'也而謂之'馬'"，其意蓋言有"謂"必"唯"，
不計呼名之"當"抑"亂"，"我"固不失爲"我"，猶《應帝王》
之泰氏"以爲馬"、"以爲牛"，而不失其"己"也。莊子高談越
世，於事情則闊遠焉。《尹文子·大道篇》下："人有字長子曰
'盜'、少子曰'毆'。盜出，其父在後，追而呼之，曰：'盜！
盜！'吏聞，因而縛之。其父呼毆喻吏，遽而聲不轉，但云：
'毆！毆！'吏因而毆之，幾至於死"；兩子不因名而失其"己"，
却因名而幾喪其生。《淮南子·脩務訓》："楚人有烹猴而召其鄰
人，以爲狗羹而甘之，後聞其猴也，據地而吐之"（參觀劉晝
《新論·正賞》越人臛蛇享秦客事）；羹不因名而異其本味，口却

因名而變其性嗜。請徵二西之故，以博其趣。《大智度論・十相釋義》第三七："一婆羅門到不淨國，自思唯得乾食，可得清淨。見一老母賣白髓餅，語之送來，當多與價。老母作餅，初時白淨，後轉無色無味。即問：'何緣爾耶?'母言：'我大家隱處生癰，以麪穌甘草拊之，癰熟膿出，和合穌餅，日日如是，是以餅好。今夫人癰好，我當何處更得?'婆羅門聞之，兩拳打頭，搥胸吁嘔"；與楚人事酷類。古羅馬有王，哲人也，通曉名實之理（Der Kaiser Marc Aurel war ein Philosoph und kannte darum den Wert der Namen)，嘗出師伐野人，以所豢雄獅佐戰，士卒久震獅威名，皆大喜(Denn sie wussten durch Namen allein, dass Löwen grausame Tiere von unbezwingbarer Kraft sind)；兩家對陣，野人不識獅，駭問其渠，渠非博物君子而亦通曉名實之哲人也，坦然曰："狗耳! 羅馬種之狗耳!"(Der Führer war nicht naturwissenschschaftlich gebildet, aber auch er war ein Philosoph und kannte die Bedeutung von Namen und Worten. "Das da? Das sind Hunde, römische Hunde.")，野人聞爲狗，不復望而怯走，羣進而聚殲之[1]。天主教規以星期五爲齋日，禁食肉而不忌魚腥；有人於是日過酒家，適覩雞甚肥，即捉付神甫，請施洗命名，比於嬰兒，"以水灑雞首，呪曰：'吾肇錫汝以鯽、鱸之嘉名'"(Jetez-leur un peu d'eau sur la tête, et dites: *Baptiso te Carpam et Percham*)，即可烹食而不破齋矣[2]。清季一朝貴燕美

---

[1]　F. Mauthner，*Kritik der Sprache*，3. Aufl.，I，154-5.

[2]　Mérimée，*Chronique du Règne de Charles IX*，ch. 23，*Romans et Nouvelles*，" Bib. de la Pléiade"，197；cf. *Chronique du Règne de Charles IX*，ed. G. Dulong，"Les Textes Français"，277，note(Pierre de l'Estoile，*Journal de Henri III*).

國外交官於家，饌備海陸，有"燴野味"（a gamestew）一事，客食而甘，連進數箸，欲識爲何物之肉，而不善華語，乃作鴨鳴聲問曰："呀呀?"主效犬吠聲以對："汪汪!"（"Quack-quack-quack?"—"Bow-wow-wow!"）；客大作惡，幾當筵哇焉①。是以雖呼"牛"呼"馬"，名實無虧，而呼"盜"呼"毆"、呼"獅"呼"狗"，則性命以之，呼"雞"呼"魚"，則戒行以之，呼"穌"呼"膿"、呼"狗"呼"猴"呼"鴨"，則茹吐以之。知名之爲賓，視同鳥空鼠即者，未嘗不可倡"名教"，因其又識名可作主，用等華袞斧鉞也。戴逵以"無名"與"尚譽"對峙，尚是粗迹之淺見，豈識陰"無名"而陽"尚譽"者之比比哉。

---

① Emerson, *Journals*, IX, 399.

一五六　全晉文卷一三八

　　張湛《嘲范甯》：“得此方，云用：損讀書一、減思慮二、專內視三、簡外觀四、旦晚起五、夜早眠六，凡六物。……修之一時，近能數其目睫，遠視尺捶之餘。長服不已，洞見牆壁之外，非但明目，乃亦延年。”按“諸賢並有目疾”，以“鄭康成”、“左太沖”與“左丘明”、“杜子夏”並舉，當是瞽者、眇者、短視者、“患目疾”者，以終身殘廢與一時疾恙，泛濫牽連。鄭玄、左思，載籍不言其盲，史袛云太沖“貌寢”，《藝文類聚》卷一七引《鄭玄別傳》且稱“秀眉明目”也。“智如目也，能見百步之外而不能自見其睫”，出《韓非子·喻老》（又見《觀行》），“數”極言服方奇效，能世所不能；“一尺之捶，日取其半，萬世不竭”，出《莊子·天下》，“餘”隱謂經萬世取半而猶存者，其細已甚。“六物”中首舉“損讀書”，終歸“夜早眠”，蓋於學人之手不釋卷、膏以繼晷對症下藥。黃庭堅《病目和答子瞻》：“請天還我讀書眼，欲載軒轅乞鼎湖”，《次韻元實病目》：“道人常恨未灰心，儒士苦愛讀書眼；要須玄覽照鏡空，莫作白魚鑽蠹簡”，可參觀。溫庭筠《訪知玄上人遇曝經》：“惠能不肯傳心法，張湛徒勞與眼方”；楊玄齡《楊公筆錄》：“余自幼病目昏，徧求名方二十餘年，略不少愈，因得張湛與范甯治目疾六物方，遂却去諸藥不御"；陳與義《目疾》："著籬令惡誰能繼，損讀奇方定有功"；則明指張湛此文矣。斐爾丁劇本中一貴公子（Lord Formal）云："天下傷眼之事，無過於讀書（Reading is the worst in the world for the eyes）。吾嘗閱法國小説，數月間纔畢十一二葉耳，而秋水之明已大減，致不辨向婦人平視目語"（But I found it vastly impaired the lustre of my eyes. I had, in that short time, perfectly lost the direct ogle）[1]；此亦以"損讀"爲"眼方"也！

張湛《列子註序》。按別見《列子》卷。

張璠《易集解序》："蜜蜂以兼採爲味。"按以學問著述之事比蜂之采花釀蜜，似始見於此。《全宋文》卷一七裴松之《上三國志注表》亦云："竊惟續事以衆色成文，蜜蜂以兼采爲味，故能絢素有章，甘踰本質"；劉知幾《史通・補注》則誚讓其"繁蕪"曰："但甘苦不分，難以味同萍實者矣。"西人設譬，無乎不同，如古希臘一文家云："獨不見蜜蜂乎，無花不采，吮英咀華，博雅之士亦然，滋味徧嘗，取精而用弘"（Just as we see the bee settling on all the flowers, and sipping the best from each, so also those who aspire to culture ought not to leave anything untasted, but should gather useful knowledge from every source）[2]；古羅馬一大詩人頌一哲學家云："饜飫大作中金玉之言，如蜂入花林，采蜜滿股"（tuisque ex, inclute, chartis floriferis ut apes in saltibus omnia libant，/omnia nos itidem depascimur aurea dicta，/

---

[1]　Fielding, *Love in Several Masques*, I. v, quoted in F. Homes Dudden, *Henry Fielding*, I, p.24.

[2]　Isocrates: "To Demonicus", § 52, "Loeb", I, 35.

aurea)①；詩人自言慘淡經營云：“吾辛苦爲詩，正如蜜蜂之遍歷河濱花叢，勤劬刺取佳卉”（ego apis Matinae/more modoque/grata carpentis thyma per laborem/plurimum circa nemus uvidique/Tiburis ripas operosa parvus/carmina fingo)②；哲學家教子姪讀書作文云：“當以蜂爲模範，博覽羣書而匠心獨運，融化百花以自成一味，皆有來歷而別具面目”（apes debemus imitari et quaecumque ex diversa lectione congessimus，separare，melius enim distincta servantur，deinde adhibita ingenii nostri cura et facultate in unum saporem varia illa libatamenta confundere，ut etiam si apparurit unde sumptum sit，aliud tamen esse quam unde sumptum est，appareat)③；

【增訂四】古基督教以希臘、羅馬詩文爲異端邪説，禁信士勿讀。一神甫謂無須戒絶，當如蜂然，既擇花而採，亦不採全花。人之採玫瑰也，擷花而捨刺，讀書亦求獲其益而慎防其害爾(It is，therefore，in accordance with the whole similtude of the bees，that we should partcipate in the pagan literature. For these neither approach all flowers equally，nor do they attempt to carry off entire those upon which they alight. And just as in plucking the blooms from a rose-bed we avoid the thorns，so also in garnering from such writings whatever is useful，let us guard against what is harmful. —St Basil：“To Young Men on How They Might Derive Profit from Pagan

---

① Lucretius，III，10-13，“Loeb”，170.

② Horace，*Carminum*，IV.ii，27-32，“Loeb”，288.

③ Seneca，*Epistulae morales*，84.5，“Loeb”，II，278.

Literature", *Letters*，Loeb，Vol. IV，pp. 391－3)。

修詞學者教弟子宜廣學問，猶"彼無聲無臭之小蟲爹采繁花而成蜜，甘美乃非人力所及"(et muta animalia mellis illum inimitabilem humanae rationi saporem vario florum ac sucorum genere perficiunt)①。後世遂成教學及作文之常喻。如蒙田論蒙養(l'institution des enfants)，即謂當許兒童隨意流覽："蜂採擷羣芳，而蜜之成悉由於己，風味別具，莫辨其來自某花某卉"(Les abeilles pillotent edça edlà les fleurs，mais elles en font apres le miel，qui est tout leur；ce n'est plus thin ny marjolaine)②。古典主義愈尚模擬，不諱掆搶，蜜官金翼使儼爲文苑之師表矣(Il lettore deve essere un'ape che colga il miele delle ingegnose maniere di scrivere，dell'imitazione，delle poetiche forme del dire)③。歌德因學究談藝，不賞會才人之意匠心裁(die Originalität)而考究其淵源師承(die Quellen)，乃嗤之曰："此猶見腹果膚碩之壯夫，遂向其所食之牛、羊、豕——追問斯人氣力之來由，一何可笑！"(Das ist sehr lächerlich；man könnte ebensogut einen wohlgenährten Mann nach den Ochsen，Schafen und Schweinen fragen，die er gegessen und die ihm Kräfte gegeben)④。其喻變蜂採花爲人食肉，然與古羅馬哲學家及蒙田語正爾同歸，指異而旨無異焉。

---

①　Quintilian，*Institutio oratoria*，I. x. 7，"Loeb"，I，162.

②　Montaigne，*Essais*，I. 26，"La Pléiade"，162.

③　D. Bartoli，*Dell'Huomo di Lettere*，quoted in *La Critica stilistica e il Barocco letterario*. *Atti del Secondo Congresso Internazionale di Studi Italiani*，1958，p. 142. Cf. B. Hathaway，*The Age of Criticism*，451(the classicist bees vs the rationalist silkworms).

④　Eckermann，*Gespräche mit Goethe*，16. Dezember 1828，Aufbau，437.

一五七　全晉文卷一三九

　　郭元祖《列仙傳讚》。按《讚》七〇篇，文采不足觀；"灼灼容顏"、"曄爾朱顏"，"變白還年"、"變白易形"，此類語反復稠疊。《女丸》："女丸蘊妙，仙客來臻"；"丸"必"几"之譌，參觀《太平廣記》卷論卷五九《女几》。《讚》有小引，頗耐玩索。既疑方士之作僞，故曰："始皇好遊仙之事，庶幾有獲，故方士霧集，祈祀彌布，殆必因迹託虛，寄空爲實，不可信用也"；却信神仙之爲真，故曰："雖不言其變化云爲，不可謂之無也。……聖人所以不開其事者，以其無常然，雖〔疑當作惟〕有時著；蓋道不可棄，距而閉之，尚貞正也。而《論語》云：'怪力亂神'，其微旨可知矣。"張華《博物志》卷五列舉"魏王所集方士名"，一言以蔽曰："《周禮》所謂'怪民'，《王制》稱挾'左道'者也。"張氏引《周禮》之"怪"訶斥方士；郭氏引《論語》之"怪"，佐證神仙，其於《述而》"子不語怪、力、亂、神"一語，別有會心，所謂"微旨"者乎。陸九淵《象山先生集》卷三四《語録》："'子不語怪、力、亂、神'，只是'不語'，非謂'無'也。若'力'與'亂'分明是有，'神'，'怪'豈獨無之？"蓋望文生義，此語亦可與《公冶長》："夫子之言性與天道，不可得而聞也"，或《子罕》："子罕言利與命與仁"，等類齊觀；皆"分明是有"，特"不聞言"或"罕言"之耳。郭氏援引，意謂孔子以四者"無常然"而"有時著"，故"不語"，非以四者爲無；正亦陸氏之意。漢大儒誦説孔子，已於神仙有信有不信。信者如劉向、歆父子，桓譚《新論》、魏文《典論》分別譏其"惑"與"愚"。不信者如揚雄，《法言·君子》："或曰：'世無仙，則焉得有斯語?'曰：'語乎者，非嚚嚚也與? 惟嚚嚚，能使無爲有'"；"嚚嚚"能使有，則苟"不語"亦可使無矣。余嘗怪王充《論衡·道虛》一篇，破"道家""仙術"之"傳虛"，如湯沃雪，如斧破竹，而所擊排，莫不冠以"儒書言"。夫黄帝鼎湖事著於《史記·封禪書》，以司馬遷爲"儒"，或猶可説；文摯療疾事著於《吕氏春秋·至忠》篇，以吕不韋屬儒家，已稍不倫；若盧敖仰視若士事載在《淮南子·道應訓》，入劉安於儒家，列《鴻烈》於"儒書"，雖如《韓非子·顯學》所謂"儒分爲八"，恐此中亦無堪位置處；至淮南王拔宅升天事，充自言出《八公之傳》，尤顯爲方士之言，乃竟被"儒書"之目。夫《儒增》篇之指摘"儒書稱"，名正而言順也；題標《道虛》，篇中卻舍道書而刺取"儒書"，加"儒"稱於道家、方士，文心何在，蒙竊惑焉。《史記·司馬相如列傳》："以爲列仙之傳"，《漢書》作"列仙之儒"，顏師古註："'儒'、柔也，術士之稱也，凡有道術者皆爲'儒'；今流俗書本作'傳'，非也，後人所改耳"；《説郛》卷一七蕭參《希通錄》嘗力辯秦始皇未嘗坑"儒家者流"之"儒"，所坑實是"方士"，自喜能發千古之覆。倘以此爲王充解，政恐未可。從俗通稱，固不必矯異，而辨章學術，則宜名從主人；況既以《道虛》命篇，同篇之内，"儒書言"與"道家相誇曰"又雜然並陳，莫衷一是，呼牛呼馬，殊乖嚴慎矣。充雖勿信神仙，而甚信妖怪，其《論死》、《紀妖》、《訂鬼》諸篇所持無鬼論，亦即有妖精論。李覯《盯江全集》卷二四《邵氏神祠記》："五通之爲神，不名於舊文，不次於典祀，正人君子未之嘗言，而有功於予，其可以廢?"，卷三四《疑仙賦》："儒者不言仙，既匪聞而匪見，我焉知其所如?"；蓋不信人之成仙，而信妖之有神，與充相似。《朱文公集》卷五《二十七日過毛山鋪，壁間題詩者皆言有毛女洞，在山絶頂，問之驛吏云：'狐魅所爲耳!'因作此詩》："人言毛女住青冥，散髮吹簫夜夜聲；卻是郵童知端的，向儂説是野狐精"；猶充《訂鬼》力主"鬼者，老物精也，夫物之老者，其精爲人"。文廷式《文道希先生遺詩》有絶句，題爲："萍鄉有毛女洞，《志》以爲仙也，朱子詩云云；夫信野狐之能精，而不信毛女之得道，一彼一此，無是非也"；斯言亦可施於充與覯耳。《述而》之語，千載奉爲良箴，余故舉郭、陸，以見"不語"非即言"無"，復舉王、李、朱，以見"不語神"或即"語怪"，韓愈《謝自然詩》所謂"木石生怪變，狐狸騁妖患"，《西遊記》唐僧所遇魔頭，皆妖精也，物之怪而非人之鬼也。參觀《全梁文》論范縝《神滅論》。

一五八　全晉文卷一四三

　　王該《日燭》：“假小通大，儻可接俗，助天揚光，號曰‘日燭’。”按《莊子·逍遥遊》：“堯讓天下於許由曰：‘日月出矣，而爝火不息，其於光也，不亦難乎！’”莊謂大初無需乎小，如贅可去；王謂小亦有裨於大，雖細勿捐；一喻之兩柄也。曹植《求自試表》：“冀以螢燭末光，增輝日月”，即導王之先路；《全晉文》卷一五八釋道安《註經及雜經志録序》：“由是豐澤洪沾，大明焕赫也，而猶有燋火於雲夜，抱甕於漢陰者，時有所不足也。……冀抱甕燋火，倘有微益”，復與王共規。然取火爲喻者，執柄多同莊生。如《大般涅槃經·壽命品》第一之一：“白佛言：‘我等所獻微末供具，喻如蚊子供養於我，亦如有人以一掬水投之大海，然一小燈助百千日，春夏之月衆華茂盛，有持一華益於衆華，以葶藶子益於須彌’”；釋道宣《高僧傳》二集卷五《玄奘傳之餘》：“日光既出，螢燭奪明，師所寶者，他皆破訖”，又卷九《亡名傳》載所撰《息心讚》：“一文一藝，空中小蚋，一伎一能，日下孤燈”，又卷一五《玄續傳》載所作寶園寺碑中句：“老稱聖者，莊號哲人，持螢比日，用岳方塵”；司空圖《狂題》之六：“卻怕他生還識字，依前日下作孤燈！”又《五燈會元》卷三齊安國師上堂：“思而知，慮而解，如鬼家活計，日下孤燈”，則均本無名語；張籍《征婦怨》：“夫死戰場子在腹，妾身雖在如晝燭”；

【增訂三】《大智度論》卷二五《釋初品中四無畏》：“譬如螢火蟲，日未出時，少多能照。若日出時，千光明照，月及衆星，皆無有明，豈況螢火。”道宣語本此。元稹《苦樂相倚曲》：“苦樂相尋晝夜間，燈光那有天明在？”猶張籍句“妾身雖在如晝燭”，亦喻贅也。然元謂白晝中無有然燈，張謂白晝中未須舉燭，一必無此理，一尚有其事，詞意舒促異矣。

徐鉉《徐騎省文集》卷二〇《復方訥書》：“持秭米以實太倉，秉爝火以助羲馭”；王守仁《傳習錄》卷下答黃勉叔：“若惡念既去，又要存善念，即是日光之下，添燃一燈。”胥指駢贅，與王該喻意適反。取水喻贅，如《淮南子·詮言訓》：“以數雜之壽，憂天下之亂，猶憂河水之少，泣而益之”；《全三國文》卷一六陳王植《上書請免發取諸國士息》：“愚誠以揮涕增河，鼷鼠飲海，於朝萬無損益”；亦猶《涅槃經》之言“掬水投海”正爾無異“然燈助日”也。古羅馬文家曰：“如日光下燃一燈，雖有若無”（In sole lucernam adhibere nihil interest）[1]，不謀而合。後世因承，標舉其雋永者二例，皆符日月出而爝火息之旨。雪萊與友書曰：“吾與拜倫游處，不復能作詩，如螢火爲旭日所滅”（I have lived too long near Lord Byron and the sun has extinguished the glowworm）[2]；近世意大利一諷諭小詩曰：“滿月皎白勝常，照地爛如鋪銀，耿耿小明黯然奪氣。菜圃中一螢謂蟋蟀曰：‘渠儂

---

[1]　Cicero，*De Finibus*，IV. xii，“Loeb”，332.

[2]　Shelley to Horace Smith，May 1822，*Complete Works*，ed. R. Ingpen and W. E. Peck，X，392.

何賣弄若是？渠色相小露，亦尚不惡，今夕則炫耀太甚矣！'語畢收光自隱，以示不與爲伍"（Lucciola，forse，nun ha torto /se chiede ar Grillo：—Che maniera è questa? /un po'va bè'：però stanotte esaggera! —/E smorza el lume in segno di protesta）[1]。詩即嘲所謂"勝之以不戰"也，深中世人實不能而佯不屑之情，蛙與牛競大之古寓言得此方具足矣。立喻不取諸火而命意同於王氏者，舍前論《全後漢文》張衡《髑髏賦》所舉外，如《全晉文》卷一五八釋道安《安般經注序》："竊不自量，敢因前人，爲解其下，庶欲蚊翮以助隨藍、霧潤以增巨壑也"，又《道地經序》："造此訓傳，冀權與進者，暫可微悟；蚊蚋奪翼以助隨藍，蟻壟增封嵩岳之頂"；

【增訂四】道安所謂"隨藍"，釋典常作"毗藍"。如《大智度論》卷一一《釋初品中舍利弗因緣》："譬如須彌山，四邊風起，不能令動。至大劫盡時，毗藍風起，如吹爛草"；卷一七《釋初品中禪波羅蜜》："八方風起，不能令須彌山動。劫盡時毗藍風至，吹須彌山，令如腐草。"不曰"如落葉"，而曰"如腐草"，亦猶《論》、《孟》之言草上之風必"偃"也。

《全宋文》卷一七裴駰《史記集解序》："有所裨補，譬嘒星之繼朝陽，飛塵之集華嶽。"曹植《上書請免發諸國士息》謂"揮涕增河，萬無損益"；而岑參《見渭水思秦川》："渭水東流去，何時到雍州？憑添兩行淚，寄向故園流！"或王安石《壬辰寒食》："更傾寒食淚，欲漲冶城潮"，又一喻之兩柄也。《西遊記》第七五回唐僧四衆行近獅駝洞，太白金星報妖精攔路，孫行者欲邀豬八戒協力降魔，謂

---

[1]　Trilussa："Presunzione"，quoted in P. Pancrazi, *Scrittori d'Oggi*，VI，28.

－1974－

之曰："兄弟，你雖無甚本事，好道也是個人。俗云：'放屁添風'，你也可壯我些膽氣"；又第八三回沙僧勸八戒"助助大哥，打倒妖精"，亦曰："雖説不濟，却也放屁添風。"正肖英俚語："老嫗小遺於大海中，自語曰：'不無小補!'"（"Every little helps，"as the old lady said，when she pissed in the sea）①。與王氏之稱"日燭"，又喻之異指（denotatum）而同旨（significatum）也。

《日燭》："夕惕苦逝，慶升九天。寶殿晃昱，高構虛懸；瓊房兼百，瑤户摩千；金門焕水精之朗，玉巷耀琉璃之鮮。……想衣斐亹以被軀，念食芬芳以盈前。"按可徵當時事佛者艷稱健羡之生天樂趣。"想衣"、"念食"兩句即竺法護《彌勒下生經》或佛陀耶舍、竺佛念共譯《長阿念經》之三〇《世紀經》所言"自然衣食"（別見《太平廣記》卷論卷三八三《古元之》），乃人間之盛世樂土所有，非"苦逝"後天堂情景，王氏侈言而失言矣。釋氏鋪陳天堂富麗，誇而實陋。龍衮《江南野史》、陸游《南唐書·浮屠、契丹、高麗列傳》、謝采伯《密齋筆記》卷五等皆記李後主佞佛，宋太祖遣僧爲問，"導以奢侈"，僧因謂後主曰："陛下不讀《華嚴經》，安知佛富貴?"夫《華嚴經》中反復描摹"佛富貴"，不過以琉璃、摩尼珠、瓔珞、寶華諸物，張大其數，至百萬千億（如《升夜摩天宮品》第一九、《升兜率天宮品》第二三）；更可笑者，復以此等物堆疊顛倒，如云："五百寶器自然盈滿，金器盛銀，銀器盛金，玻璃器中盛滿硨磲，硨磲器中盛滿玻璃，碼碯器中盛滿珍珠，珍珠器中盛滿碼碯，火摩尼器中盛滿

---

① E. Partridge，*A Dictionary of Slang and Unconventional English*，4th ed.，635.

水摩尼，水摩尼器中盛滿火摩尼"（《入法界品》第三九之三；參觀《入法界品》第三九之四："白銀國土放黃金色光，黃金國土放白銀色光，琉璃國土放玻璃色光，玻璃國土放琉璃色光"等，又《長阿含經》記東方小王迎轉輪聖王，以"金鉢盛銀粟，銀鉢盛金粟"），想見其思儉技窮矣。

【增訂三】《大智度論》卷一一《釋初品中檀相義》："八萬四千金鉢盛滿銀粟，銀鉢盛滿金粟，琉璃鉢盛玻璨粟，玻璃鉢盛琉璃粟"；卷一二《釋初品中檀波羅蜜法施之餘》："王入寶殿，登金樓，坐銀牀。……入初禪次，登銀樓，坐金牀。入二禪次，登毗琉璃樓，坐玻璨寶牀。入三禪次，登玻璨寶樓，坐毗琉璃牀"云云。言之重言之，而顛之倒之，變化適見其堆板，讀之欲開口笑，復即張口呵欠也。

即持較後主《浣溪沙》："金爐次第添香獸、紅錦地衣隨地皺"等排場，亦猶以李慶孫《富貴曲》："軸裝曲譜金書字，樹記花名玉篆牌"，較"笙歌歸院落，燈火下樓臺"，晏殊所謂寒乞相而非富貴氣者（參觀歐陽修《歸田錄》卷二、吳處厚《青箱雜記》卷五）。後主讀之而爲所聳炫，殆禍來神昧歟！謝采伯斥"庸僧不知，抬起作話頭"；《後西遊記》第一四回葛籐大王曰："佛既清虛不染，爲何《華嚴經》又盛誇其八寶莊嚴？"；李威《嶺雲瑣記續選》亦以《華嚴》之"富貴"爲病，曰："蓋後來佛説漸精矣。"《日燭》此節，泂佛説之粗者。顧不粗不能歆動流俗，專憑重空三昧安能普門起信乎？《後西遊記》第一二回豬一戒欲隨父去"吃現成茶飯"，八戒止之曰："皆是空香虛氣，惟成佛後方知受享此味；你如今尚是凡胎，如何得能解饞？"；正恐不如《日燭》言自然食之粗而易動人也。《日燭》祇道居處衣食，不及男女，此異於《世紀經》，而尤不同於道家言。道士誇説天宮，真如韋莊《陪金陵府相中堂夜宴》言"滿耳笙歌"、"滿樓珠翠"、"繡户青娥"："因知海上神仙窟，只似人間富貴家!"（參觀《太平廣記》卷論卷七《白石先生》、論《全三國文》阮籍《大人先生傳》）。十七世紀一博學士嘗謂回教天堂中極人世五欲之樂（a heaven where there is sensible pleasure），而基督教天堂中極樂而不知所樂爲何（a heaven where we shall enjoy we can't what）[1]；道士説生天之樂差近回教，僧徒所説相形猶見絀焉。

《日燭》："逮乎列仙之流，鍊形之匹，……貴乎能飛，則蛾蝶高騫；奇乎難老，則龜蛇修考。"按此節譏道家不死飛升之術。卷一六六闕名《正誣論》記道家"異人"謗釋之一端曰："沙門之在京洛者多矣，而未曾聞能令主上延年益壽，……下不能休糧絶粒，呼吸清醇，扶命度厄，長生久視。"蓋當時道士常誇此以陵加釋子也。《抱朴子・對俗》侈稱"千歲之龜"、"千歲之鶴"、"蛇有無窮之壽"，以示範而誘人學道，必亦道士之接引話頭。故王氏反唇相稽，迳等神仙於鱗介蟲豸，不齒人類。後世僧與道諍，每及求仙，如寒山詩："昨到雲霞觀，忽見仙尊士。……饒你得仙人，恰似守屍鬼!"

《日燭》："周既達而未盡，信齊諧之小醜，見鵬鯤而標大，不覩鳥王與魚母。"按嗤鄙莊子之言大物，已開唐僧玄續、道世輩議論，別見《全上古文》論宋玉《大言賦》。

---

① John Selden，*Table-Talk*，ed. S. W. Singer，rev. W. S. W. Anson，Routledge，104. Cf. Alfred de Vigny，*Journal d'un Poète*，*Oeuv. comp.*，"la Pléiade"，II，896；Heine："Ali Bei"："Vorgeschmack des Paradieses/Gönnt ihm Allah schon auf Erden"usw.

一五九　全晉文卷一四六

　　闕名《道學論》：“許邁字叔齊”云云。按《太平御覽》卷四一〇僅存此一則；《御覽》卷六七九等引《道學傳》，亦神仙家言，如“王母云：‘此《靈光生經》，聽四千年得傳一人’”云云，固無足采，然“同道謂之天親，同心謂之地愛”，尚有詞致。《隋書·經籍志》二有《道學傳》二卷，《志》三曰：“漢時，曹參始薦蓋公能言黄、老，文帝宗之，自是相傳，道學衆矣”；蓋“道學”原謂“道家之學”。毛奇齡嘗據“道書”有《道學傳》，以譏宋儒之自號“道學”，方東樹《漢學商兌》卷上斤斤辨之。似皆未聞韓愈《原道》所言“道其所道”之旨者。釋子亦自稱其學爲“道”，《全梁文》卷六〇劉勰《滅惑論》：“梵言‘菩提’，漢語曰‘道’”；《全後周文》卷二三釋道安《二教論·孔老非佛七》：“‘菩提’者，……慧照靈通，義翻爲‘道’，‘道’名雖同，‘道’義大異”；《高僧傳》二集卷三一《慧乘傳》記道士潘誕奏稱“道能生佛”，取“驗”於“外國語云‘阿耨菩提’，晉音翻之‘無上大道’”；三集卷二七《含光傳·通》曰：“唐西域求易《道經》，詔僧、道譯唐爲梵，二教争‘菩提’爲‘道’，紛拏不已，中輟。”夫“道”，路也。《東觀漢記》卷一六記第五倫“每所至客

舍，輒爲糞除道上，號曰‘道士’”；則“道士”亦即今俗所稱
“清道夫”爾。“道學”之“道”，理而喻之路也，各走各路，各
説各有理，儒、釋、道莫不可以學“道”自命也。《老子》第五
三章：“行於大道，……大道甚夷，而民好徑”；《法言·問道》：
“道也者，通也，……道若塗若川”；《大般涅槃經·獅子吼菩薩
品》第十一之一：“如平坦路，……路喻聖道。”又豈特三教而
已，如《新約全書·使徒行傳》第一六章：“傳説救人的道”，第
一九章：“後來有些人，……毁謗這道。……這道起的擾亂不小”
（官話譯本）①；是復“道其所道”也。尚有人於“道學”一詞溯
源正名，以糾《宋史·道學傳》之稱者，見事已遲而見地不
廣耳。

────────────

　　①　*The Acts*，16，17（the way of salvation）；19.9 and 23（speaking evil of the
Way；no small stir concerning the Way）.

一六〇　全晉文卷一五二

苻朗《苻子》：“朔人有獻燕昭王大豕者，……大如沙墳，足如不勝其體。王異之，令衡官橋而量之，折十橋，豕不量；又令水官舟而量之，其重千鈞。”按宋吳曾《能改齋漫錄》卷一、清桂馥《札樸》卷三皆謂與《三國志·魏書·武、文世王公傳》載鄧哀王沖量孫權致巨象事同。《雜寶藏經》卷一之四記天神問棄老國王：“此大白象有幾斤兩？”舉朝莫對；大臣歸以問父，父曰：“置象船上，著大池中，畫水齊船深淺幾許，即以此船，量石著中，水沒齊畫，即知斤兩。”又費袞《梁溪漫志》卷八記鄧王沖事，因曰：“本朝河中府浮梁，用鐵牛八維之，一牛且數萬斤。治平中，水暴漲，絕梁，牽牛沒于河。募能出之者。真定府僧懷丙以二大舟實土，夾牛維之，用大木爲權衡狀，鈎牛。徐去其土，舟浮牛出。”阮元《揅經室三集》卷二《記任昭才》記銅礮沉溫州三盤海底，任以八船分兩番出之；阮氏未知此僧事也。

一六一　全晉文卷一五八

　　釋道安《答郗超書》："損米千斛，彌覺有待之爲煩。"按"有待"詞出《莊子》。《逍遥遊》列子御風，"此雖免乎行，猶有所待者也"；《齊物論》景答罔兩，"吾有待而然者耶？吾所待又有待而然者耶？"；《寓言》景答罔兩，"彼吾所以有待耶？而況乎以有待者乎？"列子所"待"者、風，影所"待"者、形。《逍遥遊》郭象註、《世説·文學》門劉峻註述向秀、郭象"逍遥義"及"支氏《逍遥論》"，皆泛論"萬物""不失其所待"，"物之芸芸，同資有待"，"若有欲當足"，"非至足無以逍遥"；"無待"則如王夫之《莊子解》卷一云："不待物以立己，不待事以立功，不待實以立名。"晉人每狹用，以口體所需、衣食之資爲"有待"，如道安此《書》即謂糧食。《全晉文》卷一六一釋慧遠《沙門不敬王者論》末節答"素餐之譏"："形雖有待，情無近寄"；卷一六六闕名《正誣論》："輟黍稷而御英蕤，吸風露以代餱糧，俟此而壽，有待之倫也"；《全宋文》卷三一謝靈運《山居賦》："生何待於多資，理取足於滿腹"，自註："謂人生食足則歡有餘，何待多須耶？"，又"春秋有待，朝夕須資"，自註："謂寒待綿纊，暑待絺綌，朝夕餐飲"；

【增訂四】《宋書·王僧達傳》上表解職曰："故收崖斂分，無忘俄頃。實由有待難供，上裝未立。"

《南齊書·張融傳》與從叔永書："但世業清貧，民生多待"；梁元帝《金樓子·自序》："常貴無爲，每嗤有待"；智顗《摩訶止觀》卷四《明方便》第六："衣食具足者，……有待之身，必假資藉"；《全唐文》卷一四三李百藥《化度寺故僧邕禪師舍利塔銘》："涉無爲之境，絶有待之累"；卷三三五萬齊融《阿育王寺常住田碑》："我聞語寂滅者，本之以不生，而菩薩不能去資生立法；談逍遥者，存之以無待，而神人不能亡有待爲煩"；釋道宣《高僧傳》二集卷二四《静琳傳》："嘗居山谷須粒，有待爲繁，乃合守中丸一劑，可有升許，得支一周，琳服延之，乃經三載，便利之際，收洗重服。"唐、宋詩中如駱賓王《帝京篇》："相顧百齡皆有待"，陳與義《對酒》："人間多待須微禄"，均謂人生都須營求衣食，陳熙晉《駱臨海集箋註》、胡穉《簡齋詩集箋註》未了然也。

釋道安《摩訶鉢羅若波羅蜜經鈔序》。按論"譯梵爲秦"，有"五失本"、"三不易"，吾國翻譯術開宗明義，首推此篇；《全三國文》卷七五支謙《法句經序》僅發頭角，《學記》所謂"開而弗達"。《高僧傳》二集卷二《彦琮傳》載琮"著《辯正論》，以垂翻譯之式"，所定"十條"、"八備"，遠不如安之扼要中肯也。嚴氏輯自《釋藏跡》，凡琮引此《序》中作"胡"字者，都已潛易爲"梵"，如"譯胡"、"胡言"，今爲"譯梵"、"梵語"，琮明云："舊唤彼方，總名胡國，安雖遠識，未變常語"也。又如"聖必因時，時俗有易"，今爲"聖必因時俗有易"，嚴氏案："此二語有脱字"；蓋未參補。至琮引："正當以不關異言，傳令知會通耳"，今爲："正當以不聞異言"云云，殊失義理。安力非削"胡"適"秦"、飾

"文"減"質"、求"巧"而"失實";若曰:"正因人不通異域之言,當達之使曉會而已";"關"如"交關"之"關","通"也,"傳"如"傳命"之"傳",達也。"五失本"之一曰:"梵語盡倒,而使從秦";而安《鞞婆沙序》曰:"遂案本而傳,不合有損言游字;時改倒句,餘盡實録也",又《比丘大戒序》曰:"於是案梵文書,惟有言倒時從順耳。"故知"本"有非"失"不可者,此"本"不"失",便不成翻譯。道宣《高僧傳》二集卷五《玄奘傳之餘》:"自前代以來,所譯經教,初從梵語,倒寫本文,次乃迴之,順向此俗";正指斯事。"改倒"失梵語之"本",而不"從順"又失譯秦之"本"。安言之以爲"失"者而自行之則不得不然,蓋失於彼乃所以得於此也,安未克圓覽而疏通其理矣。"失本"之二曰:"梵經尚質,秦人好文,傳可衆心,非文不合";卷一六六闕名《首楞嚴後記》亦曰:"辭旨如本,不加文飾,飾近俗,質近道。"然卷一六〇釋僧叡《小品經序》:"梵文雅質,案本譯之,於麗巧不足,樸正有餘矣,幸冀文悟之賢,略其華而幾其實也",又《毗摩羅詰提經義疏序》:"煩而不簡者,貴其事也,質而不麗者,重其意也";卷一六三鳩摩羅什《爲僧叡論西方辭體》:"天竺國俗,甚重文藻。……但改梵爲秦,失其藻蔚,雖得大意,殊隔文體,有似嚼飯與人,非徒失味,乃令嘔穢也。"則梵自有其"雅"與"文",譯者以梵之"質"潤色而爲秦之"文",自是"失本",以梵之"文"損色而爲秦之"質",亦"失本"耳。意蘊悉宣,語跡多存,而"藻蔚"之致變爲榛莽之觀,景象感受,非復等類(the principle of equivalent or approximate effect)。安僅譏"斲鑿而混沌終",亦知其一而未知其二也。慧皎《高僧傳》卷六《僧叡傳》記其參羅什譯經,竺法護原譯《法華經·受決品》有云:"天見人,人見天"，什曰："此語與西域義同，但此言過質"，叡曰："得非'人天交接，兩得相見'?"什喜曰："實然!""辭旨如本"，"質"而能"雅"，或如卷一六五僧肇《百論序》："務存論旨，使質而不野"，叡此譯可資隅反。安《鞞婆沙序》謂"求知辭趣，何嫌文質?"流風所被，矯枉加厲，贊寧《高僧傳》三集卷三《譯經篇·論》遂昌言"與其典也寧俗"矣。"失本"之三、四、五皆指譯者之削繁刪冗，求簡明易了。梵"丁寧反復，不嫌其煩"，"尋説向語，文無以異"，"反騰前辭，已乃後説"。此如蜀葵之"動人嫌處只緣多"，真譯者無可奈何之事；苟求省淨無枝蔓，洵爲"失本"耳。歐陽修《文忠集》卷一三○《試筆》："余嘗聽人讀佛經，其數十萬言，謂可數言而盡"，語固過當，未爲無故。

【增訂三】歐陽修挾華夏夷狄之見，加之正學異端之争，我慢自雄，大言抹摋。然其語特輕率耳，非盡不根無故也。拈一例助之張目。東晉譯《那先比丘經》卷中彌蘭王問："人有欲作善者，當前作之耶？當後作之乎?"那先言："當居前作之；在後作之，不能益人也。……王渴欲飲時，使人掘地作井，能赴王渴不?"王言："不赴渴也。當居前作井耳。"那先言："人亦如是。人所作皆當居前，在後作者無益也。……王飢時乃使人耕地、糞地、種穀，飢寧用飯耶?"王言："不也。當先有儲貯。"那先言："人亦如是，當先作善，有急乃作善者，無益身也。……譬如王有怨，當臨時出戰鬭，王能使人教馬、教象、教人作戰鬭具乎?"王言："不也。當宿有儲貯，臨時便可戰鬭；臨時教馬、教象、教人無益也。"卷下王復問："苦乃在後世，何爲預學道作沙門?"那先答："敵主臨來時，王乃作鬭具、備守掘塹耶？當預作之乎？……飢乃種田，渴乃掘井耶？"王言："皆當預作之。"丁寧反復，含意盡申而强聒勿捨，似不知人世能覺厭倦者，此固不待言。前後重設兩喻，適與吾國典籍冥契。《晏子春秋》内篇《雜》上第二〇："譬之猶臨難而遽鑄兵，臨噎而遽掘井，雖速亦無及已"（參觀《墨子·公孟》："亂則治之，是譬猶噎而穿井也，死而求醫也"），《説苑·雜言》作"譬之猶渴而穿井"；《素問·四氣調神大論第二》："夫病已成而後藥之，亂已成而後治之，譬猶渴而穿井，鬭而鑄錐，不亦晚乎！"繁簡相形，利鈍自辨矣。又如《百喻經》卷一《乘船失釪喻》與《吕氏春秋·慎大覽·察今》楚人契舟求劍喻，亦資參驗。皆令人思及李密論諸葛亮"言教"也（見 1819－1820 頁）。《後西遊記》第二四回文明天王曰："佛家經典，雖説奥妙，文詞却笨而且拙，又雷同，又堅澀，怎算得文章！"頗具藻鑒，未可以妖而廢言。韓愈論道，力排二氏，而論文則稱道家之莊子；苟佛經不大乖吾國修詞律令者，當亦在其"細大不捐"之列乎？未可知也。劉勰奉佛，而釋書不與於"文心"，其故亦可思也。明釋守仁有《夢觀集》，方孝孺爲之序，不見《遜志齋集》中。方濬師《蕉軒續録》卷一全載其文，有曰："佛氏入中國稍後，而其術最奇；其閎詭玄奥，老、莊不能及之。然而世之學者常喜觀諸子之書，至於佛氏之説，非篤好者，多置不省。何哉？豈非諸子之文足以説人，故人尤好之邪？佛氏之意蓋亦深遠矣，惜其譯之者不能修其辭也。以其所言之詳，使有能文者譯其辭，命文措制，與諸子相準，雖阻遏諸子而行於世可也。"倘許借爲鄰壁之明，以窺劉、韓之别裁微旨乎？王世貞《藝苑巵言》卷三云："莊生、列子、楞嚴、維摩詰，鬼神於文者乎！"又云：

"圓覺之深妙，楞嚴之宏博，維摩之奇肆，駸駸乎鬼谷、淮南上矣。"漫浪語以自示廣大教化耳。

【增訂四】歐陽修所譏佛典辭費之病，吾國釋子未嘗不知。後漢釋支讖譯《道行經》，有釋道安《序》，論《放光品》云："斥重省刪，務令婉便，若其悉文，將過三倍"；釋慧遠《大智論鈔·序》云："童壽〔鳩摩羅什〕以此論深廣，難卒精究，因方言易省，故約本以爲百卷。計所遺落，殆過三倍，而文藻之士，猶以爲繁。……信言不美，固有自來矣。"或且進而飾說解嘲。唐玄奘譯《大般若波羅蜜多經》，并以釋玄則《大般若經初會序》云："義既天悠，詞仍海溢。……或謂權之方土，理宜裁抑。竊應之曰：'一言可蔽'，而雅頌之作聯章；二字可題，而涅槃之音積軸。優柔闡緩，其慈誨乎。若譯而可削，恐貽譏於傷手；今傳而必本，庶無譏於溢言。"蓋"言"誠苦"溢"而"宜裁"，譯則求"信"而"必本"，固亦明知詞"繁"不殺之非"美"也。歐陽之誚，實中彼法譯徒之心病焉。唐釋澄觀《大方廣華嚴疏鈔會本》卷三："故會意譯經，姚秦羅什爲最；若敵對翻譯，大唐三藏稱能"；近世判別所謂主"達"之"意譯"與主"信"之"直譯"，此殆首拈者歟。又按古羅馬諧劇中亦以"臨渴掘井"爲痛苦不堪之事（Miserum est opus, /igitur demum fodere puteum ubi sitis faucis tenet.—Plautus, *Mostellaria*, 379-80, Loeb, Vol. III, p. 328）。

安《比丘大戒序》："諸出爲秦言，便約不煩者，皆蒲萄酒之被水者也"，意同《全宋文》卷六二釋道朗《大涅槃經序》："隨意增損，雜以世語，緣使違失本正，如乳之投水。"皆謂失其本真，指質非指量；因乳酒加水則見增益，而"約不煩"乃削減也。又按羅什"嚼飯"語，亦見《高僧傳》卷二本傳，文廷式《純常子枝語》卷一三申之曰："今以英法文譯中國詩、書者，其失味更可知。即今中國之從天主、耶穌者，大半村鄙之民，其譯新、舊約等書，亦斷不能得其真意。覽者乃由譯本輒生論議，互相詆訾，此亦文字之劫海矣！"即所謂："誤解作者，誤告讀者，是爲譯者"(commonly mistakes the one and misinforms the other)①。此猶指說理、記事；羅什專爲"文藻"而發，尤屬知言。蓋迻譯之難，詞章最甚。故有人作小詩，託爲譯詩者自解嘲云："譯本無非劣者，衹判劣與更劣者耳"(Es gibt nur schlechte Ueberset-zungen/und weniger schlechte)②。西萬提斯謂翻譯如翻轉花毯，僅得見背(el traducir de una lengua en otra... es como quien mira los tapices flamencos por el revés)③；可持較《高僧傳》三集卷三："翻也者，如翻錦綺，背面俱花，但其花有左右不同耳。"雨果謂翻譯如以寬頸瓶中水灌注狹頸瓶中，傍傾而流失者必多(Traduire，c'est transvaser une liqueur d'un vase à col large dans un vase à col étroit；il s'en perd beaucoup)④；"酒被水"、"乳投水"言水之入，此言水之出，而其"失本"惟均，一喻諸質，一喻諸量也。叔本華謂翻譯如以此種樂器演奏原爲他種樂器所譜之曲調(Sogar in blosser Prosa wird die allerbeste Uebersetzung sich

---

① 　Samuel Butler，*Characters*，"A Translator"，*Prose Writings*，ed. A. W. Waller，170.

② 　Ch. Morgenstern："Der mittelmässiger Uebersetzer rechtfertigt sich，"*Epigramme und Sprüche*，R. Piper，45.

③ 　*Don Quijote*，II. 62，"Clásicos Castellanos"，VIII，156.

④ 　*Littérature et Philosophie mêlées*，"Reliquat"，Albin Michel，253.

zum Original höchstens so verhalten, wie zu einem gegebenen Musikstück dessen Transposition in eine andre Tonart)①;

【增訂四】叔本華之喻早見史達爾夫人名著中："條頓語系各語種互譯非難，拉丁語系各語種亦復如是；然拉丁語系語種却不辦迻譯日爾曼族人詩歌。爲此種樂器所譜之曲調而以他種樂器演奏焉，則不能完美"（Les langues teutoniques se traduisent facilement entre elles; il en est de même des langues latines; mais celles-ci ne sauraient rendre la póesie des peuples germaniques. Une musique, composée pour un instrument, n'est point exécutée avec succès sur un instrument d'un autre genre. —Madame de Staël, *De l'Allemagne*, Ptie II, ch. I, Berlin: A. Asher, n. d., p. 110）。

此喻亦見吾國載籍中，特非論譯佛經爲漢文，而論援佛説入儒言，如《朱文公集》卷四三《答吳公濟》："學佛而後知，則所謂《論語》者，乃佛氏之《論語》，而非孔氏之《論語》矣。正如用琵琶、篥箏、方響、觱栗奏雅樂，節拍雖同，而音韻乖矣。"

【增訂四】文廷式《純常子枝語》卷三五引乾隆四八年八月諭："近來凡有諭旨兼蒙古文者，必經朕親加改正，方可頒發。而以理藩院所擬原稿示蒙古王公，多不能解。緣繙譯人員未能諳習蒙古語，就虛文實字，敷衍成篇。……又如從前德通所譯清文，阿岱閱之，往往不能盡曉；……乃由德通拘泥漢字文義，

---

① *Parerga und Paralipomena*, Kap. 25, § 299, *Sämtl. Werk.*, hrsg. P. Deussen, V, 627. Cf. E. M. Fusco, *Scrittori e Idee*, 578: "trasposizione o sostituzione di strumenti; ad esempio l'adattamento al pianoforte di un'opera concepita e scritta per orchestra, e viceversa."

牽綴爲文，於國語神理，全未體會。"昭槤《嘯亭續録》卷三：
"貝勒存齋主人永琦言：'今日之翻譯經典，即如南人學國語，
祇能彷彿大概，至曲折微妙處，終有一間未達者"；當亦指漢
籍之譯爲"清文"者，其書卷一嘗稱戸曹郎中和素"翻譯極
精"，即謂以"清文"迻譯《西廂記》、《金瓶梅》等也。伍拉
訥子《批本隨園詩話》於卷五《徐蝶園相國元夢》條有批語：
"翻譯《金瓶梅》，即出徐蝶園手"，則《金瓶梅》"清文"譯非
祇一本矣。海通以前，清人論"譯事之難"，殊不多見，故拈
出之。

伏爾泰謂，倘欲從譯本中識原作面目，猶欲從板刻複製中覩原畫
色彩(Qu'on ne croie point encore connaître les poètes par les tra-
ductions；ce serait vouloir apercevoir le coloris d'un tableau dans
une estampe)①。有著書論翻譯術者，嘗列舉前人醜詆譯事、譯
人諸詞，如"驢蒙獅皮"(asses in lions'skins)，"蠟製偶人"(the
Madame Tussaud's of literature)，"點金成鐵"(the baser alche-
my)之類頗夥②；余尚別見"沸水煮過之楊梅"(a boiled straw-
berry)、"羽毛拔光之飛鳥"(der gerupfte Vogel)、"隔被嗅花
香"(smelling violets through a blanket)等品目，僉不如"嚼飯
與人"之尋常而奇崛也。

---

①　*Essai sur la Poésie épique*，in *Oeuv. compl.*，éd. L. Moland，VIII，319. Cf.
Herder："der verzogenste Kupferstich von einem schönen Gemählde"，*Sämtl. Werk.*，
hrsg. B. Suphan，V，166.

②　E. Stuart Bates，*Modern Translation*，141.

一六二　全晉文卷一六一

　　釋慧遠《答桓玄書》等。按錢謙益《有學集》卷四二《報慈圖序贊》：“唯其時遠公以忠，淵明以孝，悠悠千載，孰知二人心事，比而同之耶？”同卷《遠法師書、論、序贊》據《沙門不拜王者論》末：“晉元興三年歲次閼逢，於時天子蒙塵，人百其憂”，稱遠以沙門而忠於晉，“整皇綱，扶人極”，足“爲儒林之大師”；卷五〇《書遠公〈明報應論〉》謂後世“極論形神者，一一皆遠公註脚”。於遠贊歎不容口。錢氏暮年，論古人詩獨推元好問，其鄉人譏之曰：“蓋因晚節既墜，欲借野史亭以自文耳”（王應奎《柳南隨筆》卷四）。信斯言也，有裨於知人論世。其昌言佞佛，亦隱愧喪節耳。表揚纍臣志士與援掇禪藻釋典，遂爲《有學集》中兩大端；苟不順事二姓而又皈依三寶，則其人美俱難并，錢氏尤道之津津，如卷二一《山翁禪師文集序》、三五《芥菴道人塔前石表題詞》、三六《華首空隱和尚塔銘》即是。呕呕發明慧遠“心事”，正復託古喻今，借澆塊壘，自明衷曲也。慧遠書晉紀元，陶潛不書宋年號，“悠悠千載”，至錢氏而始“比同”，此無他，生世多憂，望古遙集，雲萍偶遇，針芥易親。蓋後來者尚論前人往事，輒遠取而近思，自本身之閱歷着眼，於切己之情景會心，曠代相知，高擧有契。《鬼谷子・反應》篇詳言"以反求覆"之道，所謂："反以觀往，覆以驗來；反以知古，覆以知今；反以知彼，覆以知己。……故知之始，己自知而後知人也"；理可以推之讀史。宋明來史論如蘇洵《六國論》之與北宋賂遼，蘇軾《商鞅論》之與王安石變法，古事時事，相影射復相映發（actualization），厥例甚衆。《荀子・非相篇》曰："欲觀千歲，則數今日。……古今一度也"，又《性惡篇》曰："故善言古者，必有節於今"；《後漢書・孔融傳》答魏武問曰："以今度之，相當然耳"；《三國志・魏書・文帝紀》裴註引《魏氏春秋》受禪顧謂羣臣曰："舜禹之事，吾知之矣"；比物此志也[1]。

【增訂三】狄德羅《俄國政府開辦大學校方案》中歷史課程一節云："學歷史當始於本國史，漸增廣以包世界，亦當始於近代史，漸逆溯以至皇古"（il faut commencer l'étude de l'histoire...par les temps les plus voisins en remontant jusqu'aux siècles de la fable，ou la mythologie），並引格羅秀斯（Grotius）之言自佐（Diderot："Plan d'une Université pour le Gouvernement de Russie"，*op. cit.*，III，492-3）；編集者（J. Assézat）註引基佐（Guizot）語謂此乃當時常論。似亦寓以今度古、即近知遠之旨。蘇聯史家（Pokrovskii）遂逕稱歷史乃"以後世政治向前代投射"（History is politics projected into the past）矣（M. Friedberg，*A Decade of Euphoria*，122 n.，241 n.）。

---

① Cf. Croce，*Filosofia*，*Poesia*，*Storia*，444（Ogni vera storia è storia contemporanea）；Bergson，*La Pensée et le Mouvant*，pp. 23-4（la préfiguration rétroactive）.

以錢氏之尊慧遠，參驗明遺民逃禪之風，乃覺有味乎其言之。《全唐文》卷五七九柳宗元《送玄舉歸幽泉寺序》："佛之道大而多容。凡有志乎物外而恥制於世者，則思入焉。故有貌而不心，名而異行，剛狷以離偶，紆舒以縱獨，其族類不一，而皆童髮毀服以游於世。其孰能知之!"柳語猶爲無事平世而發，至夷夏鼎革之交，若明與清之遞代，則"有志而恥制於世"者，投佛門"以游於世"，更可揣而知矣。《有學集》卷四《寄懷嶺外四君》之一《金道隱》："法筵臘食仍周粟，壞色條衣亦漢官"，又《嘉禾梅溪訪大山禪人》之三："四鉢尚擎殷粟米，七條還整漢威儀"；卷九《題歸玄恭僧衣畫像》之二："周冕殷冔又劫灰，緇衣僧帽且徘徊，儒門亦有程夫子，贊歎他家禮樂來"；正謂"沙門不拜王者"與大漢遺黎之不事胡羯新主，是二是一也。錢秉鐙《田間詩集》卷一《澹歸師寄訊、忻慨成詩》："早信皈依緣謗佛，但存血氣總爲僧"；卷三《金陵即事》之一："荒路行愁逢牧馬，舊交老漸變高僧"；卷四《贈朱七處士》："穩著僧衣官不禁，閒談往事難偏多"；卷七《雜憶》之八："惟有山僧裝不改，近聞牒下漸苛求。"吳仕潮《漢陽五家詩選》卷三李以篤《送一公遊白嶽》："亂後高人歸二氏，秋來楚客類孤蓬"，又《懷人詩》之五《熊魚山給諫》："亂後人高二氏名，如公方不負平生。"閻爾梅《閻古古全集》張相文編本卷四《沜置草堂讀史詩》："愁將椎結剃金錢，海內多增隱士禪"，《莊尚之見過》："避世難言因避地，逃名不遂且逃禪"，《皈僧》："非關旱極胡爲髡，不是刑餘豈合髡"；卷五《哭梅惠連》："亡國大夫羞語勇，入山名士且爲僧。"徐芳《懸榻編》卷二《四十八願期場序》："近代來乃更有不聾而頑，不瞽而眩，不跛蹇而顛躓，則釋氏更擴其宇以涵覆之。而是

輩乃羣然來歸，幸其頂踵之有託。而佛數千年前所以入中國之意，
始灼然大明於天下”（黃宗羲《明文授讀》卷四四評：“此言亂來士
大夫折而入於佛，悲慨淋漓，不朽之文！”）；卷三《愚者大師傳》：
“嘗讀劉秉忠對世祖語，歎其奇而中也。又歎釋之教屢斥於儒，而
當其變，乃合而有助，似釋翻爲儒設。”“愚者大師”（即方以智）
之子方中通《陪詩》卷一《癸巳春省親竹關》：“吁嗟乎！天有無？
何令我父薙髮除髭鬚？只此一腔忠臣孝子血，倒作僧人不作儒。”
黃宗羲《南雷文案》卷六《劉伯繩先生墓誌銘》記劉語：“古來賢
士隱於禪者不少，蓋曰：‘吾非真禪也，聊以抒艱貞之志云耳！’猶
之趙岐、李爕避身傭保，非愛傭保之業也”；卷一〇《七怪》：“近
年以來，士之志節者多逃之釋氏。蓋強者銷其耿耿，弱者泥水自
蔽而已；有如李爕逃仇，變姓名爲傭保，非慕傭保之業也。”馮夢
龍《甲申紀事》卷一三王瀚削髮入山詩之二：“聊將毁服存吾義，
從此棲禪學大僧。”李鄴嗣《杲堂文鈔》卷一《周貞靖先生遺集
序》：“會稽行朝失守，……薙髮入山，……其遁於釋門也，蓋不附
釋門。”呂留良《東莊詩集・零星集・讀薇占〈桐江隨筆〉再次原
韻奉答》：“翻從佛院存吾道，且把神州算極邊”；《晚村文集》卷
二《與潘美巖書》：“雖圓頂衣伽，而不宗、不律，不義諦、不應
法，自作村野酒肉和尚而已”；卷四《答徐方虎書》：“有人行於
途，賣餳者隨其後，唱曰：‘破帽換糖！’其人急除帽匿之。已而
唱曰：‘破網子換糖！’復匿之。復唱曰：‘亂頭髮換糖！’乃皇遽
無措，回顧其人曰：‘何太相逼！’弟之薙頂，亦正怕換糖者相逼
耳”（咄咄夫《山中一夕話・笑倒》有此謔，作“換銅錢”，結語
云：“忒尋得我要緊！”）；卷六《自題僧裝像贊》：“有妻有子，吃
酒吃肉，東不到家，西不巴宿。”歸莊《歸玄恭集》卷一《冬日

感懷和淵公韻》之三："三楹茅屋臥江邊，雖作頭陀不解禪"；
六："僧貌何妨自儒行，不須佞佛誦南無。"皆相發明。顧炎武
《亭林文集》卷五《五臺山記》："莫若擇夫荒險僻絕之地如五臺
山者而處之，不與四民者混"，亦正指其"佛寺"，即徐芳所謂
"釋氏擴宇以涵覆"矣。南宋遺老如真山民《九日》："年來頗恨
儒冠誤，好倩西風吹去休！"又《醉餘再賦》："西風抵死相搖撼，
爭奈儒冠裏得牢！"（參觀劉辰翁《減字木蘭花·甲午九日牛山
作》："不用登高，處處風吹帽不牢！"）；尚戀冠巾而不忍除，當
緣元代無剃髮編辮之令，逼尋未緊，非似清初之"留髮不留頭"
（沈濤《江上遺聞》）也。錢氏寄懷之金道隱，即今釋澹歸，所撰
《徧行堂集》卷七《李因培真讚》："士人一妻一妾，分日當夕，
然少艾多偏矣。一夕與其妻宿，妻有怨言，士曰：'我身在他那
裏，心却在你這裏。'妻曰：'我讓你底心與他那裏，只要你底身
與我這裏。'此婆子可謂辣手！今人影上用緇，形中用素，同此
伎倆"；則譏遺民之僧服而無僧行以及身居家而言心出家者，錢、
呂、歸輩當在鉗錘之列。然王夫之《搔首問》稱方以智披緇後，
清介不失儒風，而譏金道隱出家後，"崇土木，飯髡徒"，到處化
緣不擇人，"盡忘本色"；行服並緇，又未必可取耳。

一六三　全晉文卷一六四

　　釋僧肇《答劉遺民書》、《般若無知論》等。按《肇論》四首都已輯入，未收《寶藏論》，殆以其自成一書耶？實則《涅槃無名論》分“九折十演”，浩汗亦自成書，且以文論，亦遠遜他三首及《寶藏論》也。吾國釋子闡明彼法，義理密察而文詞雅馴，當自肇始；慧遠《明報應論》（輯入卷一六二）、《鳩摩羅什法師大乘大義》（未收）等尚舉止生澀，後來如智顗、宗密，所撰亦未章妥句適。僧號能詩，代不乏人，僧文而工，余僅覯惠洪《石門文字禪》與圓至《牧潛集》；契嵩《鐔津集》雖負盛名，殊苦獷率，强與洪、至成三參離耳。然此皆俗間世法文字，非宣析教義之作，《憨山老人夢遊集》頗能橫說竪說，顧又筆舌儳沓，不足以言文事。清辯滔滔，質文彬彬，遠嗣僧肇者，《宗鏡錄》撰人釋延壽其殆庶乎？《太平御覽》卷六五五引《洛陽伽藍記》：“僧肇法師制四論合爲一卷，曾呈廬山遠大師，大師歎仰不已。又呈劉遺民，歎曰：‘不意方袍，復有叔平！’‘方袍’之語，出遺民也”；今本《伽藍記》佚此文，“叔平”當是“平叔”，擬肇於何晏也。《唐詩紀事》卷五〇鄭薰《贈鞏疇》序極稱鞏“於《淨名》僧肇尤精達”，相訪“講肇《論》”；《淨名》即《維摩詰所説經》，其註亦出肇手者。慧皎《高僧傳》卷六《僧肇傳》：
"旨好玄微，每以莊、老爲心要，嘗讀老子《道德》章，乃歎曰：
'美則美矣！然其棲神冥累之方，猶未盡善。'後見舊《維摩經》，
歡喜頂受，披尋玩味，乃言始知所歸矣。"晁迥《法藏碎金錄》
卷一、卷二屢言初讀老莊，後讀釋梵，驗之肇事，若踐迹同軌，
而歎："予今信以爲然！"然肇於莊、老，雖未先入爲主，而頗宿
好仍敦，致招物議。道宣《高僧傳》二集卷五《玄奘傳之餘》記
奘奉勑"譯《老子》爲梵言"，先與道士究其義旨，道士引佛經
爲説，奘非之；道士謂肇《論》"盛引老、莊"，足證"佛言似
道"，奘曰："佛教初開，深文尚擁［壅？］，老談玄理，微附佛
言，肇《論》所傳，引爲聯類，豈以喻詞，而成通極？"贊寧
《高僧傳》三集卷三《論》："見譯家用《道德》二篇中語，便認
云與老子《經》相出入也。……若用外書，須招此謗。……今觀
房融潤色於《棱嚴》，僧肇徵引而造《論》，宜當此誚焉。"即觀
嚴輯肇《論》，所引"經云：'色不異空'"，"《寶積》曰：'以無
心意而現行'"，諸若此類，胥徵釋典也。然《答劉遺民書》："故
經云：'聖智無知而無所不知，無爲而無所不爲'"，則大類取
《老子》三七章："道常無爲而無不爲"，四八章："無爲而無不
爲"矣，及《莊子·齊物論》："庸詎知吾所謂不知之非知耶？"，
《人間世》："聞以有知知者矣，未聞以無知知者也"；《物不遷
論》："故經云：'正言似反'，誰當信者？"，則大類取《老子》七
八章："正言若反"；《涅槃無名論·明漸》第一三："書不云乎：
'爲學者日益，爲道者日損'"，則大類取《老子》四八章："爲學
日益，爲道日損。"曰"經"曰"書"，主名不具，豈熟處難忘，
而嫌疑欲避，遂稍掩其跡象歟？《高僧傳》二集卷二一《慧命傳》

答濟北戴逖書有云："益矣能忘，蹈顏生之逸軌；損之爲道，慕李氏之玄蹤"；"書"即"李"老子，昭然若揭矣。《高僧傳》卷四《竺法雅傳》："少善外學，長通佛義。……時依雅門徒並世典有功，未善佛理，雅乃與康法朗等以經中事數擬配外書，爲生解之例，謂之'格義'。及毗浮曇等亦辯'格義'，以訓門徒"；卷六《慧遠傳》："引莊子語爲連類，惑者釋然"；他如卷七之慧觀、僧瑾，卷一〇之史宗等，於《莊》、《老》莫不深究善談；卷一一末《習禪·論》："《老子》云：'重爲輕根，静爲躁君'，……《大智論》云：'譬如服藥將身，權息家務'"，則慧皎亦"格義"、"連類"，而不藏頭露尾者。唐釋道世《法苑珠林》卷八七引《八師經》，附按曰："書云：'五色令人目盲，五音令人耳聾，五味令人口爽'"；三語蓋出《老子》一二章，而含糊稱"書"，頗肖僧肇所爲矣。澄觀《華嚴經疏鈔懸談》稱引《肇論》甚多，亦每假借儒、道之言，然如卷二、卷一〇引《易》必曰："今借此言以況"，"今疏借用"，於老、莊語亦爾，未嘗鶻突閃爍，令人惑是耶非耶。惟其直心道場，故卷二四敢"辯釋道之殊，舉十條之異"，至質言"混三教"爲"地獄之深因"，論不騎牆、築非謀道者也。袾弘《竹窗隨筆》："古尊宿疏經造論，有引莊子語者。南人之北，北人不知舟，知其車而曉之曰：'吾舟載物致遠，猶此方之車也。'借車明舟，而非以車爲舟也"；妙語解頤，意中當有《肇論》在，正如玄奘以慧遠之"連類"爲肇解紛耳。

一六四　全晉文卷一六五

　　釋僧肇《百論序》:"有天竺沙門鳩摩羅什，……先雖親譯，而方言未融，至令思尋者躊躇於謬文。"按參觀卷一六〇僧叡《思益經序》:"詳聽什公傳譯其名，翻覆展轉，意似未盡，良由未備秦言名實之變故也。察其語意，會其名旨，當是'持意'，非'思益'也。"

　　竺僧度《答楊苕華書》:"且人心各異，有若其面，卿之不樂道，猶我之不慕俗矣。楊氏，長別離矣！萬世因緣，於今絕矣！……處世者當以及時爲務，卿年德并茂，宜速有所慕，莫以道士經心，而坐失盛年也。"按出慧皎《高僧傳》卷四，吾國休妻書見存者莫古於此，略類舊日登報之偏面或單邊"離婚啓事"。僧徒出家前所娶婦，《四分律》命名曰"故二"，《五分律》曰"本二"；"二"謂配偶，"故"、"本"謂原有。釋迦牟尼之有耶輸陀羅，賈寶玉之有薛寶釵，正如竺僧度之有楊苕華，均"故二"或"本二"也。《西遊記》第一九回豬八戒將隨唐僧至西天取經，向高老告別曰:"丈人啊！你還好生看待我渾家。只怕我們取不成經時，好來還俗，照舊與你做女婿過活。……只恐一時有些兒差池，却不是和尚誤了做，老婆誤了娶，兩下都耽擱！"欲返本不失故，猶懷二心焉。竺書祇囑妻別嫁，未處分家産，那波利貞《敦煌書》卷中載唐人《放妻書》二通，則兼及二者。一云："……今已不和相，是前世怨家，販（反）目生嫌，作爲後代憎嫉。緣業不遂，見此分離。……已歸一別，相隔之後，更選重官雙職之夫，并（並）影庭前，美逞琴瑟合韻之態。……三年衣糧，便畜（蓄）獻藥儀。伏願娘子，千秋萬歲！……"；一云："……酥乳之合，尚恐異流；貓鼠同窠，安能見久！今對六親，各自作意，更不許言'夫'說'婦'。今歸一別，更選重官雙職之夫。……伏願娘子，千秋萬歲！荷施歡喜，三年衣糧，便獻藥儀。……""歸"即"大歸"之"歸"。《清平山堂話本》中《快嘴李翠蓮記》之於《敦煌掇瑣》之一五《齖齘新婦文》，似大輅之於椎輪，頗可據以窺見宋時休書格式："快將紙墨和筆硯，寫了休書隨我便。……今朝隨你寫休書，搬去粧奩莫要怨。手印縫中七個字：'永不相逢不相見。'……鬼門關上若相逢，轉了臉兒不廝見。"是去婦携搬當年嫁奩，而非故夫施獻三年衣糧；"鬼門關上"兩語出於翠蓮利口，而"手印縫中"七字必是程式依樣，已近絕交之惡聲，非若唐人之猶緣飾禮文矣。明末史惇《痛餘錄》記辰州"棄妻"成俗，"退婚券中立誓云：'一離二休，十離九休。高山磊石，沉落深溝。請白親夫，永不回頭！'"；夫"棄妻"而作妻絕夫之詞，甚肖翠蓮口角，豈立券作程者袒護男而加誣女之曲筆耶？《雲溪友議》卷下載楊志堅家貧，妻厭之告離，楊作詩送之，有云："荆釵任意撩新鬢，明鏡從他別畫眉。此去便同行路客，相逢即是下山時"；前二句即"速有所慕"、"選重官雙職之夫"，後二句即"於今絶矣"、"轉臉不廝見"耳。

一六五　全宋文卷一五

　　范曄《獄中與諸甥姪書以自序》。按此篇載《宋書》本傳。陳澧《東塾集》後附《申范》一卷，録其《傳》全文而逐段評駁之，力辯范曄無謀反事。《傳》載此篇後著語曰："曄自序並實，故存之"；陳氏遽斷曰："沈休文云'自序並實'，則凡誣衊之言皆不'實'也。休文此言可爲蔚宗雪冤矣，此乃良心不能滅盡也。"此篇舍首句言"吾狂釁覆滅"外，皆述"意中所解"之學問文章，不及其他，沈云"並實"者，指曄自言文學語，豈得泛申傍通？陳氏宅心甚厚，而樹論未堅也。《序》中自贊《後漢書》之文詞則曰："奇變不窮，乃自不知所以稱之"，自贊音樂"至一絶處"則曰："不知所從而來，雖少許處而旨態無極。"我與我周旋，傾倒如此，旁人當爲絶倒也。陶望齡《歇菴集》卷一三《游洞庭山記》之八記蔡羽"怪誕"："置一大鏡南面，遇著書得意，輒正衣冠，北面向鏡，譽其影曰：'《易》洞先生，爾言何妙！吾今拜先生矣！'羽尤以善《易》自負，故稱'《易》洞'也。"曄之於己，不啻向鏡低頭；自謂"稱情狂言"，殆人之將死，其言也肆歟！如得其情，則哀矜而勿嘻笑矣。《黄岡二處士集》本杜濬《變雅堂文集》卷二《初刻文集自序》："刻才及數篇，杜子手之而笑。客或問：'翁何笑?'杜子曰:'昔范詹事自贊其《後漢書》爲天下奇作,吾嘗笑之。今吾意中之言,彷彿詹事,吾恐後之人又將笑吾也,是以先自笑也!'"自笑在先,則傍人又祇趁笑而非匿笑矣(參觀《太平廣記》卷論卷二四五《張裕》、卷四五九《舒州人》)。

【增訂四】杜濬自贊其文,而復謂"吾意中之言,吾恐後之人將笑吾"自贊。竊謂此類"意中之言",大言而不怍,重言而不怠,朱仕琇其尤也。《梅崖居士文集》中十篇而九,皆自評自賞,津津口角流涎;觀記所及,古人無與之儔,雖桑悅亦遠勿如,今人則吾不知矣。

"口機又不調利,以此無談功。……文章轉進。"按參觀《史記》卷論《老子、韓非列傳》。"常恥作文士。"按曄於文矜心刻意,而曰"恥作文士",猶《全梁文》卷一一簡文帝《與湘東王書》:"裴氏乃是良史之才,了無篇什之美",蓋以"史"之文別於"篇什"之文也。《史通·鑒識》、《覈才》兩篇論詞之"文"不同史家之"文","灞上兒戲,異於真將軍,故以張衡之文,而不閑於史,以陳壽之史,而不習於文"。朱弁《曲洧舊聞》卷二:"東坡嘗謂劉壯輿曰:'《三國志》註中好事甚多,道原欲修之而不果,君不可辭也。'壯輿曰:'端明曷不自爲之?'東坡曰:'某雖工於語言,也不是當行家'";正自言雖工爲詞人之文而不能爲史家之文也。鄭樵《夾漈遺稿》卷三《上宰相書》:"修書自是一家,作文自是一家;修書之人必能文,能文之人未必能修書。若之何後世皆以文人修書?";則似"良史之才"必有"篇什之美"者,不如《史通》覈才之當。章學誠自命爲鄭樵《通志》之後世鍾期,《文史通義》內篇六《答問》:"文人之文與著述之文,不可同日語也",發揮尤暢。此義實已蘊於曄《書》中矣。顧炎武《亭林集》卷四《與人書》

又《日知録》卷一九《文人之多》譏“無足觀”之“文人”，桂馥《晚學集》卷一《惜才論》惜“不得爲學人”之“才人”，與曄之“恥作文人”，遙相應和，均重“學究”而輕“秀才”者歟！蓋略類《法言·吾子》之以詞賦爲“壯夫不爲”，而迥異《典論·論文》之尊詞章爲“經國大業、不朽盛事”。《全梁文》卷一一簡文帝《答張纘謝示集書》：“而況文辭可止，詠歌可輟乎！‘不爲壯夫’，揚雄實小言破道；‘非謂君子’，曹植亦小辯破言。論之科刑，罪在不赦。”范曄輩當同科連坐耳。

“文患其事盡於形，情急於藻，義牽其旨，韻移其意。”按前二語與後二語，造句異法；苟整齊而通同之，改後順前，可曰：“旨牽於義，意移於韻”，改前從後，可曰：“形盡其事，藻急其情。”四者皆文之病累；下文云：“常謂情志所託，故當以意爲主，以文傳意，以意爲主，則其旨必見，以文傳意，則其詞不流”；則指文之去病無累者。更端以說，兩邊並到。“事盡於形”，當合觀下文“少於事外遠致，以此爲恨，亦由無意於文名故也”。陸機《文賦》：“期窮形而盡相”，范氏則謂形容事物而能窮態盡妍，尚非文之高境，“事外”猶當有“遠致”。即《文心雕龍·隱秀》所言“文外之重旨”，“餘味曲包”，或焦竑《筆乘》卷三錄鄭善夫手批杜甫詩所謂“杜病在求真求盡”，亦如作畫之貴“意餘於象”也；詳見《太平廣記》卷論卷二一三《張萱》。“情急於藻”，當合觀《南齊書·文學傳》陸厥《與沈約書》：“急在情物而緩於章句，情物、文之所急，……章句、意之所緩。”范氏此句謂本旨爲抒情而乃急於敷藻；以詞藻爲首務，忽情志之大本，急所當緩，顛末倒置。於是情約藻豐，博文滅質，“其詞流”矣。“義牽其旨”，“義”指文字訓義，“旨”指作者意旨，“牽”如

"牽率"之"牽",謂用字失律,則達意生障。《文心雕龍·指瑕》:"立文之道,惟字與義",韓愈《科斗書後記》:"思凡爲文字,宜略識字";皆言文字訓義之不可忽。苟不知訓義而妄作,則如《指瑕》所謂"課文了不成義";苟不顧訓義而好奇,則如《練字》所謂"'淫'、'列'義當而不奇,'淮'、'別'理乖而新異"。均未爲辭達"旨見"耳。"韻移其意",當合觀下文"手筆差易,文不拘韻故也"。"文患……韻移其意"之"文",指《雕龍·總術》引"常言'有文有筆'"之"文"(參觀阮元《揅經室三集》卷二《文言說》又卷五《學海堂文筆策問》、宋翔鳳《過庭録》卷一五、《學海堂文集》卷七侯康等《文筆考》);"手筆差易,文不拘韻"之"文",如《雕龍》標目"文心"之"文",通言而施之於"筆"。韻能移意之患,別見《史記》卷論《司馬相如列傳》。《詩人玉屑》卷六引《陵陽室中語》記韓駒曰:"意正則思生,然後擇韻而用,如驅奴隸,此乃以韻承意,故首尾有序;今人作次韻詩,則遷意就韻,因韻求事";錢秉鐙《田間文集》卷一六《兩園和詩引》:"'詩言志',志動而有韻;今和詩因韻生志,是以志從韻也";李良年《秋錦山房外集》卷一載施閏章一札:"近人爲韻所限,或礙好詩,直是作韻,非作詩耳"(《愚山文集》卷二七、二八未收,參觀吳喬《答萬季野詩問》、納蘭性德《渌水亭雜識》卷四);詩家甘苦之談可借申暐意①。陸厥《與沈約書》、鍾嶸《詩品·序》皆深非文韻,而未及此患;《雕龍·聲律》亦衹知"綴文難精,而作韻甚易";暐殆首發斯隱

---

① Cf. A. M. Clark, *Studies in Literary Modes*, 171 ff. (the difficulty of rhyming);J. Pommier, *Questions de Critique d'Histoire littéraire*, 104 ff.(les boutsrimés).

者乎。曄自作"文"，僅存而不足徵，鍾嶸《詩品》列曄詩於下品，謂"乃不稱其才"。然《史通·稱謂》指摘《後漢書》云："范《贊》之言季孟也，至曰：'隗王得士'。……意好奇而輒爲，文逐韻而便作"，正譏曄"逐"上句"公孫習吏"之"韻"，遂虛構"好士"之"意"。《後漢書·贊》中此類當尚有，亦見即不爲"文"，未必全無"患"、"累"。抑"記事之史"雖不同"篇翰"之"文"，而其"讚"則"義歸翰藻"，仍是"文"耳。既"以意爲主"，聲韻詞藻均能喧賓奪主；陸機《文賦》僅謂"文不逮意"、"言順而意妙"，曄語愈加邃密。沈約《宋書·謝靈運傳·論》美張衡"文以情變"；倘"情急於藻"、"韻易其意"，則偏其反而，情以文變，即謝榛《四溟山人全集》卷二一、二四所謂"詞後意"。《全梁文》卷五二王僧孺《太常敬子任府君傳》："孟堅辭不逮理，平子意不及文"，謂班固質勝而張衡文勝，又適與沈約評品牴牾。後世談藝者而傭耳賃目，將左右作人難矣。

"性別宮商、識清濁，斯自然也。觀古今文人，多不全了此處；縱有會此者，不必從根本中來。言之皆有實證，非爲空談。年少中謝莊最有其分。手筆差易，文不拘韻故也。"按《詩品·序》記王融論聲律，並推范、謝，可以參證。陸厥《與沈約書》亦以此節與約《謝靈運傳·論》中"靈均以來此秘未覩"一節並舉。約《宋書·范曄傳》言其"性精微有思致，觸類多善"，傳末全載此《書》，則曄之了會文韻，約不應不知，而《論》中儼以"知音""先覺"自居，不道曄名，豈以曄徒知而不能行耶？曄自言宮商清濁真能"全了"，而又自言"才少思難"，操筆成篇"殆無全稱"；則"言之有實證"者，未嘗行之爲"實證"，仍屬"空談"，故約不以擁篲清道許之歟。"手筆不拘韻"，尚是皮相之談。散文雖不押韻

脚，亦自有宮商清濁；後世論文愈精，遂注意及之，桐城家言所
標"因聲求氣"者是，張裕釗《濂亭文集》卷四《答吳至甫書》
闡説頗詳。劉大櫆《海峯文集》卷一《論文偶記》："音節者，神氣
之跡也，字句之矩也；神氣不可見，於音節見之，音節無可準，
以字句準之"；姚範《援鶉堂筆記》卷四四："朱子云：'韓昌黎、
蘇明允作文，敝一生之精力，皆從古人聲響處學'；此真知文之深
者"（《朱文公集》卷七四《滄洲精舍諭學者》："老蘇但爲學古人説
話聲響，極爲細事，乃肯用功如此"）；吳汝綸《桐城吳先生全書·
尺牘》卷一《答張廉卿》："承示姚氏論文，未能究極聲音之
道。……近世作者如方姚之徒，可謂能矣，顧誦之不能成聲"；均
指散文之音節（prose rhythm），即別於"文韻"之"筆韻"矣。

　　【增訂四】唐庚《眉山文集》卷二三《上蔡司空書》："所謂
　　'古文'，雖不用偶儷，而散語之中，暗有聲調，其步驟馳騁，
　　亦皆有節奏，非但如今日苟然而已。"此即桐城家論"古文"
　　所謂"音節"之説，却未嘗溯及之也。

古羅馬文家謂"言詞中隱伏歌調"（est autem etiam in dicendo qui-
dam cantus obscurior）[1]，善於體會，亦言散文不廢聲音之道也。

　　"既造《後漢》，……吾雜傳論皆有精意深旨。至於《循吏》以
下，及《六夷》諸序、論，筆勢縱放，實天下之奇作。其中合者，
往往不減《過秦論》；共比方班氏所作，非但不愧之而已。……贊自
是吾文之傑思，殆無一字空設。"按班書之"贊"，即范書之"論"，
勰如曄之從衡馳騁、感慨飛揚者，後來泂爲居上；班"述"范
"贊"，伯仲之間，均餘食贅行也，"無字虛設"之誇，前引《史通》

---

　　[1]　Cicero, *Orator*, XVIII. 57；cf. G. Saintsbury, *A History of English Prose
Rhythm*, 6.

指摘《隗囂傳・贊》，已足破之；若夫"傳"，則范記敍之筆遜班多多許。張邦基《墨莊漫録》卷六載李格非《雜書》有云："范曄之視班固，如勤師勞政，手胝薄版，口倦呼叱，毫舉縷詰，自以爲工不可復加，而僅足爲治；曾不如武健之吏，不動聲色，提一二綱目，郡吏爲之趨走，而境内晏然也。"蓋謂范刻意著力，不及班舉重若輕、行所無事耳。《全晉文》卷一〇二陸雲《與兄平原書》稱其作《吳書》"真不朽事，……兄作必自與前人相去，《辯亡》則已是《過秦》對事"。陸機工於"文人之文"，非曄所能望項背；其"著述之文"，則《史通・本紀》、《曲筆》二篇所彈射之《晉三祖紀》，今已喪佚，《吳書》偶於《三國志》裴註中覯之，見虎一毛，未知其斑，末由持較《後漢書》。至與賈生争出手，固機、曄二人所齊心同願也。

"吾於音樂，聽功不及自揮。……亦嘗以授人，士庶中未有一豪似者，此永不傳矣！"按語氣大類《世説・雅量》記嵇康臨刑彈琴，歎曰："《廣陵散》於今絶矣！"曄於文韻，操筆不如識數，而於音樂，識曲不如操縵，心手不齊，兩藝適反。宋儒談道，好言"理一分殊"，造藝亦猶是爾。藝之爲術，理以一貫，藝之爲事，分有萬殊；故范曄一人之身，詩、樂連枝之藝，而背馳歧出，不能一律。法國一畫家嘗謂："藝術多門，諸女神分司之，彼此不相聞問，各勤所事；世人乃概舉'藝術'而評泊焉，無知妄作也！"（La critique d'art! quelle sottise! Les Muses ne causent jamais entre elles; chacune travaille de son côté）①；雖有激取快，而好爲空門面、大帽子之論者，聞之亦可以深省也。

①　Degas，quoted in A. Gide, *Journal*, 4 juillet, 1909, "Bib. de la Pléiade", 274; cf. A. Russi, *L'Arte e le Arti*, 13 ff.; "Esiste l'Arte o esistono le arti?"ecc.

一六六　全宋文卷一九

　　王微《與江湛書》、《與從弟僧綽書》、《報何偃書》。按三書均步趨嵇康《與山巨源絶交書》，意態口吻有虎賁中郎之致。《與江湛書》云："今有此書，非敢叨擬中散"，然則惟其有之、是以似之耶？南宋末陳仁子《文選補遺》收宋玉《微詠賦》，明劉節《廣文選》沿之；楊慎（楊有仁編《太史升菴全集》卷四七）、胡應麟（《少室山房筆叢》卷二六）、錢希言（《戲瑕》卷一）、周嬰（《巵林》卷九）、李枝青（《西雲札記》卷三）、俞樾（《茶香室四鈔》卷一二）聚訟不已，或謂確是"宋玉《微詠賦》"，或謂乃"宋、王微《詠賦》"之訛。嚴氏此輯於歷代相傳之篇，雖知其依託附會，仍録存而加按語；本卷及《全三代文》宋玉卷中却未刺取《詠賦》或《微詠賦》，亦隻字不道此公案，何哉？

　　《與從弟僧綽書》："文好古，貴能連類可悲。"按別見《史記》卷論《魯仲連、鄒陽列傳》。

一六七　全宋文卷二〇

　　宗炳《答何衡陽書》：“佛經所謂本無者，非謂衆緣和合者皆空也。……賢者心與理一，故顏子‘庶乎屢空’，有若無，實若虚也；自顏以下，則各隨深淺而昧其虚矣。”按卷二一炳《明佛論》復曰：“雖以顏子之微微，而必乾乾鑽仰，好仁樂山，庶乎屢空。……佛經所謂變易離散之法，法識之性空。……顏子知其如此，故處有若無，撫實若虚”云云。別詳《全晉文》卷論庾翼《與殷浩書》。宗炳攀援釋説，與何晏附會道家言，若符契然。晁説之《嵩山集》卷一三《儒言》：“顏子‘屢空’，先儒皆説空乏，晏始斥之，自爲説曰：‘虚心知道’，不知言愈遠而愈非顏子之事。”竊謂《莊子·人間世》以顏淵“家貧”持“齋”引入“惟道集虚”之“心齋”，何晏本之，兼舉“財貨空匱”與“心虚知道”二義。釋氏更明以貧匱喻心體之淨，如《大般涅槃經·梵行品》第八之三：“菩薩觀時，如貧窮人，一切皆空”；寒山詩：“寒山有一宅，宅中無闌隔，六門左右通，堂中見天碧，其中一物無，免被人來借。”禪宗慣用此爲話頭，如《五燈會元》卷四僧問：“貧子來，得什麼物與他？”趙州曰：“不欠少”，又曰：“守貧”，又香嚴偈：“去年貧，未是貧，今年貧，始是貧；去年無立錐之地，今年錐也無”；卷一三僧問："古人得個什麼便休去?"龍牙曰："如賊入空室"；後來枯木元偈："無地無錐未是貧，知貧尚有守無身，儂家近日貧來甚，不見當初貧底人"，正《莊子》所謂"無無"、《維摩詰所説經》所謂"空空"之境，參觀《老子》卷論第四〇章。唐李翱《復性書》上篇申説"性"之"寂然不動"，已引"回也屢空"爲一例。宋明儒者尤恣肆，如《皇朝文鑑》卷二八吕大臨《送劉户曹》："獨立孔門無一事，唯傳顔氏得心齋"；楊時《龜山集》卷一一《語録》："學至於聖人，則一物不留於胸次，乃其常。回未至此，'屢空'而已，則有時乎不'空'"；張九成《橫浦心傳録》卷下《〈論語〉絶句·屢空》："道體從來只貴通，不容一物礙其中"；

【增訂四】吴師道《吴禮部詩話》："淵明《始作鎮軍參軍經曲阿》：'被褐欣自得，屢空常晏如'；《五柳先生傳》：'短褐穿結，簞瓢屢空。'自何晏註《論語》，以'空'爲虛無，意本莊子，前儒多從之。朱子以回、賜'屢空'、'貨殖'對言，故以'空匱'釋之。今此以'被褐'對'屢空'；又《飲酒》：'顔生稱爲仁，榮公言有道；屢空不獲年，長飢至於老'，以'屢空'對'長飢'。朱子之意，正與此合。"此殆亦淵明"述孔業"而異於晉宋援道入儒風氣者歟。

范浚《香溪先生文集》卷六《存心齋記》："至於'屢空'，則嘗盡其心矣。然特'屢'至於'空'而未能常'空'，爲其'不違仁'之心猶存焉耳。心'不違仁'，善矣，乃爲'空'之累，此'毛猶有倫'之謂也"；王畿《龍溪全集》卷三《九龍紀誨》："或叩顔子'屢空'之旨，先生曰：'此是減擔法，人心無一物，本是空空之體。……一切知解，不離世情，皆是增擔子'"（參觀同卷《宛陵觀復樓晤語》、《書累語簡端録》、卷七《南游會紀》）。葉適《習學記言序目》卷四七、王若虛《滹南遺老集》卷五均譏吕大臨詩以"莊列之寓言"厚"誣"顏淵而"惑後學"，而不知此説之源甚遠而流甚廣也。《論語·子罕》："子謂顏淵曰：'惜乎！吾見其進也，未見其止也！'"；皇侃《義疏》牽合"屢空"，將直白之惋歎釋成玄妙之機鋒："然顏淵分已滿，至於'屢空'，而此云'未見止'者，勸引之言也。"宋儒如張載《正蒙·中正》篇："蓋得正則得所止，得所止則可以弘而至於大。……顏子好學不倦，合仁與智，具體聖人，特未至聖人之止爾！"何與六朝舊説，竟夢中神遇乃爾！謝良佐《上蔡語録》卷中："學者纔有所得便住，佛家有'小歇場'，'大歇場'。到孟子處，更一作，便是好歇。惟顏子善學，故其死，子有'見其進未見其止'之歎"；黃震《黃氏日鈔》卷四一嘗斥謝語爲援釋入儒，實則張載已明詔大號，黃氏或不敢指斥耶？王十朋《梅溪文集》卷一一《止菴銘》："學者求道，如客在途；不有所止，將安歸乎？……孔門弟子，回也獨賢，'未見其止'，夫子惜焉"；明王肯堂《鬱岡齋筆麈》卷一："李廊菴公問余：'子謂顏淵云云，如何看？'予曰：'惜他尚涉程途，未得到家耳。'公欣然曰：'今人以止字爲上章功虧一簣之止，但知聖賢終身從事於學，而不知自有大休歇之地，則止字不明故也。'"均以"未見其止"之"止"，等《老子》第三二章"知止不殆，譬道在天下"或第三五章"樂與餌，過客止"之"止"，猶《楞嚴經》卷一所謂："譬如行客，投寄旅亭，宿食事畢，俶裝前途，不遑安住；若實主人，自無攸往。"於顏淵學行作此解會，何晏之註，已見端倪，宗炳之文，更具條理。何所本者道，宗所本者釋，兩家原不謀自合，而其徒遂皆欲説合儒家也。

　　宗炳《寄雷次宗書》："昔與足下，共於釋和尚間，面受此義，今便題卷首稱'雷氏'乎？"按讖雷勩襲慧遠講喪服經義而自著書也。《全後漢文》卷八九仲長統《昌言》下論"天下學士有三姦焉"，其二曰："竊他人之記，以成己説"，此即一例。《世説·文學》："向秀注《莊子》，妙析奇致，大暢玄風，惟《秋水》、《至樂》二篇未竟而卒。郭象者，爲人薄行有儁才，遂竊以爲己注"；《南史》卷三三《徐廣傳》記郗紹作《晉中興書》，何法盛"有意圖之"，瞰紹不在家，直入齋内廚中竊《書》以去，"紹無兼本，於是遂行何《書》"。郭、何所竊者，他人之手稿，而雷竊他人之口説，心術似愈譎耳。章學誠《文史通義》外篇三《與邵二雲論學》："聞足下之刻《爾雅正義》，劇有苦心，婉轉屈曲，避人先勤之於口説，而轉謂筆於書者反襲之於彼也。足下素慎於言，《雅》學又博奥而難竟，然猶燕談所及，多爲拾牙慧者假借而不歸。……鄙性淺率，生平所得，無不見於言談，……游士襲其談鋒，經生資爲策括。……幾於李義山之敝緼，身無完膚，杜子美之殘膏，人多沾丐。……雖曰士風之澆，而輕露其璞以誤，我輩不得不職其咎矣！"庶幾宗讖雷之衍義也。更進乃有剽竊而盗憎主人，反傷事主者，《昌言》所未及；苟如魏源《古微堂外集》卷三《書趙校〈水經注〉後》、王國維《觀堂集林》卷一二《聚珍本戴校〈水經注〉跋》之言，則戴震或其例歟？抑章氏高談古之作者"言公"，而於人之拾己牙慧，未能視若楚弓楚得，亦見反古之道，談何容易矣。

　　宗炳《畫山水序》。按參觀論《全後漢文》仲長統《昌言》下。"今張綃素以遠映，則崑閬之形，可圍於方寸之内；豎劃三

寸，當千仞之高，横墨數尺，體百里之迥。是以觀畫圖者，徒患
類之不巧，不以制小而累其似。"按《全陳文》卷一二姚最《續
畫品》："蕭賁……嘗畫團扇，上爲山川；咫尺之内，而瞻萬里之
遥，方寸之中，乃辨千尋之峻。"後世題畫詩以此爲慣語，如杜
甫《戲題王宰畫山水圖歌》："尤工遠勢古莫比，咫尺應須論萬
里"；劉長卿《會稽王處士草堂壁畫衡霍》："青翠數千仞，飛來
方丈間"；《中州集》卷六麻九疇《跋伯玉命簡之臨米元章楚山
圖》："薺列楓林葉浮舸，巧捉魁梧入么麽"；皆謂"制小"而不
"累似"耳。六朝山水畫猶屬草創，想其必采測繪地圖之法爲之。
《漢書·嚴、朱、吾丘、主父、徐、嚴、終、王、賈傳》淮南王
安上書："以地圖察山川要塞，相去不過寸數，而間獨數百千
里"；程大昌《演繁露》卷九説賈耽《華夷圖》，"廣三丈，率以
一寸折百里"；即今語之"比例縮尺"也。宗炳斯序專主"小"
與"似"，折準當不及地圖之嚴謹，景色必不同地圖之率略，而
格局行布必仍不脱地圖窠臼（mappy）①。王夫之《船山遺書》卷
六四《夕堂永日緒論》内編論五言絶句："論畫者曰：'咫尺有萬
里之勢'，一'勢'字宜着眼；若不論勢，則縮萬里於咫尺，直
是《廣輿記》前一天下圖耳！"杜甫詩既曰"遠"，復曰"勢"，
庶識山水畫之異於輿地圖矣。張彦遠《歷代名畫記》卷一："魏
晉以降，名迹在人間者，畫山水則羣峯之勢若鈿飾犀櫛，或水不
容泛，或人大於山，率皆附以樹石，映帶其地，列植之狀則若伸

---

① Cf. Thornbury, *Life of J. M. W. Turner*, 104："Turner had a horror of what he said Wilson called *being too mappy*"（quoted in Joan Evans, *Taste and Temperament*, 84）.

臂布指”；讀之尚堪揣象彷彿。程正揆《青溪遺稿》卷二四《龔半千畫册》：“畫有繁減，乃論筆墨，非論境界也。北宋人千丘萬壑，無一筆不減；元人枯枝瘦石，無一筆不繁，余曾有詩云：‘鐵幹銀鈎老筆翻，力能從簡意能繁，臨風自許同倪瓚，入骨誰評到董源?’”（詩即卷一五《山莊題畫》六首之三，參觀卷二二《題卧游圖後》、卷二四《題石公畫卷》、卷二六《雜著》一）。宗炳所作，境繁而筆愈繁，可推臆而知，其畫品殆如張氏《名畫記》卷二論“界筆直尺”所謂“死畫”者歟。

一六八　全宋文卷三一

　　謝靈運《山居賦》。按靈運以詩名，文遠不稱。范曄不工韻語，故《史通·覈才》篇論能文能史者，僅數班固、沈約；然曄《樂游應詔詩》一首尚見採於《文選》。《選》錄取靈運詩甚多，而其文則舍旃，《擬魏太子鄴中集詩》諸《序》乃附詩得入；選樓中學士非盡率爾漫與也。謝詩工於模山範水，而所作諸賦，寫景却欿迥出，唯卷三〇《嶺表賦》："蘿蔓絕攀，苔衣流滑"，《長谿賦》："飛急聲之瑟汨，散輕文之漣羅"，差堪共語。周亮工《書影》卷一〇："謝客詩只一機軸，……措詞命意，盡於《山居》一賦。所謂'遡溪終水涉，登嶺始山行'，即《賦》中'入澗水涉，登嶺山行'，此類甚多。"以言機杼，尚無不可，以言刻劃物色，則《賦》未許與詩並論。即如周所摘詩句，見《初去郡》，接云："野曠沙岸淨，天高秋月明"，《賦》中正苦乏此等致語耳。又按周所引《賦》二句，前云："爰初經略，杖策孤征"，後云："陵頂不息，窮泉不停，櫛風沐雨，犯露乘星。"是詩之"水涉"與"山行"，銜接遞代，"涉"之事"終"，於是"行"之事"始"，舍舟而陸；賦中則二事並舉，選地築室，盡心悉力，或已"登"絕"頂"，尚"山行"而"不息"，或已"窮"發

"源"，猶"水涉"而"不停"。周氏貌取皮相，未察文理也。

　　《山居賦》有靈運自註甚詳。賦既塞滯，註尤冗瑣，時時標示使事用語出處，而太半皆箋闡意理，大似本文拳曲未申，端賴補筆以宣達衷曲，或幾類後世詞曲之襯字者。如"除菰洲之紆餘"註："除菰以作洲，言所以紆餘也"；"寒燠順節，隨宜非敦"註："興節隨宜自然之數，非可敦戒也"；"理匪絶而可温"註："《論語》云：'温故知新'；理既不絶，更宜復温，則可待爲己之日用也。"他如"謝平生於知遊，棲清曠於山川"，又"若乃南北兩居，水通陸阻，觀風瞻雲，方知厥所"，皆意甚顯豁，而加註："與知遊別，故曰'謝平生'，就山川，故曰'棲清曠'"，"'兩居'謂南北兩處各有居止，峯崿阻絶，水道通耳。觀風瞻雲，然後方知其處所"。"此楚貳心醉於吳客，河靈懷慚於海若"，典故尋常，而加註："枚乘云，楚太子有疾，吳客問之，舉秋濤之美，得以瘳病；太子、國之儲貳，故曰'楚貳'。'河靈'、河伯居河，所謂'河靈'；懼於海若事見莊周《秋水》篇。""敬承聖誥"，亦加註："賈誼弔屈云：'恭承嘉惠'，'敬承'亦此之流"；則何不更曰："《書·伊訓》：'聖謨洋洋'，'聖誥'亦此之流"？無謂極矣！不須註而加註，是贅綴也；既加註而不徧，是掛漏也；進退失據，恐難自解。至於"野有蔓草，獵涉虆蒮"，自註："詩人云，六月食鬱及蒮，'獵涉'字出《爾雅》"；《爾雅》實無其詞，記憶偶疏，却不必苛責耳。何琇《樵香雜記》卷下："自註始於王逸，戴凱之《竹譜》、謝靈運《山居賦》用其例；《漢書·藝文志》亦自註，然非發明文義，故不以託始"；梁玉繩《瞥記》卷四舉北魏張淵《觀象賦》、北齊顏之推《觀我生賦》亦有自註，而記錢大昕云："陳壽載楊戲《季漢輔臣贊》有註，又在靈運前。”余觀洪興祖《楚辭補註》卷一七王逸《九思》“詞曰”二字下補註：“逸不應自爲註，恐其子延壽之徒爲之爾”；張衡《思玄賦》有《舊註》，《文選》李善註：“未詳註者姓名，摯虞《流別》題云：‘衡註’〔按《全晉文》卷七七《文章流別論》漏輯〕；詳其義訓，甚多疏略，而註又稱‘愚’以爲疑辭，非衡明矣”；《世説·文學》註引《左思别傳》：“凡所註解，皆思自爲，欲重其文，故假時人名姓也”，《全晉文》卷一四六闕名《左思别傳》嚴氏按語駁其“失實”、“無足爲憑”。苟王逸、張衡、左思諸賦之註匪出己手，則靈運爲創舉矣。夫自註倘在所需，何妨由我作古，不煩援引前例。然詞章自註，又當别論。歐陽修《集古録跋尾》卷八《唐元稹修桐柏宮碑》：“其文以四言爲韻語，既牽聲韻，有述事不能詳者，則自爲註以解之，爲文自註，非作者之法”；元氏《長慶集》未收此文，《全唐文》卷六五四《桐柏宮重修記》又無隻字自註，末由考鏡。董逌《廣川書跋》卷八《〈園池記〉别本》謂樊宗師《絳守居園池記》亦自“釋於後”，因全録之，且曰：“如此而後可以識也”；《全唐文》卷七三〇樊記亦未附自釋。揣摩歐陽之意，當是：記事之文應條貫終始，讀而了然，無勞補苴，詩賦拘牽聲律，勿能盡事，加註出於不得已；元稹記事，乃用四言韻語，作繭自縛，遂另以散語作註申意，多兹一舉，所以爲“非法”歟。蓋詩、賦中僻典難字，自註便人解會，如劉禹錫、白居易、陸龜蒙等所習爲，斯尚無礙；又本事非本人莫明，如顔之推《觀我生賦》自註專釋身世，不及其他，謹嚴堪式，讀庾信《哀江南賦》時，正憾其乏此類自註。至於宣意陳情，斷宜文中言下，尋味可會，取足於己，事同無待；苟須自註，適見本文未能詞妥義暢，或欠或漏，端賴彌補，則不若更張改作之爲愈矣。故曰"非法"爾。西方舊謔謂畫師繪禽獸圖成，無識爲底物事者，其人乃大書於上曰："此是牛!""此是雞!"，"此雖似花，實是獅!"[1]；"非法"之自註，殆類彼畫師之所爲乎。靈運《山居賦》自註，義訓、本事、申意三者皆有，又泛施寡要，愈形凌雜。晚唐人碑版文字，自註益橫決，如《全唐文》卷八二五黃滔《丈六金身碑》自註有長約二百六十字者，卷八七〇宋齊邱《仰山光涌長老塔銘》自註中稱引此僧語録約一百六十字，元稹想不如此頹放，樊宗師固甚約斂也。別見《全唐文》卷論李德裕《鼓吹賦》。

《山居賦·序》："意實言表，而書不盡，遺迹索意，託之有賞。"按《賦》結句："權近慮以停筆，抑淺知而絶簡"，詞意已具，却自註："故停筆絶簡，不復多云，冀夫賞音悟夫此旨也"，復重《序》語，何"多云"而不憚煩歟？他如"自園之田，自田之湖"一節自註："此皆湖中之美，但患言不盡意，萬不寫一耳"；"南山則夾渠二田，……呈美表趣，胡可勝單"，自註："細趣密翫，非可具記，故較言大勢耳"；亦似畫蛇添足。"言心也，黃屋實不殊於汾陽；即事也，山居良有異乎市廛"。按可以《世説》所載二事分説；《言語》："竺法深在簡文坐，劉尹問：'道人何以游朱門?'答曰：'君自見其朱門，貧道如游蓬户'"，此"心不殊"也；《排調》："支道林就深公買印山，深公答曰：'未聞巢由買山而隱'"，此"事有異"也。《南史·齊宗室傳》衡陽王鈞答孔珪："身處朱門而情遊江海，形入紫闥而意在青雲"，此心境

---

[1]　Aelian，*Varia Historia*，X. 10；*Don Quijote*，II，3 and 71；Dorothy Osborne，*Letters*，no. 31.

與身境之鑿枘也。唐釋元覺《永嘉集》第九《勸友書》則論"身心"有矛盾乃致"人山"分喧寂也。別詳《全唐文》卷論王維《與魏居士書》。

《山居賦》："嘉陶朱之鼓棹，迺語種以免憂；判身名之有辨，權榮素其無留，孰如牽犬之路既寡，聽鶴之塗何由哉！"，自註："陶朱、范蠡，臨去之際，亦語文種云云。……'牽犬'、李斯之歎；'聽鶴'、陸機領成都衆大敗後，云：'思聞華亭鶴唳，不可復得。'"按意同《南史·劉穆之傳》："謂所親曰：'貧賤常思富貴，富貴必踐危機，今日思爲丹徒布衣，不可得也！'"靈運能作爾許語，而終不免於非命强死，與文種、李斯、陸機同歸，豈非如鮑老之笑郭郎、使後人而哀後人乎！孔稚珪《北山移文》："雖假容於江皋，乃纓情於好爵"，或《文心雕龍·情采》："故有志深軒冕，而汎詠泉壤，心纏幾務，而虛述人外"，頗可移評靈運之高言"嘉遁"。元好問《論詩》："心畫心聲總失真，文章寧復見爲人？高情千古《閑居賦》，爭識安仁拜路塵！"實則潘岳自慨拙宦免官，怏怏不平，矯激之情，欲蓋猶彰；靈運此作祇言"抱疾就閑"，心向禪玄，詞氣恬退；苟曰"失真"，《山居》過於《閑居》遠矣。以李斯、陸機配當，自靈運始。《全後魏文》卷一八中山王熙《將死與知故書》："昔李斯憶上蔡黃犬，陸機想華亭鶴唳"；《晉書·陸機、陸雲傳》唐太宗撰《制》："上蔡之犬不誠於前，華亭之鶴方悔於後"；高彥休《唐闕史》卷下記崔雍題《太真上馬圖》："上蔡之犬堪嗟，人生到此；華亭之鶴徒唳，天命如何！"李白《行路難》："華亭鶴唳詎可聞？上蔡蒼鷹安足道？"，以聲律故，易"黃犬"爲"蒼鷹"，其《擬〈恨賦〉》明曰："李斯受戮……歎黃犬之無緣"也。

"昔仲長願言，流水高山"云云。按此節以山水之賞別於田園之樂，足徵風尚演變；"惜事異於栖盤"，"孰嘉遯之所遊"，即謂隱遁之適非即盤遊之勝。參觀《全後漢文》卷論仲長統《昌言》。

"覽明達之撫運，乘機理而緘默。……仰前哲之遺訓，俯性情之所便。奉微軀以宴息，保自事以乘閒。……年與疾而偕來，志乘拙而俱旋"；自註："年衰疾至，志寡求拙曰'乘'。"按"覽明達"云云，即《述祖德詩》之"賢相謝世運"云云，《文選》李善註中正引靈運此處自註。"俯性情"云云，即《序》："抱疾就閒，順從性情。"靈運之數言"乘"，猶潘岳《閑居賦》之反復言"拙"，一爲文飾之詞，一爲悔尤之詞也。

"竹緣浦以被綠，石照澗而映紅，月隱山而成陰，木鳴柯以起風"；自註："壁高四十丈，色赤。……山高月隱，便謂爲陰；鳥集柯鳴，便謂爲風也。"按若非自註，則將疑"映紅"者爲花，而"石"乃訛字矣。然"木鳴柯"三字終嫌贅疊，觀自註，"木"當作"鳥"，而不曰"鳥鳴柯以起風"，豈恐指瑕者譏"鳥鳴"大類生風之"虎嘯"耶？

"生何待於多資，理取足於滿腹"；自註："謂人生食足，則歡有餘，何待多須邪？……若少私寡欲，充命則足。"按參觀論《全晉文》釋道安《答郗超書》。賦下文云："春秋有待，朝夕須資，既耕以飯，亦桑貿衣"；卷三三靈運《遊名山志》："夫衣食人生之所資，山水性分之所適；今滯所資之累，擁其所適之性耳"（"擁"疑當作"壅"）；又靈運《鄰里相送方山》詩："積痾謝生慮，寡欲罕所闕"；均相發明。卷三一靈運《江妃賦》："事雖假於雲物，心常得於無待"，則謂洛神不同凡夫肉人，無衣食之累耳。

"鑑虎狼之有仁，……悟好生之咸宜"云云；自註："自弱齡奉法，故得免殺生之事，……莊周云：'海人有機心，鷗鳥舞而不下。'"按參觀《列子》卷論《黃帝》篇；靈運自註中屢引"莊周云"，皆不誤，此獨失其主名。下文"好生之篤，以我而觀"云云，重宣"放生之理"，自註引《老子》："馳騁畋獵，令人心發狂。"《宋書》靈運本傳記其自詡"成佛"；《全宋文》卷二八何尚之《列敍元嘉讚揚佛事》："范泰、謝靈運每云：'《六經》典文本在濟俗爲治耳，必求性靈真奧，豈得不以佛經爲指南耶？'"；慧皎《高僧傳》卷七《慧叡傳》記靈運"篤好佛理，殊俗之音，多所通解，諮叡以經中諸字并衆音異旨，於是著《十四音訓敍條例》"，又《慧嚴傳》引范泰、靈運前語，復云："《大涅槃經》品數疏簡，初學難以厝懷，嚴乃共慧觀，謝靈運等依《泥洹》本，加之品目，文有過質，亦頗改治。"後世如釋皎然（《詩式》卷一《文章宗旨》）、顏真卿、白居易、馮子振等（《永樂大典》卷二六〇三《臺》字），莫不以精通内典、皈依佛門推之。《賦》中言好生惜物命兩節，旨本釋教，而皆僅引老、莊以自助，殊耐思量，觀乎下文，或可窺其微尚乎？

"賤物重己，棄世希靈，駭彼促年，愛是長生。……雖未階於至道，且緬絕於世纓"；自註："此一章敍仙學者雖未及佛道之高，然出於世表矣。"按下文："哲人不存，懷抱誰質！糟粕猶在，启滕剖裹；見柱下之經二，覩濠上之篇七，承未散之全璞，救已頹於道術。詹夫六藝以宣聖教，九流以判賢徒，國史以載前紀，家傳以申世模，篇章以陳美刺，論難以覈有無，兵技醫日龜筴筮夢之法，風角冢宅算數律曆之書，或平生之所流覽，並於今

而棄諸。驗前識之喪道，抱一德而不渝"；自註："'柱下'、老
子，'濠上'、莊子，'二'、'七'是篇數也；云此二書最有理，
過此以往，皆是聖人之教，獨往者所棄。"夫既尊"佛道"爲最
高，又推老、莊爲"最有理"，不特徵靈運從佛而未棄道，抑復
見其雖奉事佛法，而於道家仍敦宿好。賦中如"苦節之僧"、"遠
僧有來"等節，未嘗涉筆以稱佛典。且許道家自立門户，亦不同
慧遠、僧肇輩之假道家言爲佛法梯階，借車明舟（參觀論《全晉
文》僧肇《答劉遺民書》）。蓋靈運實徘徊二氏之間，左抱袖而右
拍肩，非有左右袒者。"糟粕棄諸"之論，即仲長之"叛散五
經"、荀粲之"糠秕六籍"，固老、莊流裔之常談耳（參觀論《全
後漢文》仲長統《昌言》、《全晉文》何劭《荀粲傳》）。"聖教"
之"聖"指孔子，上文"敬承聖誥"之"聖"則指佛；孔子曰
"聖"、從俗而言，佛曰"聖"、稱心而言，一權而一實。

【增訂四】謝靈運賦之"聖教"，指孔子言，猶何劭《王弼別
　　傳》與"老子"對舉之"聖人"亦即孔子（見《全晉文》卷一
　　八）。所謂從俗也。

觀詞之終始，即知兩"聖"字既不淆亂，而"承聖誥"與"棄聖
教"亦初無矛盾矣。然上文云："率所由以及物，諒不遠之在
斯"，自註："《易》云：'不遠復，無祇悔'，庶乘此得以入道"；
夫《易》非巍然冠"宣聖教"之"六藝"者耶？當在"所棄"之
列矣，却可"乘以入道"，似不無矛盾。豈得魚忘筌，抵岸捨筏，
"入道"而遂"棄"所"乘"歟？《顏氏家訓·勉學》："洎於梁
世，……《莊》、《老》、《周易》，總爲'三玄'"，實承晉、宋之
風耳。

"藝菜當肴，採藥救頹，自外何事，順性靡違。"按靈運《遊

南亭》:"藥餌情所止,衰疾忽在斯",與此相發;"所止"即"自外"無他"事"也。《文選》李善註"藥餌"二句云:"餌藥既止,故有衰病";何焯評云:"服餌本以扶衰,而藥石不能平情,故力有所止也。"二解皆誤,何尚用心,李直似到眼信口,未經思慮者。二句倒裝,順言之,則:"衰疾忽在斯,藥餌情所止";意謂衰疾忽已相侵,故縈懷掛念,唯在藥餌。杜甫《江村》:"多病所須唯藥物,微軀此外更何求",與謝客同心之言矣。

《江妃賦》。按參觀《全後漢文》論王粲《神女賦》。

一六九　全宋文卷三二

謝靈運《辨宗論》：“有新論道士，以爲寂鑒微妙，不容階級。……華民易於見理，難於受教，故閉其累學，而開其一極；夷人易於受教，難於見理，故閉其頓了，而開其漸悟。漸悟雖可至，昧頓了之實；一極雖知寄，絶累學之冀。良由華人悟理無漸，而誣道無學，夷人悟理有學，而誣道有漸。是故權實雖同，其用各異。昔向子期以儒、道爲壹，應吉甫謂孔、老可齊，皆欲窺宗，而況真實者乎？……冬夏異性，資春秋爲始末，晝夜殊用，緣晨暮以往復。……是故傍漸悟者，所以密造頓解。”按全篇鋸木往復，要指不外乎此。

【增訂四】法海本《壇經》第一六節：“善知識，法無頓漸，人有利頓。”“利頓”必“利鈍”之訛，諸校未改正。其意即同靈運《辨宗論》。

卷五七朱昭之《與顧歡書難〈夷夏論〉》亦云：“昔應吉甫齊孔、老於前”；應貞、向秀之説今已無考矣。《宋書·謝靈運傳》：“孟顗事佛精懇，而爲靈運所輕，嘗謂顗曰：‘得道應須慧業，丈人生天當在靈運前，成佛必在靈運後’”；此《論》即其語之箋釋。靈運主“不容階級”之悟，而悟必須“慧業”，故“成佛”甚速，若夫不由慧生悟而祇修行持戒，則能免於地獄諸苦惱而未遽得正果也。應、向二子欲和同孔、老，靈運是篇融通儒、釋，視孫綽《喻道論》、宗炳《明佛論》較能析理，別詳《全唐文》卷論權德輿《唐故章敬寺百巖大師碑銘》。以孔、釋異教爲華夷殊地異宜，即孫綽所謂："周孔即佛，佛即周孔，蓋外内名之耳"，亦即《國史補》載李丹與妹書所謂："釋迦生中國，設教如周、孔，周、孔生西方，設教如釋迦"（《太平廣記》卷一〇一）。"頓了"、"漸悟"之爭昉自劉宋；《高僧傳》卷七《竺道生傳》："時人以生推'闡提得佛'，此語有據頓悟。……宋太祖嘗述生頓悟義"，又《曇斌傳》："講《小品》、《十地》，并申頓悟、漸悟之旨。"劉宋譯《楞伽經·一切佛語心品》之一大慧問："淨除衆生自心現流，爲頓爲漸?"佛答語設種種譬喻，如"陶家"造器，"漸成非頓"，而"明鏡頓現"一切色像。《全齊文》卷二〇劉虯《無量義經序》亦調停"會理可漸"與"入空必頓"兩義。入唐而其説大暢。《佛祖統紀》卷四二記唐宣宗以"頓見"與"漸修"詰問僧弘辯。《楞嚴經》卷八："理則頓悟，乘悟併銷；事非頓除，因次第進"；《圓覺經》卷下："此經名爲頓教大乘，頓機衆生，從此開悟，亦攝漸修一切羣品，譬如大海，不讓細流"；神會《語錄》卷一答志德問"今教羣生，唯求頓悟，何故不從小乘漸修?"又卷四《頓悟無生般若頌》；圭峯宗密《禪源諸集詮都序》卷下之一闡説有"先因漸修而豁然頓悟"，有"因頓修而漸悟"，有"因漸修而漸悟"，有"先須頓悟，方可漸修"，要歸於"因悟而修"之"解悟"與"因修而悟"之"證悟"二者。道士亦因襲名義，如司馬承禎《天隱子·漸門》一章是。宋晁迥《法藏碎金録》卷四："孔子云：'默而識之，學而不厭，誨人不倦'——首句頓悟，次句漸修，三句自覺覺他”；可爲靈運之論進一解。王畿《龍谿先生全集》卷一《天泉證道紀》述王守仁自言“良知之學”於“上根人”爲“頓悟之學”，而“中根以下之人”須用“漸修工夫”（參觀卷二《松原晤語》、卷四《留都會紀》、卷一二《答程方峯》）；合諸靈運所言，則“華民”恰與“上根人”相當，而“中根以下”者乃“夷人”也。

一七○　全宋文卷三三

　　謝靈運《擬魏太子鄴中集詩序》："天下良辰、美景、賞心、樂事，四者難并。"按王勃《滕王閣餞別序》："四美具，二難并"，加嘉賓、賢主人爲"二難"也。白居易《三月三日祓禊洛濱》詩《序》："美景、良辰、賞心、樂事，盡得於今日矣"；陶望齡《歇菴集》卷二《三言》："有好友，無名山──妖冶姬，閨中間。有名山，無好友──盛盤飱，不釅酒。二者并，罕閒功──花酒市，囊金空。閒功具，少題目──籠中禽，鎩羽肉。君之來，四緣合"云云，曰"四緣"而實包賅"四美"與"二難"矣。黃機《謁金門》："風雨後，枝上綠肥紅瘦，樂事參差團不就"，即謂"美景"與"樂事"之不得"并"；"團"、并也，而字法尖新，"參差"、相左也，如李商隱《櫻桃花下》："他日未開今日謝，嘉辰長短是參差"，李詩亦歎"嘉辰"與"花芳正結"之美景不得并耳。《牡丹亭·游園》："良辰美景奈何天，賞心樂事誰家院"，衆口膾炙，幾忘其語之本謝客矣。

　　《擬魏太子鄴中集詩序》："不諉方將，庶必賢於今日爾。"按《文選》李善註未釋。二句承上文"古來此娛，書籍未見"。"方"如《後漢書·皇后紀論》："貽厥方來，豈不休哉！"，"將"者

"將來"，皆謂後世。

 【增訂四】《後漢書·鄭玄傳》以書戒子益恩曰："不得於禮堂寫定，傳與其人。日西方暮，其可圖乎！"　"方"即"方將"也。

"誣"即魏文帝《與吳質書》："後生可畏，來者難誣，然吾恐與足下不及見也"，李善註："《論語》：'後生可畏，焉知來者之不如今。'""不誣方將"即"來者難誣"；靈運託爲魏文於此《序》中重宣其《與吳質書》之意。若曰：鄴宮此集，主與臣志相得而才相稱，遠勝楚襄、漢武曩事；然盛況空前，未保絕後，他年行樂之人當有遠逾今日同會者。

 【增訂三】唐王燾《外臺秘要方·序》："吾聞其語矣，未遇其人也。不誣方將，請俟來哲。"早用謝靈運語，而意較顯豁，"來哲"即"後生"也。

黃庭堅《答王道濟寺丞觀許道寧山水圖》："蠹穿風物君愛惜，不誣方將有人識"；史容註："言此畫雖蠹，而他日有識之者。按《文選》'不誣方將，庶必賢於今日'；靈運之意，謂他日人必以今日之樂爲賢於昔人，'不誣'之意，如嵇叔夜《養生論》云：'一溉之益，不可誣也。'五臣註詞不達，故箋之云。"史"箋"是也；"今日之樂"之"今日"乃"他日人"之"今日"，正即"他日"，非魏太子"賢於今日"之"今日"，史語欠醒，又不引《與吳質書》爲釋，亦在近而求諸遠歟。字書皆訓"誣"爲"以無爲有"，觀魏文、嵇、謝用此字，義等抹摋，則又當增"以有爲無"之訓也。

一七一　全宋文卷三四

　　謝惠連《雪賦》："歲將暮，時既昏，寒風積，愁雲繁。梁王不悦，游於兔園。"按以三字句造端，前此唯覩《全晉文》卷一二○郭璞《井賦》："益作井，龍登天，鑿后土，洞黄泉，潛源洊臻，濔濔涓涓"；司馬相如《子虚賦》多三字句，而未爲一篇肇始，揚雄《羽獵賦》則篇中三字句外，復以之煞尾："因回軨還衡，背阿房，反未央"，戛然而止。謝賦一起勝於郭賦，後世杜牧《阿房宫賦》之："六王畢，四海一，蜀山兀，阿房出"，發唱驚挺，操調險急，尤爲人所習知。《全唐文》卷六一九陸參《長城賦》開篇："干城絶，長城列，秦民竭，秦君滅；嗚呼悲夫！可得而説"；在杜賦之先，或亦沾丐乎？《野客叢書》卷二四、《容齋五筆》卷七僅言《阿房宫賦》仿楊敬之《華山賦》；浦銑《復小齋賦話》卷上不溯郭璞《井賦》，僅考《雪賦》"起四句皆三字，後人祖之者"自六朝暨明；均未道陸參《長城賦》。惟廖瑩中《江行雜録》謂"六王畢"四句仿"干城絶"四句。然杜賦之"明星熒熒，開妝鏡也"一節，以色相與實事相較，機杼亦似陸賦之"邊雲夜明，列雲鐘也"一節；楊敬之《華山賦》（《全唐文》卷七二一）之"見若咫

尺，田千畝矣”一節，則祇以物象之小與物體之大相較，不若
陸之貼近杜也。陸賦在唐，不及楊賦傳誦，觀《孫樵集》卷二
《與王霖秀才書》、《唐闕史》卷上《楊江西及第》自註可知。

《雪賦》：“節豈我名？潔豈我貞？憑雲陞降，從風飄零；
值物賦象，任地班形。素因遇立，汙隨染成，縱心皓然，何慮
何營！”按與墨子之歎“所染”，宗旨迥異。判心、跡爲二，跡
之汙潔，於心無著，任運隨遇，得大自在；已是釋、老之餘緒
流風，即謝靈運《山居賦》之別“言心”於“即事”也。蓋雪
之“節”最易失，雪之“潔”最易汙，雪之“貞”若“素”最
不足恃，故託玄理以爲飾詞，庶不“罵題”而可“尊題”。元
稹《古決絕詞》：“我自顧悠悠而若雲，又安能保君皓皓之如
雪”，亦隱寓雪之皓皓難保。歌德嘗斥雪之“僞潔”（Der
Schnee ist eine erlogene Reinlichkeit）①，正以其不堪更事接
物耳。

謝惠連《祭古冢文》：“既不知其名字遠近，故假爲之號曰
‘冥漠君’云爾。”按唐薛稷《唐杳冥君銘》、陳子昂《冥寞君墳
記》，亦皆謂失名之古冢也。

謝莊《月賦》：“陳王初喪應、劉，端憂多暇。……抽毫進
牘，以命仲宣，仲宣跪而稱曰：‘……委照而吳業昌，淪精而漢
道融。’”按顧炎武《日知錄》卷一九論“古人爲賦，多假設之
詞”，不可“掎摭史傳以議”其後，舉此賦及庾信《枯樹賦》爲
例；蓋曹植封陳王時，王粲早與應、劉同歲俱歿矣。詞章憑空，

---

① *Spruchweisheit in Vers und Prosa*，*in Sämtliche Werke*，“Tempel-Klassik-
er”，III，308.

異乎文獻徵信，未宜刻舟求劍，固也。雖然，“假設”初非一概。即就此賦而論，王粲之年壽不必與事實相符，而王粲之詞旨不可不與身分相稱。依附真人，構造虛事，虛虛復須實實，假假要亦真真。不然，則託之烏有先生、無是公可矣，何必嫁名於陳王與仲宣哉！賦中王粲跪稱“東鄙幽介，孤奉明恩”，謂受魏恩也；乃贊月曰“委照”云云，則對大魏之藩王，詠敵國之故君，且以三分之吳與一統之漢並舉而頌禱其業盛道光。罔識忌諱，至於此極，難乎其為文學侍從之臣矣。何焯評點《文選》批云：“既假託於仲宣，不應用吳事，亦失於點勘也”；亦有見於斯。故顧説尚墮一邊，當以何評羽翼之。《孝經正義·御製序》邢疏引隋劉炫“述義”，略謂此書“假曾子之言，以為對揚之體，乃非曾子實有問也。……此皆孔子須參問，非參須問孔子也。莊周之斥鷃笑鵬、罔兩問影，屈原之漁父鼓枻、大卜拂龜，馬卿之烏有、無是，揚雄之翰林、子墨，寧非師祖製作以為楷模者乎？”蓋謂經有“假設之詞”，而諸子、詞賦師法焉，真六通四闢之論矣。唐劉知幾《史通》外篇《雜説》下：“自戰國以下，詞人屬文，皆偽立客主，假相酬答。至於屈原《離騷辭》稱遇漁父於江渚，宋玉《高唐賦》云夢神女於陽臺，……而司馬遷、習鑿齒之徒，皆採為逸事，編諸史籍，疑誤後學，不其甚耶？必如是，則馬卿遊梁，枚乘譖其好色，曹植至洛，宓妃覿於巖畔，撰漢、魏史者，亦宜編為實錄矣。”顧謂不宜苛責詞賦之有背史實，劉謂不宜輕信詞賦之可補史實，旨歸一揆，直所從言之異路耳。《史通》同篇下一節痛斥嵇康無識，撰《高士傳》，取材於《莊子》、《楚辭》，“夫以園史之寓言、騷人之假説，而定為實錄，斯已謬矣！”并謂《莊子》記言載事，猶詞賦之假託，明通之見，上契劉炫。

胡天游《石笥山房文集》卷一《秋霖賦》託爲司馬相如、董仲舒
語氣，而馬道曹植、陸機以至江淹、邢卲輩，董道阮籍，賦首自
文曰：“若夫莊周造論，展跖同時於仲尼，伯益著書，桂陽繋郡
於《山海》。寓言十九，設喻無方，……不以後先相限次。”章學
誠《文史通義》内篇四《言公》下論“假設之公”曰：“又如文
人假設，變化不拘，……莊入巫咸之座，屈造詹尹之廬；楚太子
疾，有客來吳；……此則寓言十九，詭説萬殊者也。乃其因事著
稱，緣人生義，……空槐落火，桓温發歎於仲文之遷，素月流
天，王粲抽毫於應、劉之逝。斯則善愁即爲宋玉，豈必楚廷？曠
達自是劉伶，何論晉世？……愚者介介而争，古人不以爲異也
已。”凌廷堪《校禮堂文集》卷三《晚霞賦·序》：“昔晉謝希逸
之賦月也，應劉既逝，猶有仲宣；庾子山之賦枯樹也，東陽出
守，尚逢元子。……是亦長卿之無是、子虚，平子之憑虚、非有
也。……故爲紕繆，蓋明其非事實也。是以宣尼而友柳下，不害
莊生之寓言；子產而臣鄭昭，終乖史遷之傳信。”皆以《莊子》
融通於辭賦，實承劉論，章、凌翬謝、庾二賦，又隱采顧説。
《莊子》述老子、孔子、顔淵等問答，聲音意態，栩栩紙上，望
而知爲逞文才之戲筆，非秉史德之直筆；人如欲活適所以爲事不
悉真，作者耽佳句，讀者不可參死句也。不徒莊子然也，諸子書
中所道，每實有其人而未必實有此事，自同摩空作賦，非資鑿空
考史。譬如《列子·湯問》篇三代之夏革稱説春秋之師曠，又
《楊朱》篇齊景公時之晏嬰叩問齊桓公時之管仲，恣意驅使古人，
錯亂前代，謝莊、庾信相形猶爲拘謹焉。據此以訂史，是爲捕風
影，據史以訂此，是爲殺風景。西方説理而出以主客交談者，柏
拉圖《對話録》最著，古之學士早謂其捉取年輩懸殊之哲人

（Parmenides，Socrates）置於一堂，上下議論①，近世文家至視同戲劇②；則猶劉炫之"述"《孝經》。

【增訂三】古希臘人每譏柏拉圖《對話録》記述不足信。相傳蘇格拉底嘗自言得一夢："夢柏拉圖化爲烏鴉，止吾頂上，啄吾髮禿處，四顧而噪。柏拉圖聽之，此乃汝他年託吾名而肆言誣妄之徵"（Methought Plato had turned into a crow and had lighted on my head，where he pecked at my bald spot and croaked as he looked all round. So I infer，Plato，that you are going to utter many lies over my head—Athenaeus，*The Deipnosophists*，XI.505-7，"Loeb"，V，269-71）。後世自記與名勝交往，追憶其言行者，當不少"烏生八九子"在。又有"設論"（imaginary conversations）之體，使異代殊域之古人促膝抵掌。吾國子書所載，每復類是。均姓名雖真，人物非真（real names，not real people）。有論《莊子》中贋篇《盜跖》者，於其文既信偽爲真，於其事復認假作真，非癡人之聞夢，即點巫之視鬼而已。參觀《毛詩》卷論《河廣》、《史記》卷論《老子、韓非列傳》、《全後漢文》論蔡邕《筆賦》。

後世詞章中時代錯亂（anachronism），貽人口實，元曲爲尤。凌廷堪《校禮堂詩集》卷二《論曲絶句》之一二："仲宣忽作中郎婿，裴度曾爲白相翁，若使硜硜徵史傳，元人格律逐飛蓬"；自註："元人雜劇事實多與史傳乖迕，明其爲戲也。後人不知，

① Macrobius，*Saturnalia*，I.i.5，in T.Whittaker，*Macrobius*，15.
② G.Kaiser："Das Drama Platons"，in N.Soergel，*Dichtung und Dichter der Zeit*，Neus Folge，*Im Banne des Expressionismus*，684.

妄生穿鑿，陋矣！"猶未徧賅。蓋曲中依託真人，即使事跡之犖
犖大者，文獻有徵，抑或人出虛構，仍繫諸某朝某代，而道後世
方有之事，用當時尚無之物，此亦"與史傳乖迕"也，却不似蔡
邕、王粲爲翁婿等之昭然易見。李賀《白虎行》詠秦始皇事，有
曰："玉壇設醮思沖天"，方世舉批："非先秦〔漢？〕所有時俗，
不稱。"史繩祖《學齋佔嗶》亟稱杜牧《阿房宮賦》中"焚椒蘭
也"一句爲"不可及"，以其賦秦事而不闌入"西京以後"之
"沉檀龍麝"，貼合時代，文心細密。昔人亦嘗以此義繩元曲，非
徒如凌氏所謂"硜硜"於角色之生平"事實"也。王驥德《曲
律》卷三《雜論》上："元人作劇，曲中用事，每不拘時代先後。
馬東籬《三醉岳陽樓》賦呂純陽事也，《寄生草》曲用佛印待東
坡，魏野逢潘閬，唐人用宋事"；徐復祚《三家村老委談》："《琵
琶記》使事大有謬處。《叨叨令》云：'好一似小秦王三跳澗'，
《鮑老催》云：'畫堂中富貴如金谷'；不應伯喈時，已有唐文皇、
石季倫也！"復拈隱顯各一例，聊資談助。石君寶《曲江池》第
三折卜兒白："好波你個謝天香！他可做的柳耆卿麽！""你"、李
亞仙，"他"、鄭元和；卜兒唐人直呼宋人。李壽卿《伍員吹簫》
第二折養由基唱："一生輸與賣油人，他家手段還奇絕！"歐陽修
《文忠集》卷一二六《歸田錄》又卷一二九《轉筆在熟說》均記
陳堯咨善射，覩賣油翁注油而自失；養由基春秋時人暗用北宋故
事。古小說中斯類亦夥。敦煌《秋胡變文》："辭妻了道，服得十
袟文書，並是《孝經》、《論語》、《尚書》、《左傳》、《公羊》、《穀
梁》、《毛詩》、《禮記》、《莊子》、《文選》"；春秋時人能讀戰國，
西漢乃至六朝之書，書籍復已用紙帛。《青瑣高議》前集卷七
《趙飛燕別傳》："'吾夢中見帝，帝賜我坐，命進茶'；左右奏帝

曰：'向者侍帝不謹，不合啜此茶'"；西漢人早進三國始見記載之飲料。《水滸》第七回林沖"手中執一把摺疊紙西川扇子"，《金瓶梅》第二回西門慶"搖着洒金川扇兒"；北宋末人先用明中葉方盛行之器物（參觀楊慎《升菴全集》卷三一《謝同鄉諸公寄川扇》詩、祝允明《枝山文集》卷四《促金生許川扇不至》詩、《野獲編》卷二六、《棗林雜俎》智集）。《金瓶梅》第三三回金蓮道："南京沈萬三，北京枯樹灣"；北宋末人前知明初人名都名。《西遊記》第一〇回袁守誠賣卜鋪"兩邊羅列王維畫"，唐太宗時已有唐玄宗時人畫；第七一回獻金聖宮以霞衣之"紫陽真人張伯端"、北宋道士也，第八七回八戒笑行者"不曾讀"之《百家姓》、五代童課也，人之成仙、書之行世，乃皆似在唐以前；第二三回："兩邊金漆柱上貼着一幅大紅紙的春聯，上寫着：'絲飄弱柳平橋晚，雪點香梅小院春'"，乃溫庭筠《和道溪君別業》腹聯，易"寒"爲"香"、"苑"爲"院"，初唐外國人家預揭晚唐中國人詩。且門聯始見於五代，堂室之聯至南宋而漸多，明中葉以後，屋宇內外不可或少此種文字點綴，作者并以之入集（參觀李開先《中麓閒居集》卷六《中麓拙對序》、徐渭《徐文長逸稿》卷二四又張岱《瑯嬛文集》卷一《柱銘鈔自序》、王鐸《擬山園初集》第二四冊《聯語》）。《西遊記》中於前舉一聯外，第二四回五莊觀、第四四回三清觀、第七三回黃花觀皆"二門上有一對春聯"；《鏡花緣》寫武則天時事，"金字對聯"、"粉牋對聯"之類或鐫或掛於淑士國城門、淑士國書塾門、白民國學塾大廳、泣紅亭（第二一、二二、二三、四八回）；是五代後之中國對聯於唐初已傳外洋。《女仙外史》第三二回剎魔主看演《牡丹亭·尋夢》，嗤杜麗娘曰："這樣不長進女人，要他何用！"；是明永樂時宿演萬曆時戲文。胥如《莊子・天下》所謂"今日適越而昔來"
者歟！抑且外國尚未發明之洋貨，中國小說中每若已舶來而家常
狎習者。孟德斯鳩《隨筆》（Spicilège）嘗記一三一三年左右歐洲
始製眼鏡（l'invention de lunettes est de l'an 1313 ou environs）①，
蓋當吾國元仁宗之世；十七世紀意大利詩家尚以爲賦詠之新題，
《眼鏡》（L'occhialino）、《美人戴眼鏡》（Per bella donna che
portava gli occhiali；Bella donna cogli occhiali）、《戴眼鏡瞻望美
人》（Amante vagheggiator con gli occhiali）等，紛著篇什②；歌
德晚歲深惡來客有戴眼鏡者（ein Fremder mit der Brille auf der
Nase），自覺内心之隱私、外貌之老醜，悉爲渠一目了然③，是
十九世紀初葉，此物在彼土猶未司空見慣也。《鏡花緣》中則非
僅白民國塾師、淑士國酒保等外洋人戴眼鏡（第二一、二三回），
唐敖爲林之洋遮醜，亦曰："原來舅兄今日未戴眼鏡！"（第一六
回）。亞理奧斯圖名篇寫八世紀騎士交戰，一人持六尺長鐵管（un
ferro bugio），發放火藥彈丸，此兵或爲魔鬼手製（che fabricato
nel Tartareo fondo/Fosti per man di Balzebú maligno），亘古未
聞，當時亦惟其人有之（che l'antica gente/Non vide mai，né-
fuor ch'a lui），大力者奪而投於海，爲世除害④；蓋中世紀歐洲
初無火槍，故迂曲其詞，謂出於鬼工，天下祇此一枝，以掩飾時
代錯亂——萬曆時趙士楨《神器譜》稱"鳥銃"爲神器，此斥

---

①　Montesquieu，*Oeuv. comp.*，"Bib. de la Pléiade"，II，1304.

②　Giacomo Lubrano，Bernardo Morando，Paolo Zazzaroni，Giuseppe Artale；
Marino e i Marinisti，Ricciardi，910，982，1027，1034.

③　Eckermann，*Gespräche mit Goethe*，5 April 1830，Aufbau，550-1.

④　Ariosto，*Orlando Furioso*，IX.28-9，89-91，Hoepli，74-5，81.

爲"鬼器"，亦呼牛呼馬之類也。《鏡花緣》中則才女用火槍，水手用火槍，不一而足，林之洋曰："幸虧俺有槍神救命"，且以"鳥槍打"對"雲中雁"（第二一、二三回）。莎士比亞劇本寫古羅馬事，約當漢元帝時，道及自鳴鐘（Peace, count the clock. The clock hath stricken three）①，遭人嗤點；《鏡花緣》中米蘭芬"指桌上自鳴鐘"（第七九回），武周遠在西漢之後，或可藉口解嘲乎！夫院本、小説正類諸子、詞賦，並屬"寓言"、"假設"。既"明其爲戲"，於斯類節目讀者未必吹求，作者無須拘泥；即如《紅樓夢》第四〇回探春房中掛唐"顔魯公墨跡"五言對聯，雖患《紅樓》夢囈症者亦未嘗考究此古董之真僞。倘作者斤斤典則，介介纖微，自負謹嚴，力矯率濫，却顧此失彼，支左絀右，則非任心漫與，而爲無知失察，反授人以柄。譬如毛宗崗《古本三國演義》詡能削去"俗本"之漢人七言律絶，而仍强漢人賦七言歌行（參觀《太平廣記》卷論《嵩岳嫁女》），徒資笑枋，無異陸機評點蘇軾《赤壁賦》（姚旅《露書》卷五）、米芾書申涵光《銅雀臺懷古詩》（劉廷璣《在園雜志》卷一）、王羲之書蘇軾《赤壁賦》（《官場現形記》第四二回）、仇英畫《紅樓夢》故事（《二十年目覩之怪現狀》三六回）等話欛矣。

時代錯亂，亦有明知故爲，以文游戲，弄筆增趣者。湯顯祖《牡丹亭》第三三折柳夢梅欲發杜麗娘之墓，商諸石道姑，姑曰："《大明律》開棺見屍，不分首從皆斬哩！你宋書生是看不着《大明律》。"譬之知法犯法，受罰應倍，而自首則可減等以至獲赦，此固古羅馬人所教修詞訣也（參觀《太平廣記》卷論卷二四

① *Julius Caesar*, II.i.192.

五《張裕》、卷四五九《舒州人》）。湯氏雋語流傳，掛於衆口，
如汪琬《説鈴》："顧寧人被酒，與客談經，客誤以《唐石經》爲
《十三經》，顧曰：'此與宋板《大明律》何異！'"；王應奎《柳南
隨筆》卷一："《漢書》河間獻王好學，博士毛公善説《詩》，王
號之曰《毛詩》。《文選》於《詩序》一篇，既定爲卜子夏作，而
文目仍稱《毛詩序》。此與宋書生解《大明律》，何以異也！"；王
闓運《湘綺樓日記》光緒三十一年十月十日："所謂宋板《康熙
字典》，其價宜在宋板上也"，又宣統二年十月二十三日："有劉
姓收袁枚墨跡，書我《元宵詞》并跋，真佳話也！宋板《康熙字
典》同此前後"，即仿此謔。李汝珍《鏡花緣》另出手眼、作狡
獪。第一九回："多九公道：'今日唐兄同那老者見面，曾説識荆
二字，是何出處？'唐放道：'再過幾十年，九公就看見了'"；第
七二回："孟紫芝道：'顔府這《多寶塔》的大筆，妹子却未見
過。'卞彩雲道：'妹妹莫忙，再遲幾十年，少不得就要出世'"；
第七六回："孟紫芝道：'只要有趣，那裏管他前朝後代！若把唐
朝以後故典用出來，也算他未卜先知'"；第八四回："孟玉芝道：
'我今日要學李太白斗酒百篇了。'尚紅珠道：'這位李太白不知
何時人，向來卻未聽見過'"；他如第一八回唐放評"新安大儒"，
隱指朱熹，第九四回祝題花言"安知後世不將《中庸》另分"，
隱指宋人編《四書》，第六五、七四、八一回諸女郎更於王實甫
《西廂記》，直引不諱，殆皆以"未卜先知"一語塞議者之口歟。
俞萬春《蕩寇志》於斯類枝節，不諧而莊，容肅詞正，有頭巾
氣。如第一回："看官！那大礮、鳥鎗一切火器，實是宋末元初
始有。……南宋時尚無此物，況北宋徽宗時乎？今稗官筆墨遊
戲，只圖紙上熱鬧，不妨揑造，不比秀才對策，定要認真。……

不要只管考據！"西方名家涉筆，足相映發。如迭更斯小説寫一撞騙者向人侈陳己於"七月革命"(the Revolution of July)中且戰且賦詩，附註曰："此君真具先知預見之神通者矣！吾書所敍乃一八二七年事，而七月革命則一八三〇年事也"(A remarkable instance of the prophetic force of Mr Jingle's imagination，etc.)①；猶《鏡花緣》之"未卜先知"。若伏爾泰賦十五世紀英、法戰争詩中，有武士(Monrose)發手鎗中人(Prend d'une main par la rage tremblante/Un pistolet, en presse la détente)，附註曰："前人而用後世器物，吾勿敢斷言其當否，然讀史詩時何妨從寬不究？"(Nous n'osons affirmer qu'il soit permis d'anticiper ainsi le temps; mais que ne pardonne-t-il point dans un poème épique?)②；則劇類《蕩寇志》之於大礮鳥鎗矣。

顧炎武樹義，限於辭賦，識已遜劉炫、劉知幾；且或猶嚴別文體之尊卑雅鄭，故其時戲曲大盛，小説勃興，而皆不屑稍垂盼睞，借以齒牙。凌廷堪既能演顧氏之論賦，復如補王驥德之論曲，却不悟燈即是火，乳非異酥，未嘗連類通家。聊託謝莊發端，而爲二劉氏竟緒云。"假設之詞"而於時代之界最謹嚴不苟者，唯八股文；陳澧《東塾集》卷二《科場議》一："時文之弊有二。代古人語氣，不能引秦漢以後之書，不能引秦漢以後之事，於是爲時文者皆不讀書。"此又諸家所未及矣。

【增訂三】余金《熙朝新語》卷一一："乾隆甲戌科首題《唐棣之華未之思也》；場中文有用'腸一日而九迴'句者。上以言

---

① Dickens, *Pickwick Papers*, ch. 2, note.
② Voltaire, *La Pucelle*, XII, 123ff., note.

孔、孟言，不應襲用《漢書》語。”即陳澧所謂“時文之弊”
一例。

抑時代錯亂，非徒文詞也，繪畫亦有之，如陳與義《簡齋詩集》
卷二六《題趙少隱清白堂》之三所謂：“雪裏芭蕉摩詰畫，炎天
梅蕊簡齋詩。”劉知幾《衣冠乘馬議》指摘“張僧繇畫羣公祖二
疏，而兵士有著芒屩者，閻立本畫昭君入匈奴，而婦人有著帷帽
者，……豈可徵此二畫以爲故實者乎?”（《全唐文》卷二七四），
即張彥遠《歷代名畫記》卷二“帷帽興於國朝，芒屩非塞北所
宜”一節所本；宋敏求《春明退朝錄》卷下亦記有《漢祖過沛
圖》“畫跡頗佳，而有僧，爲觀者所指，翌日並加僧以幅巾”。此
皆可考史徵獻，譏其疏舛者也。然唐僧貫休《送盧秀才應舉》：
“還衝猛風雪，如畫冷朝陽”，自註：“時多畫李白、王昌齡、常
建、冷朝陽冒風雪入京”；黃伯思《東觀餘論》卷下《跋滕子濟
所藏〈唐人出遊圖〉》：“昔人深於畫者，得意忘象，其形模位置
有不可以常法論者。……如雪與蕉同景，桃李與芙蓉並秀，或手
大於面，或車闊於門。……此卷寫唐人出遊狀，據其名題〔宋之
問、王維、李白、高適、史白、岑參〕，或有勿同時者，而揚鑣
並驅，睇眄相語，豈亦於世得意忘象者乎?”；樓鑰《攻媿集》卷
二《慧林畫寒林七賢·序》：“舊有《唐人出遊圖》，謂宋之問、
王維、李白、高適、史白、岑參六人。多畫七賢，不知第七人爲
誰，或云是潘道遙，未見所據”，又《詩》：“羣賢俱詩豪，年輩
不同處，安得寒林中，聯鑣睇相語? 誰歟創妙意，臭味無今古。
吾聞顧陸輩，寓意或如許；桃李並芙蓉，雪中芭蕉吐”，樓嘗爲
黃書作跋，此詩語意必本黃來；楊慎《升菴全集》卷五九所論及
蔣士銓《忠雅堂詩集》卷三所題《七賢過關圖》又謂乃張說、張

九齡、李白、李華、王維、鄭虔、孟浩然。是則不顧古人之行輩交誼，"不以先後相限次"，捉置一處，寫入一圖，固又唐宋畫師構景之一端。"寓意"正劉知幾等論辭賦所謂"寓言"。雪裏芭蕉，荷邊桃李，四士結伴而衝風雪，七賢聯騎而游寒林，如孔子之友柳下，桓公之歡仲文，亦如馬致遠《青衫淚》第一折中以孟浩然、賈島、白居易之同爲裴興奴狎客矣。都穆《寓意編》："王維畫伏生像，不兩膝着地、用竹簡，乃箕股而坐，憑几舒卷。蓋不拘形，亦雪中芭蕉之類也"；則亦秋胡讀《文選》、林沖執川扇之類耳。

【增訂三】《山谷内集》卷七《題鄭防畫夾》之四："折葦枯荷共晚，紅榴苦竹同時；睡鴨不知飄雪，寒雀四顧風枝。"荷枯雪飄，而榴紅照眼，是亦雪中芭蕉之類耶？李唐《深山避暑圖》有丹楓，葉德輝《觀畫百詠》卷二歎爲"筆妙補天，深得輞川不問四時之意"。陸游《老學菴筆記》卷二："靖康初，京師織帛及婦人首飾衣服皆備四時。……花則桃、杏、荷花、菊花、梅花皆併爲一景，謂之'一年景'。"歐陽玄《圭齋文集》卷四《題四時百子圖》："天無一日具四時，人無一母生百兒。何人筆端巧造化，人事天時俱盡之。三三兩兩如魚隊，日長遊戲闌干外；採蓮攀柳爭後先，繞竹觀梅分向背。"是名畫家之"寓意"固亦市俗所慣爲熟覩，雅人深致與俗工炫多求"備"，將無同歟。

一七二　全宋文卷三六

　　顏延之《赭白馬賦》：“旦刷幽燕，晝秣荊越。”按前人寫馬之迅疾，輒揣稱其馳驟之狀，追風絕塵（參觀《全後漢文》論傅毅《七激》）。卷三四謝莊《舞馬賦》：“朝送日於西坂，夕歸風於北都”，亦仍舊貫，增“朝”、“夕”爲襯托。顏氏之“旦”、“晝”，猶“朝”、“夕”也，而一破窠臼，不寫馬之行路，祇寫馬之在廄，顧其過都歷塊，萬里一息，不言可喻。文思新巧，宜李白、杜甫見而心喜；李《天馬歌》：“雞鳴刷燕晡秣越”，直取顏語，杜《驄馬行》：“晝洗須騰涇渭深，夕趨可刷幽并夜”，稍加點綴，而道出“趨”字，便落跡著相。李壁註《王荊文公詩註》卷五《張良》附劉辰翁批語：“便如‘天發一矢胡無酋’，不動聲色”，指王安石《澶州》：“天發一矢胡無酋，河冰亦破沙水流”；竊謂顏氏原語亦堪稱“不動聲色”，杜加“趨”字，便如改王句作“天發一矢中胡酋”矣。“朝”、“夕”或“旦”、“晝”並列，句法類《楚辭》疊見之“朝發軔於蒼梧兮，夕余至乎懸圃”，“朝發軔於天津兮，夕余至乎西極”（《離騷》），“朝騁騖兮江皋，夕弭節兮北渚”（《湘君》），“朝濯髮於湯谷兮，夕晞余身兮九陽”（《遠遊》）等。魏、晉人行役之篇如徐幹《避地賦》：“朝余發乎泗州，夕余宿手留鄉"（《全後漢文》卷九三），潘岳《登虎牢山賦》："朝發軔兮帝塘，夕結軌兮中野"（《全晉文》卷九〇），似填匡格，顏氏則能與古爲新。《全唐詩》載呂巖《絕句》之一六："朝遊北（一作'百'）越（一作'岳鄂'）暮蒼梧，袖裏青蛇膽氣粗，三入岳陽人不識，朗吟飛過洞庭湖。"首句言飛仙神行之速，修詞可參顏氏之賦馬。元人谷子敬《城南柳》第一折呂洞賓唱："東訪丹邱西太華，朝游北海暮蒼梧"；《西遊記》第二回須菩提祖師以騰雲法授孫悟空，曰："自古道：'神仙朝游北海暮蒼梧'，……凡騰雲之輩，早晨起自北海，游過東海、西海、南海，復轉蒼梧——'蒼梧'者，卻是北海零陵之語話也。將四海之外，一日都游徧。"仙師於輿地或任意呼名，其説呂詩首句，則犁然有當。"朝"、"暮"並列，雖貌同"旦"、"晝"並列，而意謂環行天下，周而復始，誇飾迅速，視顏句更進一解，倘移以賦馬，當曰："旦刷幽燕，夕飲冥澤"耳。《水經注》卷三四《江水》："行者謠曰：'朝發黃牛，暮宿黃牛，三朝三暮，黃牛如故。'""朝發黃牛，暮宿黃牛"與"朝游北海暮蒼梧"，句法無異，均言朝暮在一地也；苟無上下語，望文生義，則安知一謂終日難移寸步而一謂一日周游四海，詞旨相隔，有若天冠地屨哉？又安知不可彼此交易以爲解釋哉？此所以必"考其終始"，庶免於以詞害意也（參觀《左傳》卷論隱公元年、《全晉文》論陸機《謝平原內史表》）。

顏延之《庭誥》："立長多術，晦明爲懿。……雖在眹歟，明晦則功博。……雖棄其大用，窮其細瑕，或明灼日月，將不勝其邪。故曰：'屢焉則差，的焉則闇。'"按"立長"宜"晦明"，即《慎子》所謂"不聰不聾不能公"（參觀《通俗編》卷四引相類語，"不瞀"或作"不暗"、"不癡"）。"屚"、瑣細也，"差"如枚乘《上書諫吳王》之"銖銖而稱，至石必差"，"的焉則闇"謂察察則非明耳。"欲者，性之煩濁"云云。按參觀《全晉文》論陸機《演連珠》。"諺曰：'富則盛，貧則病'矣。"按參觀《全晉文》魯褒《錢神論》。"故曰：'丹可滅而不能使無赤，石可毀而不能使無堅。'"按卷四二顧愿《定命論》："亦由石雖可毀，堅不可銷；丹雖可磨，赤不可滅"；均本《呂氏春秋·誠廉》："石可破也，而不可奪堅，丹可磨也，而不可奪赤，堅與赤性之有也，性也者，所受於天也。"《庭誥》："摰虞《文論》足稱優洽。《柏梁》以來，繼作非一，所纂至七言而已。九言不見者，將由聲度闡誕，不協金石。"按《全晉文》卷七七摰虞《文章流別論》："古之詩有三言、四言、五言、六言、七言、九言。……古詩之九言者，'泂酌彼行潦挹彼注玆'之屬是也。"姚範《援鶉堂筆記》卷三七引何焯云："徧檢各本，皆云：'《泂酌》三章，章五句'，則以爲二句也。顏延之謂'詩體本無九字者，將由聲度闡緩，不合金石'，仲治之言未可據也。"《毛詩·關雎》篇末孔穎達《正義》舉《詩》中二言至八言句例，駁摰虞九言之説，即謂"泂酌彼行潦挹彼注玆"乃兩句非一句，何、姚似失憶。《日知錄》卷二〇舉九言句例爲"凜乎若朽索之馭六馬"，而不舉"泂酌"，有以也。摰虞未及八言句，明單本《蕉帕記》嘲文理不通，至託爲胡連其人者，自白云："作文只是七股，吟詩偏愛八言"；孔《正義》則拈"我不敢效我友自逸"、"十月蟋蟀入我牀下"爲八言句之例。宋孫奕《示兒編》卷三、陳騤《文則》卷下分別舉"十月"云云、"我不敢"云云以示八言詩句，似亦未省孔《正義》先言之。余嘗歎宋、清學人注意經之漢註，而每於唐疏粗心易念，此又一證也，參觀《周易》卷論《繫辭》（五）。庾信《周五聲調曲》中《商調曲》四章全爲九言，《角調曲》二章全爲八言，似無道者。楊慎《升菴全集》卷六〇、趙翼《陔餘叢考》卷二三、俞樾《茶香室三鈔》卷一五皆爬梳唐、宋、元人詩，補廣摯虞之所未覩，增十言、十一言、十五言句諸例。

【增訂四】俞樾《曲園雜纂》卷一八引《吳越春秋‧闔閭內傳》樂師扈子援琴作《窮劫之曲》曰："王耶王耶何乖烈，不顧宗廟聽讒孽"云云，又《勾踐伐吳外傳》軍士作《河梁之詩》曰："渡河梁兮渡河梁，舉兵所伐攻秦王"云云。論之曰："昔人謂《招魂》、《大招》去其'些'、'只'，即是七言詩。今觀此又在前，可爲七言詩之祖矣。然詞意均淺薄，不似春秋人語。"余見清人詩集中長句，有溢出十五言而復非若杜光庭《紀道德》、《懷古今》兩篇之以"之"、"乎"、"者"、"也"等虛字襯貼者。即如與趙氏齊名之蔣士銓《忠雅堂詩集》卷八《黃鶴谿舍人以〈相馬圖〉索題》中，長句至十七字，餘則七、九、十一、十三字不等："世無孫陽《相馬經》，不知圖中主人所師是否西河子與東門京。……都護青驄豈得見，鄧公廐底不須定爲房駟精。十二閑中雄姿令德漫題品，可憐塗泥驛傳馳者負者焉足評。"呂留良著述遭禁燬，趙、俞二氏當不獲見，即見或勿願道；《何求老人殘稿‧悵悵集‧看宋石門畫〈輞川圖〉依太沖韻》有云："今觀尺山寸樹尚畫四五丈，其中亭樹、艇子、帷帳、几榻、爐椀、瓶罍、硯牀、書冊、茶竈、藥磑、絃琴、酒榼、禪座、變相、賓客僮僕娛心樂志之具無不備。不知思明跋扈、回紇貪殘、百里內何以無兵至，又況藍田汗渭間，用兵正復秦隴間"；一句達四十三字，詩集中絕無僅有，欲配當之，須求諸禪偈及院本耳。蓋此體昉於禪人機鋒，如宋釋曉瑩《羅湖野錄》卷一載端獅子投章子厚偈："點鐵成金易，忠孝兩全難，仔細思量着，不如箇湖州長興靈山孝感禪院老松樹下無用老僧閒"；

【增訂四】《五燈會元》卷一九華藏安民章次引玉泉浩和尚偈："雪，雪，片片不別，下到臘月。再從來年正月二月三月四月五月六月七月八月九月十月依前不歇，凍殺餓殺，免教胡説亂説。"

《永樂大典》卷一〇〇一六《旨》字引《宗門統要》徑山杲説黃梅意旨："蕉芭蕉芭，有葉無丫，忽然一陣狂風起，恰似東京大相國寺裏三十六院東廊下壁角頭王和尚破袈裟。"戲文打諢，每有此體，如《楚昭公》第三折梢公歌："月落烏啼霜滿天，江楓漁火對愁眠。也弗只是我俚梢公梢婆兩個，倒有五男二女團圓。一個尿出子，六個勿得眠，七個一齊尿出子，艎板底下好撐船，一撐撐到姑蘇城下寒山寺，夜半鐘聲到客船"；"倒有"句亦八言，用宋以來婚禮時祝願套語如《清平山堂話本·快嘴李翠連記》："五男二女，七子團圓"，《類編草堂詩餘》卷三胡浩然《滿庭芳·吉席》："願五男二女，七子成行"（參觀《五燈會元》卷一一南院慧顒章次、《夷堅乙志》卷七《西內骨灰獄》、《花草粹編》卷六無名氏《遍地花》、《通俗編》卷一〇引《泉志》等）。《倒鴛鴦》第二折魯首才吟詩："亭上燕啾啾，伸出五個頭，看來像什麼？好像我們徽州府休寧縣吳愛泉朝奉在上海二十五保開張南北雜貨店新娶一位小孺人腳穿烏綾破鞋突出五隻腳指頭"；"好像"與禪語之"不如"、"恰似"一格，句長達四九言。

【增訂三】司空圖《司空表聖文集》卷一〇《障車文》："二女則牙牙學語，五男則雁雁成行"；則唐人文中已用"五男二

女"。《警世通言》卷一三《三現身包龍圖斷冤》中李媒婆"取
出一幅五男二女花牋紙",即"利市團圓吉帖"也。《堅瓠五
集》卷四《詩句短長》引《桐下聞談》記唐寅謂祝允明,詩有
二言至十一言,各舉例句;祝曰:"四十九言始自何人?"唐
問:"詩有四十九言耶?"祝答:"有!《新燕篇》末句云:'好像
蘇州城隍廟東大關帝廟内西廊下立着個提八十三觔鐵柄大關刀
黑面孔阿鬍子周將軍鐵草鞋裏伸出五個脚跡頭。'"殆是魯首才
所吟詩句之別本或原本歟。

【增訂四】 唐李公佐《南柯記》記淳于棼作南柯太守,"生有五
男二女,男以門蔭授官,女亦娉於王族"。早於司空圖文。李
商隱《樊南文集》卷六《爲外姑隴西郡君祭張氏女文》:"五男
未冠,二女未笄";疑亦駢文結習,撼用成語,如汪中《釋三
九》所謂"虛數"耳。

李開先《詞謔》載"打油體"詩:"六出飄飄降九霄,街前街後
盡瓊瑶,有朝一日天晴了,使掃帚的使掃帚、使鍬的使鍬",又
"天兵百萬下南陽,也無援救也無糧,有朝一日城破了,哭爺的
哭爺、哭娘的哭娘";亦此體。當世美國諧詩名家(Ogden Nash)
之作,有相肖者①。

---

① E.g. "Kind of an Ode to Duty".

一七三　全宋文卷三七

颜延之《又釋何衡陽〈達性論〉》引何承天語：“尋來旨似不嫌有鬼，嘗謂鬼宜有質。”按“嘗”字訛，原語見卷二三何承天《重答颜光禄》，作“當謂”，是也。延之《重釋〈達性論〉》：“若雖有無形，天下寧有無形之有？”故承天《重答》云然。“質”即“形”之互文，“鬼宜有質”如言“鬼宜有形體”耳。陸機《演連珠》：“覽影偶質，不能解獨”，謂形影相偶；《南齊書·武十七王傳》竟陵王子良啟：“縑纊雖賤，駢門裸質”，謂裸形或裸體；《全唐文》卷一五六謝偃《影賦》：“若夫長短佈形，曲直應質”，謂應體；常建《閑齋臥病》：“明鏡悲舊質”，謂舊日形容。宋祁《新唐書》文筆好爲澀體，《姦臣傳》下記盧杞“鬼形藍面”，而《贊》曰：“鬼質敗謀興元蹙。”“鬼質”二字雖或可援何承天語爲來歷，殊苦生硬隱晦。南宋詩人鈎新摘異，遂頻用《新唐書》語。范成大《石湖詩集》卷一五《蛇倒退》：“山民茅數把，鬼質犢子健”，卷二〇《采菱戶》：“刺手朱殷鬼質青”，卷二七《四時田園雜興》：“血指流丹鬼質枯”；泛言民亦勞止，枯瘠如鬼。劉克莊《後村大全集》卷一八七《沁園春》八：“因封還除目，見瞋鬼質”，方岳《秋崖先生詩集》卷九《堪笑》一：“命懸鬼貌干何事"（吳師道《吳禮部詩話》引作"命關鬼質緣何事"），則均指盧杞。元初趙文《青山集》卷四《江村記》亦云："漁童樵青，鶉衣鬼質"，又同范詩之泛言體貌顦顇。明、清詩文却尠用者。

【增訂三】《後村大全集》卷一四《雜詠一百首·十臣·顏魯公》："鬼質內持衡"，卷四六《相法》："盧郎鬼質面如藍"，皆用《新唐書》語。《警世通言》卷三〇《金明池吳清逢愛愛》寫"形容枯槁"曰："漸漸有如鬼質，看看不似人形。"

【增訂四】周麟之《海陵集·外集·破虜凱歌二十四首》之一五："何事圖形到九埏，豈容鬼質近神奎"，謂完顏亮畫像，猶《水滸傳》綽號之言"鬼臉兒"也。亦南宋人用《新唐書》一例，稍先於石湖詩。

一七四　全宋文卷四四

袁淑《真隱傳》。按與《全上古文》卷八鬼谷先生《遺書責蘇秦、張儀》重出。

袁淑《雞九錫文》、《勸進牋》、《驢山公九錫文》、《大蘭王九錫文》、《常山王九命文》。按均出淑《誹諧集》；諸篇與卷一五范曄《和香方序》、《全梁文》卷二七沈約《修竹彈甘蕉文》皆詼詭而別成體裁，後世落套依樣，觀繆艮《文章游戲》諸集，可以隅反。范、沈意含譏諷，袁似純供解頤撫掌之資，未寓褒貶，《全梁文》卷六八王琳《鮑表》、《清異錄》卷三穎王《十玩圖》、毛勝《水族加恩簿》，其支與流裔也。然如《左傳》閔公二年記衛懿公好鶴，"鶴有乘軒者"；《北齊書·幼主紀》記"馬及鷹犬乃有'儀同'、'郡君'之號，故有'赤彪儀同'、'逍遙郡君'、'凌霄郡君'。……鬬雞亦號'開府'"；《新五代史·東漢世家》記劉旻爲"黃騮治廐，飾以金銀，食以三品料，號'自在將軍'"；實有其事。則袁文之封雞、驢爲上公，賚豕、蛇以錫命，雖戲語乎，亦何妨視嬉笑爲怒罵也！雞封"會稽公"；驢加"大鴻臚"銜，以廬江、廬陵、珠廬、桐廬封爲"中廬公"；均諧聲雙關。後世小說則進而逕使物妖諧聲得姓，猿、"袁"氏，狐、"胡"

氏，豬、"朱"氏，黿、"元"氏，驢、"盧"氏；故如《太平廣記》卷四九〇《東陽夜怪錄》之盧倚馬即驢山公之族，《封神演義》第九二回之朱子真即原"號曰豕氏"者，九一回之常昊則猶存常山郡望耳。《太平廣記》卷四七七《張景》（出《宣室志》）記少年素衣肥澤，自稱"齊人曹氏子"，乃蠐螬之魅，尤雅令也。

一七五　全宋文卷四六

　　鮑照《蕪城賦》、《傷逝賦》、《野鵝賦》。按別見《毛詩》卷論《車攻》、《隰有萇楚》及《全三國文》論陳王植《上應詔責躬詩表》、《求存問親戚疏》。

　　鮑照《觀漏賦》："嗟生民之永途，躬與後而皆恤，死零落而無二，生差池之非一。"按韓愈《秋懷詩》第一首："浮生雖多塗，趨死惟一軌"，即此意而語更簡潔醒豁。古希臘哲人（Anaxagoras）云："人生不論何處首塗，赴死則同"（The descent to Hades is much the same whatever place we start）；古羅馬人記其語則作："四方皆有通入幽冥之路，無遠近也"（Undique enim ad inferos tantundem viae est）[1]。

　　鮑照《舞鶴賦》："衆變繁姿，參差洊密，煙交霧凝，若無毛質。"按此賦摹寫之工，已有定評，"若無毛質"四字，尤爲迥出，則未邀賞會。岑參《衛節度赤驃馬歌》："君家赤驃畫不得，

---

　　① Diogenes Laertius，*Lives of Eminent Philosophers*，II.11，"Loeb"，I，141；Cicero，*Tusculan Disputations*，I. xliii.104，"Loeb"，124. Cf. *Greek Anthology*，X. 3，Anonymous，"Loeb"，IV，5；"The way down to Hades is straight"etc. .

一團旋風桃花色";機杼相似,而名理不如。鶴舞乃至於使人見舞姿而不見鶴體,深抉造藝之窈眇,匪特描繪新切而已。體而悉寓於用,質而純顯爲動,堆垛盡化烟雲,流易若無定模,固藝人嚮往之境也。席勒嘗稱藝之高者能全銷材質於形式之中(Darin also besteht das eigentliche Kunstgeheimnis des Meisters,dass er den Stoff durch die Form vertilgt)①;弗羅貝欲文成而若不覺有題材(un livre qui n'aurait presque pas de sujet ou du moins où le sujet serait presque invisible, si cela se peut)②。倘續司空圖《詩品》者,罕譬遠取,擬喻斯境,則舞鶴之"若無毛質",當與其數。近世英國詩人咏舞,謂舞人與舞態融合,觀之莫辨彼此(O body swayed to music,O brightening glance,/How can we know the dancer from the dance?)③,即"若無毛質"之謂矣。

鮑照《謝隨恩被原表》:"然古人有言:'楊者易生之木也,一人植之,十人拔之,無生楊矣。何則?植之者難,拔之者易。'況臣一植之功不立,衆拔之過屢至。"按《韓非子·説林》上記惠子戒陳軫必善事魏王左右,曰:"夫楊橫樹之即生,倒樹之即生,折而樹之又生,然使十人樹之而一人拔之,則無生楊"云云,亦見《戰國策·魏策》二、《淮南子·俶真訓》。故乍讀鮑文,祇見"一植不立,衆拔屢至"明爲"一植之、十拔之"下一轉語,而熟知來歷,則更識"一植之、十拔之"已潛爲"十植

<hr>

① Schiller, *Briefe über die ästhetische Erziehung*, XV, *Werke*, hrsg. L. Beller-mann, VII, 355.

② Flaubert, *Correspondance*, Louis Conard, II, 345.

③ W. B. Yeats:"Among Schoolchildren", st. 8. Cf. H. Hatzfeld, *Trends and Styles in 20th Century French Literature*, 199 - 120(dance as "la pure fonction").

之，一拔之”下一轉語；文中若進一解，而實言外並進兩解也（參觀《全陳文》論徐陵《鴛鴦賦》）。又按漢以後送別有折贈楊柳之俗，取意難揣，或即以楊柳“易生之木”爲説，褚人穫《堅瓠續集》卷四云：“倒插枝栽，無不可活，絮入水亦化爲萍；到處生理暢遂。送行折柳者，以人之去鄉，正如木之離土，望其如柳之隨處皆安耳。”頗見思致。

　　鮑照《登大雷岸與妹書》。按鮑文第一，即標爲宋文第一，亦無不可也。"東顧則"云云，別見《全漢文》論枚乘《七發》。"栖波之鳥"云云，別見《老子》卷論第一七章。司馬相如《上林賦》："鴻鷫鵠鴇，……奄薄水渚，唼喋菁藻，咀嚼菱藕"；左思《吳都賦》："鸂雞鸀鳿，……容與自翫，彫啄蔓藻，刷蕩漪瀾，魚鳥聱耴，萬物蠢生"；木華《海賦》："鳧雛離袿，鶴子淋滲，羣飛侶浴，戲廣浮深，更相叫嘯，詭色殊音"；郭璞《江賦》："晨鵠天雞，……千類萬聲，濯翮疏風，鼓翅翻翙"；所見皆如斯而已。鮑氏獨窺有弱肉强食一段物競情事在。唐李涉《春止三謁來》之一："瘦壁橫空怪石危，山花鬪日禽争水"，拈出花鳥之物競，微言堪繼鮑賦。

　　【增訂三】劉禹錫《春有情篇》："花含欲語意，草有鬪生心"，下句即李涉語意。

"南則積山萬狀，負氣争高"；按《上林賦》："沸乎暴怒"，《海賦》："於是鼓怒，溢浪揚浮"，《江賦》："乃鼓怒而作濤。"水能"鼓怒"，已成詞人常語，山解"負氣"，則前所未道。《世説·言語》顧愷之説會稽山水："千巖競秀，萬壑争流"，祇狀其形於外者爲争競，鮑并示其動於中者爲負氣，精采愈出；參觀《全梁文》論吳均《與朱元思書》。後人如杜牧《長安秋望》："南山與秋色，氣勢兩相高"；僧祖可句："亂山争夕陽"（陳善《捫蝨新話》卷八引，陸游《老學菴筆記》卷四引作"亂山争落日"），沾丐匪一。杜甫《青陽峽》："磵西五里石，奮怒向我落"，石之"奮怒"猶山之"負氣"；韓愈《南山》："或麼若相鬭，……賭勝勇前購"，亦即寫山石之"争"也。別詳《全唐文》卷論舒元輿《牡丹賦》。"思盡波濤，悲滿潭壑"；按二句情景交融，《文心雕龍·物色》所謂"目既往還，心亦吐納"者歟。"波濤"取其流動，適契連綿起伏之"思"，即《全漢文》卷三武帝《李夫人賦》："思若流波，怛兮在心"；西語亦曰"思波"（Strom von Gedanken），以心念之畫而能渾、運而不息也（ein zusammenge-setztes und fortwährend fliessendes，in keinem Moment unserer Betrachtung stille haltendes Geschehen）[1]，別見《楚辭》卷論《九章·哀郢》。"潭壑"取其容量，堪受幽深廣大之"悲"，即李羣玉《雨夜呈長官》："請量東海水，看取淺深愁。"然波濤無極，言"盡"而實謂"思"亦不"盡"；潭壑難盈，言"滿"則却謂"悲"竟能"滿"。二語貌同心異，不可不察爾。"若潨洞所積，溪壑所射"至"樵蘇一歎，舟子再泣"一節；按足抵郭璞《江賦》，更饒情韻。《文選》采郭賦而棄此篇，真貽紅紗蒙眼之譏，尚非不收王羲之《蘭亭集序》可比也。

　　鮑照《河清頌》："夫四皇六帝，樹聲長世。"按何晏《景福殿賦》結云："方四三皇而六五帝，曾何周夏之足言！"，《文

---

①　Wundt, *Grundzüge der physiologischen Psychologie*, 6. Aufl., I, 416-7.

選》李善註引《燕丹子》荆軻曰：“高欲令四三王，下欲令六
五霸，於君何如也？”王儉《褚淵碑文》：“五臣兹六，八元斯
九”，《文選》李善註引潘岳《魯武公誄》：“八元斯九，五臣兹
六。”《世說·文學》：“庾仲初作《揚都賦》成，以呈庾亮，亮
大爲其名價，云：‘可三《二京》，四《三都》。’”蓋魏晉以來
修詞匡格。《燕丹子》載荆軻語意，兩見於《戰國策》；《秦策》
四黄歇上書秦昭王：“使無後患，三王不足四、五霸不足六
也”，《秦策》五或謂秦始皇：“王若能爲此尾，則三王不足四、
五霸不足六。”《全梁文》卷一〇簡文帝《重請開講啓》：“四三
六五不能喻，十堯九舜無以方”；唐太宗《帝京篇》：“六五誠
難繼，四三非易仰”；“五”皆指“五帝”而非“五伯”，與何
賦、鮑頌尤合。

【增訂四】《全唐文》卷一五六謝偃《惟皇誡德賦》：“則四
皇不足五，六帝不足七”，一作“三皇不足六，五帝不
足十”。

杜甫《秋日荆南送石首薛明府》：“侍臣雙宋玉，戰策兩穰苴”，
楊萬里《誠齋集》卷一一四《詩話》：“有用文語爲詩句者尤工，
杜云云，蓋用‘如六五帝、四三王’”；竊謂杜屢用此法，如《寄
董卿嘉榮》：“居然雙捕虜，自是一嫖姚”，《李潮八分歌》：“潮也
奄有二子成三人。”後來如陸佃賀王安石父子俱侍經筵詩：“潤色
聖猷雙孔子，爕調元化兩周公”（《能改齋漫録》卷五引，吕希哲
《吕氏雜記》卷下載此爲程公遜詩，下句作“裁成天下兩周公”；
李壁《王荆文公詩箋註》卷二二《題雱祠堂》：“一日鳳鳥去，千
秋梁木摧”，註：“范鏜爲太學正，獻詩云：‘文章雙孔子，術業
兩周公’”）；正其遺意。《困學紀聞》卷二〇荆軻語一則，翁元圻

註引《戰國策》、何晏賦、張唐説《封禪頌》（"四皇墳而六帝
典"）、蘇頲《東嶽頌》（"墳作四而籍言七"），可資參稽。西方詞
頭，亦有斯製。古希臘相傳，主文藝之女神凡九、主才貌之女神
凡三、主情愛之女神祇一，詩人贈美婦或才媛之什遂謂"有卿而
十九、四三、二一"（With thee，my beloved，the Graces are
four；Four are the Graces，there are two Aphrodites，and ten
Muses），故女詩人沙浮（Sappho）動被"第十位文藝女神"（A or
the tenth Muse)之號①。不乏祖構者也②。

　　鮑照《瓜步山揭文》："江中眇小山也，徒以因迴爲高，據絶
作雄，而凌清瞰遠，擅奇含秀，是亦居勢使之然也。故才之多
少，不如勢之多少遠矣。仰望穹垂，俯視地域，涕洟江河，疣贅
丘岳。"按因地形而觸發憤世之感，其旨如《孟子·告子》："不
揣其本而齊其末，方寸之木可使高於岑樓"，而尤似《韓非子·
功名》："故立尺材於高山之上，則臨千仞之谿，材非長也，位高
也。"後三句乃居高臨下之放眼，而亦越世凌雲之曠懷，情景雙
關。蓋此際覺人間得失奚啻"豪盈髮虚"，亦猶視江河丘岳直似
"涕洟"、"疣贅"等歸於"卑安足議"爾。《孟子·盡心》："登東
山而小魯，登泰山而小天下"，氣象雄闊，未具節目。《荀子·解

---

　　① *The Greek Anthology*，V.70，95，146；IX.66，506（"Loeb"，I，163，173，
199；III，35，281）．

　　② Cf. A. Minturno："Ma per favor de le migliore Stelle，/Perchè dieci le
Muse alme e dilette，/I e Gratie quattro e l'alte Dee sien sette，/Una in terra
s'aggiunge a tutte quelle"（quoted in Janet G. Soott，*Les Sonnets élisabéthains*，147）．

　　【增訂四】濟慈早作詩亦嘗以"十九、四三"套語諛女子（O，if thou hast
breathed then，/Now the Muses had been ten. /.../At least for ever，evermore/
Will I call the Graces four. －Keats："To Georgina Augusta Wylie"）。

蔽》：“故從山上望牛者若羊”，《呂氏春秋·壅塞》：“夫登山而視牛若羊，視羊若豚，牛之性不若羊，羊之性不若豚”（高誘註：“‘性’猶體也”）；詞意又苦凡近。王嘉《拾遺記》卷一言舜於衡山起月館，“東方朔作《寶甕銘》曰：‘……望三壺如盈尺，視八鴻如縈帶。’‘三壺’則海中三山也，……‘八鴻’者，八方之名，‘鴻’、大也；登月館以望，四海三山皆如聚米縈帶者矣”；雖出六朝人僞託，而汗漫夸言，目空一切，庶足與鮑照語連類。虞騫《登鍾山下峯望》：“遙看野樹短，遠望樵人細”；戴暠《度關山》：“今上關山望，長安樹如薺”；或蘇軾《題寶雞斯飛閣》：“野闊牛羊同雁鶩”；意境均不過荀子、呂不韋之望牛視羊。其大觀超詣，可以遠紹孟子、近迫鮑氏者，如李白《大鵬賦》：“塊視三山，杯看五湖”；杜甫《登慈恩寺塔》：“秦山忽破碎，涇渭不可求，俯視但一氣，焉能辨皇州”；李華《登頭陀寺東樓詩序》：“辨衡、巫於點青，指洞庭於片白”；韓愈《雜詩》：“長風飄襟裾，遂起飛高圓，下視禹九州，一塵集豪端。遨嬉未云幾，下已億萬年”；白居易《夢仙》：“半空直下視，人世塵冥冥，東海一片白，列岳數點青”；李賀《夢天》：“黃塵清水三山下，更變千年如走馬；遙望齊州九點煙，一泓海水杯中瀉”；

【增訂三】《夜譚隨錄》屢仿《夢仙》、《夢天》機杼。卷九《宋秀才》：“鶴背安穩，如北地冰牀。俯瞰下土，……道士指點江山，謂：某處煙一點，某府、某州、某縣也；某處培塿，或如覆杯、如連塚，某山、某嶽也；又指一縷水光如銀綫然，曰：‘長江也。’宋問洞庭安在，道士指一點光如小鏡者，曰：‘彼是也。’”卷一二《雙髻道人》：“蓋已立五峯絕頂，風定雲開，俯視下土，一目千里。諸山撒地如培塿；湖光一片，康郎、大姑似螺着水盤，萬點風帆若蠅矢集鏡；繞山諸郡縣盡作碧烟數點，歷歷可數。”“煙點”本李賀詩，不待言。“螺着水盤”又本劉禹錫《望洞庭》：“遥望洞庭山翠色，白銀盤裏一青螺。”“蠅矢”之喻似自出心裁，即取鄙物纖故以喻高遠明淨之境事也（the domesticating or diminishing metaphor）（參觀 1189 −1191 頁）。僧齊己《升天行》：“回頭却顧蓬山頂，一點濃嵐在深井”，則猶李賀之言“九點”耳。

楊敬之《華山賦》：“見若咫尺，田千畝矣；見若環堵，城千雉矣；見若杯水，池百里矣；見若蟻垤，臺九層矣；醯雞往來，周東西矣；蠛蠓紛紛，秦速亡矣；蜂窠連連，起阿房矣；俄而復然，立建章矣；小星奕奕，焚咸陽矣”（《全唐文》卷七二一）；蘇軾《上清辭》：“時游目以下覽兮，五嶽爲豆，四溟爲杯；俯故宫之千柱兮，若豪端之集埃”（《東坡七集·東坡集》卷一九），又《送頓起》：“天門四十里，夜看扶桑浴，回頭望彭城，大海浮一粟，故人在其下，塵土相豗蹴”（《蘇詩合註》卷一七）；程珌《水調歌頭》：“午夜風輪微轉，駕我浮空泛景，一息過天垠，俯視人間世，渺渺聚漚塵”（《洺水集》卷二四）；劉過《龍洲集》卷一《登昇元閣故基》：“阿房之旗矗立矮如戟，臨春、結綺、望仙三閣俱下頭；太行、孟門培塿而已矣，蹄涔、洞庭芥爲舟；挂撐霄漢彈壓三千界，下歷梁、唐、晉、漢、周。”韓愈、李賀、楊敬之不僅見世界小如一塵，且覺世代隨而促如一瞬，又徵人之心識中時與空、宇與宙相當相對（pointinstant correlation）。但丁咏自星辰俯視地球，陋細可哂，世人竟爲此微末相争相殺（col viso ritornai per tutte quante/le sette spere, e vidi questo globo/ tal ch'io sorrisì del suo vil sembiante; L'aiuola che ci fa tanto feroci)①；彌德爾敦詩劇中女巫自言月夜騰空下矚，山松如針大，殿脊如人面皺紋，州郡纔如女頰上赤痣(whole provinces/Appear to our sight then even like/A russet-mole upon some lady's cheek)②，尤肖賈誼《疏》喻淮陽"厝如黑子之着面"；彌爾敦詠登天臨眺，大地祇是一點、一粒、一微塵(this Earth, a spot，a grain，/An atom)③；羅賽諦詠天上女觀地球運轉有若一蠛蠓急遽飛旋於太空(The void, as low as where this earth/Spins like a fretful midge)④，詞尤警拔。大言炎炎，下觀渺渺，命意取勢與鮑照等所爲無異。倘仿齊己《風騷旨格》，造作名目，謂之"鳥瞰勢"或"大鵬負天勢"也可。

① *Paradiso*，XXII. 133-5，151，*La Commedia divina*，Ricciardi，1056，1058.

② T. Middleton，*The Witch*，I. ii（Hecate），Lamb，*Dramatic Specimens*，in *Works*，ed. E. V. Lucas，IV，136-7.

③ *Paradise Lost*，VIII. 17-8，cf. Marjorie Nicolson，*Science and Imagination*，93 ff.（Milton's cosmic perspective）.

④ D. G. Rossetti："The Blessed Damosel"，*Poems and Translations*，Oxford，2.

一七七　全宋文卷四八

　　周朗《上書獻讜言》："自釋氏流教，其來有源。……然習慧者日替其脩，束誡者月繁其過。……復假揉醫術，託雜卜數，延姝滿室，置酒浹堂，寄夫託妻者不無，殺子乞兒者繼有。"按卷三六顏延之《庭誥》："崇佛者本在於神教，故以治心爲先。……及詭者爲之，則藉髮落，狎菁華，傍榮聲，謀利論。"顏氏奉佛，故雖知"詭者"之過惡，而不忍顯斥也。"習慧者替脩"即"戒"與"慧"、"律"與"禪"之偏而難兼。慧皎《高僧傳》卷一一《論》："得意便行，莫曾拘礙，謂言'地獄不燒智人，鑊湯不煮般若'"；"智人"、"習慧者"也，"行莫拘礙"、"替脩"也。"束誡者月繁其過"即號稱持戒縛律之僧尚多過犯，則不守清規者，更不待言。梁元帝《金樓子·箴戒》篇記齊武帝時大寺僧尼"俗心不淨，或以箱簏貯姦人而進之"；後世嘲諷如《雲溪友議》卷下載陸長源斷僧狎娼飲酒判、韓滉斷僧賭錢判；《清異錄》卷一《釋族門》巧立名目："豬羊雞鴨三昧"、"没頭髮浪子，有房室如來"、"梵嫂"、"偎紅倚翠大師，鴛鴦寺主傳付風流教法"；或《聊齋志異》卷七《金和尚》於"和樣"、"和唱"外，尚舉"狗苟鑽緣，蠅營淫賭"之"和幛"［疑"障"之訛，即"孽障"

之"障"〕；均不外周氏所揚之醜。釋志磐《佛祖統紀》卷四三雍熙元年下附記目見耳聞，則粤、蜀僧人公然"蓄妻養子"也。"寄夫託妻"者，僧資給俗人，以其妻爲己外室，亦即以己之外遇"託"爲俗人之妻，"寄夫"猶西方舊日所謂"掩護醜事之門面丈夫"（der Schanddeckel）[1]。

【增訂三】《醉翁談録》丙集卷一《僧行因禍致福》記林僧悦一女，命其侍者法慶娶之，"法慶元不守戒行，有意下山久矣。……及畢親，法慶以屠沽爲生。林僧厚與資給，頻數來往其家。"即"寄夫託妻"也。

後世如《舊唐書·狄仁傑傳》上疏論僧"託佛法"以愚編氓，"身自納妻，謂無彼我"；莊綽《雞肋編》卷中記近寺婦女以僧爲"貼夫"；《元詩選》一集己集朱德潤《存復齋集·外宅婦》："人云本是小家兒，前年嫁作僧人妻"；明宋彦《山行雜記》："京師城内外諸山諸名刹，皆有下院，居俗人室家；所謂名師耆宿，亦時過其地，京師名爲'和尚家'"；是其事也。

【增訂四】李漁《意中緣》第六齣是空和尚言"杭州和尚娶老婆，央人照管"云云，暢述"寄夫託妻"之俗。《小方壺齋輿地叢鈔》初編六帙一册順德佚名氏《燕京雜記》："僧之蓄妻，雖不敢顯置寺中，而寺之前後，别營一室，雇一車夫，掛名門牌。僧寢食其間，宛如民間夫婦。"蓋此陋俗貫古近而徧燕越，周朗文首着之耳。

"殺子"者，僧尼有兒不舉，以滅破戒之迹；《全後魏文》卷五一

---

[1]　Cf. E. Fuchs, *Illustrierte Sittengeschichte*，II，398；Beaumontand Fletcher, *The Maid's Tragedy*，II. i，Evadne to Amintor："To cover shame，I took thee."

荀濟《論佛教表》斥"比丘徒黨行淫殺子，僧尼悉然"，《全北齊文》卷八劉書《上書諷佛法》斥僧尼"損胎殺子"，是其事也。"乞兒"一事，後世稗史屢寫之，如《說郛》卷二〇楊和甫《行都紀事》嘉興精嚴寺事、《醒世恒言》汪大令燒寶蓮寺事或《增補儒林外史》中沈瓊枝求子事；《高僧傳》卷二《鳩摩羅什傳》記"姚主以伎女十人逼令受之"，以免"法種無嗣"，又何光遠《鑑誡錄》卷二《躭釋道》記裴休"潛令嬖妾承事禪師，留其聖種"，頗堪連類。"假揉醫術"一語尤有裨考古問俗。蓋二氏爭出頭地，僧遂於醫術中并欲奪道之席焉。道家宗黃老，而黃帝又爲醫家不祧之祖；却病養生，修方采藥，亦屬道流要務，觀《全晉文》卷一一六葛洪《肘後備急方序》、《全梁文》卷四七陶弘景《本草序》、《藥總訣序》、《肘後百一方序》，雖窺一斑，可反三隅。《全晉文》卷一六六闕名《正誣論》言道士"誣"僧不能"延年益壽"、"消災却疫"，即徵道士挾醫術以驕僧徒。然《奈女耆婆經》之譯，出安世高手，則釋氏"藥王"之說，東漢已傳吾土；《高僧傳》卷四《于法開傳》詳記其"祖述耆婆，妙通醫法"，自言："明六度以除四魔之疾，調九候以療風寒之病，自利利人，不亦可乎?"；《先唐文》卷一引《御覽》卷七二四載《千金序》三則皆言沙門支法存、仰道人、僧深擅療軟脚疾；深乃宋齊間人，"撰録法存等諸家醫方三十餘卷，經用多效，時人號曰《深師方》焉"。

【增訂四】《魏書·術藝傳》記李修父亮"少學醫術，又就沙門僧坦研習衆方"，又記崔彧"逢隱逸沙門，教以《素問》九卷及《甲乙》，遂善醫術。"《梁書·賀琛傳》："被創未死，賊輿送莊嚴寺療之。"《隋書·經籍志·子部·藥方》載釋道弘及"西

域諸仙"所説方書甚多。此類均堪爲《先唐文》所録《千金
序》之佐。

據周氏此書，劉宋時僧侶行醫，已成常事。此風似至趙宋而極
盛，讀其別集、筆記揣知之。强至《祠部集》卷一《送藥王圓
師》："吳僧甚商賈，嗜利角毫芒；或以醫自業，利心劇虎狼。今
時愚鄙人，平居悋私囊；寒餓來求仁，一毫不可將。不幸病且
亟，呼醫計倉忙，惟醫所欲求，萬金勿校量。吳僧業醫者，十室
九厚藏"；王質《雪山集》卷一二《贈僧師能》："稽首十方大醫
王，乞我太素靈樞方"，自註："雖雜學禪門所訶，然挾醫養道，
猶有愈於其他也"；羅願《鄂州小集》卷三《城陽院五輪藏記》：
"智海尤堅忍，至以醫道走四方，用佐費"；史堯弼《蓮峯集》卷
一〇《印公和尚醫眼茶榜文》："漫憑兩腋之清風，爲謝萬金之良
藥"；《南宋羣賢小集》第二册王琮《雅林小稿·京華病中》："僧
曾帶雨來看脈，僕爲傷風懶上樓"；他如曾鞏《元豐類稿》卷四
四《寶月大師塔銘》、蘇轍《欒城集》卷一三《贈醫僧鑒清》又
《贈醫僧善正》、朱松《韋齋集》卷二《逢年與德粲同之温陵謁大
智禪師醫》，廖剛《高峯文集》卷一〇《寄贈清涼醫僧憼師》、黄
震《黄氏日鈔》卷八六《龍山聖壽寺記》，詩文稠疊不勝舉；

【增訂三】《歐陽文忠集》卷一二五《于役志》："八月己未。余
疾，謀還江州，召廬山僧以醫，不果。"張元幹《蘆川歸來集》
卷一〇《醫僧真應師贊》："以疾苦度諸衆生，以藥石作大佛
事。是爲僧中之扁鵲，故能療人之垂死。"洪咨夔《平齋文集》
卷六《米積外科僧照源堂》："中有醫禪，碧眼電掣。人以病
求，一歲幾闐。開方便門，出廣長舌。"《後村大全集》卷四
《寄泉僧真濟》："藥貴逢人施，方靈剋日痊。"張君觀教謂吾鄉

亦有宋醫僧故實，周必大《游山録》："乾道三年五月戊午。無
錫縣崇安寺羅漢殿僧義深，善醫多資，……太守髮之矣。己
未。訪劉醫，即義深也。"唐貫休《施萬病丸》則讚官府施藥，
故曰："我聞昔有海上翁，……葫蘆盛藥行如風。……賢守運
心亦相似，不吝親親拘子子"；初非自道也。

【增訂五】寇準《忠愍公詩集》卷下《病中書》："書惟看藥録，
客只待醫僧。"

唐人集中如韓偓《騰騰》："烏帽素餐兼施藥，前身多恐是醫僧"，
偶然見耳。

【增訂四】王建《贈洪哲師》："識病方書聖，諳山草木靈。人
來多施藥，願滿不持經"；又《原上新居》之三："訪僧求賤
藥"；斯亦唐人集之偶及醫僧者。

一七八　全宋文卷四九

　　張暢《若邪山敬法師誄》：“莊衿老帶，孔思周懷，百時如一，京載獨開。”按李漢《昌黎集・序》：“日光玉潔，周情孔思，千態萬貌”；三句皆後人所慣引，而於“周情孔思”四字則匪特援用，抑且紛紛擬仿，却未有知張暢此《誄》偉詞先鑄者。李漢《序》稱韓愈“酷排釋氏”，“大拯”六朝之“頹風”，而此句即似脱胎六朝人頌揚釋氏語也。援用者如辛棄疾《賀新郎・題趙兼善東山園小魯亭》：“周情孔思，悠然千古。”擬仿者如趙以夫《沁園春・次劉後村》：“向酒邊陶寫、韓情杜思，案頭料理，漢蠹秦煨”，謂韓愈、杜甫；張炎《甘州》：“多少周情柳思，向一丘一壑，留連年光”，又《木蘭花慢・呈王信父》：“想柳思周情，長歌短詠，密與傳燈”，謂柳永、周邦彦；方棨如《集虛齋學古文》卷二《聽雨樓樂府題詞》：“周情柳思，理似不容更進”，正用張語；龔自珍《定盦文集》卷上《徐尚書代言集序》：“舜聲堯容，羲情軒思。”又有以此語式寫物色者，如《全唐文》卷六〇六劉禹錫《洗心亭記》：“鳥思猿情，繞梁歷榱”；喻鳧《經劉校書墓》：“霜情月思今何在，零落人間策子中”；

　　【增訂五】梅堯臣《宛陵集》卷一八《依韻和原甫廳壁許道寧

畫山水》："山情水思半軒間，試問來居有底閑。"

楊萬里《誠齋集》卷二六《下横山灘頭望金華山》："山思江情不負伊，雨姿晴態總成奇"；劉過《沁園春》："柳思花情，湖山應怪，先生又來"；吳錫疇《蘭皋集》卷一《元日》："花情柳思開新歲，竹簡蒲團只故吾。"

【增訂四】倪瓚《劉君元暉八月十四日邀余齙月快雪齋中》："古人與我不並世，鶴思鷗情迥愁絕。"又一番改頭換面之"周情孔思"也。

錢謙益《初學集》卷一四《戊寅九月初三日謁少師高陽公於里第、感舊述懷》之一："孔思周情新著作，禹糧堯韭舊耕桑"，屬對工切；沈德潛選《國朝詩別裁》卷一采其詩而密圈此聯，自撰《歸愚詩鈔·餘集》卷四《謁望山尹師於公署，即次元韻》之一："舜華堯韭留秋序，孔思周情續瓣香"，稍改頭換面，未能掩盜襲之跡，徒成瘡疣耳。

一七九　全宋文卷五五

　　虞龢《上明帝論書表》。按必自張彥遠《法書要録》輯出。此表具備二王軼聞；記獻之自負書勝其父一事，與《世説·品藻》所載，纔數字異，劉孝標註引宋明帝《文章志》；嚴氏《全宋文》漏輯《文章志》，《世説·雅量》劉註所引等皆未網羅也。《晉書·王獻之傳》、孫虔禮《書譜》、張懷瓘《書斷評》等均傳述此事；柳宗元《重贈二首》之一："聞道將雛向墨池，劉家還有異同詞；如今試遣隈牆問，已道'世人那得知?'"已用爲典故。王若虛《滹南遺老集》卷二八《臣事實辨》謂李含光聞人稱其書過父，遂終身不書，獻之固"非禮矣，而含光亦太過也"；《全唐文》卷三四〇顏真卿《有唐茅山元靖先生廣陵李君碑銘》即載含光"投筆不書"事。包世臣《藝舟雙楫》卷六《〈書譜〉辨誤》乃言獻之事不見其他記載，亦不合情理；是并未一檢《晉書》本傳!《表》記義之書《道德經》以易好鵝事，宋人因據此駁李白詩"爲寫《黃庭》博白鵝"之誤；《容齋四筆》卷五、張淏《雲谷雜記》卷一、沈濤《交翠軒筆記》卷三皆考義之亦曾寫《黃庭經》換鵝也。

　　《論書表》："遂失五卷，多是《戲學》。"按下文："孝武撰子敬學書戲習十卷爲帙，傳云《戲學》而不題。或真行章草，雜在一紙；或重作數字；或學前輩名人能書者；或有聊爾戲書，既不留意，亦殊猥劣。……或正或草，言無次第者，入《戲學》部。"蓋"戲"、"學"分指，而此"部"兼收。"戲"者、弄筆，任意揮灑塗抹之跡也；"學"者、練筆，刻意臨摹嘗試之跡也；而皆如良工不以示人之璞，遂并歸一類。書法尚有逞狡獪以見奇妙，猶釋氏所謂"游戲神通"（《維摩詰所説經·方便品》第二）、"得游戲三昧"（《五燈會元》卷三南泉普願章次）者，優入能品。

【增訂四】《大智度論》卷九四《釋必定品》第八三下："菩薩應如是游戲神通。……戲名如幻師種種現變……如小兒。是故說神通力，名爲游戲。"

如米芾《寶晉英光集》卷八《雜題》之一七："學書貴弄翰；謂把筆輕，自然心手虛靈，振迅天真，出於意外"；《佩文齋畫譜》卷一五龔開《中山出游圖》自記："人言墨鬼爲'戲筆'，是大不然，此乃書家之草聖也。豈有不善真書而能作草者？"；姚旅《露書》卷三："洪仲韋謂：'詩須弄韻，畫須弄墨，書須弄筆，亦必能弄韻，能弄墨，能弄筆，始臻佳境"；則虞氏所未解會。《論語·述而》曰："游於藝"；席勒以爲造藝本於游戲之天性（der Spieltrieb）[1]；近人且謂致知窮理以及文德武功莫不含游戲之情，通游戲之事（la ciencia de los deportistas, la teoria es juego; to view culture *sub specie ludi*）[2]，充類以至於盡矣。

《論書表》："凡書雖同在一卷，要有優劣。今此一卷之中，以好者在首，下者次之，中者最後。所以然者：人之看書，必銳

---

[1]　Schiller, *Briefe üb. d. ästh. Erziehung*, XIV, *Op. cit.*, VII, 320.

[2]　Ortega Y Gasset, ? *Qué es filosofía?*, *Obras completas*, VII, 330, 347; J. Huizinga, *Homo Ludens*, tr. R. F. C. Hull, 5.

於開卷，懈怠於將半，既而略進，次遇中品，賞悅留連，不覺終卷。"按體察親切，苟撰吾國古心理學史，道及"興趣定律"、"注意時限"(law of interest，attention span)者，斯其權輿乎。

虞通之《爲江斆讓尚公主表》。按別詳《太平廣記》卷論卷三〇《張果》。《宋書·后妃列傳》："宋世諸主，莫不嚴妒，太宗每疾之，……使近臣虞通之撰《妒婦記》"；蓋《記》、《表》爲一事而發，且出一人之手也。所刻劃諸狀，每導夫後世院本小說之先路。《藝文類聚》卷三五引《妒記》載京邑士人婦事，沈濤《瑟榭叢談》卷下謂"院本《獅吼記·變羊》一齣本此"。《表》云："裾袂向席，則老醜叢來"，《記》載王導妻曹氏禁夫不得有侍御，"時有妍少，必加詬責"；則猶汪廷訥《獅吼記》第七齣陳季常妻柳氏欲示不妒，爲夫置四妾，貌皆醜陋，而各以"花"名，"滿頭花"者、鬖鬖頭，"眼前花"者、白果眼等，而柳氏用心又如吳炳《療妒羹》第二齣楊不器所謂"許備小星，一時勉博虛名"。《表》云："賓客未冠，以少容見斥"，《記》云："有人姓苟，婦庾氏，大妒忌。……凡無鬚人不得入門。……鄰近有年少，徑突前詣苟，接膝共坐，便聞大罵，推求刀杖。……婦便持杖，直前向客"；則猶曾樸《孽海花》第一四回姜劍雲訪米筱亭，米妻傅氏悍妒，窺見客"面嬌目秀"，突出怒罵，以門閂打之，姜驚跳，呼"晦氣！"前一事亦每見西方詩文中①。宋儒有以女

---

① E.g. *Tom Jones*，II.3："As she kept one maid-servant, she always took care to chuse her out of that order of females whose faces are taken as a kind of security for their virtue"("Everyman's"，I，42)；*Don Juan*，I.48："Her maids were old, and if she took a new one／You might be sure she was a perfect fright，／She did this during even her husband's life－／I recommend as much to every wife"(Variorum Edition by T.G. Steffan and W.W. Pratt，II，48).

妬爲惡之尤而不妬爲善之首者，朱熹嘗病其説之張皇，《朱文公
集》卷四八《答呂子約》之三○：“胡致堂兄弟極論《關雎》專
美后妃之不妬忌，而以獨孤亡隋爲證。熹嘗論之，以爲妬忌之禍
固足以破家滅國，而不妬忌之美未足以建極興邦也。”清初葉燮
《己畦文集》卷一九《寳應兩不妬婦傳》申言“不妬者婦德之
本”，殆爲胡寅兄弟推波助瀾者歟。謝肇淛《五雜俎》卷八《妬
婦比屋可封》以下十節及俞正燮《癸巳類稿》卷一三《妬非女人
惡德論》，徵引載籍中妬婦事大備。謝承馮衍之緒，深恨痛詆，
至云：“一不妬足以掩百拙”；俞破除習見，謂馮衍“愧對其妻”，
斷言：“夫婦之道，言致一也；夫買妾而妻不妬，則是恝也，恝
則家道壞矣！”張萱《疑耀》卷二論“妬婦乃養心之資”，洪亮吉
《北江詩話》卷三申説“老健方知妬婦賢”，皆強顏譬慰之詞，不
及俞氏之心平義正。小説如《隔簾花影》第三二回論“三樣醋”、
《兒女英雄傳》第二七論“會吃醋三品”，則差類《原道》、《原
善》而爲《原妬》也。王穉登《南野堂詩集》卷一《悼亡》之三
讚其婦曰：“豈無佳人，惟汝不妬”；而徐樹丕《識小録》卷一
《戲柬客》：“試作平等心論之，不妬婦人，正與亡八對境。……
豈思、欲、惡、愛、憎，男女未嘗不同，何至寬嚴相反若是？恐
周姥設律，定不爾爾也！”；龔煒《巢林筆談》續編卷下：“人皆
以妬爲婦人病。《國策》不云‘妬者情’乎？以情而妬，殊可原；
《黑心符》只做得一面文字。予持論極平，作《原妬》云：‘……
士也罔極，二三其德；或賦嚆彼，或歌期我，始之如膠如漆者，
漸且有洸有潰。於是以愛夫之心，激而懟夫，終亦不忍竟置其
夫，因遷怒於所私所愛之人。……是夫負其婦，非婦負其夫
也！’”二人均同俞正燮之論，然俞氏博學而筆舌蹇澀，無此爽利

也。徐氏"周姥設律"語本《藝文類聚》卷三五引《妒記》謝安妻劉氏"若使周姥撰詩"語，《綠窗新話》卷上《曹縣令朱氏奪權》、《醉翁談錄》丁集卷二《婦人嫉妒》、《廣笑府》卷六《周公詩禮》諸則皆嫁名附會。龔氏援《黑心符》，似不甚切，文見《清異錄》卷一《女行》門，託爲萊州長史于義方作，專戒續娶，僅言婦悍，不及其妒。悍妒相連，却非一事；如《南史》卷二三《王偃傳》記吳興長公主虐夫事、卷六〇《殷鈞傳》記永興公主憎夫事，均悍而非妒；又如《聊齋文集》卷一〇《妙音經續言》、《怕婆經疏》或《文章游戲》一集卷四《懼内供狀》、卷六《怕老婆的都元帥八股》，皆言悍多於言妒。平步青《霞外攟屑》卷四記順治時《白洋朱氏譜》子目有《妒婦傳》，爲"自來創見"，實傳朱兆棠妻來氏一人，非《妒婦記》之倫也。又按《離騷》："各興心而嫉妒"，王逸註："害賢爲嫉，害色爲妒"；鄒陽《獄中上書自明》："故女無美惡，入宮見妒；士無賢不肖，入朝見嫉。"然"妒"字每兼賅兩者，如《戰國策·楚策》三蘇子曰："人臣莫難於無妒而進賢"，四楚王曰："婦人所以事夫者色也，而妒者其情也"；《荀子·大略》："士有妒友，則賢交不親，君有妒臣，則賢臣不至"；王符《潛夫論·賢難》："夫國不乏於妒男也，猶家不乏於妒女也"；是以妒婦遂供借題比興之用。《全唐文》卷八六七楊夔《止妒》："梁武帝平齊，……獲侍兒十餘輩。……俄爲郗后所察，動止皆有隔抑。……左右識其情者，進言曰：'臣嘗讀《山海經》曰，以鶬鶊爲膳，可以療其事，使不忌。陛下盍試諸?'梁武從之。郗茹之後，妒減半，帝愈神其事。左右復言曰：'願陛下廣羞諸，以徧賜羣臣，使不才者無妒於有才，……亦助化之一端也。'帝深然其言。……會方崇内典，戒於血生，其議

遂寢"；徐積《徐節孝先生集》卷二一《妾薄命》："女子恩仇事
可知，我曹何用弔吳姬！如斯才貌如斯苦，也似賢人被妬時"；
曾異撰《紡授堂文集》卷一《壽陳母蔡孺人序》："家蝕於妬婦，
國椓於妬臣。愚嘗謂杞、檜之計，始不過一妬男子，遂至以人之
宗社國家狥其一念之媚妓。……遼左之事，初未嘗不可爲也；始
則廷臣與邊臣妬，再則文臣與武臣妬，已而邊臣又自相妬，是以
糜爛而不可復支"；李漁《慎鸞交》第五齣評語："同行相妬，等
於妻妾；三十六行之相忌，又不若文字一行"；《女仙外史》第一
四回月君向鮑師道："男子而妬，則天下有才者皆罹其毒；女子
而妬，則天下有色者皆遭其陷。我今先滅妬婦，以儆彼妬才之男
子"；端木國瑚《大鶴山人詩集》卷七《保定蓮池同客飲》："貧
賤滅瘢求美玉，文章療妬待鶬鶊"；倪鴻《退遂齋詩鈔》卷六
《戲書〈妬婦記〉後》："一樣忌才人不少，休將此事責嬋娟！"；
江湜《伏敔堂詩續錄》卷一《錄近詩因書》："易堆金璧摩霄漢，
難得文人服美心。"楊慎《升菴全集》卷一一《倉庚傳》略謂梁
武帝與郗后食鶬鶊而甘之，帝欲驗其效不，"試問后曰：'此餘甘
可以分諸夫人乎？'后即輟箸不食。帝曰：'《大荒經》曷予欺乎？
其諸食力尚淺耶？'"祝唐楊夔之作，諧妙多矣。《太平廣記》卷
四一八引《兩京記》："郗皇后性忌妬，武帝初立，未及册命，因
忿怒，忽投殿庭井中，衆趨井救之，后已化爲毒龍，烟焰衝天，
人莫敢近。帝悲歎久之，因册爲龍天王，便於井上立祠。"據
《梁書·皇后傳》，郗死於梁武爲雍州刺史時，年纔三十二，"平
齊"、"册命"，皆野語不根。《南史·后妃傳》下記郗殂於襄陽，年
三十二，歸葬武進縣山中，悉同《梁書》；而復采小説增益云："后
酷妬忌，及終，化爲龍，入於後宮。……於露井上爲殿，……

以祀之，故帝卒不置后。”然則“歸葬”空棺耶？刺史內室得稱
“後宮”耶？井上之“殿”在襄陽而不在建鄴耶？好奇亂道，語
無倫次，正史云乎哉！董逌《廣川書跋》卷六《張龍公碑》謂此
祠陳、隋奉祀，大業中即其地造“龍宮寺”。梁元帝《金樓子·
后妃》篇自記其母阮修容言：“妒婦不憚破家”；修容於梁武誅東
昏侯後，始爲“采女”，未及遭郗之虐，語自有指，却非緣身受
耳，“惡婦破家”見《易林·觀》之《隨》。“烟焰龍”與《清異
録·女行》門記陸慎言妻朱氏號“胭脂虎”，可隸事屬對。婦女
以妒嫉而得成神祇，不自郗后始，春秋介之推妹當是最古。《全
唐文》卷四〇八有李諲大曆十三年刊碑《妒神頌》，言神爲介之
推妹，“性惟孤直，虛見授於妒名”，《朝野僉載》卷六祇言其生
時“與兄競”；朱彝尊《曝書亭集》卷四九《〈妒神頌〉跋》考唐
高宗時已有“妒女祠”，實本《舊唐書·狄仁傑傳》，而此傳又本
《封氏聞見記》卷九。然女何以得“妒名”而能廟食一方，則行
事無可徵矣。

一八〇　全宋文卷五七

　　朱昭之《與顧歡書難〈夷夏論〉》：“昔應吉甫齊孔、老於前，吾賢又均李、釋於後。”按謝靈運《辨宗論》亦言應貞謂“孔、老可齊”。“李”、李耳也，即老子，曰“李”者，所以避與上句“老”字複出耳。《全梁文》卷五七劉歆《革終論》：“世多信李、彭之言，……余以孔、釋爲師”；《論語·述而》之“竊比於我老彭”，包咸註謂“老彭”一人，鄭玄註謂老聃、彭祖二人，曰“李、彭”則顯爲二人而對“孔、釋”，不至偏枯矣。唐釋道宣《高僧傳》二集卷一一《羅雲傳》：“有道士姓俞者，學冠李宗”；卷一三《普曠傳》：“武帝雖滅二教，意存李術”，又《吉藏傳》：“釋、李兩部，各有搜揚”；卷一五《道岳傳》：“欲使李道東移，……盛演老宗”；卷一七《僧辯傳》：“李、釋同奔”；卷二四《明淨傳》：“詔釋、李兩門”；卷二八《惠滿傳》：“下敕李衆在前”；卷三〇《曇無最傳》：“請釋、李兩宗上殿”，《曇顯傳》：“釋、李二門，交競優劣”，又《靜藹傳》：“潛進李氏，欲廢釋宗”；卷三二《法琳傳》：“致令李宗奉釋之典，包舉具舒；張〔道陵〕僞葛〔洪〕妄之言，銓題品録”；諸若此類，大似挾門户之仇，寓春秋之筆，不肯名從主人，質言“道家”也。僧徒靳

“道”字而勿以予道家，毛奇齡之流乃拱手以“道”字讓道家而不許宋儒之號“道學”（見論《全晉文》闕名《道學論》），唐僧衛“道”，勇於清儒矣。又如《全宋文》卷六二釋僧愍《戎華論、折顧道士〈夷夏論〉》：“首冠黃巾者，卑鄙之相也”；《全後周文》卷二三釋道安《二教論·服法非老》第九：“黃巾之賊，至是始平，……黃巾布衣，出自張魯”；唐釋道宣《高僧傳》二集卷三一《智實傳》載《表》：“今之道士，……所着衣服，並是黃巾之餘”，故其書通呼道士爲“黃巾”（卷一七《僧辯傳》：“黃巾致問，酬答乃竟”，卷二九《明導傳》：“妄託天威，黃巾扇惑”，卷三〇《僧猛傳》：“黃巾之徒紛然構聚”等），一若其爲漢末張角之餘孽流裔者，豈非深文微詞哉？中唐以後，“黃冠”之名大行，宋釋贊寧《高僧傳》三集卷一七《玄嶷傳》：“曾寄黃冠”，《法明傳》：“抗禦黃冠”，不復淆道士於“黃天”之徒矣。寒山詩：“昨到雲霞觀，忽見仙尊士，……莫學黃巾公，握愚自守擬”；“黃巾”正是唐僧習呼道士之名，《全唐詩》附註：“‘巾’一云‘石’”，蓋後人不知妄改，誤以張良圯橋所遇老人當之也。

朱廣之《諮顧歡〈夷夏論〉》：“想茲漢音，流入彼國，復受‘蟲誼’之尤、‘鳥聒’之誚，‘婁羅’之辯，亦可知矣。”按《全齊文》卷二二顧歡《夷夏論》：“夫蹲夷之儀，婁羅之辯，各出彼俗，自相聆解，猶蟲讙鳥聒，何足述效？”顧謂“夷”語非中“夏”所能“聆解”，朱駁謂“漢音”易地亦然，“夷”耳聞之，與蟲鳥讙聒，無以異爾。比外國語於蟲鳥之讙聒，猶以外國字比於鬼狐之書跡（參觀《太平廣記》卷論卷三二一《郭翻》）。《世說·言語》：“王仲祖聞蠻語不解，茫然曰：‘若使介葛盧來朝，故當不昧此語！’”；韓愈《送區册序》：“鳥言夷面”；皇甫湜《東還賦》："蟲聲鬼軀。""蠻"從"虫"，"狄"從"犬"，"貉"從"豸"，漢人妄自尊大，視異域之民有若畜獸蟲豸，則異域之言亦如禽蟲之鳴叫，人聆而莫解。吴潛《祝英臺近》咏春鳥："百舌樓羅，漸次般言語"，即以"婁羅"狀鳥語；黄山谷《清平樂》所謂："春無踪跡誰知，除非問取黄鸝，百囀無人能解"，是"百舌樓羅"之的解也。

【增訂三】《周禮》命官，已示此意。《秋官司寇》："閩隸掌役畜養鳥，而阜蕃教擾之，掌與鳥言"（"與鳥言"三字錯簡在"夷隸"節中，依王引之説移此，參觀《周禮正義》卷六九），又："貉隸掌役服不氏而教擾之，掌與獸言。"非即以"職方氏"所掌"閩蠻"、"貉狄"之語與"鳥言"、"獸言"可通歟？《後漢書·度尚傳》："移深林遠藪椎髻鳥語之人置於縣"，章懷註："謂語聲似鳥也。"《書》曰："島夷卉服"，王先謙《集解》引錢大昕説，謂"島"當作"鳥"；又《南蠻、西南夷列傳》："其母鳥語"，又"獸居鳥語之類"，均逕以"鳥語"爲化外野人標志。《史通·言語》譏魏收、牛弘記言，"必諱彼夷音，變成華語，等楊由之聽雀，如介葛之聞牛"；正等"夷"言於牛鳴雀噪，楊由事參觀999－1000頁。《文鏡秘府論·九意·山意》："春禽嘲哳，夏鳥嘍囉"，增"口"傍而"婁羅"之義昭晰無疑矣。

【增訂四】《魏書·僭晋司馬叡傳》："巴蜀蠻獠，谿俚楚越，鳥聲禽呼，語言不同。"

"婁羅"有數義，黄朝英《緗素雜記》卷八、郎瑛《七修類稿》卷二三、黄生《義府》卷下皆考釋之，而以沈濤《瑟榭叢談》卷下最爲扼要，所謂一"幹事"、二"語難解"、三"緑林徒"。顧歐文中"婁羅"，正如沈所引《北史·王昕傳》語，均"難解"之意。黃遵憲《人境廬詩草》卷一《香港感懷》第三首："盜喜逋逃藪，兵誇曳落河；官尊大呼藥，客聚衆婁羅"；時人《箋註》引顧歡此論，非也，第四首："夷言學鳥音"，或可引顧歡語爲註耳。"客"、"衆"而曰"婁羅"，得指幹事善賈之商客，然此句與第一句"盜"呼應，則指綠林豪客爲宜。蓋第四句承第一句，猶第三句言總督之承第二句言兵，修詞所謂"丫叉法"，詳見《毛詩》卷論《關雎·序》、《全上古文》論樂毅《上書報燕王》。"官尊大呼藥"句黃氏自註："官之尊者，亦號'總督'"；箋註者未著片言，蓋不知《周書·盧辯傳》、《北史·盧同傳》載北周官制有"大呼藥"、"小呼藥"、"州呼藥"等職，黃氏取其名之詭異也。

　　襲慶《鬼遺方序》："劉涓子，不知何許人也。晉末於丹陽郊外較射，忽見一物，高二丈許，因射而中之，走而電激，聲若風雨，夜不敢追。明旦，率門人弟子鄰伍數十人，尋其踪跡。至山，見一小兒，問之何姓，小兒云：'主人昨日爲涓子所射，今欲取水以洗瘡。'因問小兒：'主人是誰？'答曰：'是黃父鬼。'……聞擣藥聲，遙見三人，一人臥，一人開書，一人擣藥。……三人並走，遺一帙癰疽方，并一白藥。"按與劉敬叔《異苑》卷四記宋高祖劉裕微時事絶相肖，李延壽《南史·宋本紀》上全采之："伐荻新洲，見大蛇長數丈，射之傷。明日復至洲裏，聞有杵臼聲，往覘之，見童子數人，皆青衣，於榛中擣藥。問其故，答曰：'我王爲劉寄奴所射，合散傅之。'帝曰：'王神，何不殺之？'答曰：'劉寄奴王者不死，不可殺。'帝叱之，皆散，仍收藥而反。"《異苑》與《鬼遺方》皆劉宋朝著作，必當時流傳野語，一取以神其君，一取以神其方耳。“走而電激”之“而”字，雖可據《春秋》莊公七年“星隕如雨”之例，解同“如”字，然此篇文風殊不類用古義者，疑即“如”之訛文也。

喬道元《與天公牋》。按《全晉文》卷一四三有劉謐之《與天公牋》亦刻劃己身窮乏之狀，而出以詼諧。“與天公”當是窮則呼天，上訴蒼穹；兩牋皆殘缺零落，遂佚其告籲之詞耳。杜甫《山水障》詩曰：“真宰上訴天應泣”，此等則上訴而天應亦爲之哂笑者歟。

一八一　全宋文卷六二

　　釋慧叡《喻疑》："今《大般泥洹經》法顯道人遠尋真本，於天竺得之，持至揚都。……此經云：'泥洹不滅，佛有真我；一切衆生，皆有佛性。'皆有佛性，學得成佛。……所以陶練既精，真性乃發。"按《大般涅槃經·如來性品》第四之三："是故我今説是四依：法者即是法性，義者即是如來常住不變，智者了知一切衆生悉有佛性，了義者了達一切大乘經典。"《高僧傳》卷七《竺道生傳》："洞入幽微，乃説：'一闡提人皆得成佛'"；道生所撰《佛性當有論》，今已不傳，《全宋文》僅存其《答王衛軍書》一首，即在慧叡此篇之前。《世説新語·文學》："佛經以爲袪練神明，則聖人可致；簡文云：'不知便可登峯造極不？然陶練之功，尚不可無'"；劉孝標註："釋氏經曰：'一切衆生，皆有佛性'；但能修智慧，斷煩惱，萬行具足，便成佛也。"《全宋文》卷三二謝靈運《辯宗論·答慧琳問》亦曰："物有佛性，……聖無階級。"皆有佛性，則悉成佛，既具佛性，則易成佛，猶夫"萬事具備，只欠東風"；故《竺道生傳》載生"推'闡提得佛'，此語有據頓悟。"普遍生性，頓捷收勳，唐、宋禪宗以此兩義相輔爲人天眼目；觀《六祖法寶壇經·般若》第二及神會《語録》

卷一説“本有佛性”、“龍女刹那發心便成正覺”諸則可知。流風扇被，儒家者流亦於舊解别出新意。《孟子·告子》論“人皆可以爲堯舜”，《荀子·性惡》論“塗之人可以爲禹”，均與“一闡提人皆得成佛”，貌之同逾於心之異，爲援釋入儒者開方便門徑。《世説新語·言語》：“謝公云：‘賢聖去人，其間亦邇。’子姪未之許；公歎曰：‘若郗超聞此語，必不至河漢！’”；與簡文“不知便可登峯造極”之疑，百慮一致。《全唐文》卷六三七李翺《復性書》中篇發揮“人之性猶聖人之性”；陸九淵《象山文集》卷一《與邵叔誼》、卷五《與舒西美》、卷一三《與郭邦逸》反復闡説“人皆可以爲堯舜”、“塗之人可以爲禹”；王守仁《陽明全書》卷二〇《詠良知示諸生》之一：“個個人心有仲尼，自將聞見苦遮迷”，《傳習録》卷三：“人胸中各有個聖人，只自信不及，都自埋倒。”此等皆如章水貢水交流、羅山浮山合體，到眼可識。李商隱亦持此論，則未見有拈出者。《全唐文》卷七七六《上崔華州書》：“退自思曰：‘夫所謂道者，豈古所謂周公、孔子者獨能耶？蓋愚與周、孔俱身之耳’”；又卷七七九《容州經略使元結文集後序》：“孔氏於道德仁義外有何物？百千萬年聖賢相隨於塗中耳。”卷七七八《上河東公啓》之二、三皆自言“夙好佛法”，卷七七九《樊南乙集序》自言“尅意事佛”；李涪《刊誤》卷下載商隱贊“竺乾”曰：“稽首正覺，吾師吾師！”（陸心源《唐文續拾》卷一肅宗《三教聖象贊》與此文全同，陸蓋未辨刻石者竊取李文而僞託御製）；《唐文拾遺》卷三二温憲《唐集賢直院官榮王府長史程公墓誌銘》記商隱從僧修己游；贊寧《高僧傳》三集卷六《知玄傳》記商隱師事知玄，願“削染爲弟子”，玄畫像中寫商隱“執拂侍立”；商隱皈依釋氏，己所不諱，人復共知。則其所謂"道者，愚與周、孔共身之"，"身"、體現也，殆同神會《語錄》卷一："衆生心是佛心，佛心是衆生心"；而其所謂"聖賢相隨於塗中"，又先發王守仁《傳習錄》卷三："王汝止、董蘿石出遊歸，皆曰：'見滿街人皆是聖人。'"獺祭文人乃能直指心源，與高僧大儒共貫，不可不標而出之。釋志磐《佛祖統紀》卷四一載商隱贈僧知玄七絶，有曰："沙彌説法沙門聽，不在年高在性靈！"；亦言悟性之重於道行耳。

釋慧通《駁顧道士〈夷夏論〉》："昔公明儀爲牛彈清角之操，伏食如故，非牛不聞，不合其耳也。"按全襲《弘明集》卷一牟融《理惑論》，增"昔"、易"矣"爲"也"而已。周嬰《卮林》卷三、翟灝《通俗編》卷二八考俗語"對牛彈琴"，皆引牟《論》，平步青《霞外攟屑》卷一〇稍增益之。余見張彦遠《歷代名畫記》卷一："以食與耳，對牛鼓簧，又何異哉？"；牛號"聾蟲"，耳聾自不解音，然耳即聰亦豈能辨味哉？立喻更巧。周密《齊東野語》卷一四記蒙師姚鎔作《喻白蟻文》："告之以話言而勿聽，俗所謂'對馬牛而誦經'"，則古尚別有此諺，以馬伴牛，以讀經易鼓簧。古希臘常語："驢聾不能聽琴"（Das griechische Sprichwort "der Esel ist taub für die Laute"war dem Mittelalter durch Boethius *consol*. I pr. 4 bekannt)[1]，或云："驢聽琴，母豬聽角"（An ass listened to a lyre, a sow to a trumpet)[2]；或云："向驢耳唱歌"（to sing into an ass's ears)[3]；豬、驢與牛之於聽

---

[1]　E. R. Curtius, *Europäische Literatur und lateinisches Mittelalter*, 2. Aufl., 105.

[2]　Menander, *Fragments*, 334 and 527, "Loeb", 361, 461.

[3]　Dio Chrysostom, *Discourse*, XXXII, 101, "Loeb", III, 271.

琴聽角聽歌，固一邱之貉也。文家嘲藏書而不解讀者曰："汝若聽琴之驢，扇動兩耳而已"（You are like the donkey that listens to the lyre and wags its ears）[1]；或譏性靈昏暗者曰："見美德高風而不知慕賞，猶驢之聞琴聲焉"（Tanto apprezza costumi, o virtù ammira, /Quanto l'asino fa il suon de la lira）[2]；一劇中僕嗤主之不學而喬充"都知"曰："其於各種學術如驢與牛之領會絃上曲韻耳"（e sa di questa e dell' altre scïenzie/che sa l' asino e' l bue di sonar gli organi）[3]；

【增訂四】原引亞理奧斯多（Ariosto）二語，稍變希臘成諺，非謂驢不解聽琴，而謂驢不解鼓琴、驢與牛不解奏彈樂器，余譯文不確。曹寅《棟亭詩鈔》卷五有《題朱赤霞〈對牛彈琴圖〉》七古，詩甚劣，姑識其題，以見此語已入士夫輩詩畫矣。

或慰其友曰："都人聞君之歌而歎絕，朝貴卻嗤鄙之，蓋王公皆長耳公也"（Hélas! les oreilles des grands/Sont souvent de grandes oreilles）[4]；或詆國學師儒之專騖記誦曰："通曉梵文者之於印度哲學，無異畜獸之於琴瑟奏彈爾"（seine Kenner haben zu ihren Philosophien kaum ein anderes Verhältnis als ein Tier zur Lyra）[5]，即黑格爾譏哲學史作者之意（參觀論《全三國文》張

---

①　Lucian："The Ignorant Book-Collector"，"Loeb"，III，179.

②　Ariosto，*Orlando Furioso*，XXXIV. 19，Ulrico Hoepli，368.

③　Ariosto，*Il Negromante*，II. i，*Opere minori*，Riccardo Ricciardi，438.

④　Voltaire："Epigramme à M. Grétry sur son Opéra du *Jugement de Midas*". Cf. A. Arthaber，*Dizionario comparato di Proverbi*，58："Chantez à l'âne et il vous fera un pet."

⑤　Nietzsche："Schopenhauer als Erzieher"，viii，*Werke*，hrsg. K. Schlechta，I，362.

飛)。近世有講學者自慨解人難索云："如對母牛而諷詠古希臘名家之牧歌。(like reading Theocritus to a cow)[1]，則猶宋諺"對馬牛而誦經"矣。一詩家(Pascoli)因一哲學家(Croce)不取其詩，撰諷諭之篇(*I due vicini*)，略謂菜園中一驢方觀賞己糞所培植之白菜(i cavoli nati dal suo fimo)，聞樹頭啼鶯百囀，乃自語曰："費時無聊極矣！吾高歌乎哉？吾沉思也"(Oh! il tempo perso! Canto io forse? lo penso)[2]；變人之對驢彈琴爲鳥之對驢唱歌而已。牛或驢聞絲竹、肉，喻頑鈍痴闇而不能解；巴爾札克以猩猩强奏提琴(un orang-ou-tang voulant jouer du violon)[3]，喻不能作而蠻狠鹵莽，可傍通連類焉。

---

① J. B. Morton, *Hilaire Belloc*, 125: "It was, in a phrase of John Phillimore, which Belloc loved to quote" etc.

② F. Nicolini, *Croce*, 224-5.

③ Balzac, *Physiologie du Mariage*, Méditation V, *Oeuvres complètes*, Conard, XXXII, 65-6.

一八二　全宋文卷六四

釋寶林《檄太山文》:"夫東嶽者,龍春之初,清陽之氣,育動萌芽,王父之位。……而何妖祥之鬼、魍魎之精,假東嶽之道,託山居之靈。……又太山者,則閻羅王之統,其土幽昧,與世異靈,……總集魂靈,非生人應府矣。而何弊鬼,詐稱斯旨,橫恣人間。"按參觀《史記》論《封禪書》。吾國古説,東方者、"動方"也,而春者、"蠢生"也,《史記·六國年表》引或曰:"東方物所始生",故太山本主生;後漢釋説入華,流俗漸以東嶽之太山與"六道"之"太山地獄"混爲一談,如《高僧傳》二集卷一《曇曜傳》所斥北魏僧曇靖妄以"岱岳"譯"東方太山",於是太山遂主死。寶林此檄,並舉兩説,渾不覺其矛盾而須斡旋,亦可笑也。閻羅王既"總集魂靈",而"妖祥之鬼"、"弊鬼"即在其理所"狂詐",大似橫行於法外者。虎兕出柙,太山府君若不得辭其責然。再究之,則所謂"鬼"者,非人之亡魂,乃物之精怪,故曰:"魍魎之精"、"此皆狼蛇之羣鬼,梟蟒之虛聲"。蓋指妖魔,與鬼異類,遂不屬閻羅治下耳。《檄》引《黃羅子經玄中記》曰:"夫自稱山嶽神者,必是蟒蛇;自稱江海神者,必是黿鼉魚鼈;自稱天地父母神者,必是貓貍野獸;自稱將軍神者，必是熊羆虎豹；自稱仕人神者，必是猿猴狙玃；自稱宅舍神者，必是犬羊豬犢、門户井竈破器之屬"；皆獸或器物也，人之强死爲厲、游魂爲變不與焉。《抱朴子》内篇《登涉》："山中夜見胡人者，銅鐵之精也……山中寅日有自稱虞吏者，虎也"云云，《摩訶止觀》卷八記"時媚鬼"："寅有三：初是狸，次是豹，次是虎；卯有三：狐、兔、貉"云云，均可與此《檄》所引相發明。後世僧徒常嗤道士剿竊釋典之天神帝釋，换頭面而改名稱，如仿"三寶"而有"三清"，擬"四金剛"而有"四天王"之類；然僧徒所言精怪，實又本諸道士之野語；寶林之《檄》，不啻供狀，與釋典如東晉譯《觀佛三昧海經·觀相品》第三之二所寫諸鬼"雲起"種種色目，了無係屬。二氏於搜神志怪，有無互通，不須相誚；以斯意讀《西洋記》、《封神傳》、《西遊記》也可。

釋寶林《檄魔文》、《破魔露布》。按兩篇之"魔"乃"揀魔辨異"之"魔"（《五燈會元》卷一一臨濟義玄："山僧所舉，皆是揀魔辨異，知其邪正"），借喻迷見邪説、貪嗔痴愛，非若前篇之"鬼"乃直指"淫鬼"、"小鬼"也。《全後魏文》卷五九釋僧懿《伐魔詔》、《檄魔文》、《魔主報檄文》、《破魔露布文》、《平魔赦文》等，稠疊不憚煩，即寶林兩篇之踵事增華。《全唐詩》吕巖《七言詩》之一四："虎將龍軍氣宇雄，佩符持甲去匆匆。鋪排劍戟奔如電，羅列旌旗疾似風。活捉三尸焚鬼窟，生禽六賊破魔宫。河清海晏乾坤淨，世世安居道德中"；少許可抵寶林、僧懿之多許。與寶林《檄太山文》相類而詞氣遠勝者則凌雲翰《柘軒集》卷一《鬼獵圖》、卷三《鬼獵圖》七言古近體或吴承恩《射陽先生存稿》卷一《二郎搜山圖歌》其選也。

一八三　全齊文卷八

　　王僧虔《書賦》，按參觀《列子》卷論《湯問》篇。《誡子書》，按參觀《易林》卷論《解》之《蒙》。

　　王僧虔《條疏古來能書人名啓》："杜陵陳遵、後漢人，不知其官，善篆隸，每書一座皆驚，時人謂爲'陳驚座'。"按陳遵事見班固《漢書·游俠傳》，非僻書也。僧虔以前漢爲後漢，以"善書"之橡吏陳遵與"列侯"陳遵混爲一人，以聞其到門"坐中莫不震動"誤爲"每書一座皆驚"。《顏氏家訓·勉學篇》記北朝"才學重臣"、"俊士以史學自許"者誤讀《史》、《漢》，貽笑通人；南朝名士達官如僧虔之荒陋悠謬，正復有過而無不及。北勝南強，未可輕判大小也。僧虔《誡子書》諄囑讀書，"未經拂耳瞥目"，不得"自呼談士"，且曰："由吾不學，無以爲訓。……吾今悔無所及，欲以前車誡爾後乘也"，蓋有自知之明者。"師宜官，……能爲大字方一丈，小字方寸千言"；按卷七竟陵王子良《答王僧虔書》："將一字徑丈、方寸千言也"，皆本《全晉文》卷三〇衛恒《四體書勢》："師宜官爲最，大則一字徑丈，小則方寸千言"，僧虔此《啓》多采衛文也。"太原王濛，……子修，……善隸行，與羲之善，故殆窮其妙。……子敬每省修書云；'咄咄逼人！’”；按《全晉文》卷二四王羲之《雜帖》：“十一月四日……
致書司空高平郗公足下。……獻之字子敬，少有清譽，善隸書，
咄咄逼人”，疑僧虔依仿爲之；然“咄咄逼人”固是晉人常語，
觀《世説‧排調》記參軍“危語”詩可知。

　王僧虔《論書》：“宋文帝書，自云可比王子敬；時議者云：
‘天然勝羊欣，工夫少於欣’”；按《全梁文》卷六六庾肩吾《書品
論》一：“惟張有道、鍾元常、王右軍其人也。張工夫第一，天然
次之。……鍾天然第一，工夫次之。……王工夫不及張，天然過
之，天然不及鍾，工夫過之”，即本此“議”而申演者。後世品詩
衡文，慣以“天然”與“工夫”對照，如趙翼《甌北詩鈔‧絶句》
卷二《論詩》之四：“少時學語苦難圓，只道工夫半未全；到老方
知非力取，三分人事七分天”（參觀杜濬《變雅堂集‧補遺》一
《樸巢詩選序》：“聲詩之道，天七而人三”）。然評書實爲之先。如
魏文帝《典論‧論文》：“文以氣爲主，氣之清濁有體，不可力强而
致”，蘊而不宣；即如鍾嶸《詩品》中《顏延之》引湯惠休曰：“謝
詩如芙蓉出水，顏如錯采鏤金”，《南史》作鮑照曰：“如初發芙蓉，
自然可愛”，亦尚明而未融；均遠輸僧虔論書語之兩義對立相成也。
談藝者“神韻”之説亦先見於評畫，參觀論卷二五謝赫《畫品》。

　《論書》：“庾征西翼……在荆州與都下人書云：‘小兒輩乃賤
家雞，皆學逸少書，須吾還，當比之張翼。’”按“張翼”二字當
刪，蓋緊接下一條“張翼善學人書……”，誤破句上屬。《全晉
文》卷三七庾翼文中漏輯此書。“謝綜書，其舅云：‘緊潔生趣’，
實爲得賞。至不重羊欣，欣亦憚之。書法有力，恨少媚好。”按
《南齊書‧王僧虔傳》作“緊生起”，無義語不如此爲長，校點
《南齊書》者未改正，又標點作：“其舅云‘緊生起，是得賞也，

恨少媚好'"，蓋昧於文理，不識"得賞"云云，乃王僧虔謂此"賞"不虛，而"恨"亦出於僧虔，非出"其舅"也。僧虔評郗超草書"緊媚過其父"，評蕭思話書"風流趣好"，即此"緊"、"趣"、"媚"三字。

一八四　全齊文卷一二

　　王融《上疏請給虜書》："夫虜人面獸心，狼猛蜂毒。……凶謀歲窘，淺慮無方，於是稽顙郊門，問禮求樂，若來之以文德，賜之以副書，……無待八百之師，不期十萬之衆，固其提漿佇俟，揮戈願倒。……今經典遠被，詩史北流，……節其揖讓，教以翔趨，必同艱桎梏，等懼冰淵，婆娑蹴蹐，困而不能前已。……於是風土之思深，憤戾之情動，……部落爭於下，酋渠危於上，我一舉而兼吞。"按此賈誼《新書·匈奴》所謂"五餌"之遺意也。《南齊書·王融傳》北魏遣使求書籍，朝議欲不與，融上此疏，齊武帝答曰："吾意不異卿。"蓋欲以出境"經典"之"流"，起入室戈矛之用，今世各國設官專司"文化交流"，略涵此意。融以爲"虜"之"酋渠"讀書而欲進於"禮樂"，"部落"必不便，於是民心亂而國勢削，爲"我"之利。《舊唐書·吐蕃列傳》上吐蕃使奏金城公主請《毛詩》、《禮記》、《文選》各一部，于休烈上疏請勿與，曰："戎狄、國之寇也，經籍、國之典也。……典有恒制，不可以假人。……若達於書，必能知戰"；與融持論適反，然《左傳》或足以教"兵法"，《禮記》、《文選》正可柔遠人以"文德"耳。故後世謂"詩史經典"使人耽文事而忘武備，用夏變夷，可轉强爲弱。如宋祁《景文集》卷四四《禦戎論》之二謂知契丹之"無能"，舉證有曰："慕爲華風，時時道《詩》、《書》語，竊聞儒者禮樂等事。"又如金之於宋，正猶古羅馬之於希臘也[1]，以武力則臣僕之，而以文教則君之師之。《三朝北盟會編·靖康中帙》卷四八："金人索蘇黄文墨跡及古文書籍、《資治通鑑》，……入國子監取書，凡王安石説者，悉皆棄之"；趙秉文《滏水文集》卷九《和楊尚書之美韻》一："河南夫子兩程子，要與洙泗繼後塵"，又三："文公至正本無我，吾道初如日月明"；劉祁《歸潛志》卷三王鬱《王子小傳》："其論經學，以爲宋儒見解最高"，又卷八記王若虚"千古以來，惟推東坡爲第一"。顧金之有心人復以治詞章、研義理爲危亡之本。如宇文懋昭《大金國志》卷一七完顏偉諫金世宗曰："今皇帝既一向不説著兵，使説文字人朝夕在側，……不知三邊有急，把作詩人去當得否？"；杜本《谷音》卷上程自修《痛哭》："乾坤誤落腐儒手，但遣空言當汗馬！"讀五車書與開五石弓、汗牛載籍與汗馬功勞，若事難兼辦者。《莊子·駢拇》："臧與穀二人相與牧羊而俱亡其羊；問臧奚事，則挾策讀書；問穀奚事，則博塞以游。二人者事業不同，其於亡羊均也。"亡羊雖小，可以喻大。《法言·吾子》篇嘗謂"女有色，書亦有色"，則書淫足以敗事害人，或不亞於色荒、禽荒，而南齊之給北魏以"詩史"，用心復彷彿越之獻西施以沼吳矣。《逸周書·武稱解》："美男破老，美女破

① Horace，*Epist.*，II.i.156-7："Graecia capta ferum victorem cepit et artes/intulit agresti Latio". Cf. Russell，*History of Western Philosophy*，Allen and Unwin，299，301："The relation of the Romans to the Greeks was something like that of the Prussians to the French in 1814 and 1815."

舌，……武之毁也"，孔晁註："凡行此事，所以毁敵國也"；《大明武解》："委以淫樂，賂以美女"，註："扇動之使沉惑也"；蓋尚不知有此。《通鑑・梁紀》二一記元帝被俘前，悉焚圖書，曰："讀書萬卷，猶有今日，故焚之!"相傳歌特軍（the Goths）破雅典，入城焚掠，聚公私藏書，欲付一炬，一謀士止勿摧燒，曰："留之俾希臘人有書可讀。耽書不釋卷，則尚武圖强無日矣"（as long as the Greeks were addicted to the study of books，they would never apply themselves to the exercise of arms）①。西方舊日論師亦言，武功既致太平，人遂得閒而尚學文，於是壯心勇力爲書卷所消磨（Perché，avendo le buone e ordinate armi partorito vittorie，e le vittorie quiete，non si può la fortezza degli armati animi con più onesto ozio che con quello delle lettere，corrompere）②。故古羅馬文雅漸進，雄猛隨減，凡好鬭善戰之國，其人皆獷野不學（Je trouve Rome plus vaillante avant qu'elle fust sçavante. Les plus belliqueuses nations en nos jours sont les plus grossieres et ignorantes）；法國不血刃（sans tirer l'épée du fourreau）而克意兩邦，以意之君臣競才學而不倡勇敢也（les princes et la noblesse d'Italie s'amusoient plus à se rendre ingenieux et sçavants que vigoureux et guerriers）③。均與完顏偉等相契。

---

① Gibbon，*The Decline and Fall of the Roman Empire*，ch. 10，"The World's Classics"，I，307. Cf. Burton，*Anatomy of Melancholy*，Part. I，sect. ii，Mem. 3，Subsect. 15，Bell，I，349.

② Machiavelli，*Istorie fiorentine*，5.1，*Opere*，acuradi A. Panella，I，280.

③ Montaigne，*Essais*，I. xxv，"Bib. de la Pléiade"，155-6.

一八五　全齊文卷一三

　　王秀之《遺令》："世人以僕妾直靈助哭，當由喪主不能淳至，欲以多聲相亂。"按趙翼《陔餘叢考》卷三二引此以證六朝已有"喪次助哭"之"陋習"；俞正燮《癸巳類稿》卷一三《哭爲禮儀説》亦引之而詳考"助哭"之俗。羅璧《識遺》卷五："漢儒言禮，多不近人情。喪哭一主於哀而已；《禮記》曰：'齊衰之哭，若往而返；大功之哭，三曲不偯'，釋者謂'三曲'、一舉聲而三折也，'偯'、聲餘從容也。夫哭而爲折聲、餘聲，是意不在哀，用哭爲態也。"言非不是，然不知喪事之"哭"乃"禮儀"，非直情感之宣洩，《檀弓》中"弁人母死"章、"子蒲卒"章、"有子與子游見孺子慕者"章反復言此；《荀子·禮論》篇所謂"吉凶憂愉之情"而"斷之繼之、博之淺之、益之損之"爾。曩日婦人有以受雇助哭爲生計者，吳中稱"哀喪婆"或"哭喪婆"，余少日鄉居時常見之。古來以哭時且號且言爲禮俗，《顏氏家訓·風操》言之甚明，故《西遊記》第三九回孫行者命豬八戒"看着"烏雞國王屍首"舉哀"，八戒"哭個樣子"，於是"哭將起來，口裏不住的絮絮叨叨，數黃道黑。"王得臣《麈史》卷下述"京師風俗可笑"，有曰："家人之寡者，當其送終，即假倩嫗婦，使服其服，同哭諸途，聲甚淒婉，仍時時自言曰：'非預我事！'"，辯白之言，洵"可笑"也。據金梁《光宣小記》，慈禧后微時，家即業此。西方舊日亦有哀喪婆（keeners）。古羅馬諷世詩云："得錢代哭之婦自扯其髮，放聲大號，悲戚過人"（mercede quae conductae flent alieno in funere/praeficae，multo et capillos scindunt et clamant magis）[1]；西班牙名小説狀兩婦痛哭云："作哀喪婆態"（al modo de las endechaderas），註家云："一名'哭喪婆'，喪葬時雇來啼泣之婦也"（lloraderas：mujeres que se alquilauan para llorar en los entierros de los difuntos）[2]。

---

[1] Lucilius，*Satires*，995-6，*Remains of Old Latin*，"Loeb"，III，322.
[2] *Don Quijote*，II，cap.7，*op.cit.*，V，141-2.

一八六　全齊文卷一五

張融《海賦》。按融雅善自負，序曰："木生之作，君自君矣"，示我用我法，不人云亦云，顧刻意揣稱，實無以過木華賦也。唯兩處戞戞獨造，取情理以譬物象；《文心雕龍‧比興》述"比之爲義，取類不常"，其三爲"或擬於心"，即西方修詞學所謂"抽象之形象"①，融語足供佳例。一、融賦曰："浮微雲之如夢，落輕雨之依依"，擬雲於夢，得未曾有；篇末又云："風何本而自生，雲無從而空滅"，亦相發明。蓋雲之與夢，皆去來飄忽、境狀模糊；白居易《花非花》："來如春夢不多時，去似朝雲無覓處"，即以二事連類；鄧椿《畫繼》卷三載"衆"嘲米友仁詩："解作無根樹，能描惝慌雲"，正謂雲氣迷濛如人之睡夢惚怳。崔櫓《華清宮》之三："紅葉下山寒寂寂，濕雲如夢雨如塵"；皮日休《病後春思》："牢愁有度應如月，春夢無心祗似雲"；蘇軾《行瓊、儋間，肩輿坐睡，覺而遇清風急雨》："夢雲忽變色，笑電亦改容"；孔平仲《朝散集》卷五《晝眠呈夢錫》："春入四支

---

① 　H. Morier, *Dictionnaire de Poétique et de Rhétorique*, 198, art. "Image Abstraite".

濃似酒，風吹孤夢亂如雲"；李從周《清平樂》："有意迎春無意送，門外濕雲如夢"；譚宣子《西窗燭》："春江驟漲，曉陌微乾，斷雲如夢相逐"；陳逢辰《西江月》："送春先自費啼紅，更結疏雲秋夢"；曾棟《過秦樓》："長日如年，可堪恨雨絲絲，夢雲漠漠"；舒夢蘭《遊山日記》卷三："七月壬辰。旦暮如呼吸，雲如夢思：朝雲之變化，則閒情妄想也；夜雲之變化，則香奩好夢也"；江湜《伏敔堂詩錄》卷三《由江山至浦城輿中得絕句》之一："萬竹無聲方受雪，亂山如夢不離雲。"

【增訂四】洪亮吉《卷施閣詩》卷七《開封寒食懷里中勝遊》之一："時有鵁鶄啼一兩，墨雲如夢罨千家"；劉嗣綰《尚絅堂詩集》卷一四《江上晚歸》："遠夢如雲生水面，愁心和月到天涯。"德國詩人艾興多夫詠黃昏時雲行遲緩，謂"如沉重之夢"（Wolken ziehn wie schwere Träume．—Joesph von Eichendorff："Zwielicht"，*Gesam*，*Werke*，Aufbau Verlag，1962，Vol.I，p.5）。

西方文家有云："雲如天之沉思、游想及惡夢"（Les nuages sont comme les pensées，les rêveries，les cauchemars du ciel）①；或云："諸天正作夢，浮雲成族，在君家屋山上過"（Passavan，sogni dei cieli，/sul vostro tetto le nuvole）②；體物會心，正爾不遠。蘇軾上句用字出宋玉《高唐賦》，以狀雲之如夢；下句用字出東方朔《神異經》："天爲之笑"，張華註："言'笑'者，天口落火

---

① Jules Renard，Journal，ed.NRF，291.

② G. Bertacchi，*Poemetti lirici*，in D.Provenzal，*Dizionario delle Immagini*，537.

烙灼，今天不雨而有電光”，以狀電之如笑。祇究來歷典雅而不
識揣稱工切，便抹摋作者苦心；西方詩文常以笑與電互喻①，亦
佐證《神異經》及註佯色之當也。二、融賦曰：“照天容於鯑渚，
鏡河色於魦潯，括蓋餘以進廣，浸夏洲以洞深，形每驚而義維
靜，跡有事而道無心”；寫天上景物倒映水中也。“河”當指天
漢；“括”、包括，“蓋”、圓蓋，即“天容”；“進廣”謂海之大乃
逾天；“浸夏洲”謂海之深可沉陸。然水面蕩漾“河色”、“天
容”，而水底寂定，無相無作，不染不著，似大“道”之垂“跡”
而“無心”（參觀《全晉文》卷一六五釋僧肇《注維摩詰經序》、
《全梁文》卷六六阮孝緒《高隱傳論》），亦似至人之有駭形而無
損心（參觀《莊子·大宗師》）。蓋擬海於玄虛、禪定之心境；
《文子·道原》稱“聖人”之“外與物化，而内不失情。……以
恬養智，以漠養神。……澹然若大海，汎兮若浮雲”；《維摩詰所
說經·方便品》第二稱維摩詰之“心如大海”；融則謂大海似聖
人之心。王弼嘗謂：“聖人之情，應物而無累於物”，取融語說
之：應物者，照容鏡色也，無累於物者，形驚而義靜、跡有而心

---

① E.g. Dante，*Purgatorio*，XXI.114：“un lampeggiar diriso”；*Paradiso*，IX.
70-1：“Per letiziar lassù folgor s'acquista/sì come riso qui”；Giuseppe Salomoni：“Il
riso”：“e ne gli aerei campi/ridon le nubi, e son lor riso i lampi”(*Marino e i Marinis-
ti*，Ricciardi，896)；Hugo，*La Legende des Siècles*，I. *La Terre*，“Hymne”，10-2：
“Et l'éclair, front vivant qui, lorsqu'il brille et fuit，/Tout ensemble épouvante et ras-
sure la nuit/A force d'effrayants sourires”；Nietzsche，*Also sprach Zarathustra*，II.
“Das Kind mit dem Spiegel”：“Zu gross war die Spannung meiner Wolke：zwischen
Gelächtern der Blitze will ich Hagelschauer in die Tiefe werfen”(*Werke*，hrsg. K.
Schlechta，II，343)；Renard，*op.cit.*，92：“Des sourires qui sont comme de vilains
éclairs de ciels très chargés”.

無也（詳見《全晉文》論何劭《王弼傳》）。以海面濤生而海底波
恬喻人之情動而性静，西籍中亦不期偶遭。一談藝者嘗稱古希臘
石雕人神諸像，流露情感而若衷心静穆，猶大海然，表面洶湧而
底裏晏定（So wie die Tiefe des Meeres allezeit ruhig bleibt，die
Oberfläche mag noch so wüten，ebenso zeiget der Ausdruck in
den Figuren der Griechen bei allen Leidenschaften eine grosse
und gesetzte Seele）[①]；一詩人謂人之浮生每爲其究竟性靈之反，
猶海面濁浪怒激而海底止水澄朗（La vie de l'homme est souvent
le contraire du fond de son âme. De même que la mer agitée par
le tempête est toujours immobile et limpide dans ses profon-
deurs）[②]。又與張融鑄語如出一手矣。

　　張融《答周顒書并答所問》："所以製是《門律》，以律其門；
非佛與道，門將何律？……而近論《通源》，儒不在議。"按同卷
《以〈門律〉致書周顒》："吾門世恭佛，舅氏奉道，道之與佛，逗
極無二；寂然不動，致本則同。……繩墨弟姪，故爲《門律》，數
感其一章，通源二道。"合觀方知《門律》猶言"家戒"、"家規"，
如顏延之之《庭誥》也。《南齊書》融本傳："融爲《問律》自序"
云云，其序祇自譽文章，未道作書宗旨，而《高逸·顧歡傳》："張
融作《門律》"；若無此兩節，安能定"門"與"問"之孰正孰訛，
以"門律"、"問律"兩名均不甚可解也。"通源二道"者，融通釋

　　① 　J. J. Winckelmann，*Gedanken über die Nachahmung der Griechischen Werke
in der Malerei und Bildhauer Kunst*，*in Kleine Schriften und Briefe*，Auswahl von W.
Senff，44.

　　② 　A. de Vigny，*Le Journal d'un Poète*，in *Oeuvres complètes*，"Bib. de la
Pléiade"，II，1311.

老，以明二氏之異流同源，故《門律》一名《通源論》；卷二〇周顒《答張融書難〈門律〉》、《重答張融書難〈門律〉》條引融文，皆冠以“《通源》曰”。《梁書·徐勉傳》：“以孔、釋二教殊途同歸，撰《會林》五十卷”；《通源》之稱，猶《會林》也，特所“通”不全同所“會”耳。《門律》又名《少子》；卷一九孔稚珪《答竟陵王啓》一：“眷黃老者，實以門業有本。……民之愚心，正執門範。……經以此訓張融，融乃著《通源》之論，其名《少子》；《少子》所明，會同道佛，融之此悟，出於民家”；《南史·顧歡傳》：“融著《通源》之論，其名《少子》”，全取孔啓中語。孔啓言“門業”、“門範”，詞意正同“門律”；其言融之“悟”入由於己之“訓”迪，比勘《門律自序》：“吾義亦如文，……無師無友”，揚己掠美，二人中必有一焉。《鏡花緣》第二三回林之洋謾語海外學僮，誇天朝上國，秘籍具備，有“《老子》、《少子》”；所謂《少子》，實李汝珍自喻其書，推李耳爲宗老，如繼李老君而稱李少君耳。蓋不知六代著述早有名《少子》者，已李冠而張戴矣。周顒《重答》問“佛儒安在？”，融報以遁詞；融《遺令》：“三千買棺，無製新衾；左手執《孝經》、《老子》，右手執《小品法華經》”，則似“通源”儒、釋、道三家。《南齊書·陸澄傳》載澄與王儉爭國學置《孝經》事，融斯言亦徵其非依違兩可者。《全後周文》卷七王褒《幼訓》論儒、道、釋三家曰：“斯雖爲教等差，而義歸汲引。吾始乎幼學，及于知命，既崇周、孔之教，兼循老、釋之談”；三家聚一，彰明昭著，非若張融《遺令》尚含意未申也。融謂分流而可通，褒謂並行而不倍，用心有幾微之別焉。

　　張融《門律自序》：“夫文豈有常體”云云。按別見《全漢文》論賈誼《過秦論》、《全晉文》論陸機《文賦》。

一八七　全齊文卷一八

虞玩之《黄籍革弊表》："又生不長髮，便謂爲道。"按此處
"道"乃"道人"，指僧徒，非"道士"也。禿髮充僧，即《兒女
英雄傳》第五回瘦僧所説："'……有心買上一枝羊油蠟，倒没我
這腦袋光溜溜！'……這就叫：'禿子當和尚，將就材料兒'"；《文
章游戲》初編卷六《鬎鬁頭上放毫光》文亦云："做和尚則曰
'原來頭'。"

一八八　全齊文卷一九

　　孔稚珪《北山移文》。按此文傳誦，以風物刻劃之工，佐人事譏嘲之切，山水之清音與滑稽之雅謔，相得而益彰。王安石《松間》："偶向松間覓舊題，野人休誦《北山移》；丈夫出處非無意，猿鶴從來自不知"；蓋用种放語爲隱士出山解嘲（本事見《玉照新志》卷一），乃反《北山移文》耳。宋末潘音《待清軒遺稿》一卷有《反〈北山〉嘲》四首，如："達人知進退，曲士豈同謀！盡使藏身去，誰能爲國憂？烟霞成痼疾，聲價藉巢由。虎嘯雄心在，胡爲鶴唳愁？"又："雲壑藏真客，金門寄跡仙。神遊《招隱》賦，興適《考槃》篇。麋鹿耽豐草，龍蛇起大川。由來枯槁輩，長往不知旋"；"反"言若正，則譏宋遺臣之出仕於元者，集中數申斯意，題曰《反〈北山〉》，實爲《續〈北山〉》也。參觀論《全漢文》淮南小山《招隱士》。

　　"使我高霞孤映，明月獨舉，青松落陰，白雲誰侶，礀戶摧絕無與歸，石逕荒涼徒延佇。"按"我"、山之"英靈"自謂，即"誘我松桂，欺我雲壑"、"慨游子之我欺"之"我"。蓋人去山空，景色以無玩賞者而滋生棄置寂寞之怨嗟也；詞旨殊妙。"青松"句與下文"秋桂遺風，春蘿罷月"一揆，謂草樹皆興闌氣索，無復迎風待月、送香弄影；"罷月"字法，如《魏書·祖瑩傳》載王肅詩之"荒松無罷風"。"青松"、"白雲"一聯又可參卷一二王融《爲竟陵王與隱士劉蚪書》："素志與白雲同悠，高情與青松共爽"；人在山則風物忻遭知己，得以"同悠"、"共爽"，人出山則風物嗒如喪偶，徒成"獨舉"、"誰侶"。王勃《山亭思友人序》："惜乎此山有月，此地無人"；李賀《十二月樂詞·二月》："津頭送別唱流水，酒客背寒南山死"；蘇軾《聞辯才法師復歸上天竺，以詩戲問》："道人出山去，山色如死灰，白雲不解笑，青松有餘哀"；湯顯祖《牡丹亭》第一〇齣："却原來姹紫嫣紅開遍，似這般、都付與斷井頹垣"；鍾惺《隱秀軒集》玄集《烏龍潭吳太學林亭》："良辰多下鑰，閒殺此林邱！"；史震林《西青散記》卷一摘趙闇叔句："蝶來風有致，人去月無聊"，工拙不齊，胥抒寫稚珪所創意境。物之若自悵歇，抑人代之惜歇，要皆空谷獨居、深閨未識之歎爾。蘇頲《將赴益州題小園壁》："可惜東園樹，無人也作花"；杜甫《哀江頭》："江頭宮殿鎖千門，細柳新蒲爲誰綠！"；李華《春行寄興》："芳樹無人花自落，春山一路鳥空啼"；韓愈《榴花》："可憐此地無車馬，顛倒青苔落絳英"．又《鎮州初歸》："還有小園桃李在，留花不發待郎歸"；白居易《下邽莊南桃花》："村南無限桃花發，唯我多情獨自來，日暮風吹紅滿地，無人解惜爲誰開"，又《晚桃花》："一樹紅桃亞拂池，竹遮松蔭晚開時；非因斜日無由見，不是閑人豈得知。寒地生材遺較易，貧家養女嫁常遲，春深欲落誰憐惜？白侍郎來折一枝"，又《柳枝詞》："一樹春風千萬枝，嫩於金色軟於絲，永豐西角荒園裏，盡日無人屬阿誰？"；王涯《春閨思》："閒花落徧青苔地，盡日無人誰得知！"；李賀《北園新筍》之二："無情有恨何人見，露染烟啼千萬枝"；皮日休《白蓮》："無情有恨何人識，月白風清欲墮時"；施肩吾《吳中代蜀客吟》："峨眉風景無主人，錦江悠悠爲誰綠！"；許渾《客有卜居不遂》："樓臺深鎖無人到，落盡東風第一花"；崔櫓《華清宮》："明月自來還自去，更無人倚玉闌干"；蘇軾《絕句》："鄱陽湖上都昌縣，燈火樓臺一萬家；小徑隔溪人不到，東風吹老碧桃花"；秦觀《虞美人》："碧桃天上栽和露，不是凡花數，亂山深處水潆洄，可惜一枝如畫爲誰開"；謝逸《城南》："長恐歸時已閉門，西壇雖好敢盤桓；可憐月夜松杉影，輸與沙鷗野鶴看"（《溪堂集》卷五）；姜夔《踏莎行》："淮南皓月冷千山，冥冥歸去無人管"；張炎《西子妝慢》："遙岑寸碧，有誰識朝來清氣？自沉吟，甚年光輕擲，繁華如此！"；齊心同慨，諸餘甚多。

【增訂三】李羣玉《醴陵道中》："無人寂寂春山路，雪打溪梅狼藉香。"梅與雪同色爭春而遭"打"落，"狼藉"加"打"而愈見無顧藉，"梅"同"雪"色又兼"香"氣（multisensory）而更宜得愛憐；寫陸游所謂"淒涼聞處老"（《病起》七律）之情景，真着墨無多，精彩加倍者。

【增訂四】厲鶚《樊榭山房集》卷七《南湖雨中》："夾竹夭桃蘸小紅，水高魚滬沒蘆叢。南湖風物無人管，都付斜風細雨中。"不特觀賞無人，復遭風吹雨打，亦猶李羣玉歎梅花之既"無人"看，而又被"雪打"。皆加倍寫法。

尚有詠月一詞頭，專作此用。白居易《集賢池答侍中問》："主人晚入皇城宿，問客徘徊'何所須？'池月幸閒無用處，今宵能借客游無？"《太平廣記》卷三二六《沈警》（出《異聞錄》）過張女郎廟詩一："命嘯無人嘯，含嬌何處嬌？徘徊花上月，空度可憐宵！"二："靡靡春風至，微微春露輕，可惜關山月，還成無用明！"（亦

見曾慥《類説》卷二八引陳翰《異聞集》載《感異記》）。杜安世
《浪淘沙》："佳人何處獨盈盈？可惜一天無用月，照空爲誰明"；史
達祖《臨江仙》："莫教無用月，來照可憐宵"；張炎《念奴嬌》：
"留得一方無用月，隱隱山陽聞笛"；《江湖後集》卷三周端臣《古
斷腸曲》："惆悵一窗無用月，爲誰涼夜曬梧桐"；蔣春霖《水雲樓
賸稿·東臺雜詩》："祇今花寂寞，來伴月黃昏"，暗用沈謦兩詩，
正如史達祖明用之也。山水花月皆無情之物，而閒置幽閉，有窮
士怨女之恨，即掃撦李賀詩"無情有恨"四字，略事陳意可矣。
西方賦詠，如云："圓月中天，流光轉影，物象得烘托而愈娛目，
然了無人見，平白地唐捐耳"（now reigns/Full-orb'd the moon,
and，with more pleasing sight，/Shadowy sets off the face of
things — in vain，/If none regard）①。或云："荒漠中獨樹亭亭
（Der einzige，der dort gedieh），菁英所滙，結成嘉果（eine
Frucht voll Saft），而人踪不至，此樹一若未生果者"（Es zieht
kein Wanderer daher，/Und für ihn selbst ist sie nicht da）②。或
云："冷僻無人處，花快快然吐幽香"（Mainte fleur épanche à
regret/Son parfum doux comme secret/Dans les solitudes pro-
fondes）③。或云："石上草間，小花孤表，芳香待人聞，而曾無

① *Paradise Lost*，V，41 ff.

② Hebbel："Der Baum in der *Wüste*"，*Werke*，hrsg，Th. Poppe，I，92.

③ Baudelaire："Le Guignon"，*Oeuvres complètes*，"Bib. de la Pléiade"，92.
Cf. E. Waller："To a lovely Rose"："That hadst thou sprung/In deserts where no men
abide，/Thou must have uncommended died"；Pope，*The Rape of the Lock*，IV. 158：
"Like roses that in deserts bloom and die"；Gray："Elegy"："Full many a flower is
born to blush unseen，/And waste its sweetness on the desert air"（A. Gide，*Journal*，
30 Oct. 1934，"Bib. de la Pléiade"，1420："Ces vers trahissent un anthropocentrisme
sournois d'une charmante naïveté"，etc.）.

覩者"（Cette petite fleur que personne n'a jamais vue et qui, sur
ce rocher, dans une touffe d'herbe, attend d'être respirée）①。或
致友書云："事物之未得人垂注者，是處皆有（And the World is
full of things and events, phenomena of all sorts, that go without
notice, go unwitnessed），君獨善於領略"，因舉此友詩："遠海哀
呻不息，風林凄吟莫和，遥空白雲飛度，亦無仰望而目送者"
（What, if the sea far off, /Do make its endless moan; /What, if
the forest free/Do wail alone; /And the white clouds soar/Un-
traced in heaven from the horizon shore?）②。長言永歎，無過一
女詩人，其篇名《胡爲此枉費?》，列舉海濱一貝噫風而唱；荒墟
芙蓉吐蕊，孤花無侶（A lily budding in a desert place, /Blooming
alone/With no companion/To praise its perfect perfume and
grace）；玫瑰紅艷於棘叢中，不容嚮邇；細泉涓涓豐草間，僅解
林禽松鼠之渴；深林挺生大橡樹，祇供鼯狌作家；雲雀凌霄，引
吭清歌，偶聞者唯飛逐之他鳥（The fullest merriest note/For
which the skylark strains his silver throat, /Heard only in the
sky/By other birds that fitfully/Chase one another as they fly）；
美李熟落委地，無行人拾食（The ripest plum down-tumbled to
the ground, /... /But by no thirsty traveller found）；諸如此類，
"何苦於無人處浪抛善物乎!"（What waste/Of good, where no
man dwells!）③。其寫無益擲虛牝之旨，洵可謂博依者歟!

---

① Renard, *Journal*, NRF, 169.

② C. C. Abbott., ed., *The Correspondence of G. M. Hopkins and R. W. Dix-
on*, 7（Dixon: "Sympathy: an Ode"）.

③ Christina Rossetti: "To What Purpose is this Waste?" *Poetical Works*, ed. W.
M. Rossetti, 305.

尚有一意境，近似而易亂者。水聲山色，鳥語花香，胥出乎本然，自行其素，既無與人事，亦不求人知。《隋唐嘉話》記隋煬帝所妬羨之王胄斷句："庭草無人隨意綠"，即是一例。馬令《南唐書·女憲傳》"後主……又嘗與〔昭惠周〕后移植梅花於瑤光殿之西，及花時而后已殂，因成詩見意，……云：'失却烟花主，東君自不知；清香更何用，猶發去年枝！'此足以見光景於人無情，而人於景物不可認而有之也"；足申此意。他如岑參《山房即事》："庭樹不知人去盡，春來還發舊時花"；杜甫《滕王亭子》："古牆猶竹色，虛閣自松聲"，又《過故斛斯校書莊》："斷橋無復板，臥柳自生枝"；劉禹錫《石頭城》："山圍故國周遭在，潮打空城寂寞回，淮水東邊舊時月，夜深還過女牆來"，又《西塞山懷古》："人世幾回傷往事，山形依舊枕寒流"；包佶《再過金陵》："江山不管興亡事，一任斜陽伴客愁"；李賀《經沙苑》："無人柳自春"；崔護《題城南》："人面不知何處去，桃花依舊笑春風"；陳師道《妾薄命》："葉落風不起，山空花自紅"；賀鑄《登戲馬臺》："不管興亡城下水，穩浮漁艇入淮天"；陸游《楚城》："一千五百年間事，只有灘聲似舊時"；彭而述《筇竹寺》之四："六詔彫殘舊戰場，青山無恙一松長，王孫老去仁祠在，頗耐興亡是夕陽"（《讀史亭詩集》卷一六；鄧孝威《天下名家詩觀》初集卷四選此詩，"祠"上一字缺作方孔，《晚晴簃詩匯》卷二三亦選之，作"荒祠"，疑未見本集而臆補）。西方詩人亦云："玫瑰無所為而為，作花即作花耳，不問亦不計人之得見與否也"（Die Ros ist ohn warum；sie blühet，weil sie blühet，/Sie acht'nicht ihrer selbst，fragt nicht，ob man sie siehet）[1]。或云："巉巖之脊，磽瘠無膏潤，不

---

① Daniel von Czepko："Ohne Warum"，M. Wehrli，*Deutsche Barocklyrik*，3. Aufl.，175.

宜卉植，金雀花獨吐蕊播馨，孤芳自得於荒涼寂寞之所"（tuoi cespi solitari intorno spargi，╱odorata ginestra，╱contenta dei deserti）[1]。

【增訂三】金雀花"於荒漠中吐葩自得"（contenta dei deserti），語意可參十九世紀德國詩人莫里克（Eduard Mörike）《賦燈》（"Auf eine Lampe"）名篇所謂："物之美者，發光自得"（Was aber schön is，selig scheint es in ihm selbst），而無待人之着眼分明。論師於此句詮説引申，以爲談藝之微言妙諦焉（E. Staiger, *Die Kunst der Interpretation*，3. Aufl.，35-7 "Ein Briefwechsel mit Martin Heidegger"）。夫花之"自得"（contenta）與燈之"自得"（selig），雖天然與人巧有殊，亦不無可觸類而通者。

或託爲野花（eine Feldblume）答人惜其無賞玩者云："汝真笨伯！汝以吾舒香弄色爲博人知賞耶？吾聊以自娱爾"（du Thor! meinst du，ich blühe，um gesehen zu werden. Meiner und nicht der Andern wegen blühe ich，blühe，weil's mir gefällt：darin，dass ich blühe und bin，besteht meine Freude und meine Lust）[2]。竊謂張九齡《感遇》："欣欣此生意，自爾爲佳節；……草木有本心，何求美人折？"或彭兆蓀《近日刊詩集者紛紛，漫題四詩於

---

[1]　Leopardi："La Ginestra o il Fiore del Deserto"，*Opere*，Riccardo Ricciardi，I，153. Cf. Mallarmé，*Herodiade*，II："Nourrice：'Triste fleur qui croît seule et n'a pas d'autre émoi╱Que son ombre dans l'eau vue avec atonie…'Herodiade：'Oui，c'est pour moi，pour moi que je fleuris déserte'"，*Oeuv. comp*，"la Pléiade"，46-7.

[2]　Schopenhauer，*Parerga*，Kap. XXXI，§388，*Sämtl. Werk.*，hrsg. P. Deussen，V，714.

後》："我似流鶯隨意囀，花前不管有人聽"（《小謨觴館詩集》卷七），不妨斷章，借申斯意。若夫杜、劉、包、賀、陸、彭諸作，兼感存歿興亡，則周亮工《尺牘新鈔》卷四卓發之《與丁叔潛》所謂："重過舊館，人地都非，昔人云：'聲無哀樂'，此地亦當無哀樂耳！"風月、草木，與江山可連類焉。

杜甫《宿府》："永夜角聲悲自語，中天月色好誰看！"，又《蜀相》："映階碧草自春色，隔葉黃鸝空好音"；兩聯出句即"不管有人聽"、"自爾爲佳節"也，而對句之"空好"、爲"誰"好，又即孔稚珪《移文》所致慨也。兩意各以七字分詠，得以聚合映射於一聯之中，此亦讀杜之心解也。

【增訂四】葛立方《韻語陽秋》卷一論杜詩多用一"自"字，如"村村自花柳"、"寒城菊自花"、"故園花自發"、"風月自清夜"、"虛閣自松聲"，謂其意"言人情對景自有悲喜，而初不能累無情之物也"。亦頗有悟入，未圓徹耳。

韓愈《送石洪處士》："長把種樹書，人云'避世士'；忽騎將軍馬，自號'報恩子'。風雲入壯懷，泉石別幽耳"；嘲隱遯不終，與稚珪斯文無異。然韓詩"風雲"指出仕而"泉石"指退隱，孔文"風雲悽其帶憤，石泉咽而下愴"，則"風雲"、"石泉"同謂隱居。斯又王安石所云"文同不害意異"之例耳。

一八九　全齊文卷二五

　　謝赫《古畫品》。按論古繪畫者，無不援據此篇首節之"畫有六法"。然皆謬采虛聲，例行故事，似乏真切知見，故不究文理，破句失讀，積世相承，莫之或省。論古詩文評者，復一曲自好，未嘗鑿壁借明，乞鄰求醯，幾置"六法"於六合之外，眉睫邈隔山河，肝膽反成胡越。蓋重視者昧其文，漠視者忽其旨，則謂謝赫此篇若存若亡，未爲過爾。

　　"六法者何？一、氣韻，生動是也；二、骨法，用筆是也；三、應物，象形是也；四、隨類，賦彩是也；五、經營，位置是也；六、傳移，模寫是也"。按當作如此句讀標點。唐張彦遠《歷代名畫記》卷一漫引"謝赫云"："一曰氣韻生動，二曰骨法用筆，三曰應物象形，四曰隨類賦彩，五曰經營位置，六曰傳模移寫"；遂復流傳不改。名家專著，破句相循，游戲之作，若明周憲王《誠齋樂府·喬斷鬼》中徐行講"畫有六法、三品、六要"，沿誤更不待言。脫如彦遠所讀，每"法"胥以四字儷屬而成一詞，則"是也"豈須六見乎？祇在"傳移模寫"下一之已足矣。文理不通，固無止境，當有人以爲四字一詞、未妨各系"是也"，然觀謝赫詞致，尚不至荒謬乃爾也。且一、三、四、五、

六諸"法"尚可牽合四字，二之"骨法用筆"四字截搭，則如老
米煮飯，捏不成糰。蓋"氣韻"、"骨法"、"隨類"、"傳移"四者
皆頗費解，"應物"、"經營"二者易解而苦浮泛，故一一以淺近
切事之詞釋之。各系"是也"，猶曰："'氣韻'即是生動，'骨
法'即是用筆，'應物'即是象形"等耳。

【增訂三】"四、隨類，賦彩是也。"詞意可參觀《文心雕龍·
物色》："寫氣圖貌，既隨物以宛轉；屬彩附聲，亦與心而徘
徊"，又"體物爲妙，功在密附"（參觀《明詩》："婉轉附物"）。
文章、繪畫，狀物求肖，殊事同揆。"隨"、從也，如"追隨"
之"隨"，猶今語"跟緊"、"貼緊"，即"附"、"密附"。"類"、
似也，像也，即《全後漢文》卷六九蔡邕《筆賦》"象類多喻，
靡施不協"之"類"。"隨類"如《歷代名畫記》卷二《論顧、
陸、張、吳用筆》所謂"謹於象似"，或《圖畫見聞志》卷二
論袁蒨所謂"謹密形似"。"賦彩"即着色，乃六朝、唐人論畫
習語，如《全陳文》卷一二姚最《續畫品·下品》稱稽寶鈞
"賦彩鮮麗"，《歷代名畫記》卷五末亦云"範金賦彩"。後世易
"賦"爲"傳"，如《圖畫見聞志》卷二稱孫遇"不以傳彩爲
工"，杜子瓌"尤精傳彩"，滕昌祐"傳彩鮮澤"。亦謂之"布
色"，漢人語已然，見《論語·八佾》"繪事後素"句鄭玄註。
《西京雜記》卷二稱陽望、樊育"尤善布色"；劉宋譯《楞伽
經·一切佛語心品》第一之一："譬如工畫師，及與畫弟子，
布彩圖衆形"；《歷代名畫記》卷一〇稱韓嶷"善布色"、陳庶
"尤善布色"；《圖畫見聞志》卷二稱張騰"描作布色，頗極其
妙"，楊元真"尤精布色"。蓋"六法"之"三"祇是素描形
狀，"四"則求與所繪之物逼肖、"密似"（"隨類"），乃進而着

色。白描受采，形狀之上，更添色澤，"描作"之不足，復從而"布色"，庶乎窮形極相。全祖望釋"繪事後素"爲"繪事後於素"，先有"素地"而後"加諸采"（《經史問答》卷六，參觀《鐵橋漫稿》卷四《對陳氏、沈氏問》，又《俞樓雜纂》卷一五《論語古註擇從》）；竊謂倘易"素地"爲"素描"，便可移申謝、劉之旨矣。"五、經營，位置是也"，可參觀《歷代名畫記》卷九稱范長壽："至於位置，不煩經略。"

【增訂四】《全宋文》卷一九王微《報何偃書》："又性知畫繪，……一往迹求，皆仿像也"；"迹求"猶云"蹤追"，即"隨"是也，而"仿像"即"類"也。袁枚《小倉山房文集》卷五《吳省曾墓誌》："善貌人。……隨其老少，聲欬宛然。用筆如勇將追敵，不獲不休"；曰"隨"、而復曰："追"，合之"迹求"，謝赫所謂"隨類"，遂爾了然。《全宋文》卷二〇宗炳《畫山水序》："於是畫象布色，構兹雲嶺。……以形寫形，以色寫色也"；以"畫象"之"寫形"與"布色"之"寫色"分別序次而言，尤足詮謝赫之以"象形"居三而"賦彩"位四也。

謝赫反復言"氣韻"、"氣"、"韻"，而《第一品》評張墨、荀勗曰："風範氣候，極妙參神，但取精靈，遺其骨法"，《第二品》評顧駿之曰："神韻氣力，不逮前賢"，《第五品》評晉明帝曰："雖略於形色，頗得神氣"，是"神韻"與"氣韻"同指。談藝之拈"神韻"，實自赫始；品畫言"神韻"，蓋遠在説詩之先。陸機《文賦》："收百世之闕文，採千載之遺韻"，"韻"與"文"互文一意，謂殘缺不全與遺留猶在之詩文，乃指篇章，非指風格也。王士禎《蠶尾集》卷七《芝廛集序》論"南宗畫"之"理"而申言曰："雖然，非獨畫也，古今風騷流別之道，固不越此"，却未識“風騷之道”早著於“畫理”，嚴羽所倡神韻不啻自謝赫傳移而光大之。翁方綱《復初齋文集》卷八《神韻論》如缺齒咬螯、鈍錐鑽木，且渠儂自命學人而精鑑書畫，亦竟不能會通以溯源於謝赫。近賢著述，倘有表微補缺者歟？余寡陋未之覯也。

謝赫以“生動”釋“氣韻”，又《第六品》評丁光曰：“非不精謹，乏於生氣”；《全陳文》卷一二姚最《續畫品》評赫自作畫曰：“寫貌人物，……意在切似。……至於氣韻精靈，未極生動之致。”則“氣韻”匪他，即圖中人物栩栩如活之狀耳。所謂頰上添毫，“如有神明”（《世説·巧藝》），眼中點睛，“便欲言語”（《太平御覽》卷七〇二又七五〇引《俗説》）；謝赫、姚最曰“精靈”，顧愷之曰“神明”，此物此志也。古希臘談藝，評泊雕刻繪畫，最重“活力”或“生氣”（enargeia）①，可以騎驛通郵。舊見西人譯“六法”，悠謬如夢囈醉囈，譯此法爲“具節奏之生命力”（rhythmic vitality）者有之，爲“心靈調和因而産生生命之活動”（la consonance de l'esprit engendre le mouvement de la vie）者有之，爲“生命活動中心靈之運爲或交響”（operation or revolution，or concord or reverberation，of the spirit in life movement）者有之，爲“精神之聲響或生力之震盪與生命之運動”（Spirit Resonance，or Vibration of Vitality，and Life Movement）者有之②；其遵奉吾國傳訛，以兩語截搭，不宜深責也，

---

① Jean H. Hagstrum，*The Sister Arts*，11-2.

② L. Giles，*Introduction to the History of Chinese Pictorial Art*，24；R. Petrucci，*La Philosophie de la Nature dans l'Art d'Extrême-Orient*，89；A. K. Coomaraswamy，*The Transformation of Nature in Art*，20；O. Sirén，*The Chinese on the Art of Painting*，19.

其强飾不解以爲玄解，亦不足怪也，若其覩燈而不悟是火，數典忘祖，則誠堪憫噱矣。"六、傳移，模寫是也"；又《第五品》評劉紹祖："善於傳寫，不閑其思。……號曰'移畫'，然述而不作，非畫所先。"蓋劉臨仿名跡以成摹本（copying），原屬畫師慣事。譯者亦作離奇解會，鑿淺成晦，有如此者。

　　謝赫之世，山水詩已勃興，而畫中苦乏陶、謝之倫，迫使顧、陸輩却步；山水畫方滋，却尚不足與人物畫争衡，非若唐後之由附庸而進爲宗主也（參觀論《全後漢文》仲長統《昌言》）。赫所品之畫，有龍，有蟬雀，有神鬼，有馬，有鼠，尤重"象人"；故謝肇淛《五雜俎》卷七評"六法"曰："此數者何嘗一語道得畫中三昧？不過爲繪人物、花鳥者道耳。"龍、馬、雀、鼠、蟬同於人之具"生"命而能"動"作，神、鬼則直現人相而加變怪①。《世説・排調》："桓豹奴是王丹陽外甥，形似其舅，桓甚諱之。宣武曰：'不恒相似，時相似耳；恒似是形，時似是神'"；《全晉文》卷二九王坦之《答謝安書》："人之體韻猶器之方圓"，其書與謝安來書均載《晉書》坦之本傳，論立身行己者。"形"即"體"，"神"即"韻"，猶言狀貌與風度；"氣韻"、"神韻"即"韻"之足文申意，胥施於人身。如《全宋文》卷一〇順帝《詔諡王敬弘》："神韻沖簡，識宇標峻"；《世説・任誕》："阮渾長成，風氣韻度似父"；《金樓子・后妃》記宣修容相静惠王云："行步向前，氣韻殊下"，又《雜記》上記孔翁歸"好飲酒，氣韻標達"。赫取風鑑真人之語，推以目畫中之人貌以至物象，猶恐讀者不解，從而説明曰："生動是也。"杜甫《丹青引》："褒公鄂

_____
①　Cf. Kant，*Anthropologie*，§ 32，*Werke*，hrsg. E. Cassirer，VIII. 65.

公毛髮動，英姿颯爽來酣戰”，正赫所謂“氣韻”矣。赫謂六法
“惟陸探微、衛協備該之矣”，又稱衛協“六法之中，殆爲兼善”，
而唐朱景元《唐朝名畫録‧敍》云：“夫畫者以人物居先，禽獸
次之，山水次之，樓殿屋木次之。……以人物禽獸，移生動質，
變態不窮，……故陸探微畫人物極其妙絶，至於山水草木，粗成
而已。”故知赫推陸、衛，着眼祇在人物，山水草木，匪所思存，
“氣韻”僅以品人物畫。張彥遠《歷代名畫記》卷一“試論”六
法，更爲明白，有云：“至於臺閣樹石車輿器物，無生動之可擬，
無氣韻之可侔。……顧愷之曰：‘畫人最難，次山水，次狗馬，
其臺閣一定器耳，差易爲也’；斯言得之。……鬼神人物有生動
之可狀，須神韻而後全，若氣韻不周，空陳形似，謂非妙
也。……今之畫人，粗善寫貌，得其形似，則無其氣韻，具其彩
色，則失其筆法。”張引顧愷之語，足微晉、宋風尚，赫之品畫，
正合時趨。其以“生動”與“氣韻”對稱互文、“神韻”與“氣
韻”通爲一談，亦堪佐證吾説。論“彩色”與“筆法”得此失
彼，即赫所言二、四兩法之勝解，似《文心雕龍‧風骨》之以
“骨”“彩”對照；五代以後畫花鳥者不用墨筆鈎勒而逕施彩色，
謂之“没骨法”者以此。“骨法”之“骨”，非僅指畫中人像之骨
相，亦隱比畫圖之構成於人物之形體。畫之有“筆”猶體之有
“骨”，則不特比畫像於真人，抑且逕視畫法如人之賦形也（參觀
《全晉文》論王羲之《書論》）。山水畫後來居上，奪人物畫之席，
郭若虛《圖畫聞見志》卷一所謂“若論人物，則近不及古，若論
山水，則古不及近”；優劣之等差，亦寓盛衰之遞代。於是“氣
韻”非復人物畫所得而專矣。如荆浩《筆法記》一名《山水畫
録》即云：“夫畫有六要：一曰氣，二曰韻”，又曰：“凡筆有四

勢，謂筋、肉、骨、氣"；韓拙《山水純全論》中《觀畫別識》及《林木》兩節曾分別闡釋之（二文皆見《佩文齋書畫譜》卷一三）。蓋初以品人物，繼乃類推以品人物畫，終則擴而充之，并以品山水畫焉。風扇波靡，詩品與畫品歸於一律。然二者顧名按跡，若先後影響，而析理探本，正復同出心源。詩文評所謂"神韻説"匪僅依傍繪畫之品目而立文章之品目，實亦逕視詩文若活潑剌之人。蓋吾人觀物，有二結習：一、以無生者作有生看（animism），二、以非人作人看（anthromorphism）。鑑畫衡文，道一以貫。圖畫得具筋骨氣韻，詩文何獨不可。《抱朴子》外篇《辭義》已云："妍而無據，證援不給，皮膚鮮澤而骨髓迥弱"；《顏氏家訓·文章》亦云："文章當以理致爲心腎，氣調爲筋骨，事義爲皮膚，華麗爲冠冕。"既賦以形骸，則進而言其"氣韻"、"神韻"，舉足即至，自然之勢。故《顏氏家訓·名實》記一士族，"天才鈍拙"，東萊王韓晉明設讌面試，"辭人滿席，屬音賦韻，命筆爲詩；彼造次即成，了非向韻"；"賦韻"之"韻"，韻節、韻脚之"韻"也，而"向韻"之"韻"，則"氣韻"、"風韻"之"韻"矣。

　　【增訂四】《全梁文》卷四梁武帝《贈蕭子顯詔》："神韻峻舉"，尚是風鑑語；卷一一簡文帝《勸醫論》："又若爲詩，……麗詞方吐，逸韻乃生"，則是評文語矣。

《梁書·文學傳》下沈約稱劉杳二《贊》云："詞采妍富，事義畢舉，句韻之間，光影相照"；《贊》爲押韻之文，"句韻"猶"賦韻"。《文賦》之"遺韻"乃"賦韻"、"句韻"之"韻"，非"向韻"之"韻"也。李廌《濟南集》卷八《答趙士舞德茂宣義論弘詞書》："凡文之不可無者有四：一曰體，二曰志，三曰氣，四曰韻。……文章之無體，譬之無耳目口鼻，不能成人。文章之無志，譬之雖有耳目口鼻，而不知視聽臭味之所能，若土木偶人，形質皆具而無所用之。文章之無氣，雖知視聽臭味，而血氣不充於内，手足不衛於外，若奄奄病人，支離憔悴，生意消削。文章之無韻，譬之壯夫，其軀幹枵然，骨强氣盛，而神色昏瞢，言動凡濁，則庸俗鄙人而已。"（參觀王鐸《擬山園初集》第二四册《文丹》："文有神、有魂、有魄、有竅、有脈、有筋、有腠理、有骨、有髓"；又徐枋《居易堂集》卷一《與楊明遠書》、齋藤謙《拙堂文話》卷七《文譬之人身》條。）觀此可識談藝僅道"韻"者，意中亦有生人之容止風度在，無異乎言"神韻"、"氣韻"也。歌德小説中男角二人告女角曰："人最顧影自憐，隨處觸目，莫不如對鏡而照見己身焉"（aber der Mensch ist ein wahrer Narzis；er bespiegelt sich überall gern selbst）；故其觀動植兩類、地火水風四大等，皆肖己之心性氣質[1]。斯言也，不特格物爲爾，談藝亦復如是，"氣韻"、"神韻"即出於賞析時之鏡中人自相許矣。

畫品文評先後同標"神韻"，將無如周人、鄭人之同言"璞"而一以名玉、一以名鼠耶？嘗觀謝赫以至嚴羽之書，雖藝別專門，見有深淺，粗言細語，盍各不同，然名既相如而復實頗相如者，固可得而言也。謝赫評晉明帝："雖略於形色，頗得神氣"；評丁光："非不精謹，乏於生氣"；評顧駿之："神韻氣力，不逮前賢，精微謹細，有過往哲"；評張墨、荀勖曰："風範氣候，極妙參神。……若拘以體物，則未見精粹，若取之象外，方厭膏腴，可謂微妙也。"荆浩、韓拙論山水："韻者，隱露立形，備意不俗"；謂不盡畫出，而以顯豁呈"露"與"隱"約蔽虧，錯綜

---

① *Die Verwandtschaften*，I. iv，*Sämtliche Werke*，"Tempel-Klassiker"，X，36.

立形，烘托備意(concealment yet revelation)，

【增訂四】韓拙論畫山水："韻者，隱露立形"，蓋謂"露"於
筆墨之中者與"隱"在筆墨之外者，參互而成畫境。余原以英
語"concealment yet revelation"闡之，顧更端言"revela-
tion as well as concealment"，亦無不可。郭熙《林泉高致·
山水訓》曰："山欲高。盡出之，則不高；烟霞鎖其腰，則高
矣。水欲遠。盡出之，則不遠；掩映斷其脈，則遠矣。"嘗歎
茲言，足爲韓拙語申意。"出"即"露"，而"鎖"與"斷"即
"隱"矣。參觀《談藝錄》(補訂本)第八八則"魏爾蘭"條補
訂。當代德國哲學家謂呈露而亦隱匿乃真理所具之性德(The
nature of truth, that is of unconcealedness, is dominated
throughout by a denial.... denial in the manner of conceal-
ment belongs to unconcealedness as clearing. —Heidegger:
"The Origin of the Work of Art", in *Poetry*, *Language*,
Thought, tr. by A. Hofstadter, 1971, pp. 54-5)，法國新
文論師謂"亦見亦隱"之境界，如衣裳微開略露之人體，最能
動情(L'endroit le plus érotique d'un corps n'est-il pas là où
le vêtement bâille?... la mise en scène d'une apparition-dis-
parition. —Roland Barthes, *Le Plaisir du texte*, 1973, p.
19)。韓拙此語，向來説者不得其解，至疑文有脱誤，初不意
渠儂論小藝而可通於大道也。

可參司空圖《詩品·形容》："離形得似"，陳與義《墨梅》："意
足不求顏色似。"司空圖《與李生論詩書》："近而不浮，遠而不
盡，然後可以言韻外之致"，又《與極浦書》："象外之象，景外
之景，豈容易可談哉?"又《詩品·雄渾》："超以象外，得其環

中。"李廌云:"如登培塿之邱,以觀崇山峻嶺之秀色;涉潢汙之澤,以觀寒溪澄潭之清流;如朱絃之有餘音、太羹之有遺味者,韻也";"登培塿"、"涉潢汙"兩喻,可參《與極浦書》:"可望而不可置於眉睫之間也",又《詩品‧超詣》:"遠引若至,臨之已非。"嚴羽《滄浪詩話》稱"詩之有神韻者":"如水中之月,鏡中之象,言有盡而意無窮";可參姜夔《詩話》:"語貴含蓄,句中有餘味,篇中有餘意,善之善者也。東坡云:'言有盡而意無窮,天下之至言也。'"綜會諸説,刊華落實,則是:畫之寫景物,不尚工細,詩之道情事,不貴詳盡,皆須留有餘地,耐人玩味,俾由其所寫之景物而冥觀未寫之景物,據其所道之情事而默識未道之情事。取之象外,得於言表(to overhear the under-stood),"韻"之謂也。曰"取之象外",曰"略於形色",曰"隱",曰"含蓄",曰"景外之景",曰"餘音異味",説豎説橫,百慮一致。明初沈顥《畫麈》倡"禪與畫俱有南北宗"之論,"創作《十筆圖》",惟騖"高簡",芟繁密以求深永,"味外取味";其於謝赫不啻嚴羽之於司空圖矣。

【增訂三】清畫人盛大士《谿山臥游錄》卷一論畫"四難",有曰:"筆少畫多,境顯意深",足以箋荆浩、韓拙、沈顥輩言山水畫之"韻"與"禪"矣。

宋人言"詩禪",明人言"畫禪",課虛叩寂,張皇幽眇。苟去其緣飾,則"神韻"不外乎情事有不落言詮者,景物有不着痕跡者,祇隱約於紙上,俾揣摩於心中。以不畫出、不説出示畫不出、説不出(to evoke the inexpressible by the unexpressed),猶"禪"之有"機"而待"參"然。故取象如遥眺而非逼視,用筆寧疏略而毋細密;司空圖《詩品‧含蓄》:"不著一字,盡得風流”；《沖淡》：“遇之匪深，即之已稀，脱有形似，握手已違”；
《縝密》：“是有真跡，如不可知，語不欲犯，思不欲痴”；《飄
逸》：“如不可執，如將有聞，識者有領，期之愈分”；反復指説，
殆類西方十七世紀談藝盛稱之“不可名言”（je ne sais quoi）
矣①。因隱示深，由簡致遠，固修詞之舊訣常談。古印度説詩，
亦有主“韻”（dhvani，sound，echo，tone）一派，“韻”者，微
示意蘊（Vyangya，suggested sense），詩之“神”髓，於是乎在
（Dhvani is definitely posed as the“soul”or essence of poetry）②。
西方古師教作文謂幽晦隱約則多姿致，質直明了則乏趣味（Even
obscurity often produces force，since what is distantly hinted is
forcible，while what is plainly stated is held cheap）③。後世名家
如狄德羅謂曉達不足感人，詩家當鶩隱昧（La clarté ne vaut rien
pour émouvoir. Poètes，soyez ténébreux）④；儒貝爾謂文帶晦方
工，蓋物之美者示人以美而不以美盡示於人（Il serait singulier
que le style ne fût beau que lorsqu'il a quelque obscurité，c'est-à-
dire quelques nuages. Il est certain que le beau a toujours à la fois
quelque beauté visible et quelque beauté cachée）⑤。利奧巴迪反

---

①　J. Brody，*Boileau and Longinus*，54-6；Giulio Natali，*Fronde sparte*，39-
55. Cf. Le P. Bouhours，*Entretiens d'Ariste et d'Eugène*，V，Armand Colin，145（le je
ne sçay quoy comme ces beautéz couvertes d'un voile）.

②　S. K. De，*Studies in the History of Sanskrit Poetics*，Lucas，II，191，199；
Cf. De，*Sanskrit Poetics as a Study of Aesthetics*，8.

③　Demetrius，*On Style*，V.254，“Loeb”，457.

④　Diderot：“Salon de 1767”，*Oeuv. comp.*，éd. Assézat et Tourneux，XI，
147. Cf. Burke，*Inquiry into the Sublime and the Beautiful*，ed. J. T. Boulton，60-2.

⑤　Joubert，*Pensées*，XXI.32. Cf. Montaigne，*Essais*，III.5，“la Pléiade”，846.

復言詩宜朦朧靉靆，難捉摸，不固必，語無滯着則意無窮盡
（idee e pensieri vaghi e indefiniti；confonde l'indefinito coll'in-
finito；una picolissima *idea confusa* è sempre maggiore di una
grandissima，affatto *chiara*），渾淪惚恍，隱然而不皎然，讀者想
像綽然盤旋（il lasciar molto alla fantasia ed al cuore del lettore；
descrivendo con pochi colpi e mostrando poche parti dell'og-
getto，lasciavano l'immaginazione errare nel vago；sono poetis-
sme e piacevoli，perché destano idee vaste，e indefinite；è pi-
acevole per il vago dell' idea）[1]。叔本華云："作文妙處在説而不
説，正合希臘古詩人所謂'半多於全'之理。切忌説盡，法國詩
人所謂'詳盡乃使人厭倦之秘訣'"（Immer noch besser，etwas
Gutes wegzulassen，als etwas Nichtssagendes hinzulassen Hier
findet das Hesiodische *pléon èmisu pantós*. Ueberhaupt nicht
Alles sagen：*le secret pour être ennuyeux，c'est de tout dire*）[2]；
希臘詩句即希西奧特（Hesiod）《工作與時日》（Works and Days）
第四〇行，法國詩句見伏爾泰《詠人》（Sur l'Homme）第六首。

　【增訂四】參觀《七級集》《中國詩與中國畫》第三節引休謨
　説。叔本華所引伏爾泰句當作"Le secret d'ennuyer est celui
　de tout dire."席勒嘗謂："世人推工於語言者爲大家，吾則以

───────────

　①　Leopardi，*Zibaldone*，Mondadori，I，105，382，971；I，86，126，1145，II，
1128.

　②　Schopenhauer，*Parerga und Paralipomena*，Kap. 13，§ 283，*Sämtliche Wer-
ke*，hrsg. P. Deussen，V，570. Cf. *Die Welt als Wille und Vorstellung*，Ergänzungen，
Kap. 34："Ganz befriedigt durch den Eindruck eines Kunstwerks sind wir nur dann，wann
er etwas hinterlässt，das wir，bei allem Nachdenken darüber，nicht bis zur Deutlichkeit
eines Begriffs horabziehen Können."

爲工於不言者乃文章宗匠"（Indem anderen Meister erkennt man an dem，was er ausspricht，/Was er weise verschweight，zeigt mir den Meister des Stils. —Schiller，*Votivtafeln*，No. 49，*Werke*，ed. L. Bellermann，Vol. I，p. 184）。

愛倫·坡與馬拉梅所主張，流傳尤廣，當世一論師説之曰："使人起神藏鬼秘之感，言中未見之物彷彿匿形於言外，即實寓虛，以無爲有，若隱而未宣，乃宛然如在"（si l'on produit un effet de mystère，un sens de non-révélé，cela tiendra lieu des contenus mêmes qui manquent. L'absence d'un contenu se traduira dans la présomption d'un contenu. Le sens du caché peut bien traduire une absence en une présence）[1]。《全三國文》卷五三伏義《與阮嗣宗書》所譏 "閉虛門以示不測者"，幾可以斷章借喻。論詩文爾許語與謝赫、荆浩、沈顥輩論畫 "取之象外"、"隱露立形"、"愈簡愈入深永"，不介自親焉，參觀《太平廣記》卷論卷二一三《張萱》。

　　吾國首拈 "韻" 以通論書畫詩文者，北宋范溫其人也。溫著《潛溪詩眼》，今已久佚。宋人談藝書中偶然徵引，皆識小語瑣，惟《永樂大典》卷八〇七《詩》字下所引一則，因書畫之 "韻" 推及詩文之 "韻"，洋洋千數百言，匪特爲 "神韻説" 之弘綱要領，抑且爲由畫 "韻" 而及詩 "韻" 之轉捩進階。

　　【增訂三】北宋末俗語稱人之姿色，物之格製，每曰 "韻"，以示其美好。此與范溫以 "韻" 品目詩文書畫，時近意合，消息

───────────

　　[1]　G. Morpurgo-Tagliabue，*L'Esthétique contemporaine*：*Une Enquête*，tr. Marcelle Bourrette Serre，499.

相通。《説郛》卷四四章淵《稿簡贅筆》引王安石譏韓愈《大行皇后挽歌》詞句"近乎黷也",因曰:"王黼奉勅撰《明節和仁貴妃墓志》云:'妃齒瑩潔,嘗珥絳,有標致,俗目之爲韻。'使荊公見之!當云何也!"周煇《清波雜志》卷六論王黼文曰:"宣和間,衣着曰'韻纈',果實曰'韻梅',詞曲曰'韻令'。"《三朝北盟會編·靖康中帙》七陳東"乞誅六賊"上書,中言梁師成謀立鄆王楷,有曰:"又見比年都城婦女,首飾衣服之上,多以'韻'字爲飾,甚至男女衣着幣帛,往往織成此字,皆是師成倡爲讖語,以撼國本"——蓋"韻"、"鄆"二字音同,足資附會也。

嚴羽必曾見之,後人迄無道者。《宋詩話輯佚》上册有《潛溪詩眼》一卷,蒐撷《漁隱叢話》等得廿八則,皆鱗爪之而也。當以《大典》此則補益之。故摘録較詳,稍廣其傳爾。"王俌〔稱〕定觀好論書畫,常誦山谷之言曰:'書畫以韻爲主。'予謂之曰:'夫書畫文章,蓋一理也。然而巧、吾知其爲巧,奇、吾知其爲奇;布置關〔?開〕闔,皆有法度;高妙古澹,亦可指陳。獨韻者,果何形貌耶?'定觀曰:'不俗之謂韻。'余曰:'夫俗者、惡之先,韻者、美之極。書畫之不俗,譬如人之不爲惡。自不爲惡至於聖賢,其間等級固多,則不俗之去韻也遠矣。'定觀曰:'瀟灑之謂韻。'予曰:'夫瀟灑者、清也,清乃一長,安得爲盡美之韻乎?'定觀曰:'古人謂氣韻生動,若吳生筆勢飛動,可以爲韻乎?'予曰:'夫生動者,是得其神;曰神則盡之,不必謂之韻也。'定觀曰:'如陸探微數筆作㞧猊,可以爲韻乎?'余曰:'夫數筆作㞧猊,是簡而窮其理;曰理則盡之,亦不必謂之韻也。'定觀請余發其端,乃告之曰:'有餘意之謂韻。'定觀曰:'余得之矣。蓋嘗聞之撞鐘，大聲已去，餘音復來，悠揚宛轉，聲外之音，其是之謂矣。’余曰：‘子得其梗概而未得其詳，且韻惡從生？’定觀又不能答。予曰：‘蓋生於有餘。請爲子畢其説。自三代秦漢，非聲不言韻；捨聲言韻，自晉人始；唐人言韻者，亦不多見，惟論書畫者頗及之。至近代先達，始推尊之以爲極致；凡事既盡其美，必有其韻，韻苟不勝，亦亡其美。夫立一言於千載之下，考諸載籍而不繆、出於百善而不愧，發明古人鬱塞之長，度越世間聞見之陋，其爲有〔？能〕包括衆妙、經緯萬善者矣。且以文章言之，有巧麗，有雄偉，有奇，有巧，有典，有富，有深，有穩，有清，有古。有此一者，則可以立於世而成名矣；然而一不備焉，不足以爲韻，衆善皆備而露才用長，亦不足以爲韻。必也備衆善而自韜晦，行於簡易閑澹之中，而有深遠無窮之味，……測之而益深，究之而益來，其是之謂矣。其次一長有餘，亦足以爲韻；故巧麗者發之於平澹，奇偉有餘者行之於簡易，如此之類是也。自《論語》、《六經》，可以曉其辭，不可以名其美，皆自然有韻。左丘明、司馬遷、班固之書，意多而語簡，行於平夷，不自矜衒，故韻自勝。自曹、劉、沈、謝、徐、庾諸人，割據一奇，臻於極致，盡發其美，無復餘蘊，皆難以韻與之。唯陶彭澤體兼衆妙，不露鋒鋩，故曰：質而實綺，癯而實腴，初若散緩不收，反覆觀之，乃得其奇處；夫綺而腴、與其奇處，韻之所從生，行乎質與癯而又若散緩不收者，韻於是乎成。……是以古今詩人，唯淵明最高，所謂出於有餘者如此。至於書之韻，二王獨尊。……夫惟曲盡法度，而妙在法度之外，其韻自遠。近時學高韻勝者，唯老坡；諸公尊前輩，故推蔡君謨爲本朝第一，其實山谷以謂不及坡也。坡之言曰：蘇子美兄弟大俊，非有餘，乃不足，使果有餘，則將收藏於内，必不如是盡發於外也；又曰：美而病韻如某人，勁而病韻如某人。……山谷書氣骨法度皆有可議，惟偏得《蘭亭》之韻。或曰子前所論韻，皆生於有餘，今不足而韻，又有説乎？蓋古人之學，各有所得，如禪宗之悟入也。山谷之悟入在韻，故闚［? 開］闢此妙，成一家之學，宜乎取捷徑而逕造也。如釋氏所謂一超直入如來地者，考其戒、定、神通，容有未至，而知見高妙，自有超然神會，冥然脗合者矣。……然所謂有餘之韻，豈獨文章哉，自聖賢出處古人功業，皆如是矣。……然則所謂韻者，亘古今，殆前賢秘惜不傳，而留以遺後之君子歟。'”融貫綜賅，不特嚴羽所不逮，即陸時雍、王士禎輩似難繼美也。

范氏以“一超入如來地”，喻黄庭堅書法之得“韻'，可合之《苕溪漁隱叢話》前集卷一九又《詩人玉屑》卷一五引《潛溪詩眼》“識文章當如禪家有悟門”一節、《漁隱叢話》前集卷五引《潛溪詩眼》“學者先以識爲主，禪家所謂‘正法眼藏’”一節，即嚴羽《滄浪詩話》之以禪喻詩。范氏以“韻”爲“極致”，即《滄浪詩話》：“詩之極致有一，曰入神。”范氏釋“韻”爲“聲外”之“餘音”遺響，足徵人物風貌與藝事風格之“韻”，本取譬於聲音之道，古印度品詩言“韻”，假喻正同。嘗覩儒貝爾論詩云：“每一字皆如琴上張絃，觸之能生回響，餘音波漫”（Dans le style poétique, chaque mot retentit comme le son d'une lyre bien montée, et laisse toujours après lui un grand nombre d'ondulations）①。讓·保羅論浪漫境界，舉荷馬史詩爲例，謂“琴籟鐘音，悠悠遠逝，而裊裊不

---

① Joubert, *Pensées*, Tit. XXI. 38.

絶，耳傾已息，心聆猶聞，即證此境”（man das Romantische des
wogende Aussummen einer Saite oder Glocke nennt，in welchem
die Tonwoge wie in immer ferneren Weiten verschwimmt und
endlich sich verliert in uns selber und，obwohl aussen schon still，
noch innen lautet）①；猶《全唐文》卷四五四李子卿《夜聞山寺
鐘賦》所云：“其稍絶也，小不窕兮細不緊，斷還連兮遠還近，
着迴風而欲散，值輕吹而更引。”

　　【增訂三】周賀《書實上人房》：“秋鐘韻盡遲”，以“盡遲”二
　　字寫鐘“韻”，甚精切。陸時雍《詩鏡總論》曰：“聲微而韻悠
　　然長逝者，聲之所不得留也。一擊而立盡者，瓦缶也。詩之饒
　　韻者，其鉦磬乎。”繪聲談藝，莫逆而笑矣。

司當達論畫云：“畫中遠景能引人入勝，若音樂然，喚起想象以
充補跡象之所未具。清晰之前景使人乍見而注視，然流連心目間
者乃若隱若現之空濛物色。大師哥來杰奧畫前景亦如遠眺蒼茫，
筆意不近雕刻而通於音樂”（La magie des lointains，cette partie
de la peinture qui attache les imaginations tendres. …Par là elle
se rapproche de la musique，elle engage l'imagination à finir ces
tableaux；et si，dans le premier abord，nous sommes plus frappés
par les figures du premier plan，c'est des objets dont les détails
sont à moitié cachés par l'air que nous nous souvenons avec le
plus de charme. Son〔Le Corrège〕art fut de peindre comme

---

　　① 　Jean Paul，*Vorschule der Aesthetik*，V. 22，*Werke*，Carl Hanser，V，88.
Cf. Gottfried Keller，*Der grüne Heinrich*，II. xii（der sehnsüchtige Reiz der
Glockentöne），*Sämtliche Werke*，Aufbau Verlag，IV，307-8.

dans le lointain mêmes les figures de premier plan...C'est de la musique, et ce n'est pas de la sculpture)[1]。三人以不盡之致比於"音樂"、"餘音"、"遠逝而不絕",與吾國及印度稱之爲"韻",真造車合轍、不孤有鄰者。謝赫以"生動"詮"氣韻",尚未達意盡蘊,僅道"氣"而未申"韻"也;司空圖《詩品·精神》:"生氣遠出",庶可移釋,"氣"者"生氣","韻"者"遠出"。赫草創爲之先,圖潤色爲之後,立説由粗而漸精也。曰"氣"曰"神",所以示別於形體,曰"韻",所以示別於聲響。"神"寓體中,非同形體之顯實,"韻"裊聲外,非同聲響之亮澈;然而神必託體方見,韻必隨聲得聆,非一亦非異,不即而不離。《百喻經》第一則云:"有愚人至於他家,主人與食,嫌淡無味,主人爲益鹽。既得鹽美,便自念,言:'所以美者,緣有鹽故;少有尚爾,況復多也!'便空食鹽"(參觀《吕氏春秋·用民》以"鹽之於味"喻"不可無有而不足專恃");賀貽孫《詩筏》:"寫生家每從閒冷處傳神,所謂頰上加三毛也。然須從面目顴頰上先着精彩,然後三毛可加。近見詩家正意寥寥,專事閒語,譬如人無面目顴頰,但具三毛,不知果爲何物!"南宗畫、神韻派詩末流之弊,皆"但具三毛"、"便空食鹽"者歟。

王明清《揮麈餘録》卷三言王稱"有才學,好與元祐故家遊,范元實温《潛溪詩眼》中亦稱其能詩",即此節中與范氏問答之人。黄庭堅《豫章文集》卷二八《跋翟公巽所藏石刻》評王

---

① Stendhal, *Histoire de la Peinture en Italie*, Liv. II, ch. 28, texte établi et annoté par P. Arbelet, I, 152-3. Cf. *Hugo von Hoffmannsthal*: "Der Tod des Tizian", *Gesammelte Werke*, Fischer Taschenbuch Verlag, I, 254 (die grosse Kunst des Hintergrundes und das Geheimnis zweifelhafter Lichter; ahnen mehr als schauen).

著書"用筆圓熟，……但病在韻耳"，即偪記庭堅論書畫"以韻爲主"之例。吕本中《紫微詩話》記范氏"既從山谷學詩，要字字有來歷"；其言"韻"即亦推演師説。蔡條《鐵圍山叢談》卷三、卷四記范氏性行頗親切，范娶秦觀女，所謂"'山抹微雲'女婿"者是。謝赫言"氣韻"，世共知而玩忽誤會；范温言"韻"，則茫茫久沉前聞，渺渺尚塵今觀也。

一九〇　全齊文卷二六

　　那伽仙《上書》："吉祥利世間，感攝於羣生；所以其然者，天感化緣明。……菩薩行忍慈，本迹起凡基，一發菩提心，二乘非所期。……生死不爲厭，六道化有緣，具修於十地，遺果度人天。功業既已定，行滿登正覺，萬善智圓備，惠日照塵俗。……皇帝聖宏道，興隆於三寶，垂心覽萬機，威恩振八表。……陛下臨萬民，四海共歸心，聖慈流無疆，被臣小國深。"按《南齊書·蠻、東南夷傳》記扶南王遣天竺道人釋那伽仙上表進貢，載二表文及此《書》，當皆是譯文。此書詞旨酷肖佛經偈頌，然偈頌雖每句字數一律，而不押韻脚，此《書》乃似五言詩而轉韻六次者。竊謂其有類《東觀漢記》卷二二載莋都夷白狼王唐菆《遠夷樂德、慕德、懷德歌》三章，亦見《後漢書·南蠻、西南夷列傳》，譯文出犍爲郡掾田恭手。恭所譯爲四言，《慕德》、《懷德》二篇叶韻，而《樂德》以"意"或"合"（王先謙《後漢書集解》引惠棟曰："當作'會'"）、"來"、"異"、"食"、"備"、"嗣"、"熾"押脚，强叶而已；又據《漢記》並載"夷人本語"，原作每句四字或四音，與譯文句當字對。釋那伽仙此篇本語決不與華語字音恰等，而譯文整齊劃一，韻窘即轉，俾無齟齬，工力在田恭譯之上也。紀昀《紀文達公文集》卷九《耳溪詩集序》："鄭樵有言：'瞿曇之書能至諸夏，而宣尼之書不能至跋提河，聲音之道有障礙耳。'此似是而不盡然也。夫地員九萬，國土至多。自其異者言之，豈但聲音障礙，即文字亦障礙。自其同者言之，則殊方絶域，有不同之文字，而無不同之性情，亦無不同之義理，雖宛轉重譯，而義皆可明。見於經者，《春秋傳》載戎子駒支自云言語不通而能賦《青蠅》，是中夏之文章可通於外國。見於史者，《東觀漢記》載白狼《慕德》諸歌，是外國之文章，可通於中夏。"論殊明通。《説苑・善説》篇載越人《擁楫之歌》，本語之難解，不亞白狼三《歌》，而譯文之詞適調諧、宜於諷誦，遠逾三《歌》及那伽仙一《書》，紀氏不舉作譯詩之朔，當是以其爲中土方言而非異族或異域語耳。《樂府詩集》卷八六無名氏《敕勒歌》下引《樂府廣題》云："歌本鮮卑語，譯作齊言，故句長短不等"；字句固參差不齊，而押韻轉韻，口吻調利，已勿失爲漢人詩歌體。北朝樂府，相類必多，如《折楊柳歌辭》之四："遙看孟津河，楊柳鬱婆娑，我是虜家兒，不解漢兒歌"；其爲譯筆，不啻自道。皆吾國譯韻語爲韻語之古例，足繼三《歌》一《書》者。耶律楚材《湛然居士文集》卷八《醉義歌》有《序》云："遼朝寺公大師賢而能文，《醉義歌》乃寺公之絶唱也。昔先人文獻公嘗譯之；先人早逝，予恨不得一見。及大朝之西征也，遇西遼前郡王李世昌於西域，予學遼字於李公，朞歲頗習，不揆狂斐，乃譯是歌，庶幾形容於萬一云。"七言歌行幾九百字，偉然鉅觀，突過後漢、南北朝諸譯詩矣。晚清西學東漸，迻譯外國詩歌者浸多，馬君武、蘇曼殊且以是名其家。余所覯記，似當數同治初年董恂譯"歐羅巴人長友詩"爲最早，董氏《荻芬書屋詩

稿》未收，祇載於董長總理衙門時僚屬方濬師《蕉軒隨録》卷一
二中。"歐羅巴人長友詩"實即美國詩人郎法羅（Longfellow）之
《人生頌》（*A Psalm of Life*）；英駐華公使威妥瑪漢譯爲扞格不
順之散文，董從而潤色以成七言絶句，每節一首。與董過從之西
人又記威妥瑪慫恿董譯拜倫長詩卒業①；却未之見，倘非失傳，
即係失實，姑妄聽之。

　　釋玄暢《訶梨跋摩傳》："於時外道志氣干雲，乃傲然而詠
曰：'……神爲知王，唯斷爲宗，敢有抗者，斬首謝焉！'"按辯
學較藝而以首級爲注，似是梵習，馬鳴菩薩即嘗"以刀貫杖，銘
曰：'天下智士，能勝吾者，截首以謝！'"（《佛祖統紀》卷五）。
他如《高僧傳》卷二《鳩摩羅什傳》："時温有一道士，神辯英
秀，振名諸國，手擊王鼓而自誓言：'論勝我者，斬首謝之！'"；
《高僧傳》二集卷三《玄奘傳》："有順世外道，來求論難，書四
十條義，懸於寺門，若有屈者，斬首相謝。"故禪宗以此爲套
語，如《五燈會元》卷四趙州從諗曰："若不會，截取老僧頭
去！……若不信，截取老僧頭去！"；《朱子語類》卷一三九："今
日要作好文者，但讀《史》、《漢》、韓、柳而不能，便請斫取老
僧頭去！"即戲效禪僧口角也。《西洋記》第一二回金碧峯與張天
師賭求雨，"天師道：'我輸了，我下山；你輸了，你還俗。'長
老道：'這罰的輕了些，都要罰這個六陽首級'"；朝臣大駭，蓋
不知此釋書中數見不鮮者。《西洋記》描敍稠疊排比，全似佛經

_____

① H. E. Parker, *John Chinaman*，62："Tung Sün was a renowned poet whose sacred fire was easily kindled by Sir Thomas Wade；and I believe he has inflicted upon the Peking world a translation of *Childe Harold*".

筆法，搗鬼弔詭諸事亦每出彼法經教典籍，如第三九回張天師爲王神姑妖術捉弄，全本《賓頭羅突羅闍爲優陀延王説法經》（參觀《易林》卷論《大壯》），第八三回青牛輪迴全用普明《牧牛圖頌》（《牧牛圖頌》釋袾宏序云：“普明未詳何許人”）。“罰六陽首級”亦其沾丐釋書之一例也。

　　釋玄光《辯惑論·妄稱真道二逆》：“張陵妄稱天師，……爲蟒蛇所噏，子衡奔尋無處，……乃假設權方，以表靈化之迹。生摩鵠足，置石崖顛，謀事辦畢，尅期發之。到建安元年，遣使告曰：‘正月七日，天師昇玄都。’米民山獠，蟻集闥外，……衡便密抽遊胃，鶴直衝虛空。民獠愚戇，僉言登仙。”按《説郛》卷三四唐陸長源《辨疑志·石老》一則記賣藥石老病將死，其子以木貫大石縛父沉於桑乾河，妄指雲中白鶴是父，四鄰觀之，皆焚香跪拜，其事至採入《續仙傳》。一“惑”一“疑”，先後所“辨”相同。豈石子師張子故智耶？抑世事固無獨有偶耶？

一九一　全梁文卷一

　　武帝《淨業賦》。按《賦》冠以長《序》，幾欲喧賓奪主，大可買櫝還珠。《賦》皆釋氏通套，鄶下無譏，《序》則語非泛設，文過自炫，頗耐推尋。卷五《答菩提樹頌手敕》："不無綺語過也！"，足以移評兹文。鋪陳"淨業"，徒成"綺語"，曲説巧言，非"直心是道場"也。"便欲歸志園林，任情草澤，下逼民心，上畏天命，事不獲已，遂膺大寶。……朕又自念有天下，本非宿志，杜恕有云：'刳心擲地，數片肉耳！'所賴明達君子，亮其本心"；卷六《手書與蕭寶夤》亦云："迫樂推之心，應上天之命，事不獲已，豈其始願？所以自有天下，絶棄房室，斷除滋味，正欲使四海見其本心耳。""刳心着地，正與數斤肉相似"，見《三國志·魏書·杜恕傳》裴註引《杜氏新書》；卷七《斷酒肉文》第三首復用其語；"設令刳心擲地，以示僧尼，正數片肉，無以取信。"刳心擲地，祇數片肉，則嘔心作賦，更祇一張紙耳！序前半自言取天下未背儒家綱常；"湯武是聖人，朕是凡人"，將欲揚己而故先讓人也。下文明云："但湯武君臣義未絶，朕君臣義已絶"，是湯武未免"逆取"之嫌。己則弔伐既異湯武之逆，禪讓復同舜禹之正，無可疵議焉（參觀《史記》卷論《儒林列傳》）。後半自言治天下未破釋家戒律，津津誇道"斷房室"、"不食魚肉"；一若治平首務，莫過於除周妻、何肉二障者，應與卷四《敕責賀琛》、卷六《手書與蕭寶夤》合觀。序云："復斷房室，不與嬪侍同處，四十餘年矣"，而《敕》云："朕絶房室三十餘年，……不與女人同屋而寢，亦三十餘年"，似《賦》作於《敕》後；《梁書·武帝紀》下卻稱"五十外便斷房室"，梁武享年八十六歲，茍絶來"四十餘年"者，《本紀》當曰"四十外便斷"，不然，崩年必過九十。此等鄙瑣，本不足校，顧既以爲君道攸關，則十年之一出一入，豈曰小德乎哉！當梁武之世，郭祖深《輿櫬詣闕上封事》已痛諫溺情内教、"空談彼岸"之非（《全梁文》卷五九）；荀濟與梁武布衣交，《論佛教表》至以亡國恫嚇之："宋、齊兩代重佛敬僧，國移廟改者，但是佛妖僧僞，奸詐爲心，墮胎殺子，昏淫亂道，故使宋、齊磨滅。今宋、齊寺像見在，陛下承事，則宋、齊之變，不言而顯矣"（《全後魏文》卷五一）。後人亦以佞佛爲梁喪亂之階。如《舊唐書·蕭瑀傳》太宗詔："至若梁武窮心於釋氏，簡文鋭意於法門，……子孫覆亡而不暇，社稷俄頃而爲墟，報施之徵，何其繆也！"；《全唐文》卷一三三傅奕《益國利民事》之六："帝王無佛則大治年長，有佛則虐政祚短。……梁武、齊襄尤足爲戒"；卷二〇六姚崇《遺令戒子孫文》："梁武帝以萬乘爲奴，胡太后以六宮入道，豈特名戮身辱，皆以亡國破家"；韓愈《諫迎佛骨表》尤爲名文，不特録入新、舊《唐書》本傳，且全載於《後西遊記》，其論"事佛漸謹，年代尤促"，特舉梁武"竟爲侯景所逼"、"事佛求福，乃更得禍"。夫世間法與出世間法，究其理則勢不兩立，而見諸行則事必折衷，損益調停，經亦從權（詳見《老子》卷論第一七章）。

故詒道佞佛，雖甚妨御宇爲政，而不能盡廢御宇爲政。《全梁文》卷五武帝《答皇太子請御講敕》、《答晉安王請開講啓敕》："國務靡寄，豈得坐談?"，"晝厲夕惕，……方今信非談日"，"天下負重"，"廢事論道，是所未遑"；二諦而非一本，自陳不諱。是以梁武臺城之殍、宋徽青城之俘，佞佛詒道與有咎焉，卻不能專其咎也。釋道宣《高僧傳》二集卷一《寶唱傳》稱梁武"所以五十許年，江表無事，兆民荷賴，緣斯力也"；"斯力"、佛力也，蓋謂佞佛乃梁之所以平治，而非梁之所以喪亂，言之不怍。然釋子終懼梁武事貽闢佛者以口實，遂虛構公案，撇脫干係；士夫之不闢佛者亦謂梁武於佛法初未清信真知，咎由自取，佛不任焉。《五燈會元》卷一東土初祖章次記梁武問達磨："朕即位以來，造寺、寫經、度僧不可勝紀，有何功德?"答："并無功德。"問："何以無功德?"答："此但人天小果，有漏之因，如影隨形，雖有非實。"《全唐文》卷三九〇獨孤及《隋故鏡智禪師碑銘》："歷魏、晉、宋、齊，施及梁武，言第一義諦者，不過布施持戒. 天下惑於報應，而未知禪"；《說郛》卷八五張商英《護法論》於梁武凶終，繁詞強解，苦心敝舌，歸之"定業不可逃"，復斥其"小乘根器，專信有爲之果"；錢謙益《初學集》卷二三《鄉言》亦謂"武帝之爲皆與佛法矛盾違背"，"非人主之功德"；即承達磨緒論也。《中說·周公》篇曰："虛玄長而晉世亂，非老莊之罪也；齋戒修而梁國亡，非釋迦之罪也"。語出於希聖繼孔之文中子，緇流如聞肆赦之恩音，志磐《佛祖統紀》卷三九《法運通塞志》隋仁壽三年下亟載焉；他如契嵩《鐔津文集》卷二《廣〈原教〉》稱文中子"見聖人之心"，卷一二《文中子碑》、卷一三《書文中子傳後》，或元常《佛祖統載》卷一〇特記文中子行事，

亦所以報其爲佛開脱之大惠耳。馬令《南唐書・浮屠傳》謂“淺
見”者“昧”於“浮屠之道”，如“梁武、齊襄之徒，所以得罪
於天下後世也。……齋戒修而梁國亡，非釋迦之罪；然則浮屠
之法，豈固爲後世患哉！”，正摭取《中説》語。《全唐文》卷七
一〇李德裕《梁武論》斥梁武奉佛而未嘗能“捨”，不肯“自損
一毫”，“以此徼福，不其悖哉！”自註：“所論出於釋氏，故全以
釋典明之”；

　　【增訂四】《全唐文》卷八二五黄滔《丈六金身碑》：“或曰：
　　‘梁武帝之隆釋氏，今古靡倫，奚報應之昧乎？’對曰：‘梁武
　　帝隆釋氏之教，不隆釋氏之旨，所以然也。……以民之財之
　　力，剎將三百，祈功覬德，則歸諸己；啼億兆而不乳，削頂領
　　以言覺，所以私，所以然也。’”

蘇軾《東坡題跋》卷一《跋劉咸臨墓志》：“梁武帝築浮山堰，灌
壽春，以取中原，一夕殺數萬人，乃以麪牲供宗廟爲知佛乎？”；
張邦基《墨莊漫録》卷六：“梁武帝之奉佛可謂篤矣！至捨身爲
寺奴，宗廟供麪牲。乃築浮山堰，灌壽春，欲取中原，一夕而殺
數萬人，其心豈佛也哉？”；姚範《援鶉堂筆記》卷三三：“梁武
事佛戒殺，而貪競躁忿，遂令人民漂没波濤，殭枕原野，大盜移
國，死者如麻。至於三度捨身，宗廟以麪爲犧牲，無補亡社之
徵，奚救誅夷之禍！”梁武殺戒大開，一毛不捨，未以淨業空法，
對治貪嗔孽障，洵乎其“不知佛”、“心非佛”也。蓋行釋迦之
道，亦足以亡梁，而梁之亡，則“非”盡“釋迦之罪”。竊謂釋
迦爲一國儲君，出家捨王位如敝屣；梁武不學佛則已，既學佛亦
當捨大寶以奉三寶，乃棄本守末，衹以“不食衆生”、“不御内”
爲務。《梁書・敬帝紀》魏徵論曰：“高祖屏除嗜欲，眷戀軒冕”，

八字如老吏斷案。梁武《手書與蕭寶寅》自言築浮山堰曰："而今立此堰，卿當未達本意。朕於昆蟲猶不欲殺，亦何急争無用之地，戕蒼生之命也？"真如《雜寶藏經》卷一〇第一一八則婆羅門説偈所譏："鸜雀詐銜草，外道畏傷蟲——如是諸偽語，無一可信者！"《舊唐書·蕭瑀傳》："瑀請出家，太宗謂曰：'甚知公素愛桑門，今者不能違意。'瑀旋踵奏曰：'臣頃思量不能出家'。……詔曰：'……往前朕謂張亮云：卿既事佛，何不出家？瑀乃端然自應，請先入道'"；《通鑑·唐紀》二八開元六年，"河南參軍鄭銑、朱陽丞郭仙舟投匭獻詩，敕曰：'觀其文理，乃崇道法，至於時用，不切事情。宜各從所好。'並罷官，度爲道士。"孔平仲《孔氏雜説》卷四論此二事曰："如使佞佛者出家，諸道者爲道士，則士大夫攻乎異端者息矣"；《日知録》卷一三論"南方士大夫晚年多好學佛，北方士大夫晚年多好學仙"，均出"爲利之心"，嘗引玄宗此敕；錢儀吉《衎石齋紀事·續稿》卷一《書道家》記清高宗曰："士大夫言修養，固不禁；然既爲之則不必仕，仕則不當言修養。"此皆爲"士大夫"説法，倘亦以律君上，即如梁武之佞佛，公卿等當聽其捨身於同泰寺，省却出錢奉贖矣。

孔平仲《孔氏雜説》卷二："佛果何如哉？以捨身爲福，則梁武以天子奴之，不免侯景之禍；以莊嚴爲功，則晉之王恭，修營佛寺，務在壯麗，其後斬於倪唐；以持誦爲獲報，則周嵩精於事佛，王敦害之，臨刑猶於市誦經，竟死刀下。佛果何如哉！"言甚明快，然南唐失國，尤後王近事，殷鑑不遠，何獨未舉？陸游《南唐書·浮屠、契丹、高麗列傳》："嗚呼！南唐偏國短世，無大淫虐，徒以浸衰而亡，其最可爲後世鑑者，酷好浮屠也。"梁祖、李主同爲南朝天子；一囚死、一臣虜，同在金陵；胡應麟

《少室山房筆叢》卷三八嘗推"人主才美之盛，蓋無如梁武者"，王鵬運《半塘老人遺稿》推"蓮峯居士，詞中之帝"，則才情亦相當對；又皆酷好浮屠而不得善果，連類比事，地醜德齊。宋太祖因李主侫佛，行間長惡，孔氏或病其事譎而不正，遂有所避歟？《韓非子·内儲説》下："文王資費仲而游於紂之旁，令之諫"，即《顏氏家訓·音辭》篇所謂"音'諫'爲'間'"，行問斯爲最古；"莫若師文王"，宋祖有之，曷諱焉？清季海客談瀛，士夫漸知西天久非佛土，則佛我躬不閱，遑能遠恤。闢佛者無須再以梁祖、李主爲話柄。朱葵之《妙吉祥室詩鈔》卷上詠鴉片之役《詫聞》第二首："靈山紫竹芟夷盡，度鬼翻教大士愁"；"鬼"謂"洋鬼子"。志剛《初使泰西紀要》同治九年九月一日："佛出世，欲普度衆生而爲佛；今印度爲英人普種鴉片，欲普度衆生而爲鬼"；"鬼"謂"鴉片鬼"。王芝《海客日談》同治十一年二月壬申："嘗聞錫蘭島中有神曰佛者，最靈異，胡弗佑所謂獅子國？"翁同龢《瓶廬詩稿》卷四《題天瓶金書〈普門品〉經册》："士夫開口説歐羅，藥邸還成相見坡；龍象已荒菩薩睡，筆頭無杵可降魔！"邱逢甲《嶺雲海日樓詩鈔》卷六《寄蘭史、曉滄、菽園》第四首："天漿傾倒帝沉酣，西奈神來佛讓龕。自轉隻輪删合朔，別傳十誡貶和南。尋山久已迷靈鷲，聞道真疑到劇驂。至竟大同新運在，老生莫自厭常談。"姚朋圖《當得異書齋詩録》卷二《銅佛·開皇六年造》："昔我漫游經佛國，釋迦曾見履行跡，炯炯兩眼望故都（卧佛兩眼，以貓睛石爲之），西方東漸挽不得！"黃遵憲《人境廬詩草》卷六《錫蘭島卧佛》六首尤盛傳之鉅製，如云："豈真津梁疲，老矣倦欲眠，如何沉沉睡，竟過三千年！"；"謂此功德盛，當歷千萬劫，有國賴庇護，金甌永無缺。豈知西域賈，手不持寸鐵，舉佛降生地，一旦盡劫奪"；"惟佛大法王，兼綜諸神通，如何斂手退，一任敵橫縱，竟使清淨土，概變腥膻戎"；"佛不能庇國，豈不能庇教？爾來耶穌徒，遍傳《新、舊約》；載以通商舶，助以攻城礮，竟使佛威德，燈滅樹傾倒"；卷九《己亥雜詩》第四九首又云："四百由旬道路長，忽逢此老怨津梁；沉沉睡過三千歲，可識西天有教皇！"《臥佛》第五首："奈何五印度，竟不聞佛號"云云，歷舉婆羅門教、波斯教、回教之陵駕佛教；《野叟曝言》第二回文素臣論"三武之難"云："其時牟尼三世等佛，何以並沒神通？……元代駙馬諸王徧鎮印度，其時印人大半習麻哈默特之教，……是佛教早不行於印度"，蓋早發此意矣。

武帝《唱斷肉經竟制》。按卷五《與周捨論斷肉敕》、卷七《斷酒肉文》暢闡此旨。梁武宣揚佛法之崇論弘議，推行佛法之豐功偉績，一言以蔽，即《大般涅槃經·如來性品》第四之一佛告迦葉："我從今日制諸弟子不得復食一切肉"也；亦即《楞伽經·一切佛語心品》之四佛告大慧："我有時遮説五種肉，或制十種令，於此經一切種、一切時開除方便，一切悉斷。"俞正燮《癸巳存稿》卷一三《佛教斷肉述義》："佛教斷肉，及梁武帝法，其先亦有漸義"，因上溯佛經，旁徵稗史，頗得源委。然俞云："故《涅槃經》云：'若乞食得肉，以水洗之，味與肉別，然後得食'"；引語未確，遂煞費解，一似留肉而除其味者！《經》文："迦葉復白佛言：'……若乞食時，得雜肉食，云何得食應清淨法？'佛言：'迦葉，當以水洗，令與肉別，然後乃食。若其食器，爲肉所汙，但使無味，聽用無罪'"；是"食"中"雜肉"，乃以水洗，"別"出所"雜"之"肉"於"食"，"味"指食器所染肉味，非謂水洗能“別”出“味”於“肉”。《六祖法寶壇經·行由》第一記六祖避難獵人隊中，每至飯時，以菜寄煮肉鍋，或問，則對曰：“但喫肉邊菜！”，即雖從權而仍遵“與肉別”之教；《高僧傳》二集卷九《慧布傳》記遭侯景之亂，三日失食，“至四日，有人遺布飯而微似豬肉之氣，雖腹如火然，結心不食”，即雖無肉而仍遵有味則不“聽用”之教。俞又舉杯渡飲酒噉肉、寶誌食鱠，以證斷肉成制，漸而非驟；例亦不當。杯渡、寶誌乃所謂“神僧”，分別見《高僧傳》卷九、卷一○，《太平廣記》卷九○即以二人入《異僧》類。《高僧傳·寶誌傳》載梁武詔：“誌公跡拘塵俗，神遊冥寂，水火不能燋濡，蛇虎不能侵懼。……豈得以俗士常情，空相拘制？”；《全梁文》卷五三陸倕《誌法師墓志銘》：“或徵索酒肴，或數日不食”；故誌雖食鱠而吐出活魚。歷來“異僧”，行怪佯狂，以示神通妙用，如《高僧傳》二集卷三四《僧朗傳》：“飲噉同俗，……嚼噍豬肉，不測其來”；《佛祖統紀》卷四四志蒙喜食豬頭，號“豬頭和尚”，乃定光佛化身；蘇軾道張法華“佯狂啖魚肉”（詳見馮應榴《蘇詩合註》卷七《贈上天竺辯才師》引施、王二家註）；俗書《濟公活佛演義》寫濟顛酗酒食狗肉；皆破例出類，規戒非爲渠輩設，梁武所謂“豈得以常情拘制”也，俞又云：“其後唐譯《楞嚴經》云：佛告阿難：‘我令比邱食三淨肉’云云”；夫舊譯以“不見爲我殺、不聞爲我殺、不疑爲我殺”并而爲一，合之“自死”與“鳥殘”，遂得“三淨”，唐譯本卷六分“不見”、“不聞”、“不疑”爲三，故曰“五淨肉”，非復“三淨”矣。

【增訂四】釋慧立《大慈恩寺三藏法師傳》卷二記至屈支國，“王諸過宮，備陳供養，而食有三淨，法師不受。”即不食“三

淨肉"。陳洪綬《寶綸堂集》卷五《示招余飲者》四首均戒殺
生，而第一首結句曰："酒徒作佛事，市脯與園蔬"，謂"市
脯"不戒，則"三淨"、"五淨"之旨矣。

俞引《記聞》稠禪師夢中食筋；或有以此爲法通事者，別詳《太
平廣記》卷論卷九一《稠師》。俞引《薦掘摩羅經》以證梁武
《制》禁著革屣，又引《感應記》言"著鹽衣是魔法"；《全梁文》
卷二九沈約《究竟慈悲論》亦謂："禁肉"之外，必須"黜繒"，
梁武《斷酒肉文》之三且戒"噉食衆生，乃至飲於乳蜜"。斷蜜
以其出於蜂，斷乳、禁革屣以其出於牛，禁絲衣以其出於鹽。唐
譯《楞嚴經》卷六："不服東方絲棉絹布及是此土靴履裘毳、乳
酪醍醐"，乃唐人隱以梁武之禁竄入爾。《妙法蓮華經·方便品》
第二："或以膠、漆、布，嚴飾作佛像"，智顗《文句記》卷一
三："《優婆塞戒經》不許用膠。……古師云，外國用樹膠耳；光
宅言，或有處必須於像，聽許用牛皮膠，若有他，即不得用
也。……然牛皮終是不淨物"；梁武禁革屣，未及革膠。余嘗怪
梁武戒"飲蜜"，而《南史·梁本紀》中記其"疾久口苦，索蜜
不得，再曰：'荷！荷！'遂崩"，故楊萬里《誠齋集》第二三
《讀梁武帝事》嗤之曰："梵王豈是無甘露，不爲君王致蜜來！"
倘非傳聞失實，則臨終而免於破戒者幾希！

梁武帝《斷酒肉文》第一首云："今出家人噉食魚肉，於所
親者，乃自和光，於所疏者，則有隱避。……極是艱難，或避弟
子，或避同學，或避白衣，或避寺官，懷挾邪志，崎嶇覆藏，然
後方得一過噉食。……今出家人噉食魚肉，或爲白衣弟子之所聞
見，內無慚愧，方飾邪說，云：'……以錢買肉，非己自殺，此
亦非嫌。'""崎嶇覆藏"四字曲傳情狀，吾吳舊謔謂僧徒於溺器

中燃肉，即此意。斷肉制令，王法助佛法張目，而人定難勝天性。拾得詩所謂："我見出家人，總愛喫酒肉"；《清異錄》卷一《釋族》門所謂"正受豬羊雞鴨三昧"。約束愈嚴，不過使"和光"者轉爲"隱避"者而已。然此等俗僧，出家比於就業，事佛即爲謀生，初無求大法之心、修苦行之節。故其"隱避"也，祇如李逵"瞞着背地裏吃葷，吃不得素，偷買幾斤牛肉吃了"；其"和光"也，亦如魯智深"不忌葷酒，甚麼渾清白酒、牛肉狗肉，但有便吃"（《水滸》第五三回、第五回）。雖"臭腥"有壞清規，而率真不失本色，蓋均明知破戒、未嘗自欺。若乃居家之"清信士"，流連朝市，迴向空門，斷肉之制，初非爲彼，而念切生天，引繩自縛，既耽滋味，又畏孽報，於是巧作言詞，大加粉墨。或謂所食之肉實即非肉，如《南齊書・周顒傳》何胤奉佛，"言斷食生，疑食蚶蠣，使學生議之"，學生謂車螯蚶蠣等"草木瓦礫"而下之，"故宜長充庖厨"。或謂口中有肉而心中無肉，如葉夢得《避暑錄話》記章惇召吳僧静端飯，章自食葷，"執事者誤以饅頭爲餕餡，置端前，端食之自如。子厚得餕餡，知其誤，斥執事而顧端曰：'公何爲食饅頭?'端徐取視曰：'乃饅頭耶? 怪餕餡乃如許甜!'"葉氏讚歎曰："吾謂此僧真持戒者也!"蓋稱其齊物平等，能如三祖僧璨《信心銘》所教無"揀擇"、不"取捨"也；吳昌齡《東坡夢》第一折託爲蘇軾勸佛印曰："溪河楊柳影，不礙小舟行。佛在心頭坐，酒肉穿腸過，只管吃! 怕什麼"，可申斯義。《舊唐書・李靖傳》記李令問"食饌豐侈，廣畜芻豢，躬臨宰殺；時方奉佛，篤信之士或譏之。令問曰：'此物畜生，與果菜何異? 胡爲强生分別? 不亦遠於道乎!'"齊物平等，不異守端，苟守端偶破戒爲"真持戒"，則令問全不持戒亦可爲"真持戒”，出一頭地矣。其尤可笑者，清齋茹素，而務烹調之佳，償口腹之饞，於守戒中逞欲，更添一重公案。清書家王文治奉佛，精治素庖，趙翼《甌北詩鈔》七言古之三《西巖治具，全用素食，以夢樓持齋故也，作〈素食歌〉見示，亦作一首答之，并調夢樓》：“豈知素也可爲絢，又增一番烹飪精。……香菌自南蘑菇北，菘必秋後筍未春。有時故仿豚魚樣，質不相混色亂真。……向來只道肉食鄙，肉食恐無此繁費。……名實不稱殊反常，寒儉幻出繁華場；有如寡婦雖不嫁，偏從淡雅矜素粧，……吾知其心未必淨，招之仍可入洞房！”（參觀王文治《夢樓詩集》卷一六《素食歌答趙甌北》、祝德麟《悅親樓集》卷一八《和夢樓〈素食歌〉》）虐謔云乎哉？藥言而已矣。“仿豚魚樣”，即如《北夢瑣言》記崔安潛“奉釋氏，鎮西川三年，宴諸司，以麪及蒟醬染色像豚肩、羊臑，皆逼真”；蘇軾《蜜酒歌又一首》：“脯青苔，炙青蒲，爛蒸鵝鴨乃瓠壺，煮豆作乳脂作酥。……古來百巧出窮人，搜羅假合亂天真”；林洪《山家清供》列“素蒸鴨”、“假煎肉”諸肴；《女仙外史》第三一回侈陳“以上好素菜，滋潤者蒸熟搗爛，乾燥者炙炒磨粉，加以酥油、酒釀、白蜜、蘇合沉香之類，溲和調勻，做成熊掌、駝峯、象鼻、猩唇各種珍饈樣式；再雕雙合印板幾副，印成小鹿、小牛、小羊、雞、鵝、蝦、蟹等形象，每盤一品，悉係囫圇的”云云。《西遊記》第七二回唐僧至盤絲洞化齋，蜘蛛精“人油炒煉，人肉煎熬，熬得黑糊，充作麪筋樣子；剜的人腦，煎作豆腐塊片，兩盤捧到石桌上放下”，勸唐僧下箸曰：“長老，此是素的！”今常食之“素雞”、“素魚”、“素火腿”、“素肘子”等，蓋反蜘蛛精之道而行之，以豆腐麪筋，煎充豬羊雞鴨。奉佛者而嗜此，難免趙翼“心未必淨”之譏。後世斷肉之詭論陋習，有梁武爲文時所意計不及者，亦俞氏《述義》應有之義也。

【增訂三】吳自牧《夢粱錄》卷一六《麵食店》條言"又有專賣素食分茶不誤齋戒者"，列舉名色，"蒸羊"、"蒸果子饅"之類不一而足，皆實爲素而號稱葷者；觀其中"三鮮奪真雞"、"假炙鴨乾"、"假羊（臚）事件"、"假煎白腸"、"假煎烏魚"，顧名思義，皎然可曉。同卷《葷素從食店》條舉"素點心"中，亦有"假肉饅頭"。均當遭趙翼"其心不淨"之嘲矣。又按"分茶"在宋有兩義。一指茗事，如李清照《轉調滿庭芳》所謂"活火分茶"，"分"字平聲。一如《夢粱錄》此卷及孟元老《東京夢華錄》卷二、卷四各節之"分茶"，乃指沽酒市脯，雖著"茶"字，無關品茗（如《夢華錄》卷二《飲食菓子》："所謂茶飯者，乃百味羹……入爐羊……炒兔……洗手蟹之類"；卷四《食店》："大凡食店，大者謂之'分茶'。……喫全茶。……有素分茶，如寺院齋食也"，卷三《寺東門街巷》："丁家素茶"），"分"似當讀去聲。《水滸》第二六回："叫過賣造三分飯來"，又三九回："酒店裏相待了分例酒食"，又五三回："那老人……拿起麵來便吃，那分麵却热，……那分麵都潑翻了"；猶《夢華錄·飲食菓子》："其餘小酒店，亦賣下酒，如煎魚鴨子……粉羹之類，每分不過十五錢"；即此"分"字。今語亦言"分飯"。

【增訂四】《老學菴筆記》卷一記集英殿宴金國人使，饌中有"第六、假圓魚"及"第八、假沙魚"。

希臘古王（Nicomedes）欲食鯷魚，而所治距海遠，不能得，庖人因取蘿菔，切作此魚形（His cook took a fresh turnip and cut

it in slices thin and long，shaping it just like the anchovy)，烹調
以進，王亦厭飫①。此"素魚"見於西方前載者。梁武《斷酒肉
文》第一首："又有一種愚痴之人，云：'我祇噉魚，實不食肉'"；
蓋謂食魚不得爲犯斷肉之戒，又類天主教之以斷肉食魚爲持齋。
佛教持齋食素，無肉而退思魚，彼教持齋食魚，有魚而進思肉，
得隴望蜀，亦人欲難饜也。西方舊譫謂西班牙一主教於星期五齋
日出行，打尖客舍中，覓魚不得而獲雙雞，乃命庖烹以爲饌，庖
大驚怪，主教笑曰："吾以雞當作魚而啖之耳(I eat them as if they
were fish)。吾乃教士，領聖餐時，使麪包爲耶穌聖體，則使雞爲
魚，尚是小顯神通也"(which do you think is a greater miracle，to
change bread into the body of Christ or partridge into fish?)②；又
一遊記言有土爾其人被意大利所俘，受洗禮，改信基督教，伙伴
忽見其於齋日食肉，厲訶犯戒，渠申辯曰："吾所食正是魚爾。曩
者人挈我入教堂，灑水於我頭上而詔告曰：'汝爲基督徒矣！'吾亦
如法炮製，取君等視爲肉者，灑水其上而命之曰：'汝爲魚矣！'故
食之無傷也"(Je vous assure que c'est du poisson. …On m'amène
à l'Église，on m'a jeté un peu d'eau sur la tête et on m'a dit，tu es
Chrétien. J'ai fait la même chose，j'ai jeté un peu d'eau sur ce qui
vous paroît de la viande et j'ai dit，tu es poisson. Voilà pourquoi j'en
mange aujourd'hui)③。詩文中每寫此類事，《論全晉文》卷一三七
戴逵《放達爲非道論》節所引法國小説，即其例焉。

---

① Athenaeus，*The Deipnosophists*，I.7，"Loeb"，I，31.

② Poggio，*Liber Facetiarum*，in C. Speroni，*Wit and Wisdom of the Italian Renaissance*，51.

③ J.-B. *Labat*，*Voyages en Espagne et en Italie*，1730，VI，113.

一九二　全梁文卷五

武帝《敕答臣下神滅論》："欲談無佛，應設賓主，標其宗旨，辨其短長。"按"賓主"者，諍辯問答，如兩造對質也。《世說·文學》門記王弼"便作難，一坐人便爲屈，於是弼自爲客主數番，皆一坐所不及"；《魏書·景穆十二王傳》中《任城王澄傳》："或云宜行，或言宜止，帝曰：'衆人意見不等，宜有客主，共相起發'"；《顏氏家訓》論老、莊之書云："直取其清談雅論，詞鋒理窟，剖玄析微，賓主往復。"曰"賓（客）主"而不曰"主賓（客）"者，問然後答，因獻疑送難而決疑解難，比於用兵之攻守也。《老子》六九章："用兵有言：'吾不敢爲主而爲客'"；《公羊傳》莊公二十八年："《春秋》伐者爲客，伐者爲主"，《解詁》："伐人者爲客，讀'伐'、長言之，見伐者爲主，讀'伐'、短言之"；《管子·勢篇》："天時不作勿爲客"，即《禮記·月令》孟春之月"兵戎不起，不可從我始"，鄭玄註："爲客不利，主人則可"；《孫子·九地》："凡爲客之道，深入則專，主人不克"；《國語·越語》下范蠡論"善用兵"："宜爲人客"；《三國志·吳書·朱桓傳》："兵法所稱'客倍而主人半'者，謂俱在平原，無城池之守，又謂士卒勇怯齊等故耳。……以逸待勞爲主制客，此百戰百勝之勢也。"古例甚夥。辯難乃"舌戰",故云"賓(客)主",亦如兵戰之云"攻守"而不云"守攻";若交際酬酢,則行事無妨"主"先"賓"後,如曹植《箜篌引》:"主稱千金壽,賓奉萬年酬。""設"者,如王弼之"自爲客主";班固《答賓戲》以"賓戲主人曰"發端,《文選》歸之於《設論》類,是矣。

一九三　全梁文卷六

　　武帝《觀鍾繇書法十二意》。按同卷有《觀鍾繇書法》，輯自《御覽》，實此篇中摘句，不應別出。"世之學者宗二王，元常逸迹，曾不睥睨。……子敬之不逮逸少，猶逸少之不逮元常"；即卷四六陶弘景《與梁武帝啓》之六："使元常老骨，更蒙榮造，子敬懦肌，不沈泉夜，唯逸少得進退其間。……若非聖證品析，恐愛附近習之風，永遂淪迷矣！……比世皆尚子敬書，……海内非惟不復知有元常，於逸少亦然。"蓋當時雖並宗二王而偏重獻之，梁武始位羲於獻上，尤推鍾繇爲出類絶倫。卷四八袁昂《古今書評》（出《御覽》卷七四八）："鍾繇特絶，逸少鼎能，獻之冠世"，尚不乖聖諭，而《評書》（出《淳化閣帖》卷五）獨推羲之，擅背綸音，疑非原本，出於後人竄改；如稱羲之"字勢雄強，如龍跳天門，虎卧鳳閣"，即割移《古今書評》中贊蕭思話書語也。王世貞《弇州四部稿》卷一五三《藝苑巵言》："宋、齊之際，右軍幾爲大令所掩；梁武一評，右軍復申，唐文再評，大令大損"；文廷式《純常子枝語》卷二舉《左傳》昭公二六年"咸黜不端"，《正義》："'咸'或作'減'，王羲之寫作'咸'"，謂據羲之字以定經文，唐初尊崇其書有如此者。觀《南史》卷四

七《劉休傳》："元嘉中羊欣重王子敬正隸書，世共宗之，右軍之
體微輕，不復見貴。及休始好右軍法，因此大行云"；則羲之
"復申"，似不待梁武。顧帝皇咳唾，尤可以上下聲名，左右風
會，輕獻軒羲，論遂大定，後世尠持異議。鍾繇書經梁武提倡，
一時必亦景從草偃；《全梁文》卷二三蕭子雲《答敕論書》："臣
昔不能拔賞，隨世所貴，規摹子敬。……始見敕旨論書一
卷，……始變子敬，全範元常。"物論却終未翕然。如姜夔《續
書譜•真》稱"古今真書之妙無出鍾元常"；朱熹以《賀捷表》
爲楷則（《朱文公集》卷八二《題曹操帖》、《題鍾繇帖》，參觀董
其昌《容臺集•別集》卷二、張照《天瓶齋書畫題跋》卷下《跋
自臨〈賀捷表〉》又《題跋補輯•跋自臨〈季直〉、〈力命〉二表》、
丁晏《頤志齋文集》卷四《朱子〈題曹操帖〉辨》）；陸友《硯北
雜志》卷上舉宋人"習鍾法者五"，黃伯思、朱敦儒、李處權、
姜夔、趙孟堅。賞摹鍾者，屈指可數；蓋百世賞鑒之公非大有力
者一人嗜好之偏所能久奪也。黃庭堅《次韻奉答文少激紀贈》：
"文章藻鑒隨時去，人物權衡逐勢低"，有味乎其言。帝皇位不常
保，力難偏及，其"藻鑒"、"權衡"復"隨時去"而"逐勢低"
爾。又按陶弘景"聖證品析"字面用王肅《聖證論》，《顏氏家
訓•誡兵》："孔子力翹門關，不以力聞，此聖證也"，亦然。

　　武帝《答陶弘景書》。按四首皆鑒定書法，第二首暢言運筆
結體，有云："濃纖有方，肥瘦相和，骨力相稱，婉婉曖曖，視
之不足，稜稜凜凜，常有生氣"；後四句可移箋謝赫《畫品》所
謂"氣韻"。却又自謙："然非所習，聊試略言。……吾少來乃至
不嘗畫甲子，無論於篇紙；老而言之，亦復何爲！正足見嗤於當
今，貽笑於後代。"既慚不工書，而復勇於評書，殆又"善鑒者

不寫"之意歟（別見《全晉文》卷論王羲之《書論》）！又按卷三
《答陶弘景解官詔》："卿遣累卻粒，尚想清虛。……月給上茯苓
五斤、白蜜二斗，以供服餌"；然卷七《斷酒肉文》三："弟子蕭
衍從今已去，……若飲酒放逸，……噉食眾生，乃至飲于乳蜜及
以酥酪，願一切有大力鬼神，先當苦治蕭衍身，然後將付地獄閻
羅王，與種種苦。"自戒蜜而以蜜給人，豈以陶爲道士，不同佛
弟子之多禁斷歟？則此詔當頒於陶詣阿育王塔自誓受五大戒之
前矣。

　　武帝《菩提達磨大師碑》："及乎杖錫來梁，説無説法。……
帝后聞名，欽若昊天。嗟乎！見之不見，逢之不逢，今之古之，
悔之恨之，朕雖一介凡夫，敢師之於後。"按梁武悔失達磨，似
未見於六朝記載。唐、宋僧史所傳，事頗曲折，未敢遽疑爲無
（impossible），而理甚離奇，殊難遽信其有（improbable）。既不
契而聽其遠適北魏矣，死耗傳聞，又追悼之；追悼作哀誄可也；
乃必欲撰碑刻石；欲撰碑而萬幾未暇，至復傳聞隻履西歸之異，
始爲埋骨於敵國熊耳山者立貞珉於本國京師之鍾山。梁武挾貴好
勝，史籍頻書。《梁書·沈約傳》記約與梁武競誦，各疏栗事，
約故讓帝多三事，出謂人曰："此公護前，不讓即差死"；《南史》
卷四九《劉峻傳》："武帝每集文士，策經史事時，范雲、沈約之
徒，皆引短推長，帝乃悦。……曾策錦被事，咸言已罄，……帝
試呼峻，峻……請紙筆疏十餘事，……帝不覺失色，自是惡之"；
卷五〇《劉顯傳》："有沙門訟田，帝大署曰'貞'，有司未辨，
徧問莫知。顯曰：'貞字文爲與上人'。帝因忌其能，出之"；褊
淺有若是者。帝於達磨獨休休大度，補過而不護前，且勒銘以示
四海百世，豈佛大力真能狎制喉有逆鱗之毒龍耶？碑文僅見八十

四字，文理鄙謬，大類庸劣阿師僞造爲禪門裝鋪席者。

【增訂三】出家人常勢利，實心道場每夸誣，輒附會大哉王言以爲法門光寵。釋子僞造梁武帝此碑以尊達磨，亦猶道士立碑而僞託唐太宗《賜孫思邈頌》也（參觀陳鴻墀《全唐文紀事》卷四按語）。李涪《刊誤‧釋怪》載李商隱《三教聖像贊》以釋迦爲老子師而老子又爲孔子師，釋子竊以刊碑，嫁名於唐肅宗，陸心源不究，遂據"石刻"而輯入《唐文續拾》卷一"御製"矣。

"帝后聞名，欽若昊天"；撰人身即"帝"耳，何故作局外誇羡口吻，且奚必道"后"？況梁武之郗后早卒於齊世，《南史‧后妃傳》下言其"卒不置后"，"后"字更無着落。初未與達磨相契，而言"欽"之如"天"，誄墓例慣諛諂，姑置不論，然"天子"而出此言，則早父事之於先矣，豈待"師之於後"哉？"説無説法"；梁武《金剛般若懺文》固云："是以無言童子，妙得不言之妙，不説菩薩，深見無説之深"，顧碑語似隱指達磨默然"壁觀"及許二祖慧可"得髓"等事，皆其北去後所爲。《五燈會元》卷二善慧大士章次："梁武請講《金剛經》，士纔陞座，以尺揮案一下，便下座，帝愕然。聖師曰：'大士講經竟'"；是爲"説無説法"者，非達磨，乃傅大士也。"朕雖一介凡夫"；梁武自負知佛，幾欲以人王而兼法王，於上座大德，當仁不讓，《唱斷肉經竟制》、《註解〈大品經〉序》、《寶亮法師〈涅槃義疏〉序》諸文即可隅舉。《淨業賦》："内外經書，讀便解悟。……唯有哲人，乃能披襟"；《金剛般若懺文》："弟子習學空無，修行智慧，早窮尊道，克己行法"；《摩訶般若懺文》："弟子頗學空無，深知虚假"；自許正爾不淺。《全梁文》卷二三蕭子顯《御講〈摩訶般若經〉序》："上每爲之通解，……精詳朗贍，莫能追領。舊學諸僧，黯如撤燭，弛氣結舌"；想見其如心大作，猶庖丁之提刀四顧，躊躇志滿。萬乘自貶曰"一介"，"哲人"自貶爲"凡夫"，愈謙則人愈僞，愈謙亦文愈僞矣。釋惠洪《林間錄》卷上："雪竇禪師作《祖英頌古》，其首篇頌初祖不契梁武，曰'闔國人追不再來，千古萬古空相憶'者，歎老蕭不遇詞也。昧者乃敍其事於前曰：'達磨既去，誌公問曰：陛下識此人否？蓋觀音大士之應身耳。傳佛心印至此土，奈何不爲禮耶？老蕭欲追之，誌公曰：借使闔國人追，亦不復來矣！'雪竇豈不知誌公没於天監十三年，而達摩以普通元年至金陵，……今傳寫作'蓋國'，益可笑！"惠洪因記王安石嘗"嗟惜禪者吐辭，多臆説不問義理，故要謗者多以此。"若此碑洵禪人"臆説"而不顧"義理"者。

武帝《捨道事佛疏文》："弟子經遲迷荒，耽事老子，歷葉相承，染此邪法。習因善發，棄迷知返。……寧可在正法中，長淪惡道；不樂依老子教，暫得生天。"按卷四武帝《敕捨道事佛》："唯佛一道，是於正道。……朕捨外道，以事如來。……老子、周公、孔子等雖是如來弟子，而爲化既邪，止是世間之善。……事佛心强、老子心弱者，乃是清信。……其餘諸信，皆是邪見，不得稱清信也"；卷二二邵陵王綸《遵敕捨老子受菩薩戒啟》："今啟迷方，……捨老子之邪風。"《法苑珠林》卷二一《敬佛篇·感應緣》："梁祖登極之後，崇重佛教，廢絶老宗"；當是據此等文而誇大失實。觀《南史·隱逸傳》下記梁武之尊信鄧郁、陶弘景，即知其未嘗"廢絶老宗"，《南史》載陶弘景《遺令》且明言："道人、道士並在門中。"《顏氏家訓·勉學》："洎於梁世，兹風復闡，《莊》、《老》、《周易》，總謂'三玄'。武皇、簡文，躬自講論。……元帝在江荆間，復所愛習，召置學生，親爲教授，廢寢忘食，以夜繼朝，至乃倦劇愁憒，輒以講自釋。"更見梁武父子於"道"，實未割"捨"，上佛之《疏》，下朝之《敕》，皆屬綺語。舊染難湔，宿好仍敦，不過如江淹《自序傳》所稱"又深信天竺緣果之文，偏好老氏清淨之術"，參觀論《全宋文》謝靈運《山居賦》。梁元帝《金樓子·立言》上篇論道家尚虛無，"中原喪亂，實爲此風"，下篇斥魏、晉之間"失老子之旨，以無爲爲宗，背禮違教，傷風敗俗，至今相傳，猶未祛其惑"；則其"教授"老、莊，殆異乎王弼、何晏之撰歟？梁武言"老子、周公、孔子是如來弟子"，乃承晉以來釋子妄説。《法苑珠林》卷六九《破邪篇》之餘引苻朗《苻子》："老子之師名釋葉文佛"，又引《老子大權菩薩經》："老子是迦葉菩薩化行震旦"；《廣弘明集》卷八後周釋道安《二教論·服法非老》第九引《清淨法行經》："佛遣三弟子震旦教化：儒童菩薩、彼稱孔丘，光淨菩薩、彼稱顏淵，摩訶迦葉、彼稱老子"，《佛祖統紀》卷四《教主本紀》第一之四引此《經》則以光淨菩薩爲孔、月光菩薩爲顏；未及周公，梁武倘別有本歟？

【增訂四】西晉竺法護譯《生經·譬喻經》第五五："時儒童菩薩亦在山中，學諸經術，無所不博。……儒童者、釋迦文佛是也。"揣譯文本意當是言"博學童子"，著"儒"字者，以《法言·君子》稱"通天地人曰'儒'"也。後來遂滋附會爲孔門儒家之"儒"矣。

蓋僧徒捏造僞經，以抵制道士捏造之《老子化胡經》等；道士謂釋迦是老子別傳之外國弟子，僧徒謂孔、老皆釋迦別傳之中國弟子。教宗相閱，於强有力而爭難勝者，每不攻爲異端，而引爲別支，以包容爲兼并（annexation）。韓愈《原道》："老者曰：'孔子、吾師之弟子也'，佛者曰：'孔子、吾師之弟子也'"；亦即説破二氏以異己爲附庸之慣技也。《佛祖統紀·通例》論韓愈"排佛"云："反覆詳味，則知韓之立言，皆陽擠陰助之意也"；則逕以此技施於韓身，吞而并之矣。

一九四　全梁文卷八

　　簡文帝《對燭賦》：“綠炬懷翠，朱蠟含丹。……視橫芒之昭曜，見蜜淚之蹉跎。”按言紅綠色燭也，“蜜淚”即燭淚，如李商隱《無題》所謂“蠟炬成灰淚始乾”。“朱蠟”之“蠟”與“蜜淚”之“蜜”，文異而指同；猶商隱詩之“蠟炬”與李德裕《述夢》“無聊燃蜜炬”或李賀《河陽歌》“蜜炬千枝爛”之“蜜炬”，乃是一物。郝懿行《晉宋書故》有《蜜章》一則，考“古人謂蜂蠟爲‘蜜’，刊削蜜蠟爲印章”，可以參觀；郝又引《樹提伽經》：“庶人然脂，諸侯然蜜，天子然漆”，余觀《法苑珠林》卷七一引此經，“然蜜”正作“然蠟”。王若虛《滹南遺老集》卷二四《〈新唐書〉辨》：“《周智光傳》云：‘代宗命趙縱書帛納蜜丸，召郭子儀’，《姜公輔傳》云：‘朱滔以蜜裹書邀朱泚’，《劉季述傳》云：‘割帶内蜜丸告孫德昭。’此本蠟書耳，‘蜜’字何義耶？”《舊唐書·周智光傳》、《朱泚傳》等中皆作“蠟丸”，王氏深惡宋祁“字語詭僻”，指摘此爲一例；然察微治細，識鋭而學陋，每少見多怪，輕心好詆，此亦一例耳。《全唐文》卷五一四殷亮《顏魯公行狀》：“以蠟爲彈丸，以帛書表，實於彈丸之内”，又卷七五六杜牧《竇烈女傳》：“因爲蠟帛書，……以朱染帛丸如含桃”；宋祁記唐人事而不從唐人慣語，以古爲新之結習也。

【增訂三】宋趙升《朝野類要》卷四言“蠟彈”爲物：“以帛寫機密事，外用蠟固，陷於股肱皮膜之間，所以防在路之浮沈漏泄也。”章回小説中《精忠説岳傳》第一六回、三三回皆道之。

【增訂四】《西京雜記》卷四：“閩越王獻高帝……蜜燭二百枚”；“蜜燭”即“蠟炬”。《劍南詩稿》卷四八《追憶征西幕中舊事》之四：“關輔遺民意可傷，蠟封三寸絹書黄”，自注：“關中將校密報事宜，皆以蠟書至宣司”；“蠟書”即“蜜裹書”也。

簡文帝《臨秋賦》：“雲出山而相似，水含天而難別。”按卷一五元帝《蕩婦秋思賦》亦有：“天與水兮相逼，山與雲兮共色”；《全晉文》卷五七袁宏《東征賦》已云：“即雲似嶺，望水若天”，固寫景之恒蹊也。如卷六〇吳均《與朱元思書》：“風烟俱淨，天山共色”；《全陳文》卷一六張正見《山賦》：“混青天而共色”；沈佺期《釣竿篇》：“人疑天上坐，魚似鏡中懸”；姜夔《詩説·自序》：“小山不能雲，大山半爲天”；莎士比亞：“山遠盡成雲”（Like far-off mountains turned into clouds）；拉辛：“水裏高天連大地，波光物影兩難分”（Déjà je vois sous ce rivage/La terre jointe avec les cieux/Faire un chaos délicieux/Et de l'onde et de leur image）[1]。六朝僅言“水含天”，唐宗楚客《奉和人日清暉樓宴羣臣遇雪應制》逕曰：“太液天爲水”，宋人更進而稱水爲“魚天”，如蔣捷《尾犯》之“徧闌干外，萬頃魚天”，

---

① Shakespeare，*The Midsummer Night's Dream*，IV. i. 191；Racine，*Promenades de Port-Royal des Champs*，iv，*Oeuvres*，“la Pléiade”，I，1033.

是也。別詳《杜少陵詩集》卷論《渼陂行》。

簡文帝《悔賦》。按謀篇與江淹《恨賦》同，惟增"前言往行"爲鑑戒一層命意，文筆則遠不逮也。悔之與恨，詞每合舉，情可通連，而各有所主；故兩賦觸類比事，無重複者。《恨賦》道秦始皇，《悔賦》道秦二世，父子二人尤相映成趣。蓋恨曰"遺恨"，悔曰"追悔"；恨者、本欲爲而終憾未能爲（regret），如江淹所謂"武力未畢"、"齎志没地"；悔者，夙已爲而今願寧不爲（remorse），如簡文所謂"還思不諫之尤"、"終無追於昔謀"。聊摘詞章中習用故實，更端示例。《雲仙雜記》卷一："裴令臨終，告門人曰：'吾死無所繫，但午橋莊松雲嶺未成，軟碧池繡尾魚未長，《漢書》未終篇，爲可恨爾！'"；《清異録》卷一《君子》門："劉乙嘗乘醉與人爭妓女，既醒慚悔，集書籍凡飲酒賈禍者，編以自警，題曰《百悔經》。"

一九五　全梁文卷一一

　　簡文帝《誡當陽公大心書》："立身之道，與文章異；立身先須謹重，文章且須放蕩。"按此言端慤人不妨作浪子或豪士語。元好問《論詩絶句》評潘岳《閑居賦》："心畫心聲總失真，文章寧復見爲人！"；此言冰雪文或出於熱中躁進者。樓昉嘗選《崇古文訣》，《説郛》卷四九采其《過庭録》，有云："有一朋友謂某曰：'天下惟一種刻薄人，善作文字。'後因閲《戰國策》、《韓非子》、《吕氏春秋》，方悟此法。蓋模寫物態，考核事情，幾于文致、傅會、操切者之所爲，非精密者不能到；使和緩、長厚、多可爲之，則平凡矣。若刻薄之事，自不可爲，刻薄之念，自不可作"；《南宋羣賢小集》第一一一册黄大受《露香拾稿・遣載入閩從李守約》："機心僅可文章用，邪説毋從釋老求"；王鐸《擬山園初集・文丹》："爲人不可狠鷙深刻，爲文不可不狠鷙深刻"；可申簡文之誡。趙令時《侯鯖録》卷三："歐陽文忠公嘗以詩薦一士人與王渭州仲儀，仲儀待之甚重，未幾贓敗。仲儀歸朝，見文忠論及此，文忠笑曰：'詩不可信也如此！'"；可申元氏之詩。《文心雕龍》論文人，以《體性》與《程器》劃分兩篇，《情采》篇又以"爲情而造文"别出於"爲文而造情"，至曰："言與志反，文豈足徵!"；《通鑑·唐紀》八貞觀二年六月："上謂侍臣曰：'朕觀隋煬帝集，文辭奧博，亦知是堯舜而非桀紂，然行事何其反耶?'"；歐陽修《文忠集》卷一三九《集古録跋尾·唐景陽井銘》："其石檻有《銘》，謂'余'者，晉王廣也。……煬帝躬自滅陳，目見叔寶事，又嘗自銘以爲戒如此，及身爲淫亂，則又過之。"即所謂"作者修詞成章之爲人"（persona poetica）與"作者營生處世之爲人"（persona pratica），未宜混爲一談①。十八世紀一法國婦人曰："吾行爲所損負於道德者，吾以言論補償之"（Je veux rendre à la vertu par mes paroles ce que je lui ôtes par mes actions）②；可以斷章。"文如其人"，老生常談，而亦談何容易哉! 雖然，觀文章固未能灼見作者平生爲人行事之"真"，卻頗足徵其可爲、願爲何如人，與夫其自負爲及欲人視己爲何如人。元氏知潘岳"拜路塵"之行事，故以《閑居賦》之鳴"高"爲飾僞"失真"。顧岳若不作是《賦》，則元氏據《晉書》本傳，祇覩其"乾没"趨炎耳；所以識岳之兩面二心，走俗狀而復鳴高情，端賴《閑居》有賦也。夫其言虛，而知言之果爲虛，則已察實情矣；其人僞，而辨人之確爲僞，即已識真相矣；能道"文章"之"總失"作者"爲人"之真，已於"文章"與"爲人"之各有其"真"，思過半矣。《文心雕龍·程器》、《顏氏家訓·文章》均歷數古來文士不檢名節，每陷輕薄，《雕龍》又以"將相"

---

① Croce："Shakespeare：Persona pratica e Persona poetica"，*Filosofia*，*Poesia*，*Storia*，788ff.；*Estetica*，10ᵃed.，59-60（l'erronea identificazione）.Cf.Marcel Proust："La Méthode de Sainte-Beuve"，*Contre Sainte-Beuve*，136ff.

② Madame de Boufflers，quoted in *Letters of David Hume*，ed.J.Y.T.Greig，Vol.I,p.xxiv.

亦多"疵咎"爲解。實則竊妻、嗜酒、揚己、凌物等玷品遺行，人之非將非相、不工文、不通文乃至不識文字者備有之，豈"無行"獨文人乎哉！《全三國文》卷七魏文帝《又與吳質書》："觀古今文人，類不護細行，鮮能以名節自立"，《雕龍》誦説斯言。夫魏文身亦文人，過惡匪少，他姑不論，即如《世説・賢媛》所載其母斥爲"狗鼠不食汝餘"事，"相如竊妻"較之，當從末減；《雕龍》僅引"將相"，不反脣於魏文而并及帝皇，亦但見其下、未見其上矣。立意行文與立身行世，通而不同，向背倚伏，乍即乍離，作者人人殊；一人所作，復隨時地而殊；一時一地之篇章，復因體制而殊；一體之制復以稱題當務而殊。若夫齊萬殊爲一切，就文章而武斷，概以自出心裁爲自陳身世，傳奇、傳紀，權實不分，覩紙上談兵、空中現閣，亦如痴人聞夢、死句參禪，固學士所樂道優爲，然而慎思明辯者勿敢附和也。鑿空坐實（fanciful literal-mindedness），不乏其徒，見"文章"之"放蕩"，遂斷言"立身"之不"謹重"；作者有憂之，預爲之詞而闢焉。如《全唐文》卷七七八李商隱《上河東公啟》："至於南國妖姬，叢臺名妓，雖有涉於篇什，實不接於風流"；"有涉"猶簡文之"文放蕩"，"不接"猶簡文之"身謹重"，即謂毋見"篇什"之"風流"而遽信其爲人之"風流"。然商隱自明身不風流，固未嘗諱篇什之"有涉"妖姬名妓也。説玉谿詩者，多本香草美人之教，作深文周内之箋。苦求寄託，浪猜諷諭，以爲"興發於此，義在於彼"（語出《全唐文》卷六七五白居易《與元九書》），舉凡"風流"之"篇什"，概視等啞謎待破，黑話須明，商隱篇什徒供商度隱語。蓋"詩史"成見，塞心梗腹，以爲詩道之尊，端仗史勢，附合時局，牽合朝政；一切以齊衆殊，謂唱歎之永言，

莫不寓美刺之微詞。遠犬吠聲，短狐射影，此又學士所樂道優
爲，而亦非慎思明辯者所敢附和也。學者如醉人，不東倒則西
攲，或視文章如罪犯直認之招狀，取供定案，或視文章爲間諜密
遞之暗號，射覆索隱；一以其爲實言身事，乃一己之本行集經，
一以其爲曲傳時事，乃一代之皮裏陽秋。楚齊均失，臧穀兩亡，
妄言而姑妄聽可矣（參觀《周易》卷論《乾》、《毛詩》卷論《狡
童》）。《全唐文》卷八二九韓偓《〈香奩集〉自序》："柳巷青樓，
未嘗糠粃，金閨繡戶，始預風流"；適與商隱《啟》語相反，既
涉跡於勾欄，尤銷魂於閨閣，是詩風流而人亦佻㒓。朱彝尊《曝
書亭集》卷二五《解珮令》："老去填詞，一半是空中傳恨，幾曾
圍燕釵蟬鬢？"；則與商隱《啟》語同揆，"子虛枕障，無是釵鈿"
而已（語出顧有孝、陸世楷同選《閒情集》尤侗《序》）①。

【增訂四】陳廷焯《詞則·放歌集》卷三朱彝尊《摸魚子·題
陳其年填詞圖》："空中語，想出空中姝麗，圖來菱角雙鬟"；
評曰："竹垞自題詞'空中傳恨'云云，題其年詞亦云云，可謂
推己及人。其實朱、陳未必真空也。"

苟作者自言無是而事或實有，自言有是而事或實無，爾乃吹索鈎
距，驗誠辨詿，大似王次回《疑雨集》卷一《無題》所謂："閒
來花下偏相絮：'昨製《無題》事有無？'"專門名家有安身立命
於此者，然在談藝論文，皆出位之思，餘力之行也。陳師道《後
山集》卷一七《書舊詞後》："晁無咎云：'眉山公之詞蓋不更此

---

① Cf. G. Fontanella："Amor finto," G. Battista："Che l'amor suo è finto,"
Marino e i Marinisti, Ricciardi 855－856, 1009；A. Brome："Plain Dealing"："'Twas
all but *Poetrie*. /I could have said as much by any *She*" etc. (*Oxford Book of 17th-
Century English Verse*, 727)

而境也。'余謂不然；宋玉初不識巫山神女而能賦之，豈待更而境也?"，"更"、"更事"之"更"，謂經驗，"境"、"意境"之"境"，謂寫境、造境；李治《敬齋古今黈·拾遺》卷五："予寓趙，在攝府事李君座，座客談詩。或曰：'必經此境，始能道此語。'余曰：'不然。此自在中下言之，彼其能者，則異於是。不一舉武，六合之外無所不到；不一捩眼，秋毫之末，無不照了；是以謂之才。才也者，猶之三才之才，蓋人所以與天地並也。使必經此境能此語，其爲才也陋矣。子美詠馬曰：所向無空闊，真堪託死生，子美未必跨此馬也；長吉狀李憑箜篌曰：女媧鍊石補天處，豈果親造其處乎?'舉座默然。"王國維《紅樓夢評論》第五章："如謂書中種種境界、種種人物，非局中人不能道，則是《水滸》之作者必爲大盜，《三國演義》之作者必爲兵家"；語更明快，倘增益曰："《水滸》之作者必爲大盜而亦是淫婦，蓋人痾也!"則充類至盡矣①。三家之旨，非謂凡"境"胥不必"更"、"經"，衹謂賞析者亦須稍留地步與"才"若想像力耳。康德論致知(Erkenntniss)，開宗明義曰："知識必自經驗始(mit der Erfahrung anhebt)，而不盡自經驗出(entspringt nicht eben alle aus der Erfahrung)"②；此言移施於造藝之賦境構象，亦無傷也。

簡文别"立身"於"文章"，玉谿辨"篇涉"非"身接"，亦屬西方常談。古羅馬詩家自道，或曰："詩人必端潔而詩句不須如此"(Nam castum esse docet pium poetam/ipsum，versiculos

---

① Cf. Giles Fletcher, *Licia*, "Epistle Dedicatory": "A man may write of love and not be in love; as well of husbandry and not go to the plough; or of witches and be none; or of holiness and be flat profane".

② *Krit. der rein. Vernunft*, hrsg. B. Erdmann, 6. rev. Aufl., 41.

nihil necesse est）；或曰："作詩與爲人殊轍，吾品行莊謹而篇章
佻狎"（Crede mihi，distant mores à carmina nostri；/vita vere-
cunda est，musa jocosa mihi）；或曰："吾詩邪佚而吾行方重"
（lasciva est nobis pagina，vita proba est）[1]。拉丁作者屢以爲
言[2]，後世詩家亦每援此等語爲己分雪或爲人開脱[3]；有論之者
曰："是乃遁詞，解嘲而不足蔽辜。身潔自好，止於一己，其事
小；詩褻流傳，傷風敗俗，關繫重大"（Lasciva est nobis pagi-
na，vita proba；ce n'est pas là une excuse. Pagina lasciva im-
porte；vita proba importe moins）[4]。有英人日記中評當時兩名
家作詩皆適反其爲人：一篇章蕩狎而生平不二色、無外遇，一詞
意貞潔，而肆欲縱淫，無出其右（Luttrell was talking of Moore
and Rogers—the poetry of the former was so licentious，that of
the latter so pure；...and the contrast between the *lives* and the
works of the two men—the former a pattern of conjugal and do-
mestic regularity. the latter of all the men he had ever known the
greatest sensualist）[5]。談助而亦不失爲談藝之助焉。

---

[1]　Catullus，XVI.5-6；Ovid，*Tristia*，II.353-354；Martial，I.iv.

[2]　E.g. Pliny，*Epist*.，IV.xiv，V.iii；Ausonius，*Idyl*.，xiii；Hadrian，ii（*Mi-nor Latin Poets*，"Loeb"，444）.

[3]　E.g. Marino，*L'Adone*，VIII.6，*Marino e i Marinisti*，155-156；Nashe，*The Unfortunate Traveller*，*Works*，ed. R.B. Mckerrow，II，266；Herrick；"Poets"，"To this Book's end..."，*Poetical Works*，ed. L.C. Martin，220，335.

[4]　Joubert，*Pensées*，Tit. XIII.132.

[5]　C.C.F. Greville，*Memoirs*，Dec.16，1835，ed. H. Reeve，III，331. Cf. J. W.L. Gleim，*Versuch in scherzhaften Liedern*："Schliesst niemals aus den Schriften der Dichter，auf die Sitten derselben. Ihr werdet euch betriegen；denn sie schreiben nur，ihr Witz zu zeigen"（quoted in A. Anger，*Deutsche Rokoko-Dichtung*，8）.

【增訂三】異於"立身"之"文章"，不獨詩歌，劇本、小説亦爾。古希臘人嘗言歐里庇得斯(Euripides)憎疾婦人，索福克勒斯(Sophocles)聞而笑曰："渠衹在劇本中仇惡女人耳，在枕席上固與之恩愛無間也"（Yes，[he is a woman-hater]in his tragedies；for certainly when he is in bed he is a woman-lover——*The Deipnosophists*，XIII. 557，"Loeb"，VI，15）；"文章"所恨如怨家者，"立身"則親爲"冤家"焉（參觀1676－1677頁）。嘲謔亦談言微中。法國近代名小説中男女角色論陀斯妥耶夫斯基生平曾否謀殺人一節（Marcel Proust，*La Prisonnière*："Mais est-ce qu'il a jamais assassiné quelqu'un，Dostoievsky?" etc.，*op. cit.*，III，379－381），又論小説索隱之費心無補一節（la vanité des études où on essaye de deviner de qui parle un auteur——*Le Temps retrouvé*，*ib.*，907－909），尤屬當行人語。

簡文帝《答張纘謝示集書》："日月參辰，火龍黼黻，尚且著於玄象，章乎人事，而況文詞可止、詠歌可輟乎?"按卷一二簡文帝《昭明太子集序》："竊以文之爲義，大矣遠哉!"一節亦此意，均與《文心雕龍·原道》敷陳"文之爲德也大矣"，詞旨相同，《北齊書·文苑傳》、《隋書·文學傳》等亦以之發策。蓋出於《易·賁》之"天文"、"人文"，望"文"生義，截搭詩文之"文"，門面語、窠臼語也。劉勰談藝聖解，正不在斯，或者認作微言妙諦，大是渠儂被眼謾耳。

【增訂三】《二程遺書》卷一八程頤答"作文害道否?"之問，有曰："游、夏稱'文學'，……亦何嘗秉筆學爲詞章也? 且如'觀乎天文以察時變，觀乎人文以化成天下'，此豈詞章之文也?"司馬光《傳家集》卷六〇《答孔文仲司戶書》:"古之所謂'文'者,乃詩書禮樂之文、升降進退之容、絃歌雅頌之聲,非今之所謂'文'也。今之所謂'文'者,古之辭也。"可以申説前一意。後一意謂《易》之"天文"、"人文",亦未容望"文"攀附。不失爲慎思明辨,若因而抹摋詞章,則理學家之隘見矣。

簡文帝《與湘東王書》:"謝客吐言天拔,出於自然,時有不拘,是其糟粕;裴氏乃是良史之才,了無篇什之美。"按評裴語參觀《全宋文》論范曄《獄中與諸甥姪書》。評謝語似是當時公論,却未成後世定論。《南史·顏延之傳》載鮑照稱謝詩"如初發芙蓉,自然可愛",顏詩"如鋪錦列繡,亦雕繪滿眼";鍾嶸《詩品》中稱謝如"芙蓉出水",顏如"錯采鏤金"。余觀謝詩取材於風物天然,而不風格自然;字句矯揉,多見斧鑿痕,未滅針線跡,非至巧若不雕琢、能工若不用功(interior polish)者。葉夢得《石林詩話》云:"'初日芙蕖'非人力所能爲,而精彩華麗之意,自然見於造化之外,靈運諸詩可以當此亦無幾";賀貽孫《水田居詩筏》論鮑照語云:"然觀康樂詩,深密有餘,疏淡不足,雖多佳句,痴重傷氣,非定評也";姚範《援鶉堂筆記》卷四〇評謝詩"頗多六代强造之句,音響佐澀,亦杜、韓所自出;惠休所云'初日芙蕖',皎然所云'風流自然',正未易識";潘德輿《養一齋詩話》卷二評謝詩"蕪累寡情處甚多。……湯惠休云:'如芙蓉出水',彼安能盡然!'池塘生春草'句則庶幾矣。"謝選詞較顏素淡,取材又多爲山水,二家相形,遂覺一近自然、一仗文飾。齊梁以謝、顏並舉互襯,正如後世以天才、學力分屬李白、杜甫或蘇軾、黃庭堅又復楊萬里、陸游乃至王士禎、朱彝

尊耳。晉、宋詩家眞堪當"吐言天拔"、"出於自然"之目者，有
陶潛在，黃庭堅即云："至於淵明，則所謂'不煩繩削而自合'
者。"簡文之兄昭明太子愛陶集而"不能釋手"（《全梁文》卷二
○《陶淵明集序》），具眼先覺；而簡文仍囿時尚，既不數陶，復
以"自然"推謝，豈評文之識亦如作文之才，"雖在父兄，不能
以移子弟"耶？《顏氏家訓·文章》篇記"劉孝綽常以謝朓詩置
几案間，動靜輒諷味，簡文愛陶淵明文，亦復如此"；殆後來眼
力漸進歟。《全梁文》卷四八袁昂《評書》："李鎭東書如芙蓉之
出水，文彩如鏤金"；顯襲惠休分稱顏、謝詩語，合施於李氏之
書，儼然一手而能兼美者。夫錦上添花，已屬多事，芙蓉上添金
彩，直是殺風景；合之兩傷，雖浮雲涬太淸、脂粉汙顏色，未足
爲比。捃摭撮合如此，眞偸詞之鈍賊矣。又簡文此《書》："徒以
煙墨不言，受其驅染，紙札無情，任其搖襞；甚矣哉，文之橫
流，一至於此！"《全唐文》卷七二七舒元輿《悲剡溪古藤文》即
此意之敷陳，所謂："今之錯爲文者，皆夭閼剡溪藤之流也！"簡
文以作文爲虐使紙墨；《全唐文》卷一九一楊炯《王勃集序》：
"動搖文律，宮商有奔命之勞，沃蕩詞源，河海無息肩之地"，則
以爲勞役文字；韓愈《雙鳥詩》："鬼神怕嘲詠，造化皆停留；草
木有微情，挑抉示九州；蟲鼠誠微物，不堪苦誅求"，則以爲徵
求物象；周密《浩然齋雅談》卷下記賀鑄曰："吾筆端驅使李商
隱、溫庭筠，常奔走不暇"，復以爲驅遣古人；胥如橫暴之奴視
衆人也。

　　簡文帝《與廣信侯書》："兼下車以來，義言蓋少。舊憶已
盡，新解未餐；既慚口誦，復非心辯，永謝瀉瓶，終慚染甕。"
按卷一三簡文帝《大法頌》："咸符瀉瓶之思，並沾染甕之施"；

卷二二蕭映《答晉安王書》："謝瓶慚罍，實歸庸菲"；卷五三陸雲公《御講〈般若經〉序》："傳習譬於寫瓶。"使事出《大般涅槃經‧憍陳如品》第一三之三："阿難……自事我來，持我所説十二部經，一經於耳，曾不再問，如寫瓶水，置之一瓶"；《長阿含經》之二《游行經》："信心清淨，譬如淨潔白氎，易爲受色"（《雜阿含經》卷四九之一三二三、《增益阿含經》卷六之五又卷九之四又卷二〇之一同）；《觀佛三昧海經‧觀相品》第三之三："汝獨聰明，總持佛語，猶如瀉水置於異器"，《觀佛心品》第四："遇善知識，爲説實法，如好白氎，易染受色"（又《觀四無量品》第五氎喻、《本行品》第八瓶喻）。"寫瓶"之典，徵用更多，如《大唐西域記》卷一〇憍薩羅國節："誠乃寫瓶有寄，傳燈不絕"；釋景審《〈一切經音義〉序》："既瓶受於先師，亦水瀉於後學。"《高僧傳》二集卷三《慧淨傳》："令曰：'既同瓶瀉，有若燈傳'"（參觀卷六《智藏傳》），又卷九《警韶傳》："世諺'瀉瓶重出，知十再生'者也。"後世儒者闢佛，設譬頗類。曾慥《類説》卷五三楊億《楊文公談苑》："徐鉉不信佛，江南中主以《楞嚴經》令觀，旬餘，曰：'臣讀之數過，見其談空之説，似一器中傾出，復入一器中，都不曉其義'"；袁枚《隨園詩話》卷一五謂楊慎詩"一桶水傾如佛語"本於"徐騎省云：'《楞嚴》、《法華》不過一桶水傾入彼一桶中，傾來倒去，還是此一桶水，毫無餘味'"，實出《談苑》，袁氏耳食而增飾其語耳。《二程遺書》卷三程頤曰："禪家之言性，猶太陽之下置器，以其間方圓大小不同，特欲傾此於彼爾。然太陽幾時動?"；楊時《二程粹言》卷二："人之性猶器，受光於日；佛氏言性，猶置器日下，傾於彼爾，固未嘗動也"；器水尚可傾，器日則并不可傾，更爲無謂多事也。傾器無殊瀉瓶，褒貶翩其反而。釋書瀉瓶之喻，尚有一義。《長阿含經》卷八一《念身經》："若有沙門梵志，不正立念；身游行少心者，爲魔波旬伺求其便，猶如有瓶，中空無水，正安着地，若人持水，來瀉瓶中，瓶必受水。若有沙門梵志，正立念，身游行無量心者，魔波旬伺來其便，終不能得，猶如有瓶，水滿其中，正安着地，若人持水，來瀉瓶中，瓶安不受。"猶《宋元學案》卷六五引陳器之《潛室語》説程顥言"中有主則實，實則患不得入"；"謂有主人在內，先實其屋，故外客不能入"（參觀《朱子語類》卷九六、卷一一三）。前之"瀉瓶能受"是褒，此乃是貶。皆一喻之同邊異柄也。

【增訂三】程顥語見《二程遺書》卷一答呂與叔語，正與《阿含經》闇合："又如虛器入水，水自然入；若以一器，實之以水，置之水中，水何能入來？蓋中有主則實，實則外患不能入。"亦見卷一五程頤語（一作程顥語）、卷一八程頤答呂與叔語，字句詳略稍異。

一九六　全梁文卷一二

簡文帝《莊嚴旻法師〈成實論義疏〉序》："百流異出，同歸一海；萬義區分，總乎成實。"按唐高宗《述三藏聖記》："於是百川異流，同會於海，萬區分義，總成乎實"，全襲此。

一九七　全梁文卷一三

簡文帝《大法頌》：“忉利照園之東，帝釋天城之北，故以辛壬癸甲，綿蠻霶霈。”按《虞書‧益稷》：“予創若時，娶於塗山，辛壬癸甲”，此簡文所本。宋李彌遜《筠谿集》卷一五《將到金陵投宿烏江寺》亦曰：“辛壬癸甲常爲客，南北東西只問山”；下句於上句既爲對語，兼如註解。

【增訂三】何晏《景福殿賦》：“屯坊列署，三十有二。星居宿陳，綺錯鱗比，辛壬癸甲，爲之名秩。”《文選》李善註：“‘辛壬癸甲’，十干之名。今取以題坊署，以別先後也。”竊疑“辛壬癸甲”兼指“坊署”之方位，不僅定其名次。“爲之名秩”非即“以爲名秩”；語涵兩意，即取十干，按四方，而爲房屋定名序次。如屋之位於西者題爲辛一、辛二等，位於北者，題爲癸一、癸二等耳。

【增訂四】《晚晴簃詩滙》卷七一陳梓《夏蓋湖》：“南朔東西波浪急，辛壬癸甲別離多”；一反李彌遜聯之法，以上句解下句。《全唐文》卷七三〇《絳守居園池記》舍“自甲辛苞”外，尚有“癸次”、元三家註：“北地”，“子午”、註：“子北地，午南地”，“巽隅”、註：“東南”，“艮間”、註：“東北”，然亦未能全避

“東”、“西”、“南”、“北”等字。《全唐文》卷五九八歐陽詹《棧道銘》：“秦之坤，蜀之艮”，謂西北與東南。顧炎武《日知錄》卷一九譏樊宗師：“如《絳守居園池記》以‘東西’二字平常而改爲‘甲辛’，殆類吳人之呼‘庚癸’者矣”；顧廣圻《思適齋文集》卷一五《孫可之集跋》：“《龍多山録》云：‘起辛而遊，泊甲而休’，此用《書》‘辛壬癸甲’也”；俞樾《湖樓筆談》卷六：“班固《幽通賦》：‘歸於龍虎’，謂‘卯’與‘酉’也”，又《茶香室續鈔》卷七：“《菰中隨筆》：‘入止都門，艮坤闊絶’，用韋蘇州《酬李儋》：‘都城二十里，居在艮與坤’，謂一居東南、一居西北也”；平步青《霞外攟屑》卷八上增益曰：“元結《峿臺銘》：‘周行三四百步，從未申至丑寅’，謂從西南至東北耳；焦氏《筆乘》續集卷七《金陵舊事》引洪邁云：‘皆延庚揖辛，賓夕陽而導初月’；《湖海詩傳》卷二十一程之章《齋居漫興》云：‘石排甲子苔斑瘦，魚戲庚辛水影重’，下句用古詩‘蓮葉東西’也。”當以簡文、歐陽詹文與李彌遜詩補之。陶潛《於王撫軍座送客》：“瞻夕欲艮謙”，《庚子阻風》：“巽坎相與期”，亦此類；顧炎武《菰中隨筆》自記作一聯：“入止都門，既艮坤之闊絶，出游江上，又巽坎之難期”，正以陶詩對韋詩，“巽坎”謂風與水耳。袁桷《清容居士集》卷九《題柯自牧〈救荒記〉》：“比屋呼庚癸，連年厄丙丁”，亦善爲“庚癸”覓偶。

一九八　全梁文卷一六

　　元帝《耕種令》："況三農務業，尚看夭桃敷水；四人有令，猶及落杏飛花。……不植燕頷，空候蟬鳴。"按葉適《習學紀言序目》卷三二引此數語而譏之曰："帝之文章所以潤色時務者如此，豈'載芟良耜'之變者耶！"帝皇勸農，本如"布穀催農不自耕"（楊萬里《誠齋集》卷三六《初夏即事》），此《令》直似士女相約游春小簡，官樣文章而佻浮失體。《全三國文》卷一八陳王植《藉田論》云："非徒娛耳目而已"；若"看夭桃、及落杏"等語，真所謂"娛耳目"也。

一九九　全梁文卷一七

　　元帝《金樓子序》："體多羸病，心氣頻動；卧治終日，睢陽得善政之聲，足不跨鞍，聊城有卻兵之術。吾不解一也。常貴無爲，每嗤有待；閒齋寂寞，對林泉而握談柄，虛宇遼曠，玩魚鳥而拂叢蓍。愛靜之心，彰乎此矣。而候騎交馳，仍麾白羽之扇，兵車未息，還控蒼兕之車，此吾不解二也。"按機杼仿《全三國文》卷五八諸葛亮《聞孫權破曹休魏兵東下關中虛弱上言》："此臣之未解一也……此臣之未解六也。"意謂己初不能自解，人更出乎意表，事無不舉，而心有餘閒；詞若憾而實乃深喜自負也。"霞閒得語，莫非撫臆"；按"霞"當是"暇"之譌。又按《全唐文》卷一四一魏徵《〈羣書治要〉序》："近古皇王，時有撰述，並皆包括天地，牢籠羣有，競采浮艷之詞，爭馳迂怪之説，騁末學之傳聞，飾雕蟲之小技"；當指梁元帝此書。

　　元帝《内典碑銘集林序》。按此集"合三十卷"，據《金樓子·著書》篇，尚有《碑集》十袟百卷"付蘭陵蕭賁撰"，吾國編集金石，肇始斯人。觀"幼好雕蟲"、"寓目詞林"等語，集碑之旨，出於愛翫詞章，不同後世金石學之意在考訂文獻或玩賞書法也。"夫時代呕改，論文之理非一；時事推移，屬詞之體或異。……或引事雖博，其意猶同；或新意雖奇，無所倚約。……能使艷而不華，質而不野，博而不繁，省而不率，文而有質，約而能潤"。"倚"、傍也，《宋書・謝靈運傳・論》："直舉胸情，非傍詩史"，即此"傍"字，《南齊書・文學傳・論》所謂"假古語，申今情"，《詩品》中所謂"補綴"，《文心雕龍・事類》所謂"據事以類義，援古以證今"。"約"、精而當也，如《事類》："是以綜學在博，取事貴約"，又："校練務精，捃理須覈，事得其要，雖小成績。"全節可參觀卷二〇昭明太子《答湘東王求文集及詩苑英華書》："夫文典則累野，麗亦傷浮，能麗而不浮，典而不野，文質彬彬"；卷六〇劉孝綽《昭明太子集序》："深乎文者，能使典而不野，遠而不放，麗而不淫，約而不儉。"累"野"之"典"，又可參觀卷一一簡文帝《與湘東王書》："若夫六典三禮，所施則有地；……未聞吟詠情性，反擬《內則》之篇，操筆寫志，更摹《酒誥》之作，遲遲春日，翻學《歸藏》，湛湛江水，遂同《大傳》。"鍾嶸《詩品》下評張欣泰、范縝二人"並希古勝文"；《北齊書・儒林傳》劉晝曰"恨不學屬文，方復緝綴辭藻，此甚古拙"，是"典而野"之例，正如宋以後道學家之以《六經》語爲詩。《論語》："質勝文則野"，此等則以"典"而得"質"，所謂"希古勝文"也。

二〇〇　全梁文卷一八

元帝《攝山棲霞寺碑》："苔依翠屋，樹隱丹楹。澗浮山影，山傳澗聲。"按"隱"字尋常，"依"字新切；卷三四江淹《青苔賦》："嗟青苔之依依兮"，即此"依"也。王維《書事》："輕陰閣小雨，深院晝慵開，坐看蒼苔色，欲上人衣來"，末句正"青苔依依"之的解，猶李商隱《贈柳》："隄遠意相隨"，乃"楊柳依依"之的解（別見《毛詩》卷論《采薇》）。"欲上"與"意相隨"，同心之言也。"澗浮"二語一若山與澗有無互通，短長相資，彼影此寫，此響彼傳，不具情感之物忽締交誼，洵工於侔色揣稱矣。西方作者則常道樹臨溪畔，溪水潤樹，樹蔭庇水，濟美互惠（"bagna egli [il canaletto] il bosco e'l bosco il fiume adombra，/col bel cambio fra lor d'umore e d'ombra"；"quello [l'arbore] con gli spaziosi rami della sua prolezione favoreggiando questo [il ruscello]，e questo porgendo a quello con le vive acque della sua feconda vena vita immortale"；"sometimes angling to a little river near hand，which for the moisture it bestowed upon the roots of flourishing trees，was rewarded with their shadow"；"Is like a cedar planted by a spring；/The spring bathes the tree's root，the grateful tree/Rewards it with his shadow"；"The ripples seem right glad to reach those cresses，/And cool themselves a-mong the em'rald tresses；/The while they cool themselves，they freshness give，/And moisture，that the bowery green may live：/So keeping up an interchange of favours，/Like good men in the truth of their behaviours")①。其言溪與樹如朋友通財協力，無異梁元之言山與澗焉。

---

①　Tasso，*Gerusalemme Liberata*，XVIII. 20，*Poesie*，Ricciardi，437；Marino：
"A Carlo Emanuelel"，*Marino ei Marinisti*，Ricciardi，24；Sidney，*Arcadia*，quoted
from the 1674 ed. in J. Dunlop，*History of Fiction*，4th ed.，341；Webster，*The
Duchess of Malfi*，III. ii，*Plays by Webster and Ford*，"Everyman's"，138；Keats："I
stood tiptoe upon a little Hill"，*Poems*，"Everyman's"，3.

二〇一　全梁文卷一九

　　昭明太子統。昭明《文選》，文章奧府，入唐尤家弦户誦，口沫手胝。《舊唐書·吐蕃列傳》上奏"請《毛詩》、《禮記》、《文選》各一部"；敦煌《秋胡變文》携書"十袟"——《孝經》、《論語》、《尚書》、《左傳》、《公羊》、《穀梁》、《毛詩》、《禮記》、《莊子》、《文選》。正史載遠夷遣使所求，野語稱游子隨身所挾，皆有此書，儼然與儒家經籍並列。《舊唐書·武宗本紀》李德裕且以"不於私家置《文選》"鳴高示異。《文宗本紀》下又《裴潾傳》記潾撰集《太和通選》三〇卷，以"續梁昭明太子《文選》"，而"所取偏僻"，文士"非素與潾游者，文章少在其選"，爲"時論"所"薄"，後亦不傳，《經籍志》并未著録。蓋欲追踪蕭《選》而望塵莫及；故陸龜蒙《襲美先輩以龜蒙所獻五百言，既蒙見和，復示榮唱，至於千字，再抒鄙懷，用申酬謝》深歎無繼昭明而操選政者："因知昭明前，剖石呈清琪，又嗟昭明後，敗葉埋芳蕤。"詞人衣被，學士鑽研，不舍相循，曹憲、李善以降，"文選學"專門名家（參觀阮元《揅經室二集》卷二《揚州文選樓記》）。詞章中一書而得爲"學"，堪比經之有"《易》學"、"《詩》學"等或《説文解字》之蔚成"許學"者，惟"《選》學"

與"《紅》學"耳。寥落千載，儷坐儷立，莫許參焉。"千家註杜"，"五百家註韓、柳、蘇"，未聞標立"杜學"、"韓學"等名目。考據言"鄭學"、義理言"朱學"之類，乃謂鄭玄、朱熹董著作學説之全，非謂一書也。昭明自爲文，殊苦庸懦，才藻遠輸兩弟，未足方魏文之於陳思。卷二一《解二諦義》説佛理亦甚冗鈍；張商英《護法論》斥梁武爲"小乘根器"，而譽昭明爲"亦聖人之徒"，佞口抑揚，不可解亦不勞索解耳。

　　昭明《錦帶書十二月啟》。按《全晉文》卷八四索靖《月儀帖》爲此制見存最古之例，即後世之"書柬活套"，皆屬《啟劄淵海》、《啟劄青錢》等書之《時令》門者。索《帖》每月"具書"分兩篇，前篇陳時序，後篇道懷想；昭明《啟》每月一篇，而篇分兩節，前節頌諛受書人，後節作書人自謙。宋以來酬世尺牘中兩體均有。昭明《姑洗三月啟》："聊寄八行之書，代申千里之契"；舊稱客套儀文之函札爲"八行書"始見於此。

　　【增訂四】北齊邢邵《齊韋道遜晚春宴詩》："誰能千里外，獨寄八行書"；與昭明《啟》詞意大同，頗徵南北朝已以"八行書"爲習語矣。

《全後漢文》卷一八馬融《與竇伯向書》："書雖兩紙，紙八行，行七字，見手跡歡喜何量"，尚非其意，紙八行而"書"則十六行也。後世信箋每紙印成八行，作書時以不留空行爲敬，語意已盡，則摭扯浮詞，俾能滿幅。袁凱《海叟詩集》卷四《京師得家書》："江水一千里，家書十五行，行行無別語，只道早還鄉"，歷來傳誦；"一千里"自非確數，"十五行"殆示別於虛文客套之兩紙八行耳。《林鐘六月啟》："三千年之獨鶴，暫逐雞羣；九萬里之孤鵬，權暫燕侶"；二事相儷，原同俯拾，後世數見。如

《東軒筆録》卷三丁謂移道州詩："九萬里鵬容出海，一千年鶴許歸遼"；邵雍《擊壤集》卷二〇《首尾吟》："南溟萬里鵬初舉，遼海千年鶴乍歸"；《五燈會元》卷一六佛印比語："九萬里鵬從海出，一千年鶴遠天歸"；陸游《寓驛舍》："九萬里中鯤自化，一千年外鶴仍歸"等。然撮合而使爲語言眷屬者，自昭明此篇始。《夷則七月》："桂吐花於小山之上，梨翻葉於大谷之中"；《日知録》卷二五引《楚辭》王逸註謂淮南王招俊偉之士，有大山、小山，昭明"以'山'爲山谷之'山'，失其旨矣"；似非知言。淮南小山《招隱士》首句曰："桂樹叢生兮山之幽"，昭明用"山"、"桂"出此，以求與潘岳《閑居賦》之"大谷之梨"對稱，遂增"小"字。昭明采《招隱士》入《文選·騷》類下，署名劉安，非不知來歷而"失旨"者也。

二〇二　全梁文卷二〇

　　昭明太子《七契》。按謀篇陳陳相因，琢句亦無警出，惟誇説飲食一節有云：“怡神甘口，窮美極滋。加以伊公調和，易氏燔爨，傳車渠之椀，置青玉之案，瑤俎既已麗奇，雕盤復爲美玩。子能與予而享之乎?”，可參觀《水滸》第三八回宋江在琵琶亭酒館吃“加辣點紅白魚湯”所謂：“美食不如美器。”説食而兼説食器之相得益彰，《七林》先構雖有如曹植《七啟》：“盛以翠樽，酌以雕觴”，張協《七命》：“接以商王之箸，承以帝辛之杯”，皆不及此篇之昭彰，點出適口充腸而復寓目賞心也。《文選》卷二七江淹《望荆山》：“金樽坐含霜”，卷三〇謝靈運《石門新營所住四面高山迴溪石瀨修竹茂林詩》：“清醑滿金樽”，李善註皆引曹植《樂府詩》：“金樽玉杯，不能使薄酒更厚”；則謂美器無補於惡食。杜甫《進艇》：“茗飲蔗漿携所有，瓷甖無謝玉爲缸”，又《少年行》：“莫笑田家老瓦盆，自從盛酒長兒孫；傾銀注玉驚人眼，共醉終同臥竹根”；則謂惡器無損於美食（參觀羅大經《鶴林玉露》卷八、沈弘宇《渾如篇》《西江月》）。至李白《行路難》：“金樽清酒斗十千，玉盤珍羞直萬錢，停杯投箸不能食，拔劍四顧心茫然”，則更進一解，謂苟有心事，口福眼福

胥成烏有，美食美器唐捐虛設而已。歌德有小詩自言，飲美酒不
拘何器皿，然苟欲茗芋痛飲，則當以精製古杯觴斟酌之（Ueber-
all trinkt man guten Wein,/Jedes Gefäss genügt dem Zecher:/
Doch soll es mit Wonne getrunken sein,/So wünsch'ich mir
künstlichen griechischen Becher）①。

---

①   Goethe，*Spruchweisheit in Vers und Prosa*，*op. cit.*，III，213.

二〇三　全梁文卷二七

　　沈約《奏彈王源》："糾愆繩違，允兹簡裁。源即主。臣謹案：南郡丞王源忝藉世資"云云。按《文選·彈事》類任昉《奏彈曹景宗》："不有嚴刑，誅賞安置？景宗即主。臣謹按：使持節都督郢司二州諸軍事、左將軍郢州刺史、湘西縣開國侯臣景宗"云云，李善註："王隱《晉書》庾純《自劾》曰：'醉酒荒迷，昏亂儀度，即主。臣謹按：河南尹庾純'云云。"六朝彈劾章奏程式如是；庾純一例爲見存最早者，而《晉書》本傳載純自劾表文，僅作："醉酒迷荒，昏亂儀度，臣得以凡才"云云，削去"即主"等語，已失本來面目。嚴氏輯《全晉文》卷三六，祇據《晉書》采錄，未嘗參驗《選》註也。《文選》又有任昉《奏彈劉整》，善註於"臣謹案：新除中軍參軍臣劉整"一句前，補："如法所稱，整即主。"《梁書·王亮傳》載任昉奏彈范縝："不有嚴裁，憲准將頹。縝即主。臣謹案"云云；又《蕭穎達傳》載任昉奏彈穎達："與風聞符同。穎達即主。臣謹案"云云；又《良吏傳》載虞嶠奏彈伏暅："如法所稱，暅即主。臣謹案"云云；《魏書·于栗磾傳》載元匡奏彈于忠："傷禮敗德，臣忠即主。謹案臣忠世以弘勳"云云；又《閹宦傳》載王顯奏彈石榮抱老壽：

“犯禮傷化，老壽等即主。謹按石榮籍貫兵伍”云云。“即主”以
上猶立狀，舉其罪，“謹案”以下猶擬判，定其罰；《尚書·呂
刑》所謂“詞”與“正”也。任昉《奏彈劉整》、《奏彈蕭穎達》
二篇結構尤明。《全後魏文》卷五一據《北史》以元匡彈于忠文
收入溫子昇文中；《全梁文》卷六一劉孝儀《彈賈執、傅湛文》
（輯自《文苑英華》卷六四九）僅有“謹案”而無“即主”，蓋是
變體。

二〇四　全梁文卷二八

　　沈約《與徐勉書》："外觀傍覽，尚似全人，而形骸力用，不相綜攝，常須過自束持，方可僶俛。解衣一臥，支體不復相關。……後差不及前差，後劇必甚前劇。百日數旬，革帶常應移孔；以手握臂，率計月小半分。"按寫老而衰，非寫老而病。白居易《答夢得秋日書懷見寄》："幸免非常病，甘當本分衰"，分疏明白。蓋病乃變故，衰屬常規；病尚得減，而衰老相期，與日俱老，則亦逐日添衰；病可待其漸除，而衰則愈待而愈積。此所以"後差不及前差，後劇必甚前劇"也。心力頹唐，不耐貫注，體力乏弊，不堪運使，懶散而樂於放憛，所謂"不相綜攝"。《高僧傳》二集卷七《慧韶傳》："吾今無處不痛，如壞車行路，常欲摧折，但自強耳"；裴景福《河海崑崙録》卷一："嘗聞仁和王相國語人曰：'每我早起時，如持新雨傘，硬將他撐開'"，舊日油漆紙傘新者皆膠粘不易撐開，立譬妙於"壞車"。"硬將他撐開"與"常須過自束持"，詞異收放，意等提撕，均"自強"或勉強振作，即"綜攝"（to assemble oneself）耳。"解衣一臥，支體不復相關"，則頹然嗒焉，不復"綜攝"矣。古人形容老態，尟如約之親切者。後世因此一篇，孳生野語，如《雲仙雜記》卷四："沈休文羸劣多病，日數米而食，羹不過一簋”，又卷五：“沈休文多病，六月猶綿帽溫爐，食薑椒飯，不爾便委頓。”詩詞中尤以“沈郎腰”爲濫熟典故；王世貞《弇洲山人四部稿》卷一六一《宛委餘編》：“觀沈休文《與徐勉書》，是一衰病老公、不知止足者也，大是殺風景事。而後世因‘革帶移孔’一語，呼之爲‘沈郎瘦腰’，又以爲風流之症，極大可笑”；錢希言《戲瑕》卷二：“沈約向徐勉陳情云云，《法喜志》乃言：‘一時以風流見稱，而肌腰清癯，時語沈郎腰瘦’似未核之《梁書》”；陳祖范《陳司業全集·掌録》卷下：“‘沈郎腰瘦’本隱侯自述衰老不堪之狀，今訛作少年風月多情用。”據卷三二約《懺悔文》，則其“少年”時固亦“風月多情”者，特“革帶移孔”自是古稀時事；《書》云：“今歲開元，禮年云至，懸車之請，事由恩奪”，指《曲禮》謂大夫七十歲則致仕也。

二〇五　全梁文卷二九

　　沈約《答陶隱居〈難均聖論〉》：“釋迦出世年月，不可得知。佛經既無年歷注記，……不過以《春秋》魯莊七年四月辛卯恒星不見爲據。……何以知魯莊之四月，是外國之四月乎？若外國用周正邪？則四月辛卯，長歷推是五日，了非八日。若用殷正邪？周之四月，殷之三月。用夏正邪？周之四月，夏之二月。都不與佛家四月八日同也。……且釋迦初誕，唯空中自明，不云星辰不見也。……與《春秋》‘恒星不見’，意趣永乖。……則釋迦之興，不容在近周世。”按約《均聖論》言：“世之有佛，莫知其始。……唐虞三代，不容未有，事獨西限，道未東流”；陶弘景《難鎮軍沈約〈均聖論〉》駁：“謹案佛經，……釋迦之現，近在莊王”（《全梁文》卷四七）。故約重申周前早已有佛之意，其排釋流之附會《春秋》，正所以尊釋迦也。姚範《援鶉堂筆記》卷一一：“桓公七年夏四月辛卯夜恒星不見，此著於《〈春秋〉經》，皆以爲天之變異。而釋文〔？氏〕乃侈大其事，以爲佛生之瑞。且此四月辛卯，杜以長歷推之，爲四月五日，又周正之二月也，而今以夏正之四月八日當之，其可乎？故陶隱居作《論》，亦以此爲難”；似誤憶沈《論》爲陶《論》也。

二〇六　全梁文卷三二

　　沈約《懺悔文》："暑月寢臥，蚊䖟嘬膚，忿之於心，應之於手，歲所殲殞，略盈萬計"；按別見《太平廣記》卷論卷九九《僧惠祥》。"追尋少年，血氣方壯，習累所纏，事難排豁。淇水上宮，誠無云幾；分桃斷袖，亦足稱多"；按自懺色戒而兩事並舉，正如《北齊書・廢帝紀》許散愁自道"稱貞"、"不亂"曰："自少以來，不登孌童之牀，不入季女之室"，亦即晏殊《類要》之有"左風懷"與"右風懷"兩類也（見方回《瀛奎律髓》卷七《風懷類・序》引）。

二〇七　全梁文卷三三

　　梁文之有江淹、劉峻，猶宋文之有鮑照，皆俯視一代，顧當時物論所推，乃在沈約、任昉；觀《顏氏家訓·文章》篇記邢劭服沈而魏收慕任，"鄴下紛紜，各有朋黨"，則盛名遠布，敵國景崇。及夫世遷論定，沈、任遺文中求如《恨》《別》兩賦、《絕交》廣論之傳誦勿衰者，一篇不可得。"外國即當代之後世"（L'étranger, cette postérité contemporaine），其然豈然。《文章》篇又云："祖孝徵嘗謂吾曰：'任、沈之是非，乃邢、魏之優劣也'"；語仿《世說·品藻》楊淮二子喬與髦，裴頠愛喬，樂廣愛髦，"淮笑曰：'我二兒之優劣，乃裴、樂之優劣。'"

　　《江上之山賦》："見紅草之交生，眺碧樹之四合；草自然而千華，樹無情而百色。"按"碧樹"而曰"百色"，若自語相違，實謂樹皆有色，其色則碧。卷三四淹《雜三言五首》之《訪道經》："池中蓮兮十色紅，窗前樹兮萬葉落"，亦謂蓮皆紅色。《洛陽伽藍記》卷四《法雲寺》："荊州秀才張裴常爲五言，有清拔之句云：'異林花共色，別樹鳥同聲'"；"百色"、"十色"即"共色"，用法罕見。李商隱《蟬》："五更疏欲斷，一樹碧無情"，下句本淹此賦，馮浩《玉谿生詩註》卷三未及。

《四時賦》：“測代序而饒感，知四時之足傷。若乃旭日始暖，……至若炎雲峯起，……及夫秋風一至，……至於冬陰北邊，……。聞歌更泣，見悲已疢，實由魂氣愴斷，外物非救，參四時而皆難，況僕人之末陋也。”按參觀《毛詩》卷論《七月》又《楚辭》卷論《九辯》。

【增訂三】《全晉文》卷五三有李顒《悲四時賦》，已殘缺，寫景色而不見“悲”語。想其全篇當如江淹之賦“四時足傷”也。

白居易《急樂世詞》：“秋思冬愁春悵望，大都不稱意時多”；《侯鯖錄》卷六錢氏婦詩：“‘士悲秋色女懷春’，此語由來未是真；倘若有情相眷戀，四時天氣總愁人”；皆其意。故愁此者又可悦彼，“四時行樂”乃詩、畫慣題，名家集中屢見賦詠。流俗如《西遊記》第九四回唐僧在天竺國御花園中和春、夏、秋、冬四景絕句，實即四季行樂詩，而第二三回賈寡婦諤説“在家人好處”詩：“春裁方勝着新羅，夏換輕紗賞綠荷，秋有新蒭香糯酒，冬來暖閣醉顏酡”，尤明言“四時受用”；《紅樓夢》第二三回寶玉春、夏、秋、冬夜四《即事》詩亦道其“十分快樂”之“真情真景”。宋末翁森則作《四時讀書樂歌》，後人嫁名於朱熹，以增聲價；明、清俳諧遂復有四時不樂讀書詩，《鴛鴦夢》第四齣、《雙蝶夢》第一一齣、《廣笑府》卷一皆載之，字句大同小異，以《兒女英雄傳》第三〇回一人“游惰賦詩言志”，詞義較長：“春天不是讀書天，夏日初長正好眠，秋又淒涼冬又冷，收書又待過新年”——第一句從《廣笑府》作“春游”、第二句從其他三本作“夏日炎炎”，庶幾集思備美。偶覩當代一美國人小詩，託爲文士慵懶不撰作而強顔自解曰：“炎夏非勤劬之時；嚴冬不宜出戶遊散，無可即景生情，遂爾文思枯涸；春氣困人，自振不得；秋高身爽，而吾國之秋有名乏實，奈何！"（In summer I'm disposed to shirk，/As summer is no time for work．/In winter inspiration dies/For lack of outdoor exercise．/In spring I'm seldom in the mood，/Because of vernal lassitude．/The fall remains. But such a fall！/We've really had no fall at all）①四時足懶，四時足樂，與江淹所歎"四時之足傷"，理一而事殊也。

【增訂三】江淹《別賦》："春宮閟此青苔色，秋帳含茲明月光，夏簟清兮晝不暮，冬釭凝兮夜何長！"亦遍及四季而明其"足傷"。《文心雕龍・物色》以"四時動物"張本，因舉"獻歲發春"、"滔滔孟夏"、"天高氣清〔秋〕"、"霰雪無垠〔冬〕"，更屬題中應有之義；其拈"天高氣清"概示秋色，則宋人病《蘭亭集序》寫"暮春"之言"天朗氣清"，可引以自助也。王明清《揮麈後錄》卷二載宋徽宗《艮嶽記》全文，中自"若土膏起脈"至"此四時朝昏之景殊而所樂之趣無窮也"，侈陳春、夏、秋、冬景色，排比無慮三百言，此製中鉅觀。雖了無出語，而世尠道及之者，故志之。

【增訂四】"四時謀篇"，又見數例。《宋書・孝武十四王傳》記孝武帝悼殷淑儀擬漢武李夫人賦："寶羅暍兮春幌垂，珍簟空兮夏幬局，秋臺惻兮碧烟凝，冬宮冽兮朱火清。"盧照鄰《釋疾文・悲夫》："蓁兮綠，春草生兮長河曲。……孟夏兮恢台。……秋風起兮野蒼蒼。……元冬慘兮野氣凝。……四時兮

　　①　B. L. Taylor：" The Lazy Writer "，L. Kronenberger，ed．，*An Anthology of Light Verse*，" Modern Library "，177.

代謝，萬物兮遷化。"沈佺期《峽山賦》："春木茂兮剪琉璃，春花開兮囂蘭蕙。夏風涼兮來殿閣，秋露冷兮滴松桂。冬爐暖兮新炭焙，歲醪酌兮杯盤美。"賈至《沔州秋興亭記》："況乎當發生之辰，則攢秀木於高砌，見鶯其鳴矣。處臺榭之月，則納清風於洞戶，見暑之徂矣。洎搖落之時，則俯顥氣於軒楹，見火之流矣。值嚴凝之序，則目素彩於簷楹，見雪之紛矣。"劉禹錫《楚望賦》："湘沅之春，先令而行。……涉夏如鑠，逮秋愈熾。……日次於房，天未降霜。……於時北風，振槁揚埃。"韋愨《重修滕王閣記》："冠八郡風物之最，包四時物候之異。春之日則花景韶新。……夏之日則鶯舌變弄。……秋之日則露白山青。……冬之日則簷外雪滿。"穆員《新安谷記》："春之日，百花流鶯，笑語滿谷。……夏之日，清風入林，徘徊不散。……秋之日，霜淒氣肅，萬象畢清。……冬之日，木落天迥，遙山入戶"（參觀《新修漕河石斗門亭記》："春流夏雲，露風霜月"）。韓愈《南山詩》："春陽潛沮洳，濯濯吐深秀。……夏炎百木盛，蔭鬱增埋覆。……秋霜喜刻轢，磔卓立癯瘦。……冬行雖幽墨，冰雪工琢鏤。"宋鄭清之《安晚亭詩集·補編》卷一《江漢亭百韻》："方春及韶淑，鶯燕爭鳴乳。……孟夏薰風來，草木自蕃蕪。……入秋梯空昊，影團修月斧。……隆冬雪紛飛，瓊樓耀江滸。"清周天度《十誦齋集·雜文·丁山湖舊遊記》："於是四時景色，莫可窮殫。方夫早春冰泮……至於夏靜日長……至若冷蓮墜粉……以至霜高氣懍"云云，幾三百言，踪事增華，蔚為大觀矣。

《麗色賦》："若夫紅華舒春，黃鳥飛時，……故氣炎日永，離明火中，……至乃西陸始秋，白道月弦，……及沍陰凋時，冰

泉凝節……。"按《四時賦》明賦四季,本篇賦麗人而以四季分
襯;《待罪江南思北歸賦》:"若季冬之嚴月,風搖木而騷屑……
至江蘺兮始秀,或杜蘅兮初滋,……及迴風之搖蕙,天潭潭而下
露,……"亦隱列冬春夏秋。此構前人未有,潘岳《閑居賦》僅
了以"凜秋暑退,熙春寒往"八字耳。明董斯張《吹景集》卷一
四謂白居易《冷泉亭記》、呂溫《虢州三堂記》"都以四時寫景
物",范仲淹《岳陽樓記》"一撅其精,爭光日月";似未省其製
之昉於江淹也。呂記有"春之日"、"夏之日"、"秋之日"、"冬之
日"四節;白記祇有"春之日吾愛其草"與"夏之日吾愛其泉"
二節,未及秋冬;范記言晴、雨、晝、夜,而不主四季。唐宋詩
文以四時謀篇者,如居易弟行簡《天地陰陽交歡大樂賦》即鋪陳
四季風光,烘托及時行欲;韓愈《南山詩》以"春陽"、"夏燄"、
"秋霜"、"冬行",或李德裕《懷山居邀松陽子同作》詩以"春
思"、"夏憶"、"秋憶"、"冬思",寫山中景色。《全唐文》卷一二
八南唐後主《昭惠周后誄》:"追悼良時,心存目憶。景旭雕甍,
風和繡額……含桃薦實,畏日流空……蟬響吟愁,槐雕落怨……
寒生蕙幄,雪舞蘭堂……年去年來,殊歡逸賞";《唐文拾遺》卷
三〇崔耿《東武樓碑記》:"春日暖而花含笑,夏風涼〔清?〕而
簷度涼,秋氣澄明而慮澹,冬景曨通而望遠";此唐文中例之不
著者。宋文名篇如歐陽修《醉翁亭記》:"野芳發而幽香,佳木秀
而繁陰,風霜高潔,水落而石出者,山間之四時也",又《豐樂
亭記》:"掇幽芳而蔭喬木,風霜冰雪,刻露清秀,四時之景,無
不可愛";蘇軾《放鶴亭記》:"春夏之交,草木際天,秋冬雪月,
千里一色";皆力矯排比,痛削浮華。蘇軾復以四時入詩,如
《書王定國所藏烟江疊嶂圖》:"君不見武昌樊口幽絕處,東坡先

生留五年：春風搖江天漠漠，暮雲卷雨山娟娟，丹楓翻鴉伴水宿，長松落雪驚醉眠”，又《和蔡準郎中見邀游西湖》：“夏潦漲湖深更幽，西風落木芙蓉秋，飛雪闇天雲拂地，新蒲出水柳映洲。湖上四時看不足，惟有人生飄若浮。”范仲淹《記》末“春和景明”一大節，艷縟損格，不足比歐蘇之簡淡；陳師道《後山集》卷二三《詩話》云：“范文正爲《岳陽樓記》，用對語説時景，世以爲奇。尹師魯讀之曰：‘《傳奇》體爾！’《傳奇》、唐裴鉶所著小説也。”尹洙抗志希古，糠粃六代，唐文舍韓柳外，亦視同鄶下，故覩范《記》而不識本原；“《傳奇》體”者，強作解事之輕薄語爾，陳氏亦未辨正也。

　　《麗色賦》：“經周歷趙，既無其雙，亦可駐髮還質，驂星馭龍，蠲憂忘死，保其家邦。”按末句意不猶人。美色必有惡心，女寵足以傾國，歷古相傳（參觀《左傳》卷論襄公二十一年），幾如金科鐵案。江氏獨敢犯不韙，力破陳言，惜一語即了，故祇覩其大膽，不得明其卓識也。《全唐文》卷二二五張説《唐昭容上官氏文集序》：“大君據四海之圖，懸百靈之命，喜則九圍挾纊，怒則千里流血，靜則黔黎乂安，動則蒼甿罷弊；入耳之語，諒其難乎！……惟窈窕柔曼，誘掖善心，忘味九德之衢，傾情六藝之圃，故登崑巡海之意寢，剪胡刈越之威息，璿臺珍服之態消，從禽嗜樂之端廢。獨使溫柔之教，漸於生人，風雅之聲，流於來葉”；則與江氏之頌“麗色”，相説以解。夫“窈窕柔曼”，正《韓非子·八姦》之首戒，所謂“在同牀”者，而張却力稱其最能匡君輔政，善誘潛移，敷文教而息殺伐。《舊唐書·后妃傳》上玄宗命收上官婉兒“詩筆，撰成文集二十卷，令張説爲之序”，則此篇應勅供奉，倘亦借題隱諷“漢皇重色”之益國利民耶？徐

芳《懸榻編》卷一《褒姒論》："天下美婦人多矣，豈盡亡人之國
者？吕雉、賈南風，一老一短黑，以亂天下有餘也。使遇文王、
太公，姒雖美，宫中一姬耳"；亦爲"麗色"、"窈窕"開脱。徐
祇言其不足患，而江言其保國家，張言其息侈暴，則非但無過，
抑且有大功焉。《詩·大雅·瞻卬》："哲婦傾城，維厲之階"，即
刺褒姒，而孔穎達《正義》曰："謀慮苟當，則婦人亦成國，任、
姒是也；謀慮理乖，則丈夫亦傾國，宰嚭、無極是也。"語較平
允，如江、張所云，乃"婦人"之美而"成國"者。崔道融《西
施灘》："宰嚭亡吴國，西施陷惡名"；李壁《王荆文公詩箋註》
卷四八《宰嚭》："謀臣本自繫安危，賤妾何能作禍基？但願君王
誅宰嚭，不愁宫裏有西施"；方回《桐江續集》卷二四《西湖
答》："若使朝廷無宰嚭，未妨宫掖有西施"；陸心源《宋詩紀事
補遺》卷一八吕江《姑蘇懷古》："自是誤君由宰嚭，孰云亡國爲
西施"；翻案幾如落套，實不出孔疏所謂宰嚭是"傾國"之"丈
夫"。徐樹丕《識小録》卷一論楊妃"特以貌見寵"，唐玄宗"任
安［禄山］、李［林甫］，而太真蒙慘，爲之掩卷稱屈"，則又移
此意施於楊妃耳。

　《恨賦》。按此篇自《文選》與《别賦》並采，遂爾膾炙衆
口。《賦》中自稱"僕本恨人"，淹他作亦多恨人之怨嗟。《去故
鄉賦》乃《别賦》之子枝也，《倡婦自悲賦》又《恨賦》之傍出
也。《待罪江南思江北賦》："願歸靈於上國"，即《恨賦》"遷客
海上，流戍隴陰"之心願；《哀千里賦》："徒望悲其何及，銘此
恨於黄埃"，亦《恨賦》"自古皆有死，莫不飲恨而吞聲"之情
事。《青苔賦》："頓死艷氣於一旦，埋玉玦於窮泉；寂兮如何，
苔積網羅，視青靃之杳杳，痛百代兮恨多！"，則兼《别賦》之

"春宮閟此青苔色"與《恨賦》之"閉骨泉裏，已矣哉！"。《泣賦》："若夫齊景牛山，荆卿燕市，孟嘗聞琴，馬遷廢史，少卿悼躬，夷甫傷子"；"少卿"又見《恨賦》："李君降北，弔影慚魂"，餘人亦均可入《恨賦》。《泣賦》："潺湲沫袖，嗚咽染裳"，無異《恨賦》："危涕"、"血下沾襟"。《別賦》曰："蓋有別必怨，有怨必盈"，實即恨之一端，其所謂"一赴絕國，詎相見期"，詎非《恨賦》之"遷客海上，流戍隴陰"耶？然則《別賦》乃《恨賦》之附庸而蔚爲大國者，而他賦之於《恨賦》，不啻衆星之拱北辰也。辛棄疾《賀新郎·別茂嘉十二弟》："⋯⋯苦恨芳菲都歇。算未抵、人間離別"，下承以"馬上琵琶"、明妃也，"將軍百戰"、李陵也，"易水蕭蕭"、荆軻也，機杼正同淹此二賦，而以淹舉爲"恨"之例者移爲"別"之例，亦見別乃恨之一端矣。其詞始以"綠樹聽鵜鴂，⋯⋯苦恨芳菲都歇。算未抵、人間離別"，終以"啼鳥還知如許恨，⋯⋯誰共我，醉明月！"顛末呼應回環，所謂"蛇啣尾法"，參觀《左傳》卷論昭公五年。

李白號"仙才"、"天才絕"，而所作《擬〈恨賦〉》，了無出語；未見飛仙絕跡，祇似壽陵學步；唐臨晉帖，尚不足言擬議以成變化也。李舉恨事，有"項王虎鬬"、"李斯受戮"；梁簡文帝《悔賦》亦及"下相項籍"、"李斯赴收"；此恨、悔兩情交通之例，參觀論《全三國文》魏明帝《報倭女王詔》。晚唐徐夤《恨》詩："事與時違不自由，如燒如刺寸心頭。烏江項籍忍歸去，雁塞李陵長繫留，燕國飛霜將破夏，漢宮紈扇豈禁秋！須知入骨難銷處，莫比人間取次愁"；"烏江"句即李白擬賦之"項王"，"雁塞"句即淹原賦之"李君降北"，"漢宮"句即以班姬當李擬賦之"陳后失寵"，"燕國"句用鄒衍事，又即淹《詣建平王上書》首句："賤臣叩心，飛霜擊於燕地"，其文亦録入昭明之《選》者。

【增訂三】吳炎《吳赤溟先生文集》有《廣恨賦》，專賦逋臣節士如夷、齊、豫讓、陶潛、劉琨等之"遺恨"，以寓明亡之痛，所謂"於是僕本志士，睠焉心裂"也。陳鱣作《快賦》，專"言吉祥善慶，……非以反文通之恨，聊爲解子雲之嘲"，未收入《簡莊綴文》，祇見於王昶《湖海文傳》卷二，詞瘠意窘，無足觀也。

【增訂四】明李東陽《懷麓堂集》卷一《擬恨賦》以江、李所賦乃"閨情閣怨"，大亦"不過興亡成敗"之"恒運常事"，乃取豫讓、倉海君、諸葛亮、岳飛等"奇勳盛事"垂成未集之遺恨賦之，與吳炎所作，取材有相同者。南宋喻良能《香山集》卷一《喜賦》步趨江淹《恨賦》，謂："恨既有之，喜亦宜然。……喜雖一名，事乃萬族"，波瀾詞致，遠勝陳鱣《快賦》。明屠隆《由拳集》卷一《歡賦》亦反《恨賦》，舉王子晉登仙、勾踐平吳、劉邦滅項、文君奔相如、曹操橫槊賦詩等事，謀篇拉雜，屬詞庸蕪，尚不如陳賦之簡淨也。

陶元藻《泊鷗山房集》卷一○《書江淹〈恨賦〉後》："不如《別賦》遠甚。其賦別也，分別門類，摹其情與事，而不實指其人，故言簡而該，味深而永。《恨賦》何不自循其例也？古來恨事如勾踐忘文種之功、夫差拒伍胥之諫、荆軻不逞志於秦王、范增竟見疑於項羽。此皆恨之大者，概置勿論；乃僅取秦王、趙王輩寥寥數人，了此'恨'字，掛漏之譏，固難免矣。且所謂恨者，必人宜獲吉而反受其殃，事應有成而竟遭其敗，銜冤抱憤，爲天下古今所共惜，非揣摩一人之私，遂其欲則忻忻，不遂其欲則怏怏也。秦王無道，固宜早亡，……何恨之有？若趙王受虜、敬通見黜、中散被誅，自周秦兩漢以迄於齊，類此者不勝枚舉焉。李陵之恨，始在五將失道，兵盡矢窮，以致被擒異域，繼在誤緒爲陵，戮其父母妻子，以致無路可歸；……不能寫得淋漓剴切。明妃以毛延壽顚倒眞容，遂致絶寵君王，失身塞外，痛心疾首，其恨全屬於斯；今祇言‘隴雁’云云，凡出塞者人人如此，即烏孫公主、蔡文姬何嘗不領兹淒楚？”評甚中肯。惟“宜吉反殃”云云，是僅許傍觀代恨，而不盡許當局自恨也！全背淹謀篇所謂“伏恨”、“飮恨”之意；則逌慨愴可矣，何須揣“摹其情事”哉？明妃此節中“紫臺稍遠，搖風忽起”兩句，唐人有指摘其聲病者，別見《太平廣記》卷論卷一八《柳歸舜》。

《恨賦》：“或有孤臣危涕，孽子墜心。”按《文選》李善註：“然‘心’當云‘危’，‘涕’當云‘墜’；江氏愛奇，故互文以見義”；又《別賦》：“心折骨驚”，善註：“亦互文也。”《泣賦》亦云：“慮尺折而寸斷。”語資如“枕流漱石”、“喫衣著飯”等，實此類（catachresis）耳。

《別賦》：“送愛子兮霑羅裙。”按善註：“言當盛春之時而分別不忍也”；則下文“去復去兮長河湄”句下亦當註：“言秋日而離別不忍也”。此二節遙承“或春苔兮始生，乍秋風兮蹔起”，善註：“言此二時，別恨逾切”，是也。

《別賦》：“倘有華陰上士，服食還仙，……駕鶴上漢，驂鸞騰天，暫遊萬里，少別千年，惟世間兮重別，謝主人兮依然。”按全賦惟此節偏枯不稱，殊爲布局之疵。別離一緒，情事兩端：居人傷行子，行子戀居人；二情當寫其一，庶符“黯然銷魂”之主旨。通篇或兼顧，或側重，未乖體要。李白《古風》之二十寫遇“古仙人”而“欣然願相從”，仍云：“泣與親友別，欲語再三

咽”；此真《別賦》題中應有之義。江氏竟隻字不及，一若棄世
學仙之士，忘情割愛，不復怨別傷離，猶可説也。然棄如脱屣之
家人，必且瞻望勿及，泣涕如雨，痛生離之即死別，有如韓愈
《誰氏子》：“非癡非狂誰氏子，去入王屋稱道士；白頭老母遮門
啼，挽斷衫袖留不止；翠眉新婦年二十，載送還家哭穿市”，或
《紅樓夢》第一回甄士隱隨瘋道士“飄飄而去”，其妻封氏“哭個
死去活來”。乃衹以“重別”二字了之，絶未鋪陳“別必怨而怨
必盈”之致，遂成缺負。“暫遊”兩句，李善僅註典故，未明其
襲鮑照。照《代升天行》云：“從師入遠岳，結友事仙靈。風餐
委松宿，雲卧恣天行。暫遊越萬里，少別數千齡。鳳臺無還駕，
簫管有遺聲。何時與汝曹，啄腐共吞腥！”詞氣豪逸，淹貪摛好
語，情逐之移，似亦賦游仙而非賦別矣。

　　《泣賦》：“魂十逝而九傷。”按《倡婦自悲賦》：“度九冬而廓
處，經十秋以分居”，卷三四《雜三言・構象臺》：“山十影兮九
形”，自語相違，皆虛數也，正如“四角六張，八凹九凸”（《五
燈會元》卷一二大愚守芝章次）之類。參觀《全後漢文》論馬融
《樗蒲賦》。

二〇八　全梁文卷三八

　　江淹《詣建平王上書》。按齊梁文士，取青妃白，駢四儷六，淹獨見漢魏人風格而悅之，時時心摹手追。此書出入鄒陽上梁孝王、馬遷報任少卿兩篇間，《與交友論隱書》則嵇康與山巨源之遺，《報袁叔明書》又楊惲與孫會宗之亞；雖於時習刮磨未淨，要皆氣骨權奇，絕類離倫，卷五一王僧孺《與何炯書》一篇差堪把臂共語，而頗傷冗縟也。梁作手如簡文帝、任昉輩一篇中著單散語時，每失故步，舉止生澀，右梲左杬，躓後跋前；淹未嘗有是，觀其《銅劍讚·序》、《自序傳》亦可知焉。"昔者賤臣叩心，飛霜擊於燕地，庶女告天，振風襲於齊臺。……下官聞仁不可恃，善不可依，謂徒虛語，乃今知之"。按《全漢文》卷一九鄒陽《獄中上書自明》："臣聞忠無不報，信不見疑，臣常以爲然，徒虛語耳。昔者荆軻慕燕丹之義，白虹貫日，……衛先生爲秦畫長平之事，太白蝕昴"；

　　【增訂三】《全後漢文》卷三〇袁紹《上書自訴》："臣聞昔有哀歎而霜隕，悲哭而崩城者。每讀其書，謂爲信然。於今況之，乃知妄作。"祖構鄒陽《上書》發端，此爲最早矣。

《全晉文》卷七一皇甫謐《讓徵聘表》："臣聞鄒子一歎，霜爲之降，杞妻一感，城爲大崩。以臣況之，乃知精誠不可以賤致，古人言爲虛也"；淹本而變化之。"此少卿所以仰天槌心泣盡而繼之以血也"。按《文選》李善註引李陵《答蘇武書》；范正敏《遯齋閒覽》謂蘇軾斷言李陵《書》乃"齊梁間小兒所擬作"，觀淹此篇引"少卿"語正出《書》中，"是又非齊梁間人所作明矣"。讀書殊得間。

　　江淹《被黜爲吳興令辭牋詣建平王》："白雲在天，山川間之。"按《全齊文》卷二三謝朓《拜中軍記室辭隨王牋》："白雲在天，龍門不見"；《文選》李善註引《穆天子傳》西王母謠："白雲在天，山陵自出，道路悠遠，山川間之。"《全梁文》卷四三任昉《爲庾杲之與劉居士虯書》："雖心路咫尺，而事隔山河，悠悠白雲"，亦用此語。

　　江淹《雜體詩序》。按《西泠五布衣遺著》中吳穎芳《臨江鄉人詩》首有王昶《吳西林先生傳》："又謂江文通雜擬三十首序詩，足爲拘一見者藥石，並爲註之"，即指此篇，其註似未傳。"故蛾眉詎同貌，而俱動於魄；芳草寧共氣，而同悅於魂，不其然歟？至於世之諸賢，各滯所迷，莫不論甘則忌辛，好丹則非素，豈所謂通方廣恕、好遠兼愛者哉！"按《文子·精誠》："故秦楚燕魏之歌，異聲而皆樂，九夷八狄之哭，異聲而皆哀"；陸賈《新語·思務》篇："好者不必同色而皆美，醜者不必同狀而皆惡"；《淮南子·説林訓》："佳人不同體，美人不同貌，而皆説於目；梨橘棗栗不同味，而皆調於口"，又："西施毛嬙，狀貌不可同，世稱其好美鈞也"；王充《論衡·自紀》篇："文士之務，各有所從，……美色不同面，皆佳於目；悲音不共聲，皆快於耳；酒醴異氣，飲之皆醉；百穀殊味，食之皆飽"；曹植《妾薄命》："同量等色齊顔"；《世説·品藻》劉瑾答桓玄："樝梨橘柚，各有其美"；曹組《醉花陰》："梅妝淺淡風蛾裊，隨路聽嬉笑。無限面皮兒，雖則不同，各是一般好"；史浩《如夢令》："雪臉間朱顔，各自一般輕妙，忒掉忒掉，真個一雙兩好"；皆言殊聲各色、別味異氣，而動魄悦魂却同。淹此數語，如標韓愈《進學解》所謂"同工異曲"，以救劉勰《文心雕龍·知音》所謂"知多偏好"，欲談藝之圓照而廣大教化（catholicity）耳①。

【增訂四】江淹《雜體詩序》即韓愈《進學解》所謂"同工異曲"也，擬議工切。蘇軾《孫莘老求墨妙亭詩》："短長肥瘦各有態，玉環飛燕誰敢憎"，紀昀評："江淹《雜擬詩序》已明此旨，東坡移以論書耳"；殊爲具眼。按《全唐文》卷六三五李翱《答朱載言書》論《六經》、《離騷》、《莊子》之文曰："如山有恒、華、嵩、衡焉，其同者高也，其草木之榮，不必均也；如瀆有淮、濟、河、江焉，其同者出源到海也，其曲直淺深色黄白，不必均也。如百品之雜焉，其同者飽於腹也，其味鹹酸苦辛，不必均也"；亦正如淹論詩之不"同貌"而俱"悦魂"矣。然淹所擬三十首，殊多累句，余常怪向來評賞過當。梁章鉅《浪跡叢談》卷一《劉芙初編修》條舉此三十首爲"文通才盡"之證，指摘頗允："如《陳思王贈友》云：'日夕望青閣'，以'青樓'爲'青閣'，豈非湊韻？《謝臨川游山》云：'石壁映初晰'，以'初晰'爲'初陽'，亦是趁韻。《劉文學感遇》云：'橘柚在南園，因君爲羽翼'，以'羽翼'説'橘柚'，亦無解

①　Cf. Saintsbury："B is not bad because it is not A, however good A may be"（quoted in O. Elton, *Essays and Addresses*, 243）.

於就韻。《潘黃門述哀》云：'徘徊泣松銘'，'松'是'松楸'，'銘'是'誌銘'，……未免牽強。《郭弘農游仙》云：'隱淪駐精魄'，此用《江賦》'納隱淪之列真，挺異人之精魄'，……合成一句，未免乖隔。《孫廷尉雜述》云：'憑軒詠堯老'，謂堯與老子則不倫；又云：'南山有綺皓'，謂四皓中之綺里季，則偏舉；又云：'傳火乃薪草'，用《莊子》'爲薪火傳'，而'草'字湊韻可笑。《顏特進侍宴》云：'瑤光正神縣'，'赤縣神州'豈可摘用'神縣'二字？又云：'山雲備卿靄，池卉具靈變'，以'卿靄'爲'卿雲'，已屬生造，以'靈變'爲'靈芝'，更奇！《袁太守從駕》云：'雲旆象漢旋'，謂如天漢之轉；《謝光祿郊游》云：'烟駕可辭金'，謂置身烟景而金印不足羡；則又成何語乎！"皆中其失。即如《陶徵君田居》一首，曾亂真編入陶集者，而"日暮巾柴車，路闇光已夕"，十字之內，曰"日暮"，曰"闇"，曰"光已夕"，何詞費乃爾！是類敗闕，名家不免。如宋之問《端州別袁侍郎》："明朝共分手，之子愛千金"，以"千金軀"縮脚爲"千金"，是臨別囑其爲看錢奴、守財虜矣！李白《游太山》："舉手弄清淺，誤攀織女機"，因《古詩十九首·迢迢牽牛星》一篇有"河漢清且淺"語，遂割裂爲銀河之代詞。杜甫《往在》："侍祠恧先露"，節"先蒙雨露"爲"先露"二字；宋祁《西樓夕望》："羲人卧此時"，節"羲皇上人"爲"羲人"二字；文省意塞，施諸今日拍電報，或且扞格難通也。蘇軾《乘舟過賈收水閣》："淚垢添丁面，貧低舉案蛾"，既以"舉案"爲妻之代詞，復歇後以"蛾眉"爲"蛾"，亦資笑枋。然江淹聚多篇於一題之下，而又語疵紛如，遂易遭指摘耳。

《禮記·祭義》宰我問鬼神之名節，鄭玄註：“耳目之聰明爲魄”，孔穎達《正義》：“精靈爲魂，形體爲魄。”

【增訂三】《左傳》昭公七年“鄭人相驚以伯有”節孔穎達《正義》：“形之靈者，名之曰‘魄’，……氣之神者，名之曰‘魂’。……耳目心識，手足運動，啼呼爲聲，此則魄之靈也。……精神性識，漸有所知，此則附氣之神也。”較《祭義·正義》之説更詳。

江淹修詞不犯，“魂”、“魄”二字，互文一義；以“氣”屬“魂”，以“目”屬“魄”，雖依經訓，初不寓優劣精粗之軒輊。錢謙益好行小慧，每務深文，《牧齋有學集》卷一七《宋子建〈遙和集〉序》：“江之言云云。論詩而至於‘動魂’、‘悦魄’，精矣微矣！推而極之，《三百篇》、《騷》、《雅》以迄唐後之詩，皆古人之魄也。千秋已往，窮塵未來，片什染神，單詞刺骨，揚之而色飛，沉之而心死，非魄也，其魂也。鍾嶸之稱《十九首》‘驚心動魄，一字千金’，正此物也。如其不爾，則玄黄律吕，金碧浮沉，皆象物也，皆化生也。雖其駢花儷葉，餘波綺麗，亦將化爲陳羹塗飯，而矧其諓諓者乎！子建所和之詩，皆魄也，有魂焉以尸之。經營將迎，意匠怳忽，所謂‘動魄’、‘悦魂’者，江氏能知之，而子建能言之。”蓋挾持經訓，穿鑿江語，直等“魂”與“魄”於詩之神韻與迹象，藉以隱斥前後七子復古之句摹字擬，實非江氏本意也。然錢氏判別“魂”、“魄”，則是明、清談藝之常，聊拈數例。于慎行《穀山筆塵》卷七：“神屬目爲明，知屬耳爲聰。神以知來，即人之悟性，謂之明；知以藏往，即人之記性，謂之聰。……有悟性者，資質發揚，屬陽，魂之屬也；有記性者，資質沉著，屬陰，魄之屬也”；李開先《中麓閒居集》

卷一〇《對山康修撰傳》："嘗曰：'經籍、古人之魄也，有魂焉；
吾得其魂而已矣！'"；戴名世《南山全集》卷四《程偕柳稿序》：
"昔者余亡友方百川之論文也，曰：'文之爲道順，有魂焉以行乎
其中，文而無魂也，不可作也。'余嘗推其意而論之曰：凡有形
者謂之魄，無形者謂之魂；有魄而無魂，則僵且腐而復無有所謂
物矣。今夫文之爲道，行墨字句其魄也，而所謂魂焉者，出之而
不覺、視之而無迹者也"；梅曾亮《柏梘山房文集》卷六《練伯
穎遺書書後》："凡人長於考證記問者，其魄强也，長於文章義理
者，其魂强也"；趙熙《香宋室詩鐘話》："石遺曰：'星海有魂而
無魄，樊、易有魄而無魂。'余論甚粗劣，方在形貌；星海形貌
猶不完固，未暇議及魂魄也。"大致以人之才情爲"魂"而學問
爲"魄"，以文之氣韻風致爲"魂"而詞藻材料爲"魄"；鍾嶸
《詩品》中言"雖謝天才，且表學問"，嚴羽《滄浪詩話》主"別
才非學"，與錢氏之"非魄也，其魂也"或于氏之"悟性屬魂，
記性屬魄"，意脈貫承。《顏氏家訓·文章》："但成學士，自足爲
人，必乏天才，勿强操筆"謂人之乏"魂"者也；《苕溪漁隱叢
話》後集卷三三引李清照評秦觀詞："專主情致而少故實"，謂文
之乏"魄"者也。世俗相傳，皆沿古訓，輕舉爲魂，重沉爲魄，
如《淮南子·精神訓》："其魄不抑，其魂不騰"；《黃庭經·中部
經》第二："魂欲上天魄入淵"；《全唐文》卷七八二李商隱《奠
相國令狐文》："浮魂沉魄"；朱熹《文公集》卷四七《答呂子約》
之四："雜書云：'魂、人陽神也'；魄、人陰神也'"（參觀《答
呂子約》之一五："體、魄自是二物，魄之降乎地，猶今人言
'眼光落地'云爾"，又洪邁《夷堅支志甲》卷六《巴東太守》記
"所謂'眼光落地'"）；史震林《西青散記》卷一蕭紅降乩曰：

"字有魂魄，焚時烟上騰爲魂，灰下墜爲魄。"談藝引申傍通，一仍舊貫，特不知肇始何時，明前似未之覯，近人考述古代文評習用語，亦無注意及此者。西人説詩文，標"魂"與"心"（soul and mind）、"魄"與"魂"（animus et anima）之別①，足資比勘。

① Pater，*Appreciations*，"Style"；Claudel，*Positions et Propositions*，I. "Réflexions sur le Vers français."

二〇九　全梁文卷三九

　　江淹《銅劍讚并序》。按考“古時乃以銅爲兵”，莫早於此文，而捃援舉者（參觀《史記》卷論《始皇本紀》），黃伯思《東觀餘論》卷上《銅戈辯》亦未及，《日知録》卷一一論鑄錢乏銅，乃徵引之。“金品：上則黃，中則赤，下則黑；黑金是鐵，赤金是銅，黃金是金；黃金可爲寶，赤金可爲兵，黑金可爲器”；按逆接分承，參觀《全上古三代文》論樂毅《獻書報燕王》。“今之作必不及古，猶今鏡不及古鏡，今鐘不及古鐘矣”，又“聞之釋經，萬物澆薄，在古必厚，在今必惡”；按前數句酷肖《抱朴子》外篇《尚博》所斥：“俗士多云：今山不及古山之高，今海不及古海之廣，今日不及古日之熱，今月不及古月之朗”，後數句當指佛子羅怙羅語，如《大唐西域記》卷六所記云：“一沙門龐眉皓髮，杖錫而來。婆羅門……以淳乳煮粥進焉。沙門受已，纔一嚌齒，便即置鉢，沉吟歎息。婆羅門侍食，跪而問曰：‘爲粥不味乎？’沙門愍然告曰：‘吾悲衆生福祐漸薄，……非薄汝粥；自數百年不嘗此味。昔如來在世，我時預從，在王舍城竹林精舍，俯清流而滌器，或以澡漱，或以盥沐。嗟乎！今之淳乳不及古之淡水！’”榮古虐今者，每拈飲食爲説，如《論衡·超奇》：“俗好高古而稱所聞，前人之業，菜果甘甜；後人新造，蜜酪辛苦”；
《儒林外史》第九回鄒吉甫道：“再不要説起，而今人情薄了，這
米做出來的酒汁都是薄的！”；法國名小説寫一老人不論見何物必
言與疇昔相形見絀（le vieux comte à qui toutes lés choses
présentes donnoient occasion de louer les choses passées），偶飯
後食桃，慨然曰：“造化之力與日俱損，吾當年所噉桃大於此多
多許矣！”（De mon temps，les pêches étoient bien plus grosses
qu'elles ne le sont à présent；la nature s'affaiblit de jour en
jour）[1]；均同沙門之歎乳薄也。

　　江淹《自序傳》。按“高帝嘗顧而問之”云云，《梁書》本傳
全采之。諫建平王曰：“殿下不求宗廟之安，如信左右之計，則
復見麋鹿霜棲露宿於姑蘇之臺矣！”；本傳改“如”爲“而”，則
當并改“則”爲“將”，詞氣方順適，又削去“棲”字，句遂杌
隉不安。“遂誣淹以受金，將及抵罪，乃上書見意而免焉”；按上
書中自言“身限幽圄”，本傳亦謂“繫州獄，獄中上書”，而《自
序傳》含糊約略其詞，豈諱言此節耶？“所與神游者，惟陳留袁
叔明而已”；按同卷《袁友人傳》：“與余有青雲之交，非直銜杯
酒而已”，卷三八《報袁叔明書》：“一旦松柏被地，墳壟刺天，
何時復能銜杯酒者乎！”，卷四五范縝《以國子博士讓裴子野表》：
“臣與子野，雖未嘗銜杯”，皆本司馬遷《報任少卿書》：“未嘗銜
杯酒、接殷勤之餘歡。”淹意謂與袁雖接殷勤，而度越形跡，相
交以心，曰“神游”者，知心忘形之交也。“神游”正同《三國

---

　　[1]　Le Sage, *Gil Blas*, Liv. IV, ch. 7, Garnier, 239. Cf. Leopardi, *Pensieri*,
§ 39, *Opere*, Ricciardi, I, 716-9.

志・吳書・諸葛瑾傳》裴註引《江表傳》記孫權自稱與瑾爲"神交，非外言可間"；《全梁文》卷五一王僧孺《臨海伏府君集序》："與君道合神遇，投分披衿"，又卷五二僧孺《太常敬子任府君傳》："顧余不敏，廁夫君子之末，可稱冥契，是爲神交"；卷五四張充《與王儉書》："所以通夢交魂、推衿送抱者，其惟丈人而已。"後世所謂"神交"、"神游"，適與此反，必其不得接杯酒、披襟抱者，心向而身未逢，名聞而面未見。《全隋文》卷一九薛德音《爲越王侗別與李密書》："眷言敬愛，載勞夢想，常恨以事途之情，未遂神交之望"；謂想望締交而未能，則"未遂神交"正是今語所謂"神交"矣。

二一〇　全梁文卷四三

　　任昉《奏彈劉整》。按"謹案"至"整即主"一節近九百言，《文選》盡削去，賴李善註補引得存。昉此篇有"文"有"筆"，昭明采其翰藻之"文"，而删其直白之"筆"。《金樓子·立言》篇下論"文"、"筆"之别，有云："至如'文'者，惟須綺縠紛披，宫商靡曼"；然《金樓子》之書即"筆端而已"，良以"揚榷前言，抵掌多識"，綺縠宫商，施乖所宜。至於記事以"文"，尤用違其器。"文"貴"麗事"，記當即事；借古申今，非對不發，典故縱切，事跡失真，抽黄對白，以紫亂朱。隔靴搔癢，隔霧看花，難徵情實，轉滋迷惘。且楚材晉用，詞皆依傍，趙冠秦對，指遂游移。陳維崧《湖海樓儷體文集》首有毛際可《序》云："嘗見某公贈廣陵游子序，炳耀鏗鏘，美言可市；適余友有西陵之遊，遂戲易'廣陵'爲'西陵'，并稍更其'竹西歌吹'等語，則全篇皆可移贈。"徐渭評戲曲用故事、作對子，不明不快，如"錦糊燈籠、玉鑲刀口"，若是班乎。

　　【增訂四】原引徐渭語，見於祁彪佳《遠山堂曲品·能品》評《玉簪記》："便如徐文長所云云。"黄宗羲《南雷餘集》（《風雨樓叢書》本）《胡子臧院本序》："錦糊燈籠，玉鑲刀口，非不

　　好看，討一毫明快，不知落在何處矣！”全本徐語。

故以沈約、蕭子顯之老於“文”，而撰《宋書》、《南齊書》，復不得不以“筆”爲主也。昉彈文中劉寅妻范氏上狀，陳訴夫弟搶物打人，瑣屑醜縷，全除典雅對仗時習。蓋訟而爲“文”，詞終不達，婦人爭貓，豈可效博士買驢哉！當時記事之“筆”，得分三品：上者史傳，如《宋書》、《南齊書》、裴子野《宋略》、昭明《陶淵明傳》、江淹《自序傳》；中者稗官小説，如劉敬叔《異苑》、吴均《齊諧記》，流品已卑；訴狀等而更下，傖俗不足比數。昭明自序《文選》，尚勿許“記事之史”得“同”於“篇翰”，取《行狀》、《墓志》而舍《傳》與《記》，況獄訟訴詞而登簡編乎？宜遭芟夷矣。然劉妻述打罵處，頗具小説筆意，粗足上配《漢書·外戚傳》上司隷解光奏、《晉書·愍懷太子傳》太子遺妃書。稗史傳奇隨世降而體漸升，“底下書”累上而成高文[1]，此類敍事皆可溯譜牒以追贈誥封也；別詳《全唐文》卷論李翱《〈卓異記〉序》。劉妻訴“打”，屢云：“舉手查臂”，他則語焉不詳；舊籍記鬪毆事莫過於《孔叢子·獨治》篇博士太師所述陽由夫婦一節，有云：“由乃左手建杖，右手制其頭；妻亦奮恚，因授以背，使杖擊之，而自撮其陰，由乃仆地。”夫妻舉動如斯，後世白話小説中未寫，即在西方名著，余亦祇一覯耳[2]。

　　【增訂三】於意大利古小説中，復覯一事類此，蓋出馬基雅弗

　　[1]　Cf. R. Wellek and A. Warren，*Theory of Literature*，“Peregrine Books”，235（V. Shklovsky：“the canonization of inferior sub-literary genres”）.

　　[2]　Norman Mailer，*An American Dream*，ch. 1，André Deutsch，37-8：“I [Rojack] struck her [Deborah] open-handed across the face. . . . She reached with both hands, tried to find my root and mangle me”.

利（Machiavelli）口述。黑夜暗室，夫婦相遭，不辨彼此，因互鬬毆，夫拳婦腰，婦怒撮夫外腎（Ma il barbagianni le diede una gran fiancata, di maniera che ella stizzosa e in gran còlera montata gli strinse fieramente i sonagli—M. Bandello, *Le Novelle*，I. 40，Laterza，II，89）。

"查"乃今語之"抓"（"朱哇"切）。"以奴教子乞大息寅。""教子"、奴名，即上文所稱二奴"教子、當伯"；"乞"，如韓愈《嘲少年》："都將命乞花"，五百家註："乞、與人物也，音氣"，"乞"訓"與"正同"丐"亦訓"與"，如《漢書·景十三王傳》廣川王后昭信曰："盡取善繒丐諸宫人"；"大息"猶長子，如卷二七沈約《奏彈王源》："見託爲息鸞覓婚"，《全北齊文》卷八孟阿妃《造老君像記》："爲亡夫朱元洪及息子敖、息子推、息白石、息康奴、息女雙姬等敬造老君像一軀"，又卷九闕名《姜纂造老君像銘》："爲亡息元略敬造石像一軀"，"息"字冠人名似用於較通俗之文字。

【增訂三】樂府古辭《長安有狹斜行》稱"大子"、"中子"、"小子"、"三子"，梁武帝、簡文帝、徐防等擬作則曰"大息"、"中息"、"小息"、"三息"。

【增訂四】漢人碑版、六朝典册皆用"息"字，余原言通俗文書，所見隘矣。洪适《隸釋》卷一〇《太尉陳球碑陰》："息□……早終息櫂"；《釋》："蓋謂二人已卒，所出緡錢則其子也"；又《隸續》卷五《樊敏碑》："刻歲月及書造人姓名，其云：'石工劉盛、息愯書'者，劉刻其石而厥子落筆也。"《隸釋·目録》後有适識語云："息柲宦山陰"，本地風光，即效漢人語爾。《晉書·段灼傳》上表曰："繫情皇極，不勝丹款，遣息穎表言”；《卞壼傳》：“息當婚，詔特賜錢五十萬”；《荀崧傳》：“從弟馗早亡，二息年各數歲”；《何充傳》：“庾翼臨終，表以後任委息爱之”；《劉隗傳》奏曰：“〔淳于〕伯息忠訴詞稱枉”；《武十三王傳》齊王冏上表曰：“臣輒以息超繼允後”；《邵續傳》詔曰：“其部曲文武已共推其息緝爲主”；《周謨傳》上疏，“聖恩不遺，取顗息閔，得充近侍”；《夏侯湛傳》：“子姪多没胡寇，惟息承渡江。”《宋書·文五王傳》吳郡民劉成上書告竟陵王誕謀反，稱“息道龍昔伏事誕”；《傅隆傳》：“時會稽剡縣民黃初妻趙打息載妻王死亡，遇赦，王有父母及息稱、息女葉，依法徙趙二千里外”；《鄧琬傳》大明七年詔曰：“往歲息璩凶悖”；《褚叔度傳》：“湛之因携二息淵、澄，輕船南奔”；《劉懷肅傳》：“難當第三息虎先戍陰平。”不備舉。

“攝檢”、“輒攝”之“攝”，如《三國志·蜀書·劉二牧傳》裴註《漢靈帝紀》：“焉到便收攝行法”，後世常用於鬼卒勾人魂魄者。

二一一　全梁文卷四五

　　范縝《神滅論》。按精思明辨，解難如斧破竹，析義如鋸攻木，王充、嵇康以後，始見斯人。范氏詞無枝葉，王遜其簡淨，嵇遜其曉暢，故當出一頭地耳。六朝文闡說義理，稍鈎深造微，便未免釋氏經論機調，范氏獨擺落悠悠，避之若浼。惟"形稱其質，神言其用"云云，判別"質"、"用"，隱承釋書之判別"體"、"用"（參觀《周易》卷論《乾》）。"質"與"體"一義，如《全三國文》卷七魏文帝《又與吳質書》論王粲："惜其體弱，不足起其文"，而《全梁文》卷五五鍾嶸《詩品》上論王粲："文秀而質羸"，又如《全梁文》卷五一王僧孺《詹事徐府君集序》："質不傷文，麗而有體"，"麗"與"文"、"體"與"質"，等屬互文。縝豈用而不知、習而不察乎？論手、足、眼、耳等"皆神之分"而"是非之慮，心器所主"，略同亞理士多德論"靈魂"之"分"，有"飲食魂"（the nutritive soul）、"知覺魂"（the sensory soul）等等，而以"思慮"（the power of thinking）爲之主①。"妖

---

　　①　Aristotle，*On the Soul*，Bk I，ch.3-4，*Basic Works of Aristotle*，Random House，559-61.

怪茫茫，或存或亡。……有人焉，有鬼焉，幽明之別也。人滅而
爲鬼，鬼滅而爲人，則未之知也"；觀此可知縝非"不信鬼"，特
不信人死爲"鬼"耳。《墨子·明鬼》："有天鬼，亦有山水鬼神
者，亦有人死而爲鬼者"；縝所謂"妖怪或存"、"有鬼"，即相傳
之天神、地祇、物妖，而人死之浮魂沉魄不與焉。王充闢"鬼"
而言"妖"言"精"（參觀論《全晉文》郭元祖《〈列仙傳〉讚》、
《全宋文》釋寶林《檄太山文》），古希臘亦嘗流行有神靈而無鬼
魂之俗信[1]，均堪連類。《南史》卷五七《范縝傳》："性不信神
鬼，時夷陵有伍相廟、唐漢三神廟、胡里神廟，縝乃下教斷不
祠"；"胡里神"不知伊誰，他二廟皆祀人死爲鬼而得成神者，既
人死不爲鬼，則安得復成神？后稷亦本是人，故雖"郊祀"，而
"稷無神"也。縝謂人之"神"必"滅"，未言"天鬼"、"山水鬼
神"之無有。與縝同朝並世之皇侃爲《論語·八佾》"祭如在"
二句孔註義疏曰："前是祭人鬼，後是祭百神"，亦見"人死"之
"鬼"不即等於"神"。是以縝之"神滅論"與阮瞻、林披等之
"無鬼論"（參觀《太平廣記》卷論卷三三〇《崔尚》），何同何
異，未敢妄揣，而談者牽合之於"無神論"，則尚未許在。縝自
言"哀弊拯溺"，此論蓋以破釋氏之説輪迴。夫主張神滅無鬼，
則必不信轉世投生，顧不信轉世投生，却未必主張神滅無鬼；匹
似東漢迎佛以前，吾國早信"人滅而爲鬼"，却不知"鬼滅而爲
人"之輪迴，基督教不道輪迴，而未嘗不堅持"靈魂不滅"、有
地獄天堂之報。談者又每葫蘆提而欠分雪也。

　　【增訂三】孔子之教，"不語怪神"；《墨子·公孟》記孔子之徒

---

　　① 　E. Rohde，*Psyche*，ch. 1，§§ 2-3，*op. cit.*，（Homer's daylight World）.

曰"無鬼神"，而墨子譏"儒之道足以喪天下者四"，其一爲
"以鬼爲不神"。宋之道學家主無鬼論，乃未墜孔子之緒耳。紀
昀厭薄宋儒，因於《閱微草堂筆記》中譏誚不已。如卷四某公
"講學"，爲"妖"所逐，"太息"曰："不信程朱之學，此妖之
所以爲妖歟！"；又"老儒"死後，魂入冥府，"冥吏"謂曰：
"先生平日持無鬼論，不知先生今日果是何物？"卷一四至歷引
《朱子語類》以明鬼神之有而曉諭曲儒之迂。書首自題七絶之
二："前因後果驗無差，瑣記蒐羅鬼一車；傳語洛閩門弟子，
稗官原不入儒家"，明言"洛閩"之"儒"乃持無鬼論者也。
蓋"唯心"之程、朱，闢鬼無異"唯物"之王充、范縝。帖括
家如熊伯龍，誦説《四書》，研精八股，能撰《無何集》以闡
演《論衡》之"訂鬼"，實亦"講學老儒"本分。故熊謂王充
"宗孔子"，而斷言《問孔》、《刺孟》等篇必非充作也。《二程遺
書》卷二下："……但不知俗所謂鬼神何也。聰明如邵堯夫猶
不免致疑在此，嘗言有虛空中聞人馬之聲。某謂既是人馬，須
有鞍轡之類皆全，這箇是何處得來。堯夫言天地之間，亦有一
般不有不無底物。某謂如此説，則須有不有不無的人馬，凡百
皆爾，深不然也。"論"鞍轡何處得來"，正同《論衡·論死
篇》之言："衣服無精神，人死與形體俱朽，何得以貫穿之
乎？"舉隅可反。程、朱不以"無鬼"而其"唯心"得從末減，
王、范以"無鬼"而并被褒爲"無神"，遂當"唯物"之目而
不忝。悠悠物論，不明則不公乎？不公則不明也？《三國演義》
第七七回毛宗崗總評曰："雲長英靈不泯固矣，而赤兔馬亦在
雲中，況青巾綠袍並青龍偃月刀依然如故，得無衣物器械亦有
魂靈否？"即王充、二程之疑也。然就本書論，可獻疑送難者，

尚不止此。青龍刀流落人間，孫權以賜潘璋；第八三回璋"揮關公使的青龍刀來戰黃忠"，關興殺璋，"得了父親的青龍偃月刀。"則"器械"不特"有魂靈"，且能如倩女之離魂矣。拜倫亦嘗以此爲疑，謂俗傳人之生魂或陰靈每離其軀幹而出現，"果爾，則其身上之外衣裲襠亦復如是耶？"（But if they are—are their coats & waistcoats also seen? — *Letters and Journals*，ed. Leslie A. Marchand，VII，192）猶言"衣服無精神"，問"青巾綠袍有魂靈"耳。

【增訂四】《世説·方正》："或以人死有鬼，阮宣子獨以爲無，曰：'今見鬼者，云著生時衣。若人死有鬼，衣服亦有鬼耶？'"；劉峻註即引《論衡》云云。美國近世一詼詭之士亦言，鬼未嘗裸體見形，即此一端，已足摧破有鬼論；苟衣服亦如人之有鬼，則何以衣服之鬼不獨見形而必依附人鬼乎？（There is one insuperable obstacle to a belief in ghosts. A ghost never appears naked：he appears either in a winding sheet or "in his habit as he lived." ... And why does not the apparition of a suit of clothes sometimes walk abroad without a ghost in it? — Ambrose Bierce，*The Devil's Dictionary*，Dover Punblications，1958，p.48）又隱申拜倫之語。

"竭財以赴僧，破産以趨佛。……致使兵挫於行間，吏空於官府，粟罄於惰游，貨殫於泥木"；斥"浮屠害政，桑門蠹俗"，語切直而識遠大。卷五九郭祖深《輿櫬詣闕上封事》斥僧而未闢佛，尚曰："功德者，將來勝因"；《全後魏文》卷五一荀濟上梁武帝《論佛教表》斥僧闢佛，而專就釋氏之奸邪淫侈發策，眼光未出牛背上。竊謂六朝人闢佛，簡捷親切莫如《南齊書·良政傳》記虞愿對宋明帝：“陛下起此寺，皆是百姓賣兒貼婦錢，佛若有知，當悲哭哀愍；罪高佛圖，有何功德！”；深微周備則莫如鎮此《論》矣。“神形俱化”之辯，早見《全晉文》卷一六一釋慧遠《沙門不敬王者論》之五《形盡神不滅》問答。據《梁書·儒林傳》及《南史》鎮本傳，鎮在齊世，嘗侍竟陵王子良，子良虔信釋教，而鎮盛稱無佛，退而著《神滅論》，“此《論》出，朝野諠譁，子良集僧難之而不能屈”，又使王融誘以官祿，“勸其毀論，鎮大笑曰：‘使范鎮賣《論》取官，已至令僕矣！’”二傳均未言鎮入梁後復遭羣起而攻也。今所覩梁武帝《敕答臣下〈神滅論〉》（《全梁文》卷五）及南平王偉以下諸朝士《答釋法雲書難范鎮〈神滅論〉》，皆非齊世所作，釋法雲《奉敕難范鎮〈神滅論〉與王公朝貴書》（卷七四）可以參證；曹思文《難范鎮〈神滅論〉》前且有《上武帝啓》（卷五四），稱“懼不能徵折詭經，仰黷天照”。蕭琛《難范鎮〈神滅論〉》（卷二四）、沈約《神不滅論》又《難范鎮〈神滅論〉》（卷二九），亦必作於此時。是梁武登極，重提舊事，復親率朝臣以難鎮也。齊世響應竟陵王難鎮諸作，唯《南史》鎮傳載“王琰乃著論譏鎮曰：‘嗚呼！曾不知其先祖神靈所在’”，此一句外，無隻字流傳，豈都口誅而非筆伐耶？萬乘之勢，盈廷之言，雖強詞不堪奪理，而虛聲殊足奪人，鎮乃自反不縮，以一與多，遂使梁君臣如集雀仇鸇、羣狐鬥虎，《易林·無妄》之《明夷》所謂“雖衆無益”。鎮洵大勇，倘亦有恃梁武之大度而無所恐歟？皆難能可貴者矣。《儒林傳》載鎮不信因果，答竟陵王曰：“人之生譬如一樹花，同發一枝，俱開一蒂，隨風而墮，自有拂簾幌墜於茵席之上，自有關籬牆落於糞溷之側”；李白《上雲樂》：“女媧戲黃土，摶作愚下人，散在六合間，濛濛若沙塵。"當代西方顯學有言人之生世若遭拋擲（der existenzial Sinn der Geworfenheit）①，竊謂范、李頗已會心不遠也。又按陶潛《形、影、神》詩《神釋》："應盡便須盡，無復獨多慮"，即"神滅"之旨；惟"與君雖異物，生而相依附"，詩人寓言，不如縝謂形、神"名殊而體一"之密察。潛《歸田園居》之四："借問採薪人：此人皆焉如？薪者向我言：'死沒無復餘'"；則指形骸，神魂非所思存也。

　　范縝《答曹思文難〈神滅論〉》："子謂神遊蝴蝶，是真作飛蟲耶？若然者，或夢爲牛，則負人轅軶，或夢爲馬，則入人胯下，明旦應有死牛死馬。而無其物，何也？又腸繞閶門，此人即死，豈有遺其肝肺，而可以生哉？……豈莊生實亂南國、趙簡真登閶闔邪？外弟蕭琛亦以夢爲文句甚悉，想就取視也。"按送難諸文中，唯蕭琛一篇稍具名理，樹"據夢以驗形神不得共體"之義；曹思文同立此義，故縝疑其勦襲，而曰"想就取視"也。曹博辯遜蕭，舉例似有意迴避；縝答中"莊生"、"趙簡"兩事出於曹難，"腸繞閶門"事則出蕭難："或理所不容，……吳后夢腸出繞閶門之類是也。"《論衡·紀妖》亦言趙簡子夢游鈞天，"非天也"。"腸繞閶門"見《三國志·吳書·孫破虜傳》裴註引《吳書》："母懷姙堅，夢腸出繞吳閶門"；王嘉《拾遺記》卷八增飾爲："夢腸出繞腰，有一童女負之繞吳閶門"。陸游《劍南詩稿》卷一《出縣》："歸計未成留亦得，愁腸不用繞吳門"，即使此典；沿用如錢謙益《牧齋初學集》卷一二《獄中雜詩》之一六："美酒經時澆漢獄，愁腸終夜繞吳門"，厲鶚《樊榭山房集》卷七

___
① Heidegger，*op.cit*.284.

《自石湖至横塘》之二："爲愛横塘名字好，夢腸他日繞吳門。"
一若此"腸"非"腸子裏爬出來的"（《紅樓夢》第六〇回）之
"腸"，而同"剛腸"、"熱腸"、"搜枯腸"之"腸"，皆緣陳後主
《棗賦》之"此歡心之未已，方夢腸而屢迴"（《全陳文》卷四）
或王安石《江東召歸》絕句之"歸腸一夜繞鍾山"（又《送張拱
微出都》："腸胃繞鍾山，形骸空此留"），有例在先也。《莊子·
齊物論》："昔者莊周夢爲蝴蝶，栩栩然蝴蝶也，俄然覺，則蘧蘧
然周也"，又《大宗師》："且女夢爲鳥而厲乎天，夢爲魚而没於
淵，不識今之言者，其覺者乎？其夢者乎？"衹言夢與覺，未道
神與形，而蕭琛、曹思文遽以入夢爲出神，視若當然。蓋認夢爲
魂，初民心同此理，殊方一致，歷世相傳（das ursprünglichste
und häufigste Motiv dieser primären Vorstellung der Schatten-
seele ist unzweifelhaft das *Traumbild*）[1]，參觀《楚辭》卷論
《招魂》。民族學者嘗考生人離魂，形態幻詭（Inkorporierungen
der Psyche），有化爬蟲者，如蛆、蛇之屬（sind es kriechende
Tiere，besonders der Wurm，die Schlange），有化物之能飛躍者，
如鳥、如蝴蝶、如鼠（sind es fliegende und springende Tiere，der
Vogel，der Schmetterling，die Maus）[2]。

【增訂四】西方亦傳靈魂離體或"出竅"（the separable soul
or Escaping Soul）之説。於人酣睡時，魂自其口出，化作蜜
蜂、蜥蜴等小物形模，所遭各因物之體性而異，即構成睡者夢

---

[1] Wundt，*Völkerpsychologie*，IV，*Mythus und Religion*，I[ter] Teil，170.

[2] *Ib*.，146；cf. 161，169. Cf. Brüder Grimm，*Deutsche Sagen*，Proplyläen Ver-
lag，I，269("Das Mäuselein")，270-1("Die Katze aus dem Weidenbaum").

事（Katharine M. Briggs，*British Folk Tales and Legends*，1977，pp.261-2）。

古埃及人即以蝴蝶象示靈魂（One of the emblems among the Egyptians was Psyche，who was originally no other than the Aurelia，or butterfly）①；古希臘人亦然（the soul's fair emblem，and its only name）②。西方昔畫燈炷火滅，上有蝴蝶振翅（a butterfly on the extremity of an extinguished lamp），寓靈魂擺脱軀骸之意（the transmigration of the soul）③；故但丁詩中詠靈魂升天，喻爲青蟲化蝴蝶而飛（Non v'accorgete voi，che noi siam vermi/nati a formar l'angelica farfalla）④；神秘宗師又以扃閉内外之心齋比於靈魂之作繭自裹，豁然澈悟則猶蛹破繭、翩翩作白蝴蝶（y sale del mismo capucho una mariposita blanca muy graciosa）⑤。海客瀛談，堪爲《南華》夢蝶之副墨矣。吾國舊籍常載夢魂化蛇事，如《史記·高祖本紀》已言："醉卧，武負、王媼見其上常有龍"；兹舉不甚熟知者數則。《説郛》卷二四唐佚名《逸史》："玄宗微時，嘗至洛陽崔日用宅；崔公設饌未熟，玄宗因寢。庭前一架花初開，崔公見一巨黄蛇食籐花。……玄宗覺曰：'大奇！飢甚，睡夢中喫籐花，滋味分明也。'"紫陽真人

① J.Dunlop，*History of Fiction*，4th ed.，54.
② Coleridge："The Butterfly"，*Poems*，ed.R.Garnett，220.
③ I.Disraeli，*Curiosities of Literature*，III，207（"History of the Skeleton of Death"），Cf.S.Reinach，*Orpheus*，tr.F.Simmonds，85.
④ *Purgatorio*，X.124-5，*La Divina Commedia*，Ricciardi，518；cf.D.C.Allen，*Image and Meaning*，30-1.
⑤ Santa Teresa de Jesus，*Moradas*，V.2，E.Allison Peers，*Spanish Mysticism*，104，215.

《悟真篇》卷下《絕句五首》之三元陳致虛註引《呂洞賓傳》記
呂遊廬山開元寺：“歷雲堂，見一僧方酣寢，頂門出一小赤蛇，
長三寸許，緣牀自左足至地，遇涕唾食之，循上尿器中飲而去；
乃出軒外，度小溝，繞花若駐玩狀，復欲度一小溝，以水溢而
返。道人當其來處，以小刀插地迎之。蛇畏縮，尋別徑，至牀右
足，循僧頂門而入。睡僧遽驚覺曰：‘初夢從左門出，逢齋供甚
精，食之。又逢美酒，飲之。因褰裳度門外小江，逢美女數十。
復欲度一小江，水驟漲，不能往，遂回。逢一賊欲見殺，從捷徑
至右門而入。’道人……大笑而去”；元張雨《貞居先生詩集·附
錄》卷下閔元衢《張貞居集書後》：“外史嘗矜其術，伏壇良久。
虞文靖見溝中出一蚓食汙濁，以竹編阻。外史起，自言：‘適往
天府，賜以瓊漿玉液，值干楯滿前而癉。’虞指蚓示之，外史悔
悟”，實孳生於《洞賓傳》。元闕名《桃園結義》第三折劉備醉
臥，關羽語張飛曰：“呀！呀！呀！兄弟，你見麼？他側臥着，
面目口中鑽出赤練蛇兒望他鼻中去了。呀！呀！呀！眼內鑽出
來，入他耳中去了。……這的是蛇鑽七竅，此人之福當來必貴
也”（《雲臺門》第二折漢光武事同）。

　　【增訂三】明徐應秋《玉芝堂談薈》卷一一《混沌初分蝙蝠精》
　　條引李紳、錢鏐、蔡襄、米芾、周詢等夢魂化黑白蛇或蜥蜴
　　事，卷一二《赤蛇入鼻中》條引姚景寢時二小赤蛇出入鼻孔
　　事，可補。

皆言“神”亦有“形”，顧爲身之變“形”，傍人醒者有目共覩其
易形，而夢者渾不覺己形之異，非若莊周之自知化蝶栩栩然；厄
言日出，又范縝所不勝駁而或不屑駁矣。

二一二　全梁文卷四六

陶弘景《授陸敬游十賫文》。按全仿《九錫文》之體；賈嵩《華陽陶隱居内傳》卷中："世謂之'錫'，仙謂之'賫'；九者陽極，君之位也，十者陰終，以之制焉。"方外高士，忘情人爵，何故喬坐朝作此官樣文章？巢由外臣云乎哉！山中自有小朝廷，於無君處稱尊耳。卷四七《真靈位業圖序》："雖同號真人，真品乃有數，俱目仙人，仙亦有等級千億。……猶如野夫出朝廷，見朱衣必令史，句驪入中國，呼一切爲參軍，豈解士庶之貴賤，辨爵號之異同乎?"斤斤辨較神仙之班秩高卑，此固承道流舊説（詳見《太平廣記》卷論卷七《白石先生》、卷八《劉安》），亦徵學仙修道，正欲以世間之官位爵禄换取天上之"真靈位業"，放一拈一，舍魚取熊。《真誥·稽神樞》之四嘗言得道者"肥遁山林，以遊仙爲樂，非不能升天"；是既爲人君之"外臣"，復得爲天帝之"外臣"焉。夫陶隱居山林肥遁，則無妨作《十賫文》，如趙陀之竊帝號以自娛；苟升天而作此文，位業不稱，語意僭妄，天官必紏其大不敬，陶且如劉安之遭謫罰矣。袁宏道《墨畦》："官慕神仙，神仙亦慕官。小修曰：'分之則山人，合之則仙也。'"此文中"今賫爾十事，可對揚嘉策"等語，純乎官腔，

"慕官"之情流露言外，而陶或未自省也。

陶弘景《與梁武帝啓》二："昔患無書可看，乃願作主書史，晚愛隸法，又羡典掌之人。……每以爲得作才鬼，亦當勝於頑仙。"按《太平廣記》卷五一《侯道華》（引《宣室志》）："常好子史，手不釋卷，衆或問之，要此何爲。答曰：'天上無愚懵仙人！'"

二一三　全梁文卷四七

陶弘景《發真隱訣序》："非學之難，解學難也。屢見有人，得兩三卷書、五六條事，謂理盡紙，便入山脩用，動積歲月，愈久昏迷。……真人立象垂訓，本不爲朦狡設言，故每標通衢，而恒略曲徑。……凡五經、子、史，爰及賦頌，尚歷代注釋，猶不能辨，況玄妙之秘途、絶領之奇篇。"按方士常言，學道者不蒙祖師親傳，徒執丹經，雖熟讀深思，終無入處。故求仙必得秘訣，而秘訣端賴口耳密授（esoteric），所謂"口訣"。《真誥》中"傳授"之"授"字，每作"口"傍，如《稽神樞》一："此後墨書皆定録，真君哹以告長史"，寓此意也。

【增訂四】許顗《彦周詩話》記鑿井得碑，文言鍊丹法，全載之。結語云："金與玉與？天年上壽。無著于文，訣之在口"；亦即"哹"字之意。

《抱朴子》内篇《論仙》："夫作金皆在神仙集中，淮南王抄出，以作《鴻寶枕中書》，然皆秘其要文；必須口訣，臨文指解，然後可爲耳。其所用藥，復改其本名，不可按之便用也"；又《黄白》："黄者金也，白者銀也，古人秘重其道，不欲指斥，故隱之云爾"；《太平御覽》卷六六八引《集仙録》、《太平廣記》卷五九引《女仙傳》記仙人過酒家飲，以"素書"五卷賞酒，酒家婦名女几，竊視則皆"養性長生"之"要訣"，依修而不得仙，"仙人復來，笑謂之曰：'盜道無師，有翅不飛！'"；《全唐文》卷九二六吳筠《服氣》："上古已來，文墨不載，須得至人，歃血立盟，方傳口訣"；呂巖《絕句》："神仙不肯分明說，誤了千千萬萬人"；紫陽真人張伯端《悟真篇》卷中《七言絕句》之一三、一四："契論經歌講至真，不將火候著於文，要知口訣通玄處，須共神仙仔細論。饒君聰慧過顏閔，不遇師傳莫強猜，只爲丹經無口訣，教君何處結靈胎！"，雲陽道人朱元育註："自古到今，未有無師而得證盡性命之大道者"，又《後序》："然其言隱而理奧，學者雖諷誦其文，皆莫曉其意，若不遇至人授之口訣，縱揣量百種，終莫能著其功而成其事"；以至《西遊記》第二回須菩提祖師歌："難！難！難！道最玄。……不遇至人傳妙訣，空教口困舌頭乾！"均如陶氏所言"謂理盡紙，愈久昏迷"也。陶氏"痛心"學者之但依"經說"而"未造門牆"，故金針度人，發其"真訣"。特未識得此一編，亦可以"無師"而不須口"噯"否！《抱朴子·微旨》記或願聞"真人守身鍊形之術"，葛洪答曰："夫'始青之下月與日，兩半同昇合或一，出彼玉池入金室，大如彈丸黃如橘，中有嘉味甘如蜜，子能得之謹勿失。既往不追身將滅，純白之氣至微密，昇於幽關三曲折，中丹煌煌獨無匹，立之命門形不卒，淵乎妙矣難致詰。'此先師之口訣，知之者不畏萬鬼五兵也。"此固傳授"口訣"矣，而"知"者其唯洪乎！他人聞之，仍如闇室無燈、瞽者無相爾。陶氏"真訣"雖筆於書，恐亦徒滋迷罔，未必有裨"解學"。張籍《和左司元郎中秋居》第二首："神方謎語多"，誠片言據要者。夫道家欲破除文字言說，謂師無可授，弟無可受（參觀《楚辭》卷論《遠遊》）；而道士則“契論經歌”之不足，尚加以“訣”，“訣”又必傳以口，舍師授而弟受，則得“訣”無由。神仙之於老莊，不啻反其道而行，亦各道其所道而已矣。

　　陶弘景《本草序》：“魏晉以來，……或三品混糅，冷熱舛錯，草石不分，蟲獸無辨。……今輒苞綜諸經，研括煩省，……合七百三十種。”按“三品”即《神農本草經》所稱“養命”之“上藥”、“養性”之“中藥”、“養病”之“下藥”。《太平廣記》卷一五《桓闓》（出《神仙感遇傳》）：“降陶君之室，言曰：‘君之陰功著矣！所修《本草》，以蝱蟲、水蛭輩爲藥，功雖及人，而害於物命，以此一紀之後，當解形去世’”；又卷二一《孫思邈》（出《仙傳拾遺》及《宣室志》）：“有神仙降謂曰：‘爾所著《千金方》，濟人之功，亦已廣矣，而以物命爲藥，害物亦多，必爲尸解之仙，不得白日升舉矣。陶貞白事，固吾子所知也。’”然《華陽陶隱居内傳》卷中陶自言：“仙障有九，名居其一；使吾不白日登宸者，蓋三朝有微名乎！”則陶之不得飛舉，緣身之享名，非由物之損命也。蓋學仙而不得飛昇，且終於委蛻陳屍，事實具在，不可諱也，衹可飾也；物命與聲名大異，巧言文飾則等爾。《全梁文》卷一一簡文帝《勸醫論》：“非直傳名於後，亦是功德甚深，比夫脫一鴿於權衡，活萬魚於池水，不可同日而論焉”；則似人命重於物命，“害物”或在所不計歟。

　　陶弘景《藥總訣序》：“或一藥以治衆疾，或百藥共愈一病。”按此《雜譬喻經》第三四則言耆域所爲。

　　【增訂四】道略集《雜譬喻經》第三四則言耆域“或以一草治衆病，或以衆草治一病”。陶弘景《藥總訣序》語同此。

《舊唐書·方伎傳》許胤宗曰："且古之名手，唯是別脈，脈既精別，然後識病。夫病之於藥，有正相當者，唯須單用一味，直攻彼病，藥力既純，病即立愈。今人不能別脈，莫識病源，以情臆度，多安藥味；譬之於獵，未知兔所，多發人馬，空地遮圍，或冀一人偶然逢也。如此療疾，不亦疎乎！假令一藥，偶然當病，復共他味相和，君臣相制，氣勢不行，所以難差，諒由於此"；設譬甚雋，顧似不以"百藥共愈一病"爲然者。《黄帝素問·至真要大論》："君一臣二，奇之制也；君二臣四，偶之制也"，唐王冰註："奇、古之單方，偶、古之複方"；則"單方"亦"君臣相制"，非"單用一味"者。沈括《良方》自序論"藥之單用爲易知，複用爲難知"，闡發共味交攻（synergism），最爲明通。又按《新唐書·方伎傳》記胤宗語："古之上醫，要在視脈，病乃可識；病與藥值，惟用一物攻之，氣純而愈速。今之人不善爲脈，以情度病，多其物以幸有功，譬獵不知兔，廣絡原野，冀一人獲之，術亦疏矣！一藥偶得，他味相制，弗能專力，此難愈之驗也。"文簡而詞不達，讀《舊唐書》所記，方意申理順；且"獵不知兔，廣絡原野"，是徧設置羅也，則當承以"冀其落網"，安得曰："冀一人獲之"哉？言無序而語有病者也。胡應麟、汪琬、趙翼、梁玉繩等皆謂《新唐書》文章未可厚非（《少室山房類稿》卷一〇一、《說鈴》、《陔餘叢考》卷一一、《瞥記》卷三），竊謂《舊唐書》文章正未許輕非耳。

【增訂三】明戴良《九靈山房集》卷二七《滄洲翁傳》載吕復《醫評》全文，末曰："王德膚如虞人張羅，廣絡原野，而脫兔殊多，詭遇獲禽，無足算者"，即用《新唐書·方伎傳》語。吕復歷舉扁鵲以下名醫，一一題品，即仿袁昂《古今書評》體製，可爲 2232 頁補一例。

陶弘景《肘後百一方序》：“凡一百一首。……昔應璩爲《百一詩》，以箴規心行，今余撰此，蓋欲衛輔我躬。且佛經云：‘人用四大成身，一大輒有一百一病。’……脱從禄外邑，將命遠途，或祗直禁闥，晨宵閉隔，或羈束戎陣，城壘嚴阻，忽驚急倉卒，唯拱手相看，孰若便探之枕笥，則可庸竪成醫。”按《文選》特爲璩詩一首獨闢《百一》門；題解各殊，李善註據作者自道而斷言：“據《百一詩》序云：‘時謂曹爽曰：公今聞周公巍巍之稱，安知百慮有一失乎？’《百一》之名，蓋興乎此也。”然則“百一”，即“萬一”之旨，如《史記·張釋之傳》：“有如萬分之一假令愚民取長陵一抔土”，所謂意外毋妄之變故是矣。陶自比其書之衛身於應詩之箴心，曰“脱”，曰“忽驚急倉卒”，均謂意外忽病、萬一有疾，而無醫可就，備此方猶堪救急。足與善註引璩序語發明；擬必於倫，“百一”本意得參驗而了然矣。蓋《百一方》涵兩意，如言《備緩急方一百一首》也。《全三國文》卷三〇漏輯《百一詩·序》佚文。“一大有一百一病”，故四大之和當得四百四病，釋書如《淨心誠觀法》云：“四百四病，以夜食爲本”，則開郭印《雲溪集》卷六《和曾端伯安撫〈勸道歌〉》：“夜氣若要長存，晚食尤宜減些”，或後世俗諺：“夜飯少吃口，活到九十九”，西方亦有古諺：“食宜少，夜食宜更少”（come poco y cena màs poco）[1]。應璩《三叟詩》：“中叟前致辭：‘量腹節所受’”，普謂三餐，非僅夜食；《太平御覽》卷七二〇引《老子養生要訣》：“冬則朝勿虛，夏則夜勿飽”，又僅戒夏夜，非普謂四

---

[1]　*Don Quijote*，II.43，*op. cit.* VII，110.

季也。《河南二程遺書·外書》卷一二《明道語》："人有四百四病"，正出流傳佛説；元曲如《張天師》第三折、《倩女離魂》第一折、《竹塢聽琴》第二折皆有："三十三天，（覷了）離恨天最高；四百四病，（害了）相思病最苦（怎熬）"，已説得口滑。吳聿《觀林詩話》："昔人有言：'馬有三百四病，詩有三百八病，詩病多於馬病'"；謝翱《晞髮集》卷七《散髮》："詩病多於馬，身閒不似鷗"，沈德潛《歸愚詩鈔·餘集》卷七《又病》："詩病多於馬，我病多於詩，耄年如枯木，病又摧其枝"，皆用其語。竊謂錢謙益、龔自珍或沈曾植爲之，當曰："身病多於詩"，隱用佛經，以"身"字虛涵"人身"、"自身"兩意矣。

　　陶弘景《瘞鶴銘》："甲午歲，化於朱方。"按鄭文焯《半雨樓叢鈔》："説者未詳何地。按宋張養《六朝事迹編類》第三卷，丹陽、丹徒，春秋時稱'朱方'，梁簡文亦有'及忝朱方'之語。"又按鄭氏謂"不爲無益之事，何以悦有涯之生"，見諸陶弘景"上梁武帝論書"，似誤，卷四六《與梁武帝啓》七首初無此也。兩語歷代稱引，實出張彦遠《歷代名畫記》卷二論鑒識、收藏、購求、閱玩一節："既而歎曰：'若復不爲無益之事，則安能悦有涯之生！'是以愛好愈篤，近於成癖。"陳師道《後山詩集》卷一二《題明發高軒過圖》："晚知書畫真有益，却悔歲月來無多"，即反用張語；賈似道好收藏，名其堂曰"悦生"，《説郛》卷十二采賈氏雜記曰《悦生堂隨鈔》），取意亦本張語。然董其昌《容臺集·詩集》卷四《倣李營丘寒山圖·序》云："余結念泉石，薄於宦情，則得畫道之助。陶隱居云：'若不爲無益之事，何以悦有涯之生！'千古同情，惟予獨信，非可向俗人道也"；早誤主名。李葆恂《義州李氏叢刊七種》中《無益有益齋論書詩》

自序，亦沿誤以爲陶氏語。鄭氏傳訛而坐實之。項鴻祚《憶雲詞》丙稿自序：“嗟乎！不爲無益之事，何以遣有涯之生！時異景遷，結習不改”；變收鑒書畫爲寫作詞章，又易“悦”爲“遣”，意較悽婉矣。

　　陶弘景《吳太極左仙公葛公碑》。按謂葛玄也。其語繳繞不明：“舉代翕然，號爲‘仙公’。……俗中經傳所談，云已被太極銓授，居‘左仙公’之位。如《真誥》并葛氏舊譜，則事有未符。……久當受任玄都，祇秩天爵”；似言俗尊爲“仙公”時，玄尚未實授“仙公”之位，今則歷時悠久，當已真除。《真誥·稽神樞》之二：“葛玄善於變幻而拙於用身，今正得不死而已，非仙人也”，即所云“事有未符”也。

　　陶弘景《遺令》：“因所著舊衣，上加生祬裙及臂衣、韎、冠、法服，……釵符於髻上，通以大袈裟覆衾，……道人、道士並在門中。”按“生”者，未經穿着之新冠服，以別於“著舊”，猶“生飯”之“生”，詳見《太平廣記》卷論卷七五《馮漸》。孫詒讓《札迻》卷四論《管子·形勢》：“生棟覆屋”，并舉《韓非子·外儲説右》之“椽生”及《吕氏春秋·別類》之“木尚生”，謂“生”乃“材尚新未乾”之意，可相發明。陶氏爲道士而受佛戒，故黄冠“道士”與緇衣“道人”同佐喪事，“並在門中”。其遺體被服亦示融會二氏，通門户而化町畦；“法服”、“髻符”，顯爲道服，而“袈裟”則僧衣也。《全梁文》卷六七所收傅弘即《全陳文》卷一一徐陵《東陽雙林寺傅大士碑》所讚歎之高僧，禪門所稱“善慧大士”。《五燈會元》卷二記大士赴梁武帝招，“被衲、頂冠、靸履朝見，帝問：‘是僧耶？’士指冠。帝曰：‘是道耶？’士指靸履。帝曰：‘是俗耶？’士以手指衲衣”；其事疑出後人附會，不見唐前紀載。若夫弘景遺命，則真以道冠加首而衲衣蒙身矣。《佛祖統紀》卷三三《法門光顯志》："藏前相承列大士像，備儒、道、釋冠服之相者，以大士常作此狀也"；曹安《讕言長語》載詩："袈裟新補片雲寒，足躡儒鞋戴道冠；欲把三家歸一轍，捏沙終是不成團！"，即嘲大士。

【增訂三】寒山詩"有人把椿樹"篇結云："似聚沙一處，成團也大難"，曹安引詩末句出此。院本、話本則取譬又別，《神奴兒》第一折、《醉醒石》第一回均云："老米飯捏殺也不成團"，似愈精警。蓋沙粒本不粘，飯粒或尚可粘，而"捏"之仍浪拋心力，等"聚沙"之落空而更使人怏怏失望矣。

龐元英《談藪》（《説郛》卷三一）載謝希孟為陳伯益像贊："禪鞵俗人鬚髯，道服儒巾面皮"；顧瑛《玉山逸稿》卷四《自贊》："儒衣僧帽道人鞋，到處青山骨可埋；還憶少年豪俠興，五陵裘馬洛陽街"；又均效大士。弘景《遺命》載在《南史》本傳，而未嘗有徵引以與大士比類者。方岳《秋崖先生小稿》卷二《蒙恩予祠》："月明弄影雪顛癱，只似胡僧不似吾；忽予牙緋稱羽客，道官儒綬釋頭顱"；祠禄故曰"道官"，"髮秃"故曰"釋顱"，非言衣着，而"捏沙為團"之筆意則類。

二一四　全梁文卷四八

　　袁昂《古今書評》又《評書》。按第二篇似後人竄改第一篇
而成，其推王羲之書：“歷代寶之，永以爲訓”，顯背梁武所評。
奉詔承旨之作，豈敢如是哉？唐太宗親爲《晉書》羲之傳撰
《論》以來，此類庶成常語矣。袁氏所評書跡，十九失傳，殘存
者亦輾轉摹拓，已非本相，其衡鑑未必都中肯入裏，而巧構比
喻，名雋每堪入《世說新語·賞譽》。米芾《海岳名言》第一則：
“歷觀前賢論書，徵引迂遠，比況奇巧，如‘龍跳天門，虎臥鳳
閣’，是何等語！或遣詞求工，去法愈遠，無益學者。”“龍跳”
二句即《評書》品目王羲之語；《古今書評》移施於蕭思話，
“天”作“淵”，“閣”作“闕”。“無益於書”，誠如米老所譏，即
“比況”亦殊不倫，“鳳閣”而供“虎臥”，何異麟閣之著獼猴乎？
黃伯思《東觀餘論》卷上《法帖刊誤》：“袁昂不以書名，而評裁
諸家，曲盡筆勢。然論者以其評張芝書云：‘如漢武愛道，憑虛
欲仙’，則欲仙而已，至況蕭紹之書，乃云：‘如仙人嘯樹’，則
真仙也，爲比擬失倫”；尤參稽密察也。皇甫湜《諭業》、張舜民
《詩評》等仿昂此篇以藻鑑詩、文者，唐、宋、明、清不絶，明
宣獻王《太和正音譜》卷上《古今羣英樂格勢》，參其體制，題

品馬致遠以下曲家二百餘人，雖造語粗拙，亦爲巨觀。評書反尟祖構，余唯覩米芾《書評》（《寶晉英光集・補遺》所載非全文，當據《雲麓漫鈔》卷五篇首補："善書者歷代有之"云云，篇末補："繼其人者，襄陽米芾也"）、桂馥《國朝隸品》而已。

【增訂三】黃伯思引"論者"語，當即出唐李嗣真《書品後・下下品・評》："前《品》云：'蕭思話如舞女低腰，仙人嘯樹'，亦則仙矣。又云：'張伯英如漢武學道，憑虛欲仙'，終不成矣。商榷如此，不亦謬乎！"《元文類》卷三九宋本《跋蘇氏家藏雜帖》即仿袁昂《書評》體，品目鮮于樞以下書家，擬象無新穎者，而結處殊有姿致："或謂：'蕭叔達身能作字，故鍾繇輩遭其口吻，子僅解操筆，詎容歷詆？'殊不知食前方丈，具於饔人，舉挾一嘗，甘辛立辨，正自不必手自烹調，然後始識味也。"王世貞倘聞此，必更振振有詞（參觀 1773 頁）。竊謂移之以喻文評也可（參觀 1668－1669 頁）。

二一五　全梁文卷五一

　　王僧孺《與何炯書》。按亦摹司馬遷、楊惲兩書，不及江淹所爲之俊利也。"所以握手戀戀，離別珍重。弟愛同鄒季，淫淫承睫，吾猶復抗手分背，羞學婦人"；謂惜別涕泣，如江淹《別賦》所云："横玉柱而沾軾"，"造分手而銜淚"，"瀝泣共訣"，"親賓兮淚滋"。俞正燮《癸巳類稿》卷一三《哭爲禮儀說》考古有喪事助哭之禮，且"於禮，哭不必有淚"。竊謂哭不僅爲死喪之儀，亦復爲生別之儀，雖不若喪儀之遍播久傳，而把別時哭泣無淚，便遭失禮之責，其節文似更嚴於佐喪也。送別必泣，昉自晉世。《三國志・魏書・吳質傳》裴註引《世語》："魏王嘗出征，世子及臨淄侯植並送路側。植稱述功德，發言有章，左右屬目，王亦悅焉。世子悵然自失，吳質耳曰：'王當行，流涕可也。'及辭，世子泣而拜，王及左右咸欷歔，於是皆以植辭多華而誠心不足也"；是漢末尚無此習，故吳質出奇謀而使曹丕得勝着。《舊唐書・高宗紀》上："太宗將伐高麗，命太子留鎮定州，及駕發有期，悲啼累日"；殆秉吳質之遺教歟。《藝文類聚》卷二九引《語林》："有人詣謝公別，謝公流涕，此人了不悲，既去，左右曰：'向客殊自密雲。'謝公曰：'非徒密雲，乃自旱雷爾！'""密雲"

即《史記·呂后本紀》所謂"太后哭泣不下",《漢書·外戚傳》上作"哭而泣不下",顏師古註:"'泣'謂淚也";"旱雷"即《水滸》第二五回論"有三樣哭"之"無淚有聲謂之'號'……乾號",或《西遊記》第三九回孫行者論"哭有幾樣,若乾着口喊,謂之'嚎'"。《顏氏家訓·風操》:"別易會難,古人所重,江南餞送,下泣言離。有王子侯,梁武帝弟,出爲東郡,與武帝別,帝……數行淚下,侯遂密雲,靸然而出,坐此被責。……北間風俗,不屑此事;歧路言離,歡笑分首。然人性自有少涕淚者,腸雖欲絕,目猶爛然;如此之人,不可强責";心傷而不下淚,即所謂心軟眼硬,如朱淑真《斷腸詩集》卷六《秋日述懷》:"婦人雖軟眼,淚不等閒流",或李開先《一笑散》載明初人《商調》全套《逍遙樂》:"我從來眼硬,不由人對景傷情。"《類説》卷五三引《談藪》載劉孝綽送王元景出使,"泣下,元景無淚,謝曰:'卿無怪我,別後闌干'";謂此際無淚,後將必有淚,以成來而必往之禮。僧孺與何炯別時,炯泣而僧孺眼硬,乖"江南"禮俗,而又不可如王元景之託言後補,故書中爲己分疏。"愛同鄒季,……抗手分背,羞學婦人",語本《孔叢子》;《藝文類聚》卷二六載此書,"鄒季"作"郭李",乃不知者妄改。《孔叢子·儒服》:"子高遊趙,平原君客有鄒文、季節者,與子高相友善。及將還魯,……臨別,文、節流涕交頤,子高徒抗手而已。……子高曰:'始吾謂此二子丈夫爾,今乃知其婦人也!'……其徒曰:'泣者一無取乎?'子高曰:'有二焉:大姦之人,以泣自信;婦人、懦夫,以泣著愛。'"《世説·方正》亦云:"周叔治作晉陵太守,周侯仲智往別,叔治涕泗不止。仲智恚之,曰:'斯人乃婦女,與人別,作涕泣!'便舍去";蓋叔治徒知臨別涕泗之爲禮，而不識文勝禮過、反惹厭取憎也。羅隱《淚》：
"自從魯國漕然後，不是奸人即婦人"，顯用《孔叢子》；《全唐
文》卷一二八李後主《送鄧王二十六弟牧宣城序》："哀淚甘言，
實婦女之常調，又我所不取也"，贈別作此語，亦隱用《孔叢
子》。哭泣可爲仕宦之終南捷徑，始著於《漢書·王莽傳》下；
地皇四年秋莽率羣臣至南郊仰天號哭以厭國災，"諸生小民會旦
夕哭，……甚悲哀及能誦策文者，除以爲郎，至五千餘人"。《舊
唐書·張仲方傳》博士尉遲汾請諡李吉甫爲"敬憲"，仲方駁議
斥吉甫，有曰："諂淚在睫，遇便即流；巧言如簧，應機必發"；
陳繼儒《太平清話》卷上云："每讀此，却笑似平康榜文也！"則
謂"奸人"與"婦人"，一二二一，奸泣同妓，而妓泣即是奸。

【增訂四】《魏書·宋弁傳》："高祖在汝南，不豫大漸，旬有餘
日，不見侍臣。……小瘳，乃引見門下及宗室長幼。諸人入
者，未能知致悲泣。弁獨進及御牀，歔欷流涕曰：'臣不謂陛
下聖顏毀瘠乃爾！'由是益重之。""知致悲泣"四字甚簡雋，
即謂辦得一付急淚也。《史記·外戚世家》記竇廣國兒時爲人
所略賣，及長，聞新立竇皇后，度是其姊，上書自陳，召見：
"於是竇皇后持之而泣，泣涕交橫下。侍御左右皆伏地泣，助
皇后悲哀。"不曰："哀感左右，皆伏地泣"，而曰："左右皆伏
地泣助哀"，猶言"知致悲泣"，申之即"諂淚在睫，遇便即
流"耳。《史通·敘事》論"省文"所稱"反三隅於字外"者，
"助"字是也。意大利古詩寫一婦美而點詐，蓄淚在睫，常備
應需，如源頭活水（[Origille]Era la dama di estrema bel-
tate，/Maliciòsa e di losinghe piena；/Le lacrime teneva ap-
parecchiate/Sempre a sua posta，com'acqua di vena.——Or-

lando innamorato，I，xxiv，§45，*op. cit.*，Vol，I，p. 536）；又"奸人"與"婦人"一二二一矣。

袁枚《隨園詩話》卷一引莊荪服《贈妓》："憑君莫拭相思淚，留着明朝更送人！"，正"平康"之下泣言離矣。沈德符《野獲編》卷二一："士人無恥，莫盛於成、正間，嘉靖以來又見之。汪鈜叩首泣求於永嘉，趙文華百拜泣請於分宜，陳三謨跪而絮泣於江陵，皆以數行清淚，再荷收録。古人云：'婦人以泣市愛，小人以泣售奸'，誠然哉！""古人"亦指《孔叢子》。王士禎《古夫于亭雜録》卷一："董默菴（訥）以御史改兩江總督，有某御史者造之，甫就坐，大哭不已，董爲感動。某出，旋造余佺廬相國，入門揖起，即大笑曰：'董某去矣！拔去眼中釘也！'"；堪爲"平康榜文"語箋釋。賣哭之用，不輸"賣笑"，而行淚賄、贈淚儀之事，或且多於湯卿謀之"儲淚"、林黛玉之"償淚債"也。孟郊《悼幼子》："負我十年恩，欠爾千行淚"，又柳永《憶帝京》："繫我一生心，負你千行淚"；詞章中言涕淚有逋債，如《紅樓夢》第一回、第五回等所謂"還淚"、"欠淚的"，似始見此。

二一六　全梁文卷五二

　　王僧孺《太常敬子任府君傳》："少孺速而未工，長卿工而未速．"按卷六〇劉孝綽《昭明太子集序》："長卿徒善，既累爲遲；少孺雖疾，俳優而已．"皆本《漢書·賈、鄒、枚、路傳》。

　　王僧孺《初夜文》："殊不知命均脆草，身爲苦器，何異犬羊之趣屠肆，麋鹿之入膳厨．"按《抱朴子》内篇《勤求》："里語有之：'人在世間，日失一日，如牽牛羊，以詣屠所，每進一步，而去死轉近'"；後秦譯《長阿含經》之一六〇《阿蘭那經》："人命如縛賊送至標下殺，如屠兒牽牛殺，子隨至舉足，步步趨死"；《大般涅槃經·迦葉菩薩品》第一二之六："次修死想，……如因趣市，步步近死，如牽牛羊，詣於屠肆．"西方詩文亦常道此意。古羅馬哲人云："吾人每日生正亦逐日死，生命隨日而減，其盈即其縮也"（Cotidie morimur. Cotidie enim demitur aliqua pars vitae, et tunc quoque, cum crescimus, vita decrescit）[1]，酷類吾國詩人所謂"增年是減年"（范成大《丙午新正書懷》、劉克莊《乙丑元日口號》等）；但丁云："人一生即向死而趨"（ai vivi/del

---

　　[1]　Seneca, *Epistulae Morales*, XXIV.20, "Loeb", I, 176.

viver ch'è un correre alla morte)①；一詩人哭父云：“吾人出胎入世，即爲啓行離世，日生日長，愈逝愈邁，以至於畢程”（Partimos cuando nascemos，/andamos mientra bivimos，/y llegamos/al tiempo que fenescemos)②；一詩人送窆云：“請少待毋躁，吾正登途相就，每過片刻即近汝一步”（Stay for me there；/... and think not much of my delay；/I am already on the way，/.../Each minute is a short degree，/And ev'ry hour a step towards thee)③；又一詩人云：“坐知死爲生之了局，人方向死而趨，逐步漸殁”（Que la mort soit son terme，il ne l'ignore pas，/Et，marchant à la mort，il meurt à chaque pas)④；特屠肆、庖厨之喻，則未覯焉。一哲學家曰：“人至年長，其生涯中每一紀程碑亦正爲其誌墓碑，而度餘生不過如親送己身之葬爾”（After a certain age every milestone on our road is a gravestone，and the rest of life seems a continuance of our own funeral procession)⑤；語尤新警。

---

① *Purgatorio*，XXXIII，53-4.

② Jorge Manrique："Coplas por la muerte de su padre"（Eleanor L. Turnbull，*Ten Centuries of Spanish Poetry*，50). Cf. Novalis，*Fragmente*，§515，hrsg. von E. Kamnitzer，206："Leben ist der Anfang des Todes. Das Leben ist um des Todes willen"；Gautier："L'Horloge"，*Poésies complètes*，Charpentier，II，95："Naître c'est seulement commencer à mourir."

③ Henry King："The Exequy"（Saintsbury，*Minor Poets of the Caroline Period*，III，197).

④ Musset："Lettre à M. de Lamartine"，*Poésies nouvelles*，Flammarion，86. Cf. François Malaval："L'Usage du Temps"："Le temps pousse le temps d'un insensible effort，/Et vivre，C'est toujours s'approcher de la mort"（A. J. Steele，*Three Centuries of French Verse*，208).

⑤ F. H. Bradley，*Aphorisms*，no. 70.

二一七　全梁文卷五三

　　裴子野《雕蟲論》。按此論爲詩而發，非概論文體，觀造端：
"古者四始六藝，總而爲詩"，又下文："其五言爲家，則蘇李自
出，曹劉偉其風力，潘陸固其枝葉，爰及江左，稱彼顏謝。……
學者以博依爲急務，……無被於管絃，非止乎禮義"，莫不專指
詩歌。《全隋文》卷二〇李諤《上書正文體》雖有"惟矜吟咏"、
"先製五言"、"用詞賦爲君子"等語，而主旨爲文而發，詩僅遭
波及。談者於二篇每一切而等齊之，似未當也。《梁書》本傳：
"子野爲文典而速，不尚靡麗之詞，其制作多法古，與今文體
異"；未識所謂。子野存文無多，而均儷事偶詞，與沈約、任昉
之"今文體"了不異撰；至《宋略》則"筆"而非"文"，沈約
作《宋書》亦未嘗出以"文"體，本當別論也。"荀卿有言：'亂
代之徵，文章匿而采'，斯豈近之乎?"語出《荀子·樂論》，
"匿"即"慝"字，謂邪、不正也。裴《論》上文云："隱而不
深"，則似將"匿"如字讀，猶《國語·周語》中倉葛呼"觀武
無烈，匿文不昭"之"匿"，謂隱蔽不豁達，亦甚切六朝文以深
博掩淺陋、表華而裏柮之弊。《隋書·文學傳·序》謂梁自大同
之後，"典則"漸"乖"，"淫放"遂"啓"，"其意淺而繁，其文

匿而采", 則似作邪"慝"解也。又按裴氏此《論》冠以序云:
"宋明帝博好文章, ……每國有禎祥, 及行幸宴集, 輒陳詩展義,
且以命朝臣。其戎士武夫, 則託請不暇, 困於課限, 或買以應詔
焉。"公讌賦詩, 往往懸知或臆揣題目, 能者略具腹稿, 不能者
倩人擬授; 惟即席當筵, 拈韻擊鉢, 始示難驗捷, 杜絕假借。孫
枝蔚《溉堂文集》卷二《示兒燕》之三曰:"席上賦詩, 山頭馳
馬, 此是險事", 蓋深知急就難成章、疾行易失足也。《顏氏家
訓·勉學》譏梁朝貴游子弟云:"明經求第, 則顧人答策, 三九
公讌, 則假手賦詩", 是倩人代作不僅"戎士武夫"。《三國志·
魏書·三少帝紀》高貴鄉公甘露元年五月"幸辟雍, 會命羣臣賦
詩, 侍中和逌、尚書陳騫等作詩稽留, 有司奏免官", 下詔宥之,
引咎曰:"乃爾紛紜, 良用反仄!", 并勅以後罷此舉。庶幾不以
雅事爲虐政者。范鎮《東齋紀事》卷一:"賞花釣魚會賦詩, 往
往有宿構者。天聖中永興軍進'山水石', 適會, 命賦《山水
石》, 其間多荒惡者, 蓋出其不意耳。中坐優人入戲, 各執筆若
吟咏狀; 其一人忽仆於界石上, 眾扶掖起之, 既起, 曰:'數日
來作一首《賞花釣魚詩》, 準備應旨, 却被這石頭搭倒!'左右皆
大笑。翌日降出詩, 令中書銓定, 有鄙惡者, 落職與外任。"然
據梅堯臣《薛九公期請賦〈山水〉字詩》:"我去長安十載後, 此
石誰輦來京師。苑中構殿激流水, 暮春脩禊浮酒巵。是時詞臣出
不意, 酒半使賦或氣萎; 日斜鳴蹕不可駐, 未就引去如鞭笞";
則曳白者且當場被辱, "紛紜"乃至於此!

【增訂三】劉攽《彭城集》卷三七《贈兵部王公墓誌銘》:"仁
宗嘗錫宴苑中, 時得唐明皇刻石'山水'字, 使羣臣賦之。皆
不能下筆, 奏篇纔十數。上令宰臣銓次之, 公第爲優。"即范

紀、梅詩所道之事。成章者祇"十數"人，"公"謂王嘉言也。陳兆崙《紫竹山房詩集》卷四《瀛臺侍宴紀恩》："浩浩隨時出，期期各自屏，序卑彌詰屈，才薄重忪惺"，自註："先後以爵爲序，故寬韻不敢預擬，懼有先之者也。"亦徵即席之出"預擬"，然預立而不可固必也。

清高宗《詩文十全集》卷二九《紫光閣錫讌聯句、得詩》："葳功自是資提戟，聯句何妨有捉刀"，自註："平定兩金川，戰勝成功，實賴武臣之力。至讌間聯句，不妨人代爲之。且邇年新正聯句皆預擬御製句成，其餘則命内廷翰林擬就，臨時填名，非即席自作。"曲體下情，大開方便，使臣工既免衆前出醜，又無須場下走私。四君相形，魏高、清高誠高，而宋明未可爲明，宋仁亦殊不仁矣。梁章鉅《歸田瑣記》卷六《朱文正師》："上幸翰林院，欲令與宴者皆即席爲詩。公奏：是日諸翰林皆蒙賜酒觀戲，恐分心不能立就。上允之。出語諸翰林曰：'若是日果即席賦詩，諸君能不鑽狗洞乎！'"賜讌而免即席賦詩，是亦不失爲皇恩相謨之一端也。李重華《貞一齋詩説》論《石鼎聯句》似出韓愈"一人所搆"，因云："向見吳中聯句長篇，俱竹垞老人〔朱彝尊〕製成，因而分屬諸子者"；則文流雅舉亦每同紫光閣故事。又按子野文中："其五言爲家，則蘇、李自出"，乃倒裝句，猶"出自蘇、李"或"自蘇、李出"，即鍾嶸《詩品·序》所謂："逮漢李陵，始著五言之目。"

二一八　全梁文卷五四

　　王屮《頭陀寺碑文》。按余所見六朝及初唐人爲釋氏所撰文字，驅遣佛典禪藻，無如此碑之妥適瑩潔者。敍述教義，亦中肯不膚；竊謂欲知彼法要指，觀此碑與魏收《魏書·釋老志》便中，千經萬論，待有餘力可耳。刻劃風物，如"崖谷共清，風泉相渙"，"桂深冬燠，松疏夏寒"，均絕妙好詞；"愛流成海，情塵爲岳"，運使釋氏習語，却不落套，亦勝於《全陳文》卷四後主《釋法朗墓銘》之"航斯苦海，洞此愛河"。"亘邱被陵，因高就遠；層軒延袤，上出雲霓，飛閣逶迤，下臨無地"；元初白珽《湛淵靜語》卷二論王勃《秋日登洪府滕王閣餞別序》："層巒聳翠，上出重霄，飛閣流丹，下臨無地"，即謂脱胎於斯，陳鴻墀《全唐文紀事》卷四七祇引明季徐燉《筆精》亦言之，實遠落白氏後矣。陸游《劍南詩稿》卷一〇《頭陀寺觀王簡栖碑有感》："世遠空驚閲陵谷，文浮未可敵江山"；《渭南文集》卷四《入蜀記》四："頭陀寺，……藏殿後有南齊王簡栖碑，……駢儷卑弱，初無過人，世徒以載於《文選》，故貴之耳。自漢、魏之際，駸駸爲此體，極於齊梁，而唐尤貴之，天下一律。至韓吏部、柳柳州大變文格，……及歐陽公起，然後掃蕩無餘。後進之士，雖有工拙，要皆近古；如此篇者，今人讀不能終篇，已坐睡矣，而況效之乎？"

【增訂四】方東樹《昭昧詹言續錄》卷二："不解古文，不能作古詩，此放翁所以不可人意也，猶是粗才。"論高適微其見妄耳！放翁於"古文"之"解"不、"古詩"之"能"不，姑置勿論。杜甫洵"能作古詩"矣，方氏亦許其"解古文"耶？方氏之宗老名苞者，固所推爲"解古文"之人，而於詩無少分，《望溪集》所存寥寥數篇可按也。放翁評文，好快意高論，如《劍南詩稿》卷二五《夜觀嚴光祠碑有感》至云："平生陋范曄，瑣瑣何足錄。"身後遭方氏抹搬，蓋亦有以召之也。

陸氏"古文"僅亞於詩，亦南宋一高手，足與葉適、陳傅良驂靳；然其論詩、文好爲大言，正如其論政事焉。其鄙夷齊梁初唐、文若此，亦猶其論詩所謂"元白纔倚門，溫李真自鄶"，"陵遲至元白，固已可憤疾，及觀晚唐作，令人欲焚筆"；皆不特快口揚己，亦似違心阿世。"不終篇而坐睡"，渠儂殆"渴睡漢"耳。

張充《與王儉書》："關山敻阻，書罷莫因，儻遇樵者，妄塵執事。"按"儻"如"儻來"之"儻"，謂偶爾、忽然也。《全唐文》卷三二五王維《山中與裴迪秀才書》結語："因馱黃蘗人往不一"，同此野情閒致。

【增訂四】《全唐文》卷一三一王勣《答程道士書》："因山僧還，略此達意也"。"因"亦即"書罷莫因"之"因"。

二一九　全梁文卷五五

鍾岏《食生物議》："䱇之就脯，驟於屈伸；蟹之將糖，躁擾彌甚。……至於車螯蚶蠣，眉目內闕，……礦殼外緘，……曾草木之不若，……與瓦礫其何算。故宜長充庖厨，永爲口實。"按"口實"有二義，近世專用言語義，南北朝則並用啖食義，如此篇或《魏書·夏道遷傳》："好言宴，務口實，京師珍羞，罔不畢有。"鍾氏作《議》，事詳《南齊書·周顒傳》；何胤"精信佛法，無妻妾"，而"累"於"肉"，"言斷食生，猶欲食白魚、䱇脯、糖蟹，以爲非見生物；疑食蚶蠣，使學生議之。學生鍾岏云云，竟陵王子良見岏議，大怒"。蓋胤非"斷肉"，乃"斷食生"，所謂不斷"五浄肉"（參觀論《全梁文》卷一武帝《唱斷肉經竟制》）。"䱇脯、糖蟹"之屬是肉之風乾醃漬者，其"物"之不"生"已久，故胤以爲尤不在"斷"例；"見"即"現"，"見生物"者、活生生現殺現食之物，别於風雞、臘肉、醃魚、糟蟹，無關《孟子》之"見其生不忍見其死"或《楞嚴經》之"不見爲我殺"。卷六八王（一作韋）琳《䱇表》："以臣爲糝蒸將軍、油蒸校尉、臛州刺史，脯臘如故"，正言乾肉。"白魚"與"䱇脯"、"糖蟹"連類並舉，必非鮮鮊，而指鮊鮓，《説文解字·魚》部

《鮸》字段玉裁註："今江浙人所食海中黄魚，乾之爲白鮝"，亦用"白"字；《清異録》卷二毛勝《水族加恩簿》贊白魚云："以爾楚鮮，隱釜沉糟"，此處"白魚"當亦謂沉糟或塗鹽之鮑。

【增訂四】梅堯臣詩數及糟鮑，如《宛陵集》卷一二《糟淮鮑》："寒水縮淺瀨，空潭多鮑魚。網登肥且美，糟漬奉庖厨。"同卷尚有《楊公懿得潁人惠糟鮑分享》、《又和楊秘校得糟鮑》二詩。

"非見生物"與"五淨肉"之本義陰有出入；倘"見、聞、知"物之"爲我殺"，衹須稍歷時日而不當場烹鮮供饌，其肉亦不在"斷"例。禁忌已寬，而老饕心猶未足，尚嗜蚶蠣；因此物宜嘗新不宜宿存，於是并欲決破"見生物"之坊範，而逕以充口腹矣。屼向師門進《議》，匡救之，復將順之；於鮔脯、糖蟹，以爲雖"非見生物"，亦勸戒斷，而於蚶蠣，以爲雖"見生物"，實同無生物，故可方便。蘇軾《岐亭》第二首："我哀籃中蛤，閉口護殘汁，又哀網中魚，開口吐微濕"，胞與之懷，不遺蚶蚌；屼稱"仁人"，尚未臻此，衹能"怛"鮔之屈伸、蟹之躁擾耳。《北齊書·文宣紀》天保八年夏四月庚午"詔諸取蝦蟹蜆蛤之屬，悉令停斷"；澤被蟹蛤，竟陵王子良苟知之，必極贊許。文宣奉佛，嘗於"甘露寺深居禪觀"，又於九年春二月己丑"詔限仲冬一月燎野，不得他時行火，損昆蟲草木"。其愛惜物命，無微不至，然而草菅人命，"凡諸殺害，多令支解"；有好生之德者正即嗜殺成性者也。沈德符《野獲編》卷二二記馮夢禎奉佛，敬事僧達觀、所謂"紫柏大師"，一日同宴席，"主人出饌，蟹甚肥，馮手擘之，自訟：'是不宜吃，無奈口饞何！'紫柏振聲，以杖擊之：'汝但飲啗，不過識神偶昧。今明知其非，强作憫憐狀；此真泥犁種子，非吾徒也！’”何胤苟遇紫柏，必痛吃一頓杖耳。余觀馮氏《快雪堂集》卷四九己丑十月十四日記："午後復病，蓋瘧也；不知而唼魚蟹，益爲病魔之助矣"；卷五七己亥八月十八日記："赴吳伯度之約，噉黃爵、蟹；黃爵已肥"，又二十五日記："舟中烹蟹十四枚噉客"；卷五八庚子九月二十四日記："是日兩度噉蟹甚快。"是雖經棒喝，不改"口饞"。嘗試論之，教門戒律，信士輩所不可不守而每復不能盡守者也。脱可以不守，則不成爲戒律；脱人盡能守，則無須有戒律；既必守而又難守，於是譸張爲幻焉。陽守戒而陰不守戒，如梁武所訶"隱避覆藏"之背地吃葷，尚是作僞欺世之粗淺者。更進則行僞而辯，一若貌似不守戒而實仍守戒，窮厥遁詞，惡夫佞者，如何胤斷"見生肉"、鍾岏議蚶蠣"永爲口實"，蓋欺世亦且自欺。舊日基督教以"決疑"爲專科之學（casuistry），俾破戒得所藉口（distinguo）而若未破戒然（a set of rules for the breaking of rules）[1]，此物此志。何胤豈非"疑食蚶蠣"而請鍾岏爲之決疑耶？静言思之，世間法之律令禮文每猶出世間法之教規而已。

　　鍾嶸《詩品》。按《全齊文》卷二五謝赫《畫品》序次畫家二十七人爲六品；《全梁文》卷六六庾肩吾《書品》序次書家一二八人，"小例而九，大等爲三"，全同班固《漢書·古今人表》之例。嶸取詩家一二〇人分居三品，等第雖簡，評騭最詳；《自序》："昔九品論人"，正謂《人表》。然嶸采法班書，匪僅《人表》，抑且有《藝文志》；其評上、中兩品，十人而九，必先曰："其源出於……"，即師班氏論九流之"蓋出於某官"，牽强附會，

---

① 　C.F.D'Arcy, *A Short Study of Ethics*, 218.

貽譏適等。《南齊書・文學傳・論》“略有三體”，一體“源出靈
運而成”，一體與傅咸、應璩“不全似”而“可類從”，一體爲
“鮑照之遺烈”；綜撮大要，順適無礙。不類嶸固如高叟，一一指
名坐實，似爲孽子亡人認本生父母也。至於一時趨嚮所囿，一己
嗜好有偏，掎摭失允，事屬尋常，王士禎《古夫于亭雜錄》卷五
即斥嶸“黑白混淆”。竊謂嶸屈陶潛、鮑照居中品，魏武居下品，
最遭後世非議；其他品第，雖有未饜衆心，尚勿至誼嘩競起。且
嶸固云：“至斯三品升降，差非定制”，初非自以爲鐵案不可移
也。顧“網羅今古”“才子”，僅著李陵而不及蘇武，已甚可異，
或猶有説；復標舉“五言之警策”，纔得二十二人，蘇武却赫然
與數，“子卿‘雙鳧’”亦被目爲“篇章之珠澤、文采之鄧林”。
不啻舉子下第，榜上無名，而其落卷竟被主試選入本科闈墨也！
此則余所大不解，恐嶸亦無以自解；“準的無依”，真堪以其語還
評矣。《苕溪漁隱叢話》前集《序》：“昔有詩客，嘗以‘神’、
‘聖’、‘工’、‘巧’四品，分類古今詩句爲説，以獻半山老人。
半山老人得之，未及觀，遽問客曰：‘如老杜勳業頻看鏡、行藏
獨倚樓之句，當入何品？’客無以對，遂以其説還之，曰：‘嘗鼎
一臠，他可知矣！’”彼客不過分四品時偶遺老杜此聯，失祇疏
漏；嶸於蘇武，三品中漏之，二十二佳作中著之，進退矛盾，殊
爲體例之疵。

　　【增訂三】范君旭侖曰：“半山以老杜一聯詰客‘當入何品？’
　　非譏客標舉之‘疎漏’，乃謂詩‘品’甚多，祇列‘四品’，遠
　　不足以概之，如杜此聯即無可歸屬也。”是也。

白居易《與元九書》上溯《國風》，下至李、杜，論“五言始於
蘇、李”，有曰：“興離別則引‘雙鳧、一雁’爲喻”，正用《詩

品》所稱蘇武詩："雙鳧俱北去，一鳧獨南翔"，以修詞故，改"一鳧"爲"一雁"；庾信《哀江南賦》："李陵之雙鳧永去，蘇武之一雁空飛"，則兼指上林射雁得帛書事也。

談藝之特識先覺，策勳初非一途。或於藝事之弘綱要指，未免人云亦云，而能於歷世或並世所視爲碌碌衆伍之作者中，悟稀賞獨，拔某家而出之；一經標舉，物議僉同，別好創見浸成通尚定論。如昭明《文選序》大都當時常談，而其《陶淵明集序》首推陶潛"文章不羣超類"，則衡文具眼，邁輩流之上，得風會之先。又或月旦文苑，未克識英雄於風塵草澤之中，相騏驥於牝牡驪黄以外，而能於藝事之全體大用，高矚周覽，癥結所在，談言微中，俟諸後世，其論不刊。如鍾嶸三品，揚扢作者，未見別裁，而其《中品·序》痛言"吟咏情性，何貴用事"，則於六朝下至明清詞章所患間歇熱、隔日瘧，斷定病候，前人之所未道，後人之所不易。蓋西崑體之"撏撦"、江西派之"無字無來處"，固皆"語無虛字"，"殆同書抄"，疾發而幾不可爲；即杜甫、李商隱、蘇軾、陸游輩大家，亦每"競用新事"，"且表學問"，不啻三年病瘧，一鬼難驅。元稹《酬孝甫見贈》："憐渠直道當時語，不著心源傍古人"；嚴羽《滄浪詩話·詩辨》："詩有別才非書"；錢秉鐙《田間文集》卷一四《説詩示石生漢照、趙生文彬》："是故詩人者不惟有別才，抑有別學"；袁枚《小倉山房詩集》卷二七《仿元遺山論詩》："他山書史腹便便，每到吟詩盡棄捐，一味白描神活現，畫中誰似李龍眠"，又"天涯有客好聆癡，誤把抄書當作詩，抄到鍾嶸《詩品》日，該他知道性靈時"；莫非反覆舊傳之驗方，對治重發之宿恙，以病同故，藥亦大同焉。吳聿《觀林詩話》載俗稱"詩有三百八病"，未識名目云何；補

綴詞事，奧僻繁密，的爲詩患，應在此數。苟準西例，病名從辨
證者之名，如"安迪生疾"（Addison's disease）、"梅逆爾斯徵
候。（Ménière's syndrome）之類，則謂詩病中有"鍾嶸症"可矣。
"無字無來處"之旨，黃庭堅所明詔大號，而發凡起例莫詳於趙
夔《百家註東坡先生詩序》，聊標舉之。

　　《中品·序》論詩之文詞，違時抗俗；《下品·序》論詩之聲
律，亦不迎合"永明體"，然未爲孤詣獨覺。《全齊文》卷二四陸
厥《與沈約書》所見略同。厥《書》論聲律，謂"將急在情物，
而緩於章句"，又與嶸論文詞"羌無故實，皆由直尋"，殊塗同
歸。惟厥權輕重，僅以爲"章句"非"急"，嶸決取舍，逕以爲
"故實"可"無"，則稍異耳。"至平、上、去、入，余病未能，
蜂腰、鶴膝，閭里已具"；言四聲及後來唐人申説之"八病"，即
遍照金剛《文鏡秘府論·西》卷《文二十八病》之首八事。《全
唐文》卷一六六盧照鄰《南陽公集序》："八病爰起，沈隱侯永作
拘囚；四聲未分，梁武帝長爲聾俗"；語非泛設，謂四聲自當區
分而八病毋庸講究。蓋四聲之辨，本諸天然音吐，不容抹摋；若
八病之戒，原屬人爲禁忌，殊苦苛碎，每如多事自擾，作法自
斃。十七世紀英詩人（Samuel Daniel）嘗言，詩法猶國法，國愈
亂則法愈繁（in pessima respublica plurimae leges）[①]，可以喻此。
歷代名家，初不祗承嚴守，沈約自運，即未嘗去病棄疾。《南
史·陸厥傳》早云："約論四聲，妙有銓辨，而諸賦亦往往與聲
韻乖"，是巫咸不能自被、秦醫勿解自彈也。且詩歌音節之美，
初非除八病便得，"推、敲"熟例，已堪隅反。故嶸擯斥"蜂腰、

---

　　①　　J. W. H. Atkins, *English Literary Criticism: the Renaissance*, 200.

鶴膝"，解縛釋荷，未爲失也。特渠不審詩雖不"備管絃"、"入歌唱"，却仍有聲律音調，匪他，正其所言"但令清濁通流、口吻調利"者是。苟可"諷誦"而"不塞礙"，則於"平、上、去、入"，已"闇與理合"（implicit），曰："病未能"，乃尚未"思至"（explicit）；沈約《宋書‧謝靈運傳‧論》所云，適資移用。

【增訂三】明沈璟論曲，最嚴"合律依腔"，自比於杜甫之"詩律細"，而王驥德《曲律‧雜論》第三九下評之曰："詞隱……生平於聲韻、宮調，言之甚悉，顧於己作，更韻更調，每折而是，良多自恕，殆不可曉耳。"可參觀《南史》評沈約語。作法自縛而復自壞，先沈"隱侯"與後沈"詞隱"，何如出一轍耶！殷璠《河嶽英靈集‧論》謂四聲八病"縱不拈綴，未爲深缺"，因曰："而沈生雖怪曹、王'曾無先覺'，隱侯去［據《文鏡秘府論》南卷引文校正］之更遠。"又可佐《南史》評沈約語。沈約《宋書‧謝靈運傳‧論》："張、蔡、曹、王，曾無先覺；潘、陸、顏、謝，去之彌遠"；殷氏正用斯語以反譏其人，"沈生"、"隱侯"作對，亦即《文心雕龍‧麗辭》所言"重出駢枝"之例，猶以"宣尼"儷"孔丘"也。皎然《詩式》卷一《明四聲》亦呼約爲"沈生"，後世則以瘦腰而呼爲"沈郎"矣。

《文鏡秘府論‧天》卷劉善經《四聲論》不忿嶸之鄙夷聲病拘牽，駁曰："徒□（識？）口吻之爲工，不知調和之有術"，尚能批郤擣虛；更惡罾曰："復云：'余病未能'；觀公此病，乃是膏肓之疾，縱使華陀集藥，扁鵲投鍼，恐魂□（游？）岱宗，終難起也！"一何怨毒至於斯乎！夫有病未必有醫，然業醫則必見有病，猶業巫必見有鬼焉；忌醫諱疾，固庸夫之常態，然非病亦謂是病，小恙視作大病，治患者之病而不顧患者之命，病去而命亦隨之，又妄人所慣爲也。伏爾泰作《蕩子》院本（*L'Enfant prodigue*），遭人詬病，渠曰："誠非無疵，然疵亦有不可除去者。譬如僂人背上肉峯隆然，欲鏟其峯，是殺其人也。吾兒縱駝背，却不失爲强健耳"（Il y a d'ailleurs des défauts nécessaires. Vous ne pouvés guérir un bossu de sa bosse, qu'en lui ôtant la vie. Mon enfant est bossu; mais il se porte bien）；萊辛嘗借其語以自解[1]。鍾嶸同時人殷芸撰《小説》已佚，有一則存於晁載之《續談助》卷四："平原人有善治偏者，自云：'不善人百一人耳。'有人曲度八尺、直度六尺，乃厚貨求治。曰：'君且□（伏?）'，欲上背踏之。偏者曰：'且殺我！'曰：'趣令君直，焉知死事'"（參觀《百譬喻經》之五〇："有人患脊僂，醫以穌塗，上下著板，用力痛壓，不覺雙目一時迸出"）。《秘府論》晚近始傳入中國，好奇無識與夫談詩而不辦作詩之士，以其多載唐人遺説，翕然稱道。書實兔園册子，粗足供塾師之啓童蒙，寧有當於杜甫所謂"詩律細"哉？調聲屬對，法如牛毛，格如印板，徒亂人意；其於吟事，真類趣令無病而不問死活者。苟服膺奉持，把筆時局促戰兢，誤以詩膽之小爲詩心之細，幸得成章，亦衹非之無舉、刺之無刺（faultily faultless, stupidly good）[2]，奄奄無氣之文字鄉愿

---

[1]　Lettre à Berger, Oct. 24, 1736; *Hamburgische Dramaturgie*, XIV, Philipp Reclam jun., 107. Cf. *Greek Anthology*, Bk XI, 120, Collicter: "Socles, promising to set Diodorus' crooked back straight, piled three stones on the hunchback's spine. He was crushed and died, but he has become straighter than a ruler"（"Loeb", IV, 129）.

[2]　Cf. Quintilian, II. iv. 9, "Loeb", I, 228: ". . . et dum satis putant vitio carere, ih id ipsum incidunt vitium, quod virtutibus carent."

爾。唐李渤《喜弟淑再至》長歌自稱“詩思”云：“雲騰浪走勢
未衰，鶴膝蜂腰豈能障？”；湯顯祖《玉茗堂尺牘》卷三《答孫俟
居》自謂“知曲意”云：“筆懶韻落，時時有之，正不妨拗折天
下人嗓子”（參觀卷四《答呂姜山》、《答凌初成》）。亦猶魏晉風
流之言“禮法豈爲我輩設”也。

　　《詩品》中評謝朓：“朓極與余論詩，感激頓挫過其文。”按
謂朓論詩勝於其作詩也，“文”即指詩，如同品評任昉：“少年爲
詩不工，……晚節愛好既篤，文亦遒變”，《南史·任昉傳》正作
“晚節轉好著詩”。《品》下評陸厥，稱其“具識丈夫之情狀，自
製未優，非言之失也”，亦謂其善論詩而不善作詩；“丈夫”二字
必誤，疑“丈”乃“文”之訛，後世不察其訛，而又不解其意，
遂增“夫”字足之。嶸掎摭利病，而所作篇什無隻字傳世，當時
亦未有誦説及之者；其評謝、陸，蓋不啻夫子自道矣。“非言之
失”，正猶鉛刀而議斷割、目有神而腕有鬼也。參觀論《全三國
文》魏文帝《典論》、《全晉文》王羲之《書論》。劉勰與嶸爲並
世談藝兩大，亦復詞翰無稱。李日華《紫桃軒雜綴》卷二謂嚴羽
精於“議論”而乏“實詣”，因曰：“語云：‘識法者懼’，每多拘
縮”，理或然歟。

　　【增訂四】葛勝仲《丹陽集》卷三《上白祭酒書》：“某聞江左
　　詞格，變永明體，抉微倡和，實自隱侯。……於時有‘文章冠
　　冕、述作楷模’之諺，凜凜乎儒流盟主矣。然而鑑獎後輩，惟
　　恐一士不由己立也。”因歷舉沈約所提獎者，如王筠、朱異等
　　十餘輩，劉勰亦與焉，而終之曰：“其深閉固拒不少假者，特
　　鍾嶸一人耳。將嶸果無可稱耶？或嗜好酸鹹人各異也？”於沈
　　約之虛懷愛士，不無過稱，而於鍾嶸之未以詞翰擅場，則亦談

言微中也。原引李日華論嚴羽善論詩而自作詩未善，參觀《宋詩選註》嚴羽小論註三；又《明文海》卷一五六徐楨卿《與同年諸翰林論文書》二："獨喜滄浪語語上乘，……而嚴詩故元人耳，豈識見、造詣殊途乃爾"；卷二七六徐世溥《溉園詩集序》："使李、杜論詩，未必及嚴羽，然羽曾無片言傳者。"

【增訂五】王士禛《蠶尾續文》卷一九《跋〈嚴滄浪吟卷〉》："儀卿詩實有刻舟之誚……大抵知及之而才不逮云。"

勰、嶸於陶潛均非知音，勰且受知昭明，乃皆不爲勢利轉移，未嘗違心兩舌；其文德雖勿足比范縝之於神滅，固勝蕭子雲之於鍾繇書矣（參觀論卷六梁武帝《觀鍾繇書》）。

《詩品》所載軼事，如謝靈運"池塘春草"之句、江淹"五色筆"之夢、湯惠休"詩父兄"之謔、袁嘏"詩飛去"之誇，均傳爲口實，用作詞藻。鍾嶸謂袁詩"平平耳"，蕭子顯《南齊書·文學傳》以袁附卞彬，而舍述其自誇之語外，不贊一詞，《南史》亦然，大似袁之得入國史，端賴此大言者。然則文人固不可不善於自譽哉！《詩品》作："我詩有生氣，須人捉着，不爾，便飛去"，《南齊書》作"我詩應須大材迸之，不爾飛去"；合并則語更妙。陳巖肖《庚溪詩話》卷下甚稱姚宏《題夢筆驛江淹舊居》詩："一宵短夢驚流俗，千古高名掛里閭，遂使後生矜此意，痴眠不讀一行書！"；命意雖新，使事未切。《詩品》僅言江淹夢美丈夫索還五色筆，因而"世傳江淹才盡"，《南史》淹傳同，《梁書》淹傳言"才盡"而無夢中索筆事，至此筆之原得於夢中不，無可究詰；《南史·文學傳》紀少瑜夢中受"青鏤管筆"，《舊唐書·李嶠傳》童時夢中受"雙筆"，若淹祇夢索筆，未夢受筆，如姚詩所云，則"後生"羨淹此夢而競求"才盡"矣！姚蓋習聞李商隱《牡丹》"我是夢中傳彩筆"及李瀚《蒙求》"江淹夢筆"等訛傳俗說；易"驚"字爲"訛"字便中。《宋書·鮑照傳》世祖好爲文章，"自謂物莫能及，照悟其旨，爲文多鄙言累句，當時咸謂照'才盡'"；《南史·任昉傳》晚節作詩，"用事過多，屬辭不得流便，……於是有'才盡'之談矣"；與江淹而三，皆六朝事也。《品》下有二掌故，罕見徵引，大類後世習道之名士點陋情狀。一、區惠恭作《雙枕詩》，謝惠連曰："君誠能，恐人未重，且可以爲謝法曹造"，大將軍見詩賞歎；此以己作頂有名人之名，冒也。二、柴廓作《行路難》，會死，釋寶月"竊而有之"，柴子挾父手稿，欲訟此事，寶月"厚賂"得寢；此以己名掠無名人之作，亦冒也。第一事如《西京雜記》卷三記慶虬之"亦善爲賦，嘗爲《清思賦》，時人不之貴也；乃託以相如所作，遂大見重於世"；《南史》卷三一《張率傳》記率"作詩二千餘首，有虞訥者，見而詆之。率乃一旦焚毀，更爲詩示焉，託云沈約。訥便句句嗟稱，無字不善。率曰：'此吾作也！'訥慚而退"；

【增訂四】《續談助》引殷芸《小說》采《語林》："鍾士季向人道：'吾少年時一紙書，人云是阮步兵書，皆字字生義，既知是吾，不復道也。'"

沈起鳳《諧鐸》卷三《窮士扶乩》尤工嘲詠，所謂"近日名流專於紗帽下求詩"（參觀《魏伯子文集》卷八《次候馬、見樓壁上諸官詩、題此》："笑我家貧難賣賦，羨君官大好題詩"；《水田居詩筏》："近日持論者貶剝文長，蓋薄其爲諸生耳，諺云：'進士好吟詩'，信哉！"；《鏡花緣》一八回唐敖道："世人只知道'紗帽底下好題詩'"；袁祖光《綠天香雪簃詩話》卷三引廣文張某句："容易醉人紅袖酒，最難名世白衣詩"）。第二事直如牛浦郎之竊牛布衣遺稿，牛浦不獨冒布衣之詩，且冒其人，則後來居上耳。屈大均貪釋大汕之資，爲之改定詩稿，即取己作竄入，事後指斥大汕竊詩以索詐，故大汕致大均書云："兄包藏禍心，於濂詩多所改易，將兄句爲濂之句；自盜竊其詩以與濂，致陷濂於鈍賊而不知"（參觀姚範《援鶉堂筆記》卷四六、繆荃孫《藝風堂雜鈔》卷四）；譎詭過於小説傳奇。釋子噉名，文士逐利，始朋比而終訟訐，方世泰《南堂詩鈔·過長壽寺》第二首所謂："野性自應招物議，諸奴未免利吾財。"寶月能"厚賂"人，亦必如大汕之有財；一得賂而永息訟，柴氏兒又何易與也！

偽託馮贄《雲仙雜記》卷三、八皆引鍾嶸《句眼》，卷五、六引《續鍾嶸句眼》，一若齊梁時已有黄庭堅"句眼"之説者（任淵《山谷内集註》卷一六《再用前韻贈子勉》第四首、《後山詩註》卷六《答魏衍、黄預勉余作詩》）；《雜記》之出北宋末人手，此即一證。雖依託鍾嶸，亦不可不一及之。

二二○　全梁文卷五六

　　丘遲《與陳伯之書》："暮春三月，江南草長，雜花生樹，羣鶯亂飛；見故國之旗鼓，感平生於疇日，撫絃登陴，豈不愴恨！"按情境可入江淹《恨賦》。李答《與蘇武書》："涼秋九月，塞外草衰，……胡笳互動，牧馬悲鳴，吟嘯成羣，邊聲四起，晨坐聽之，不覺淚下"；相映正復成趣，一"三月"，一"九月"，又如《別賦》言："或春苔兮始生，又秋風兮漸起。"特舉"暮春三月"，當是作書時適值此節令，亦以示江北無爾許春光，彷彿詞牌《望江南》也。苟伯之非都督淮南而侍從"穹廬"，則此段如隱示劉商《胡笳十八拍》所謂："怪得春光不來久，胡中風土無花柳"，又類詞牌《憶江南》矣。晚唐錢珝《春恨》之一："負罪將軍在北朝，秦淮芳草綠迢迢；高臺愛妾魂銷盡，始得丘遲爲一招"；殊得其節令。

　　【增訂三】宋湘《滇蹄集》卷一《説詩》之七："文章絶妙有邱遲，一紙書中百首詩；正在將軍旗鼓處，忽然花雜草長時！"即言邱遲善以寫景觸撥陳伯之之鄉思，而銷減其鬪志也。

《文選》李善註引《漢獻帝春秋》載臧洪《報袁紹書》，《三國志·魏書》洪傳作《答陳琳書》，全文見《全後漢文》卷六八，

悲摯高抗，與李陵、丘遲二書，異貌殊氣而同於動魄悦魂者。然
《梁書・陳伯之傳》稱："伯之不識書，……得文牒辭訟，惟作大
諾而已；有事，典籤傳口語"；則遲文藻徒佳，雖寶非用，不啻
明珠投暗、明眸賣瞽，伯之初不能解。想使者致《書》將命，另
傳口語，方得誘動伯之，"擁衆歸"梁；專恃遲《書》，必難奏
効，遲於斯意，屬稿前亦已夙知。論古之士勿識史書有默爾不言
處（les silences de l'histoire）（參觀《史記》卷論《絳侯周勃世
家》），須會心文外；見此篇歷世傳誦，即謂其當時策勳，盡信書
真不如無《書》耳。

二二一　全梁文卷五七

　　劉峻《追答劉秣陵沼書》。按《文選》作《重答劉秣陵沼書》，《藝文類聚》卷三三作《追答劉沼書》。實非"書"也，何焯批點《文選》云："此似重答劉書之序"，是矣。《書》云："劉侯既重有斯難，值余有天倫之戚，竟未之致也。尋而此君長逝，化爲異物，緒言餘論，蘊而莫傳。或有自其家得而示余者，……故存其梗概，更酬其旨"；李善註："孝標集有沼《難〈辯命論〉書》。"《梁書·文學傳》云："《論》成，中山劉沼致書以難之，凡再反，峻並爲申析以答之，會沼卒，不見峻後報者，峻乃爲書以序之"云云。其爲"重答書"之"序"甚明。蓋弁於本《書》之首，自成起訖，而未另安題目。本《書》想必囂譊爭辯，情詞遠遜。昭明遂割取弁語而棄置本文，却仍標原題。就本文言，不啻買櫝還珠，而就弁語言，無異乎賣馬脯而懸羊頭也。此又昭明選文剪刪之例，參觀論《全三國文》陳王植《與吳季重書》。

　　【增訂四】《晉書·孔坦傳》記坦臨終與庾亮書曰："不謂疾苦，……奄忽無日。……若死而有靈，潛聽風烈。"是望己身後亮有"追答"也。坦"俄卒，亮報書曰：'廷尉孔君，神游體離，嗚呼哀哉！得八月十五書，知疾轉篤，遂不起濟。……

邈然永隔，夫復何言！謹遣報答，并致薄祭，望足下降神饗之。'"蓋"報答"而兼祭文者。

劉峻《辯命論》。按參觀《史記》卷論《外戚世家》又《伯夷列傳》、《列子》卷論《力命》篇、《全三國文》論李康《運命論》。《舊唐書·蕭瑀傳》記瑀惡劉《論》"傷先王之教，迷性命之理，乃作《非〈辯命論〉》以釋之；大旨以爲：'人稟天地以生，孰云非命？然吉凶禍福，亦因人而有，若一之於命，其蔽已甚'"；時人甚稱其"足療劉子膏肓"。蕭氏佞佛信因果，彼此是非，可置不論。劉、蕭異致，亦緣二人窮達殊遇耳。劉氏聲塵寂寞，宦拙遇屯，自以爲身不當窮，窮蓋由於報應無準，天道難憑，故"一之於命"；蕭氏梁之皇孫、隋之帝戚，席豐厚而安富貴，以爲報應不爽，"因人而有"，則己之達乃當然，即所謂"得意走運人皆信天有公道"（The fortunate always believe in a just Providence）。此猶舊日舉子下第者必"言命"，而高中者必"論文"也。《世說·尤悔》阮思曠"奉大法"，兒病祈佛無效，"於是結恨釋氏"，劉峻註："夫文王期盡，聖子不能駐其年；釋種誅夷，神力無以延其命。故業有定限，報不可移。若請禱而望其靈，匪驗而忽其道，固陋之徒耳！豈可與言神明之智者哉？"；亦即此《論》云："明其無可奈何，識其不由智力。"《論》又云："龍犀日角，帝王之表；河目龜文，公侯之相。撫鏡知其將刑，壓紐顯其膺錄。"可參觀本卷峻《相經序》："夫命之與相，猶聲之與響。……豐本知其有後，黃中明其可貴。……因斯以觀，何事非命？"；又卷四七陶弘景《相經序》："相者，蓋性命之著乎形骨，吉凶之表乎氣貌。"峻既謂命不可知，復謂觀相可以知命；二意尚不矛盾。申言之，則不可知者，命之所以然，觀相可知者，命之然；人之吉凶貴賤，相其體貌足徵，若夫人之吉凶窮達果否係於其才德，則非智慮能及。相乃命之表（sign）而非命之本（cause），可由以知命之事而不足憑以測命之理也。然於荀卿"非相"之論，不可並世而談矣。

劉峻《廣絕交論》。按參觀《史記》卷論《孟嘗君列傳》又《全後漢文》論朱穆《絕交論》。"交"義甚廣，概一切人世交往而言，非僅友誼；亦猶"利交興"、"此殉利之情未嘗異"之"利"，非僅財貨，乃概"勢交"、"賄交"、"談交"、"窮交"、"量交"五流，所謂"義同賈鬻"。蓋交游、交契通等於今語之"交易"耳。

劉峻《自序》："余自比馮敬通"云云。按《梁書·文學傳》："又嘗爲《自序》，其略曰：'余自比'"云云，明言所錄非全文。《南史》本傳末亦錄《自序》，全同《梁書》，而傳首言其"少年魯鈍"，曰："故其《自序》云：'黌中濟濟皆升堂，亦有愚者解衣裳'"，嚴氏已輯；愈見全文必詳於今存者多許。余觀《文選》峻《重答劉秣陵沼書》李善註："劉峻《自序》曰：'峻字孝標，平原人也。生於秣陵縣，期月歸故鄉。八歲，遇桑梓顛覆，身充僕圉'"；此等語亦顯出《自序》，可補嚴輯。善註以下尚有數句，詞氣不同。劉知幾《史通》內篇《自敍》上溯承學之年，下止著書之歲，終之曰："昔梁徵士劉孝標作敍傳，其自比於馮敬通者有三；而予竊不自揆，亦竊比於揚子雲者有四"；益見《梁書》所錄，亦即峻《自序》之末節，概觀平生，發爲深喟，略如史傳末之有論、贊或碑志末之有銘詞；至若峻《自序》載事述遇處，當已酌採入本傳中而不一一標識來歷矣。《史通》內篇《覈才》又云："孝標持論析理，誠爲絕倫，而《自序》一篇，過爲煩

碎"；倘峻原作僅如《梁書》所錄，寥寥纔二百許字，牢騷多而
事跡少，豈得目以"煩碎"？且既病其"煩碎"矣，又何以尤而
效之乎？汪中《述學・補遺》有《自序》一首，師《梁書》錄峻
此篇一節，文筆之妙，青勝於藍，而誤一斑爲全豹，亦緣未究司
馬相如、馬融下至劉氏同時江淹《自序》格制也。

二二二　全梁文卷五九

　　郭祖深《輿櫬詣闕上封事》。按極言舉國信佛而“不務農桑”之使“杼軸日空”，寺多僧衆之“蠹俗傷法”；然並非闢佛廢釋，故仍曰：“功德者，將來勝因”，“如此則法興俗盛，國富人殷。”《全宋文》卷四八周朗《讜言》亦衹斥僧寺之流弊而不攻佛法爲異端，與郭同趣；《全後魏文》卷五一荀濟上梁武帝《論佛教表》則斥佛爲“妖胡”、僧爲“釋禿”，一概擯棄矣。“臣見疾者，詣道士則勸奏章，僧尼則令齋講，俗師則鬼禍須解，醫診則湯熨散丸，皆先自爲也。……論外則有勉、捨，說内則有雲、旻，雲、旻所議，則傷俗盛法，勉、捨之志，唯願安枕江東”；謂徐勉、周捨、光澤寺法雲、莊嚴寺僧旻也。釋道宣《高僧傳》二集卷六《僧旻傳》記蔡摶歎曰：“今旻公又‘素王’於梁矣！”，想見此僧當時物望之盛。“疾者”云云數語即《後西遊記》第三五回：“這叫做：‘問着醫生便有藥，問着師娘便有鬼。’”

二二三　全梁文卷六〇

　　吳均《吳城賦》。按似非全文，玩見存之百餘言，想必爲鮑照《蕪城賦》之類，用意均如杜甫《秋興》所謂："回首可憐歌舞地，秦中自古帝王州！"句如"千悲億恨，……不知九州四海，乃復有此吳城！"，亦自新警；《全後漢文》卷三〇袁術《報吕布書》："術生年以來，不聞天下有劉備"；《世說·賢媛》記謝道蘊薄其夫王凝之曰："不意天壤之中，乃有王郎！"；語氣輕薄相類。蘇州、揚州歷來號繁華勝地，明清文士艷稱其水軟山温、金迷紙醉，渾不記吳、鮑二賦所歎荒蕪敗落一段景象矣。

　　吳均《與施從事書》、《與朱元思書》、《與顧章書》。按前此模山範水之文，惟馬第伯《封禪儀記》、鮑照《登大雷岸與妹書》二篇跳出，其他辭、賦、書、志，佳處偶遭，可愜在碎，復苦板滯。吳之三書與酈道元《水經注》中寫景各節，輕倩之筆爲刻劃之詞，實柳宗元以下游記之具體而微。吳少許足比酈多許，才思匹對，嘗鼎一臠，無須買菜求益也。《與朱元思書》："風烟俱淨，天山共色"；按參觀論簡文帝《臨秋賦》。"水皆漂碧，千丈見底，游魚細石，直視無礙"；按參觀《水經注·洧水》："綠水平潭，清潔澄深，俯視游魚，類若乘空矣"，又《夷水》："虛映，俯視游魚，如乘空也"，"空"即"無礙"，而以"空"狀魚之"游"較以"無礙"狀人之"視"，更進一解。

【增訂四】劉君桂秋函告《太平御覽》卷六〇《地部·江》引袁山松《宜都記》："大江清濁分流，其水十丈見底，視魚游若乘空，淺處多五色石"，又謝朓《將遊湘水尋句溪》詩："寒草分花映，戲鮪乘空移"，皆早於《水經注》。

"夾岸高山，猶生寒樹，負勢競上，互相軒邈，爭高直指，千百成峯"；按參觀論鮑照《登大雷岸與妹書》，《水經注》中乃成熟語，如《河水》："山峯之上，立石數百丈，亭亭桀竪，競勢爭高"，又《汝水》："左右岫壑爭深，山阜競高"，又《灅水》："雙峯共秀，競舉羣峯之上。""蟬則千轉不窮，猨則百叫無絕"；按參觀《水經注·江水》："猿啼至清，山谷傳響，泠泠不絕。"《與顧章書》："森壁爭霞，孤峯限日"；按參觀《水經注·易水》："南則秀嶂分霄，層崖刺天"，又《滱水》："岫嶂高深，霞峯隱日"，又《灅水》："高巒截雲，層陵斷霧"，又《濟水》："華不注山單椒秀澤，不連丘陵以自高，虎牙桀立，孤峯特拔以刺天"，又《江水》："重巖疊嶂，隱天蔽日。"吳、酈命意鑄詞，不特抗手，亦每如出一手焉。然酈《注》規模弘遠，千山萬水，包舉一編，吳《書》相形，不過如馬遠之畫一角殘山賸水耳。幅廣地多，疲於應接，著語不免自相蹈襲，遂使讀者每興數見不鮮之歎，反輸祇寫一邱一壑，匹似阿閦國之一見不再，瞥過耐人思量。前舉酈《注》形容處幾有匡格，他如《河水》："孟津……水流交衝，素氣雲浮，常若霧露沾人"，《清水》："黑山瀑布……散水霧合"，《淇水》："激水散氛，曖若霧合"；又如《渭水》："崩巒傾反，山頂相捍，望之恒有落勢"，《沮水》："盛弘之云：'危樓傾崖，恒有落勢’”，《延江水》：“傾崖上合，恒有落勢。”固惟即目所見，不避累同，或豈嘔心欲盡，難出新異乎？《洛陽伽藍記》之屢言“寶鐸和鳴”、“寶鐸含風”，亦若是班。又按酈《注》“游魚若乘空”之喻，最爲後世詞人樂道，如蘇頲《興慶池應制》：“山光積翠遥相逼，水態含青近若空”；王維《納涼》：“漣漪涵白沙，素鮪如游空”；柳宗元《至小丘西小石潭記》：“魚可百許頭，皆若空行無所依”；蘇舜欽《蘇學士文集》卷六《天章道中》：“人行鏡裏山相照，魚戲空中日共明”；樓鑰《攻媿集》卷一一《頃游龍井得一聯，王伯齊同兒輩游，因足成之》：“水真綠淨不可唾，魚若空行無所依”，以韓愈《合江亭》詩句對柳宗元文句也；《南宋文範》卷二劉燁《魚計亭賦》：“日將夕而紅酣，沼無風而綠淨，炯儵魚之成羣，闖寒波而游泳，若空行而無依，涵天水之一鏡”；阮大鋮《詠懷堂詩集》卷四《園居雜詠》之二：“水淨頓無體，素鮪若游空，頗視見春鳥，時翻荇藻中。”

　　劉勰《滅惑論》。按駁道士《三破論》而作，當與卷七四釋僧順《釋〈三破論〉》合觀。兩篇所引原《論》語，即《全齊文》卷二二顧歡《夷夏論》之推波加厲，鄙誕可笑，勰目爲“委巷陋説”，誠非過貶。庸妄如斯，初不煩佛門護法智取力攻，已可使其鹿埵東籠而潰敗矣。故勰之陳義，亦卑無高論。《三破論》云：“佛舊經本云‘浮屠’，羅什改爲‘佛徒’，知其源惡故也。……故髠其頭，名爲‘浮屠’，況屠割也。……本舊經云‘喪門’，‘喪門’由死滅之門，云其法無生之教，名曰‘喪門’；至羅什又改爲‘桑門’，僧諱改爲‘沙門’，‘沙門’由沙汰之法，不足可稱。”勰斥其“不原大理，惟字是求”，是也；僧順乃曰：“‘桑’當爲‘乘’字之誤耳，‘乘門’者，即‘大乘門’也”，則逞私智而錯用心矣。前論《全晉文》戴逵《放達爲非道論》，謂名爲實之賓而可利用爲事之主，《三破論》斯節正是其例。吾國古來音譯異族語，讀者以音爲意，望字生義，舞文小慧，此《論》以前，惟覯《全晉文》卷一三四習鑿齒《與謝侍中書》、《與燕王書》皆曰："匈奴名妻'閼氏'，言可愛如烟支也"，蓋"閼氏"音"燕支"而"烟支"即"胭脂"；顏師古《匡謬正俗》卷五駁曰："此蓋北狄之言，自有意義，未可得而詳；若謂色像烟支，則單于之女，謂之'居次'，復比何物？"佛典譯行，讀者不解梵語，因音臆意，更滋笑枋。如《全後周文》卷二〇甄鸞《笑道論·稱南無佛十二》："梵言'南無'，此言'歸命'，亦云'救我'；梵言'優婆塞'，此言'善信男'也。若以老子言'佛出於南'，便云'南無佛'者，若出於西方，可云'西無佛'乎？若言男子守塞，可名'憂塞'，女子憂夫恐夷，可名爲'憂夷'，未知'婆'者，復可憂其祖母乎？如此依字釋詁，醜拙困辱，大可笑！"《高僧傳》二集卷二《達摩笈多傳》："世依字解'招'謂招引、'提'謂提携，並浪語也，此乃西言耳。"《五燈會元》卷三記法明與慧海諍論，明曰："故知一法不達，不名'悉達'"；海曰："律師不唯落空，兼乃未辯華竺之音，豈不知'悉達'是梵語耶？"蘇籀《欒城遺言》記蘇轍語："王介甫解佛經'三昧'之語，用《字說》。示法秀，秀曰：'相公文章，村和尚不會！'介甫悚然。秀曰：'梵語三昧，此云正定，相公用華言解之，誤也！'……《字說》穿鑿儒書，亦如佛書矣！"；《朱子語類》卷四五："王介甫不惟錯說了經書，和佛經亦錯解了；'揭諦、揭諦'，註云：'揭真諦之道以示人'，大可笑！"（卷一三〇作："'揭其所以爲帝者而示之'，不知此是胡語"）。劉勰曰："漢明之世，佛經始過，故漢譯言音字未正，'浮'音似'佛'，'桑'音似'沙'，聲之誤也"；劉氏未料闢佛者即因"佛"字發策，特非道士而爲儒士耳。《全後魏文》卷五一荀濟《上梁武帝論佛教表》："其釋種不行忠孝仁義，貪詐甚者，號之爲'佛'，'佛'者戾也，或名爲'勃'，'勃'者亂也"；錢謙益《牧齋有學集》卷四三《〈釋迦方志〉續辨》引濟語，復曰："程敏政引《曲禮》：'獻鳥者，佛其首'，……《學記》：'其求之也佛'，……《周頌》：'佛時仔肩'，……曲解'佛'字，矯亂唐梵，亦何異於荀濟乎!"錢氏不曉宋羅泌早有此解會也，《路史·發揮》卷三《佛之名》："《學記》曰：'其施之也悖，其求之也佛'，《釋名》曰'費、佛也，言引佛戾以制馬也'，故《曲禮》曰：'獻鳥者佛其首，畜鳥者則勿佛。''佛'者，拗戾而不從之言也。觀'佛'制字，以一'弓'從兩'矢'，豈不佛哉？語曰：'從諫勿拂'，是'輔拂'之'拂'，亦作'費'、'弗'，義可見矣。佛曰：'吾之道、佛于人者也'；人曰：'彼之道、佛于我者也。'人固以此而名之，佛固以此而自名。其所謂'佛'，如此而已。"明人舍程氏外，尚有如張萱《疑耀》卷二引《曲禮》、《釋名》而申之曰："佛者，拂人者也"；李日華《六硯齋三筆》卷一謂"闢佛先生"得《曲禮》"佛、戾也"之解而"大喜"；錢一本《黽記》據《學記》語以明佛之戾；《檀几叢書》所收畢熙暘《佛解》六篇中《掟篇》、《拂性篇》等亦皆隱拾羅氏之唾餘。此就"佛"字之音以攻異端也。褚人穫《堅瓠五集》卷二載"'佛'爲'弗人'，'僧'爲'曾人'"之謔；李紱《穆堂別稿》卷九《"僧"、"佛"字説》、卷三七《與方靈臯論箋註韓文字句書》附《原道》註六八條嚴詞正色而道："'曾人'爲'僧'，'弗人'爲'佛'，'需人'爲'儒'"；

此就"佛"字之形以攻異端也。《宋元學案》卷六三載詹初語"'儒'者'人'之'需'",已啓李説,釋大汕《海外紀事》卷三:"'僧'係'曾人';曾不爲人者,爲僧可乎?",復反脣以塞利口矣!都穆《聽雨紀談》:"聞之一儒者:佛居西方,西方金也,至南方而無,火克金也;稱'比丘'、'比丘尼',皆冒吾先聖名字";

【增訂三】南唐宋齊丘,字子嵩;名字相發,"丘"正謂高地或山耳。李石《續博物志》卷四則云:"宋齊丘乃字超回,不自量如此!"是謂"齊(孔)丘"而"超(顔)回",乃"齊丘"亦如"比丘"矣!王世貞《弇州山人續稿》卷一五一《書〈化書〉後》:"是書也,吾以爲齊丘必竊入其自著十之一二,而後掩爲己有。如《五常》一章忽云:'運帝王之籌策,代天地之權衡,則仲尼其人是也。'彼蓋所以名'齊丘'意也。"正本李石之説揣度之。

"南無"之釋,於甄鸞所破外,別樹一義,釋佛教出家男女之名爲自"比"孔"丘"、仲"尼",深文厚誣,用意更狡毒於"喪門"、"浮屠"之望文生義,作《三破論》之道流尚勿辦如此讒間也。至明人以六字真呪"唵嘛呢叭囉吽"(om mani padme hum)象聲釋爲"俺把你哄!"(趙吉士《寄園寄所寄》卷一二引《開卷一噱》),雖出嘲戲,手眼與以"闕氏"釋爲"胭脂"、"優婆塞"釋爲"憂守邊塞",一貫而同歸焉。孫星衍《問字堂集》卷二《三教論》:"'菩薩'當即'菩薛','菩'乃香草、'薛'即'蘗',謂善心萌芽。'釋迦'之'迦'當作'茄','迦葉佛'謂如莖葉之輔菡萏。'牟尼'、'比丘',則竊儒家孔子名以爲重";清之樸學家伎亦止此,無以大過於明之道學家爾。抑不僅破異教爲然，攘外夷亦復有之。《四庫總目》卷四六《欽定遼、金、元三史國語解》提要：“考譯語對音，自古已然。……初非以字之美惡分別愛憎也。自《魏書》改‘柔然’爲‘蠕蠕’，比諸蠕動，已屬不經。《唐書》謂‘回紇’改稱‘回鶻’，取輕健如鶻之意，更爲附會。至宋人武備不修，鄰敵交侮，力不能報，乃區區修隙於文字之間，又不通譯語，竟以中國之言，求外邦之義。如趙元昊自稱‘兀卒’，轉爲‘吾祖’，遂謂‘吾祖’爲‘我翁’；蕭鷓巴本屬蕃名，乃以與曾淳甫作對，以‘鷓巴’‘鶉脯’爲惡謔。積習相沿，不一而足。”所論甚允，特未察此“習”之源遠瀾闊也。蔡襄《蔡忠惠公集》卷一六《不許西賊稱“吾祖”奏疏》即謂“元昊初以‘瓦卒’之名通中國，今號‘吾祖’，猶言‘我宗’也”；“純甫”乃曾覿字，作對之謔出於唐允夫，事見陸游《老學菴筆記》卷五。清季海通，此“習”未革；如平步青《霞外攟屑》卷二：“琭耽幼侍其父，遠歷西洋，周知夷詭，謂：利瑪竇《萬國全圖》，中國爲亞細亞洲，而以西洋爲歐邏巴洲；‘歐邏巴’不知何解，以‘太西’推之，亦必誇大之詞，若‘亞’者，《爾雅·釋詁》云：‘次也’，《說文解字》云：‘醜也’，《增韻》云：‘小也’，‘細’者，《說文解字》云：‘微也’，《玉篇》云：‘小也’，華語‘次小次洲’也，其侮中國極矣！元昊改名‘兀卒’，華言‘吾祖’，歐陽文忠上劄子謂朝廷乃呼蕃賊爲‘我翁’；而明人甘受利瑪竇之侮嫚，無人悟其奸者！”；王闓運《湘綺樓日記》光緒二十二年十月二十七日：“看《中俄條約》；‘俄’者‘俄頃’，豈云‘義帝’？‘義’亦假也，未可號國。”王氏爲此言，固不足怪，平氏熟諳本朝掌故，亦似未聞乾隆“欽定”《三史語解》，何耶？黃公度光緒二十八年《與嚴又陵書》論翻譯，有曰：

"假'佛時仔肩'之'佛'而爲'佛',假視天如父、七日復蘇之義爲'耶穌',此假借之法也";蓋謂"耶穌"即"爺甦",識趣無以過於不通"洋務"之學究焉。

【增訂三】黄遵憲與嚴復書,釋"耶穌"之名爲譯音而又寓意,偶重閲王闓運《湘綺樓詩集》,見卷九《獨行謠三十章贈示鄧輔綸》已有其説。"竟符金桂識,共唱耶穌妖",下句自註云:"'耶穌'非夷言,乃隱語也。'耶'即'父'也,'穌'、死而復生也,謂天父能生人也。"王望"穌"之文而生義小異於黄耳。

余三十歲寓湘西,於舊書肆中得《書舶庸譚》一册,無印鈐而眉多批識,觀字跡文理,雖未工雅,亦必出耆舊之手,轉徙南北,今亡之矣。書中述唐寫本《聽迷詩所經》言"童女末艷之子移鼠",猶憶眉批大意云:"天主教徒改'移鼠'爲'耶穌',師釋子改'喪門'爲'桑門'之故智也。'穌'者可口之物,如'桑'者有用之樹。觀其教竊入中國,行同黠鼠,正名復古,'移鼠'爲當。日人稱德國爲'獨',示其孤立無助,稱俄國爲'露',示其見日即消,頗得正名之旨。"亦《三破論》之遺風未沫也。劉勰此篇云:"得意忘言,莊周所領;以文害志,孟軻所譏。不原大理,惟字是求,宋人'申束',豈復過此?";宋人事出《韓非子·外儲説》左上,不若莊、孟語之熟知,聊復識之。

二二四　全梁文卷六一

　　劉孝儀《雍州金像寺無量壽佛像碑》。按必非全文；《梁書·劉潛傳》稱此碑"文甚弘麗"，今祇二百六十言有奇，"麗"既罕邁，"弘"則斷非矣。"似含微笑，俱注目於瞻仰；如出軟言，咸傾耳於諦聽"；參觀《全後魏文》卷五八闕名《魯孔子廟碑》："今聖容肅穆，二五成行。……□□似微笑而時言，左右若承顏而受業"，"二五"、"十哲"也；《全北齊文》卷九闕名《朱曇思等造塔頌》："庶聖蛟龍，看之若生；飛禽走獸，瞻疑似活"，又《劉碑造像銘》："龕龕有佛，相望若語；菩薩立侍，唅聲未吐；師子護座，豎目相覷"；《全唐文》卷二二二張説《龍門西龕蘇合宮等身觀世音菩薩像頌》："諦視瞻仰，將莞爾而微笑；傾心攝聽，疑愇然而有聲"；

> 【增訂四】《全唐文》卷二六六黃元之《瓦官寺維摩畫像》："目若將視，眉如忽嚬；口無言而似言，鬢不動而疑動。"侔色揣稱，尤爲盡致。參觀695－696頁又2367頁。

《唐文續拾》卷一孟利貞《龍門敬善寺石龕阿彌陀佛觀音大士二菩薩像銘》："蓮瞬若視，果曆如笑"，又卷一三闕名《洛州河南縣思順坊老幼等普爲法界敬造彌勒像》："蓮目疑動，果脣似説。"

皆瞻仰聖神之容，而作鑑賞圖繪之語；張説兩句又顯仿孝儀，與李白《觀元丹丘坐巫山屏風》：“寒松蕭瑟如有聲”，蘇軾《韓幹馬十四匹》：“後有八匹飲且行，微流赴吻如有聲”，陸游《劍南詩稿》卷八一《曝舊畫》：“翩翩喜鵲如相語，洶洶驚濤覺有聲”，機杼不二，詳見《杜少陵詩集》卷論《奉觀嚴鄭公廳事岷山沱江畫圖》。《洛陽伽藍記》卷一《永寧寺》節記國子學“堂内有孔丘像，顏淵問仁、子路問政在側”，其狀亦即“左右受業”也。

　　劉孝威《辟厭青牛畫贊》。按“辟厭”即辟邪、禦鬼，《贊》似完整無缺，而其詞衹泛誇牛之雄健，既不及“青”，復不及“辟厭”，幾與孝威另有《謝南康王餉牛書》無異，文心殊粗疏。青牛“辟厭”之説，不知何昉；孝威兩篇均見《藝文類聚》卷九四《牛》門，同門有萬年木精爲青牛及封君達得道乘青牛兩事，皆無關“辟厭”。徵之六朝志怪之書，則流行俗信，可得而言。《太平廣記》卷三一七《宗岱》（出《雜語》）：“爲青州刺史，禁淫祀，著《無鬼論》，甚精，無能屈者。有一書生，修刺詣岱，談及《無鬼論》，書生曰：‘君絕我輩血食二十餘年；君有青牛、髯奴，未得相困耳。今奴已叛，牛已死，得相制矣’”；卷三一九《王戎》（《續搜神記》）：“贈君一言：凡人家殯殮葬送，苟非至親，不可急往；良不獲已，可乘青牛，令髯奴御之，及乘白馬，則可禳之。”

二二五　全梁文卷六六

　　庾肩吾《書品序》："開篇玩古，則千載共朝；削簡傳今，則萬里對面。"按《初學記》卷二一《筆》門引蔡邕書："侍中執事，相見無期！惟是筆疏，可以當面"；《顏氏家訓·雜藝》："真草書跡，微須留意，江南諺云：'尺牘書疏，千里面目'"；即肩吾所謂"萬里對面"。《舊唐書·房玄齡傳》高祖稱玄齡軍書表奏曰："千里之外，猶對面語耳"；《全唐文》卷四四〇徐浩《書法論》："一時風流，千里面目，愈於博弈，賢於文章"；王十朋《梅溪文集》卷一一《粘板銘》："千里面目曰書簡"；皆本其語。西方古希臘詩人亦謂書簡端爲朋友設，分首遠隔而能促膝密談（Nature，loving the duties of friendship，invented instruments，by which absent friends can converse）①；後世篇什屢道之②。

---

　　①　Palladas，*Greek Anthology*，IX，401，"Loeb"，III，233.

　　②　E. g.，Donne："To Sir Henry Wotton"；"Sir，more than kisses，letters mingle Soules；/For thus friends absent speak"（*Complete Poetry and Selected Prose*，ed. J. Hayward，152）.

二二六　全梁文卷六七

庾元威《論書》。按頗資考索，恨多難解處。"百體書"未覩筆踪，而顧名思義，殊嫌拉雜湊數，不倫乖類。元威自負"書十牒屏風，作百體"，墨、彩各五十種，"當時衆所驚異，自爾絶筆"，又斥韋仲、謝善勳合定百體之"八卦書"、"鬼書"等，"並非通論，今所不取"。然其"作百體"中，如"鵠頭書"、"虎爪書"、"鼠"等十二辰書、"風書"、"雲書"、"蟲食葉書"之類，實爲圖案與美術字，孫過庭《書譜》所謂"巧涉丹青，功虧翰墨"；"天竺書"、"胡書"之類，又異族之文，非異體之書；胥與"兩王妙迹，二陸高才"，了無係屬。苟盡其道，則鱗羽介毛之蟲各具形象，蠻夷戎狄之民各有文字，雖千體書易辨耳！元威笑他人之未工，忘己事之亦拙矣。所稱孔敬通創"反左書"，當是左行如佉盧而反構如"鏡映字"（mirror writing）。又稱敬通"能一筆草書，一行一斷，婉約流利，……頃來莫有繼者"；元威自作百體中已有"一筆篆飛白書"、"一筆隸飛白草"，當是一字以一筆書之，草書本多一字成於一筆，且每二三字連環貫串，敬通蓋進而一筆不間斷以書一行，故特標"一行一斷"。敬通書無傳，所經眼此類書，當推王鐸遺墨，顧有筆勢實斷而筆跡强連處，膠粘箭接，異乎天衣之無縫矣。張彥遠《歷代名畫記》卷二稱張芝草書，"一筆而成，隔行不斷；惟王子敬深明其旨，故行首之字，往往繼其前，世上謂之'一筆書'"；則不僅"一行一斷"，惜未之覩也。

《論書》："近何令貴隔，勢傾朝野，聊爾疏漏，遂遭十穢之書。……有寒士自陳簡於掌選，詩云：'伎能自寡薄，支葉復單貧。柯條濫垂景，木石詎知晨？狗馬雖難畫，犬羊誠易馴。效顰終未似，學步豈如真？寶云朝亂緒，是曰斁彝倫。俗作於茲混，人途自此沌。'離合之詩，由來久矣，不知譏剝，爰加稱贊。"按"何令"指"何敬容"；所謂"離合之詩"者："伎"離"支"、"柯"離"木"、合而爲"何"，"狗"離"犬"、"效"離"交"、合而爲"敬"，"寶"離"貫"、"俗"離"人"、合而爲"容"。《梁書·何敬容傳》："時蕭琛子巡者，頗有輕薄才，因製卦名、離合等詩以嘲之"，足相印證。

《論書》："宗炳出九體書，所謂'縑素書'、'簡奏書'、'牋表書'、'弔記書'、'行押書'、'檄書'、'稾書'、'半草書'、'全草書'。此九法極真草書之次第焉。"按九體彼此差別處，未克目驗心通，然要指在乎書體與文體相稱，字跡隨詞令而異，法各有宜(decorum, convenientia)。

【增訂三】張彥遠《法書要錄》卷一載宋王愔《文字志》上卷目《古書有三十六種》，中如"署書"、"藁書"等，畧同宗炳，而"龍書"、"龜書"等，又啟庾元威。同卷王僧虔錄宋羊欣《采古來能書人名》："鍾繇。……書有三體：一曰銘石之書，最妙者也；二曰章程書，傳秘書、教小學者也；三曰行狎書，相聞者也"；又"衛覬。……子瓘，……採張芝法，以覬法參

之，更爲草槀，草槀是相聞書也。"已明言書體與文體相稱，
"銘石"之書不同於"行狎"之書，亦即鍾繇一手所書而"碑"
與"帖"殊體也。岳珂《寶真齋法書贊》卷七《王廙〈問安〉、
〈王秋〉二帖》贊曰："啟以楷書，告以章草；情敬之分，于此
焉考。""啟"指《問安帖》，呈君上者（"臣廙言……伏承聖體
勝常"云云）；"告"指《王秋帖》，示子姓者（"告藉之等……
念汝獨立"云云）；致"敬"之奏自當書以楷體，申"情"之
牘遂無妨書以草體耳。又卷九《李西臺啟詩帖·贊》："謝學士
以啟而用楷法，寄同院同年以詩而用行書，又以見待人處己，
雖小節皆有體也"；亦可參觀。

不及"碑版書"者，當是以晉、宋嚴立碑之禁，此體罕用故也。
阮元《揅經室三集》卷一《南北書派論》、《北碑南帖論》，昧於
斯旨，殊乖通方。《全唐文》卷四八二韓方明《授筆要說》自記
聞之崔邈曰："欲書當先看所書一紙之中，是何詞句、言語多少、
及紙色目，相稱以何等書，令與書體相合。或真或行或草，與紙
相當"；徐鉉《重修〈說文〉序》："若乃高文大册，則宜以篆籀
著之金石，至於尋常簡牘，則草隸足矣"；吾邱衍《學古編·三
十五舉》之九："寫成篇章文字，只用小篆，二徐二李，隨人所
便，切不可寫詞曲"；董其昌《容臺集》卷四《陳懿卜〈古印選〉
引》："古之作者，於寂寥短章，未嘗以高文大册施之，雖不離其
宗，亦各言其體也。王右軍之書經論序讚，自爲一法，其書賤記
尺牘，又自爲一法"；劉熙載《藝概》卷五："歐陽《集古錄》跋
王獻之法帖云：'所謂法帖，率皆弔哀、候病、敍睽離、通訊問，
施於家人朋友之間，不過數行而已。蓋其初非用意，而逸筆餘
興，淋漓揮灑。至於高文典册，何嘗用此？'按'高文典册'，非

碑而何？'晉氏初禁立碑'，語見任彥昇《爲范始興作求立太宰碑表》；宋義熙初裴世期表言碑銘應加禁裁；此禁至齊未弛。北朝未有此禁，是以碑多"（參觀《宋詩紀事》卷四四孫起卿《江篆墓碑》："文云晉江篆，長夜垂茲刻。貞石殊不用，塊然但埏埴。……漢魏尚豐碑，茲獨何褊迫？"）；李慈銘《越縵堂日記》同治九年二月三十日："凡寫詩詞，不宜用《説文》體，散文亦宜擇而用之，駢文則無害"；沈曾植《海日樓札叢》卷八："南朝書習可分三體：寫書爲一體，碑碣爲一體，簡牘爲一體"；李瑞清《清道人遺集》卷二《跋裴伯謙藏〈定武蘭亭序〉》："余學北碑二十年，偶爲箋啓，每苦滯鈍。曾季子嘗笑余曰：'以碑筆爲箋啓，如戴礴而舞！'"；王國維《觀堂別集》卷二《梁虞思美造象跋》："阮文達公作《南北書派論》，世人推爲創見。然世傳北人書皆碑碣，南人書多簡尺。北人簡尺，世無一字傳者，然敦煌所出蕭凉草書札，與羲、獻規模，亦不甚遠。南朝碑版，則如《始興忠武王碑》之雄勁、《瘞鶴銘》之浩逸，與北碑自是一家眷屬也。此造象若不著年號、地名，又誰能知爲梁朝物耶？"胥徵書體施各有宜，隨"高文大册"與"寂寥短章"或詩詞曲與駢散文而異。李商隱《韓碑》："文成破體書在紙"，釋道源註謂"破體"上屬"文"而非下屬"書"，洵爲得之；蓋此"紙"乃恭録以"鋪丹墀"而晉呈天覽者，必如宗炳"九體"之"簡奏書"、"牋表書"，出以正隸端楷，而非"破體"作行、草也。任昉《表》即采入昭明《文選》。孫過庭《書譜》讚王羲之"寫《樂毅》則情多怫鬱；書《畫讚》則意涉瓌奇；《黃庭經》則怡懌虛無，《太師箴》又縱橫爭執；暨乎《蘭亭》興集，思逸神超；私門感《誓》，情拘意慘。所謂'涉樂必笑，言哀已歎'"；牽合陸

機《文賦》語，附會夸飾，然其本意亦不外"先看是何詞句，相
稱以何等書"爾。猶憶李宣龔丈七十壽，名勝祝釐詩文，琳琅滿
牆壁而蓋几案；陳漢策先生賦七律以漢隸書聚頭扇上，余方把
翫，陳祖壬先生傍睨曰："近體詩乃寫以古隸耶？"余憬然。後讀
書稍多，方識古來雅人深致，謹細不苟，老宿中草茅名士、江湖
學者初未屑講究及乎此也。

二二七　全陳文卷三

　　宣帝《敕禁海際捕漁滬業》："智禪師請禁海際捕漁滬業，此江苦無烏賊珍味，宜依所請，永爲福地。"按卷七有徐陵《謝敕賫烏賊啓》二句。烏賊初非珍錯異味，想陳宣有偏嗜耳。

二二八　全陳文卷四

　　後主《禁繁費詔》：“庶物化生土木人綵花之屬，……並傷財廢業。”按土、木偶人稱“化生”，始見此詔，考者常引唐人詩，未得其朔也。張爾歧《蒿菴閒話》卷一：“宋紹興中，立三殿於臨安，以奉聖容，上元結燈樓，寒食設秋千，七夕設摩侯羅。《夢華錄》載京師舊俗，七月七日街上賣磨喝樂，乃小塑土偶，悉以雕木綵裝檻座，或用紅碧紗籠，或飾以金珠牙翠。疑此即唐人詩云：‘七月七日長生殿，水拍銀盤弄化生’；或曰‘化生’、‘磨侯羅’之異名，宮中設此，以爲生子之祥。邑令杜公乃云：大同於七夕以蠟若綵爲女人形，塗朱施粉，肩輿鼓吹，送婚姻家，名之曰‘摩侯羅’云。”許善長《碧聲吟館談麈》卷四：“嘗見梨園演《長生殿·鵲橋密誓》一齣，其陳設有盤盛小孩，謂名‘化身’；讀《坦菴詞·鵲橋仙》中有句云：‘摩孩羅荷葉傘兒輕’，註：‘即摩合羅，七夕之耍孩兒也。’”張氏所引“唐人詩”當即薛能《吳姬》第一〇首：“芙蓉殿上中元日，水拍銀臺弄化生。”元稹《哭女樊》亦云：“翠鳳輿真女，紅蕖捧化生”；觀二詩知“化生”亦玩戲之具，非專設於七夕，更非祇爲生子之兆，不然，元稹女尚“孩嬰”，作計太早矣！《太平廣記》卷三五七

《蘊都師》（出《河東記》）："見一佛前化生，姿容妖冶，手持蓮花"，又《西遊記》第四五回虎力大仙求雨設神桌，上"有幾個像生的人物，都是那執符使者、土地贊教之神"；楊萬里《誠齋集》卷三一《上忠襄坟》第七首："粉捏孩兒活逼真，像生果子更時新"；則供神佛、祭丘壟皆設化生，正可與陳後主此詔印證。

【增訂四】《莊子·田子方》："當是時猶象人也"；成玄英疏："木偶土梗人也。""象人"之名即"像生"之朔也。

馬子嚴《孤鸞·早春》："玉梅對妝雪柳，鬧蛾兒，象生嬌顏。歸去爭先戴取，倚寶釵雙燕"，即朱弁《續骳骳説》所記"都下元宵觀游"婦女首飾，如"蛾、蟬、蜂、蝶、雪柳、玉梅、燈球，裊裊滿頭"；"象生"、謂其物之象真，非謂女鬢邊戴偶人爲飾，不可混爲一談。宋時俗尚，其物尤施行於七夕及求子。張氏引語見《東京夢華録》卷八，宋陳元靚《歲時廣記》卷二六《磨喝樂》條亦引之，并載謔詞畧云："摩睺孩兒，鬪巧爭奇，嗔眉笑眼，百般地斂手相宜。歸來猛醒，爭如我活底孩兒！"；金盈之《醉翁談録》卷四："京師七月七日多搏泥孩兒，端正細膩，京語謂之'摩睺羅'，小大甚不一，價亦不廉"；周密《前武林舊事》卷三《乞巧》："泥孩兒號摩睺羅，有極精巧飾以金珠者，其值不貲。……七夕前，脩内司例進摩睺羅十卓，每卓三十枚，大者至高三尺，或用象牙雕鏤，或用龍涎拂手香製造，悉用鏤金珠翠衣帽"，則南宋時大内供奉之孩兒像生，非復粉捏泥製者。《誠齋集》卷三一尚有《謝余處恭送七夕酒、果、蜜食、化生兒》七律二首；許棐《梅屋四稿·泥孩兒》："牧漬一塊泥，裝塑姿華侈，所恨肌體微，金珠載不起；雙罩紅紗厨，嬌立瓶花底。少婦初嘗酸，一玩一心喜，潛乞大士靈，生子願如爾。"元曲如馬致遠《任風子》第二折"則是我那魔合羅孩兒”，亦借以稱孩童；而孟漢卿《魔合羅》第一折謂是“乞巧的泥新婦”，第四折描摹其狀云：“曲曲灣灣畫翠眉，寬綽綽穿絳衣，明晃晃鳳冠霞帔，到七月七乞巧的將你做一家兒燕喜。塑你的似觀音像儀，既教人撥火燒香，何不通靈顯聖?”，則雖設於七夕，而本爲乞巧，非爲求子，且作女形，類“送子”之“大士”，不類觀音所送之孩兒，又上承《河東記》所言“佛前化生”，下啓《蒿菴閒話》所言“爲女人形”矣。王明清《玉照新志》卷四載洪芻等獄案全文，有“不曾計到摩孩羅贓，如不滿百文”云云，則雖爲“隱匿財物”之一項，而不盡屬“價不廉”、“值不貲”也。

【增訂四】原引《玉照新志》載洪芻獄案全文亦見《三朝北盟會編·炎興下帙》卷一二建炎元年八月一日聖旨。

《歲時廣記》卷二六記南人目“摩喝樂”曰“巧兒”，蘇州最工，爲天下第一。近世吾鄉惠山泥人有盛名，吾鄉語稱土偶爲“磨磨頭”，而自道曰“俫伲”，故江南舊謔，呼無錫人爲“爛泥磨磨”，亦猶蘇州人渾名“空頭”、常熟人渾名“湯罐”、宜興人渾名“夜壺”。“磨磨”名無義理，當是“磨喝樂”之省文，以其爲小兒玩具，遂呀呀效兒語而重疊言之，正如盧仝《寄男抱孫》：“添丁郎小小，別來吾久久，脯脯不得吃，兄兄莫攛搜”，或黃遵憲《己亥雜詩》：“‘荷荷’引睡‘施施’溺，竟夕聞娘喚女聲。”成人語小兒，每一音疊言(le redoublement)，法國語尤肖吾人口吻也[1]。

---

[1] Cf. Du Maurier, *Trilby*, Pt VI: "And in the formal gardens were the same pioupious and zouzous still walking with the same nounous... and just the same old couples petting the same toutous and loulous" ("Everyman's", 240−1); H. Bauche, *Le Langage populaire*, éd. 1951, p. 71: "Une phrase humoristique, ... mais typique, marque bien le genre des textes qu'on offre aux petits enfants: *Les nénés de la nounou de Lili ont du lolo*."

二二九　全陳文卷六

　　徐陵《鴛鴦賦》："既交頸於千年，亦相隨於萬里。山雞映水那自得，孤鸞照鏡不成雙，天下真成長合會，無勝比翼兩鴛鴦。……特訝鴛鴦鳥，長情真可念，許處勝人多，何時肯相厭。聞道鴛鴦一鳥名，教人如有逐春情，不見臨邛卓家女，祇爲琴中作許聲！"按《全梁文》卷一五元帝《鴛鴦賦》亦云："雄飛入玄兔，雌去往朱鳶，豈如鴛鴦相逐，俱棲俱宿？……金雞玉鵲不成羣，紫鶴紅雉一生分，願學鴛鴦鳥，連翩恒逐君"；徐賦結處以卓文君之孀居呼應山雞、孤鸞之顧影無偶，較梁元之直言"願學"，更爲婉約。司馬相如挑文君之《琴歌》曰："有艷淑女在此房，何緣交頸爲鴛鴦！"，即徐所謂"琴中作許聲"，蓋祇"聞鴛鴦名"，已"有逐春情"，不待覩其物；唐羅鄴《鴛鴦》詩："一種鳥憐名字好，都緣人恨別離來"，命意相近。《全後周文》卷九庾信《鴛鴦賦》："見鴛鴦之相學，還歛眼而淚落。……必見此之雙飛，覺空牀之難守"，遝以虞妃、韓壽、溫嶠等之子處求偶與鴛鴦之"雙心並翼"相形；機杼畧同徐賦，然未取雄、鸞陪襯，遂少一重一掩之致，不特"必見"視"聞道"爲滯相也。黃庭堅《山谷內集》卷七《睡鴨》："山雞照影空自愛，孤鸞舞鏡不作雙；

天下真成長會合，兩鳧相倚睡秋江"，任淵註："兼用徐陵《鴛鴦賦》云云，吳融《池上雙鳧》詩曰：'可憐翡翠歸雲髻，莫羨鴛鴦入畫圖；幸是羽毛無取處，一生安穩老菰蒲。'如臨淮王用郭汾陽部曲，一經號令，氣色益精明云。"此任氏之謬託知音也。黃詩純自徐陵賦推演，着眼在人事好乖，離多會少。吳詩用心迥異，實本乎莊生論不才之木得保天年；然鳧之"羽毛"或"無取處"，其軀肉豈不任充庖厨耶？"魚鼈甘貽禍，雞豚飽自焚，莫云鷗鷺瘦，饞口不饒君"（《宋百家詩存》卷二〇羅公升《送歸使》），而況於鳧！翡翠羽毛可以飾首，洵同象齒焚身之患，若夫鴛鴦之"入畫圖"，豈斷送生命事乎？殆亦如圖成而馬死歟（參觀《太平廣記》卷論卷二一〇《黃花寺壁》）！趙與時《賓退錄》卷一〇論黃詩曰："每疑鴛鴦可言'長會合'，兩鳧則聚散不常，何可言'長會合'，後乃悟指畫者耳"；殊得正解。蓋鴛鴦固較他禽之"會合"爲"長"，而圖畫中雙鳧則較活潑刺鴛鴦之"會合"更"長"。真鴛鴦雖稱並命之禽，徐賦至誇其"交頸於千年"，然不保形影之瞬息無離，終悲生命之暫促有盡；爭及畫中睡鳧相倚，却可積歲常然而不須臾或變。故徐黃貌若同言"真成長會合"，黃實舉徐初語（primary language），因從其後而駁之（meta-language），謂畫中睡鴨庶可當"真成長會合"之目，鴛鴦不足以言此也。達文齊《隨筆》有云："有生命之美好事物胥易逝而難久存"（cosa bella mortal passa e non dura），一作："有生命之美好事物胥易逝，而藝術中之美好事物則否"（cosa bella mortal passa e non d'arte）[1]；黑格爾謂急遷不得稍駐之天然事物賴藝術

---

① Leonardo da Vinci, *The Notebooks*, tr. E. McCurdy, I, 98.

而得跡象長留（Was in der Natur vorübereilt，befestigt die Kunst zur Dauer）①；雪萊謂生命中一見即没者，詩歌捉搦之，俾勿消失（Poetry arrests the vanishing apparitions which haunt the interlunations of life）②。袁枚《小倉山房文集》卷五《吳省曾墓志銘》：“世之人不能不死其身，可以不死其形，能使之不死者，省曾也”；蓋吳乃畫師，擅“貌人”也。即景生情，即事起興，寫作畫圖，發爲詩詠，景遷事過，不隨泯滅，如鴻飛冥冥，而爪痕歷歷猶遺於雪泥之上。故好物難牢，而入於畫者長在，歡情苦短，而見諸詩者久傳（別詳《全後周文》論庾信《謝趙王賚白羅袍袴啓》）。蘇軾《臘日游孤山》：“作詩火急追亡逋，清景一失後難摹”，詩之使亡者存也；《次韻曹子方瑞香花》：“明朝便陳迹，試著丹青臨”，畫之使陳者新也。黄氏題畫，正同斯旨。黄詩僅四句，而全用徐陵語者三句，豈自稱“翰墨場中老伏波”之人竟淪爲公然對面“偷句”之“鈍賊”乎？徐謂山雞、孤鸞不如鴛鴦，“長會合”之禽“無勝”之者；黄謂山雞、孤鸞固不如鴛鴦，然畫中雙鳧之“長會合”，又鴛鴦所勿如，“真”爲“無勝”。逕用徐語，非拆補以完己篇，乃引徵而翻其案，如禪宗之“末後一轉語”。不知來歷者，僅覩黄詩中言雙鳧勝於山雞、孤鸞，知來

---

① Hegel，*Aesthetik*，Aufbau Verlag，189；cf.74（eine Dauer zu geben）. Cf. Michelangelo，*Sonnets*，ed. J. A. Symonds，19（dall' arte è uinta la natura）；Martin Opitz：“Poeta”，*Deutsche Barocklyrik*，hrsg. M. Wehrli，3. Aufl.，9；Gautier：“L'Art”，*Émaux et Camées*，Charpentier，225-6.

② Shelley，*Defence of Poetry*，ed. A. S. Cook，40. Cf. Musset：“Impromptu en réponse à cette question qu'est-ce que la poésie，” *Poésies nouvelles*，Flammarion，164（éterniser un rêve d'un instant，faire une perle d'une larme）；“Revucs fantastiques，” *Oeuv. comp. en Prose*，“la Pléiade”，823.

歷者，便省其言外尚有徐所賦鴛鴦在，鴛鴦勝山雞、孤鸞，而畫鳧尤勝鴛鴦；不止進一解，而是下兩轉也（參觀《全宋文》論鮑照《謝隨恩被原表》）。黃詩以畫禽與真禽之苦樂對勘，機杼初非始創。李商隱《題鵝》："眠沙臥水自成羣，曲岸殘陽極浦雲；那解將心憐孔翠，羈雌長共故雄分"；謂畫中鵝樂羣得地，渾不管世間翡翠、孔雀嗒焉喪偶之戚。溫庭筠《更漏子》第一首："柳絲長，春雨細，花外漏聲迢遞。驚塞雁，起城烏，畫屏金鷓鴣"；謂雁飛烏噪，騷離不安，而畫屏上之鷓鴣寧靜悠閒，蕭然事外。元好問《惠崇蘆雁》第三首："江湖牢落太愁人，同是天涯萬里身；不似畫屏金孔雀，離離花影淡生春"；則以同在畫而不在同畫中之雁與孔雀境地相形。陳廷焯《白雨齋詞話》卷一說溫詞云："此言苦者自苦、樂者自樂"，中肯破的，竊欲以李元二詩參印之。籠中剪翮，百鳥翔空，沙側沉舟，千帆過盡；苦樂相形而愈見不齊，古來同歎，元詩雖酷似溫詞，未必從而胎蛻。歸有光《震川別集》卷七《與沈敬甫》之五自論其《亡兒壙志》文似古人云："亦似；但千古哭聲，未嘗不同，何論前世有屈原、賈生耶？以發吾之憤憤而已。"讀黃庭堅《睡鴨》詩，須知其層累於徐陵之賦，而讀元好問《蘆雁》詩，無須究其淵源於溫庭筠之詞，講求來歷者亦不可不聞歸氏語焉。

二三〇 全陳文卷七

　　徐陵《與齊尚書僕射楊遵彥書》。按陵集中壓卷，使陵無他文，亦堪追踪李陵報蘇武、楊惲答孫會宗，皆衹以一《書》傳矣。非僅陳籲，亦爲詰難，折之以理，復動之以情，强抑氣之憤而仍山涌，力挫詞之銳而尚劍鋙。"未喻"八端，援據切當，倫脊分明，有物有序之言；彩藻華縟而博辯縱橫，譬之佩玉瓊琚，未妨走趨；隸事工而論事暢。後世古文家攻擊駢文，駢文家每以此篇爲墨守之帶若堞焉。陳維崧《湖海樓文集》卷三《詞選序》："客或見今才士所作文，間類徐庾儷體，輒曰：'此齊梁小兒語！'擲不視。……夫客又何知！客亦未知開府《哀江南》一賦、僕射在河北諸書，奴僕《莊》、《騷》，出入《左》、《國》，即前此史遷、班掾諸史書未見"；梅曾亮《柏梘山房集》卷五《管異之文集書後》："異之曰：'人有哀樂者面也，今以玉冠之，雖美，失其面矣。此駢體之失也。'余曰：'誠有是。然《哀江南賦》、《報楊遵彥書》，其意固不快耶？而賤之也？'異之曰：'彼其意固有限，使有孟、荀、莊周、司馬遷之意，來如雲興，聚如車屯，則雖百徐、庾之詞，不足以盡其一意。'"管同師法桐城派，遂斥徐、庾之駢，正如阮元信奉《文選·序》，遂擯韓、柳之散，均執着一先生之言爾。駢體猶冠玉失面乎，桐城派古文搖曳吞吐，以求"神味"，亦猶效捧心之顰，作迴眸之笑，弄姿矯態，未得爲存其面也。蹙眉齲齒，亦失本來，豈待搽脂粉、戴珠翠哉！即就所舉例論之：《荀子》排比整齊，已較《莊》、《孟》爲近乎駢偶；《莊子》立"意"樹義，較《老子》"有限"，其"寓言"而不直白，作用劇類駢文隸事；馬遷《報任少卿書》，倘如包世臣《藝舟雙楫》卷二《復石贛州書》所説，寓意甚深，《與楊遵彦書》相形見絀，然徐書言端思緒，亦復"雲興"、"車屯"，意淺非必意寡。詞偶則易詞費，而詞費不都緣詞偶，古文之瘠意肥詞者夥矣。故知掎摭利病，未可僅注目於奇偶也。以爲駢體説理論事，勿克"盡意"、"快意"者，不識有《文心雕龍》、《翰苑集》而尤未讀《史通》耳。歐陽修《文忠集》卷七三《論〈尹師魯墓志〉》："偶儷之文苟合於理，未必爲非，故不是此而非彼也"，又卷一三〇《試筆》："如蘇氏父子，以四六叙述，委曲精盡，不減古文"；朱熹《朱文公集》卷四三《答林擇之》："與右府書云：'願公主張正論，如太山之安；綢繆國事，無累卵之慮'——此語極有味！大抵長於偶語、韻語，往往常説得事情出也。"桐城流派以韓、歐之詞兼程、朱之理爲職志，何竟未聞歐、朱此等評泊耶？

【增訂三】南宋及金人均已標舉桐城派之職志。葉適弟子陳耆卿《篔窗集》有吳子良跋云："爲文大要有三：主之以理，張之以氣，束之以法。篔窗先生探周程之旨趣，貫歐曾之脉絡"；劉祁《歸潛志》卷三載王鬱自撰《王子小傳》云："故嘗欲爲文，取韓柳之詞、程張之理，合而爲一，方盡天下之妙"；《秋澗大全集》卷一〇《追挽歸潛劉先生》亦云："道從伊洛傳心學，文擅韓歐振古風。”蓋欲東家食而西家宿，渾忘苟充周、程之道，則韓、歐輩且無處討生活。《古文家別集類案》乙案叙録上謂桐城派“尊程朱如帝天”，而“論文乃不敢援朱子”，因引方苞語：“學行繼程朱之後，文章在韓歐之間”，説之曰：“分別言之，判若涇渭，固其慎也。”夫“分別言之”，已是二本，大倍程朱之“學行”矣。汪琬《堯峰文鈔》卷三二《答陳靄公論文書》之一力排“載道”之説爲“夸辭”，至曰：“意爲之也，……才與氣舉之也，於道果何與哉？”汪氏固尊尚周、程、朱之道而師法韓、歐之文，乃肯不爲門面語，不欺可貴也。《後村大全集》卷九六《迂齋標注古文序》即序樓昉《崇古文訣》者，稱昉“尚歐、曾而並取伊、洛”，則謂樓氏亦採取道學家自作之“詞”，不徒祇服膺其“理”，蓋亦如汪氏之稱《通書》、《東、西銘》，而非謂古文必“貫”、“合”二者。尚未可與桐城主張混同而言焉。

【增訂四】方苞宗尚“程朱”、“韓歐”云云，見《望溪文集》初刻本王兆符序記“吾師”論“祈嚮”一節，“在”字原作“介”。此固桐城派傳授師法。姚椿問學於姚鼐，其《樗寮全集》首沈日富《姚先生行狀》云：“論文必準桐城，……有豪傑者作，酌唐之文，以準宋之理，庶乎可矣！”；《通藝閣詩三録》卷一《寄呂月滄郡丞粤西四十韻》中記“惜翁先生論文之旨”，有云：“延陵懷舊友〔吴德旋〕，宗老失通儒。遺緒言猶在，真傳意不誣，詞兼宗韓柳，理必暢程朱。”然熊魚難兼，前事可徵。《永樂大典》卷九〇七《詩》字引劉將孫《王荆公詩序》第一句曰：“洛學盛行而歐蘇文如不必作”，真“開口即喝”者。將孫乃辰翁子，四庫館臣輯本《養吾序》漏收此序。

理學家於道學與"古文"二者之異趣分馳而未可同途並駕，早已道破。黃震《黃氏日抄》卷六一《歐文》云："蘇公以文繼韓文公，上達孔孟，此則其一門之授受所見然耳。公闢異端，而歸尊老氏。況孔子所謂'斯文'者，又非言語文字之云乎？或求義理者，必於伊洛，言文章者，必於歐蘇；學者惟其所之焉，特不必指此爲彼耳。"陸世儀《桴亭先生文集》卷二《答潁上盧儋石廣文書》云："即如先生之序所稱東坡，此學問中之所爲文章家者也。文章一事，由孔孟而言，辭達而已矣。至一汨於文章家，則有《左》、《國》、《史》、《漢》筆力之不同，大家、小家家數之不一，聲辭、局法疏密巧拙之異致。即此一事，已足使英雄之士窮年盡力，頭白老死於其中，而不能自拔矣！"黃氏通解文事，明清之交道學家作詩古文，莫逾陸氏者，二家之言却無所假借如是。桐城派高標"祈嚮"，似未嘗明辨而慎思之，遂大類鋪張門面抑且依傍門户也。竊謂苟於伊洛心學身體力行，則不特糠粃韓歐之文，亦必糟粕杜陵之詩。《河南二程遺書》卷一八《伊川語》："且如今言詩者，無如杜甫。如云：'穿花蛺蝶深深見'云云，如此閑言語，道出做甚！"明之理學家斬草除根，言更直絶；《明儒學案》卷一九稱劉曉"下語無有枝葉"，嘗誦少陵"語不驚人死不休"之句，歎曰："可惜枉費心力！不當云'學不聖人死不休'耶？"則杜陵以下，更如自鄶矣。參觀《宋詩選註》論劉子翬。

嘗試論之，駢體文不必是，而駢偶語未可非。駢體文兩大患：一者隸事，古事代今事，敎星替月；二者駢語，兩語當一語，疊屋堆牀（參觀《全漢文》論揚雄《解嘲》、《全後漢文》論孔融《薦禰衡表》、《全梁文》論任昉《奏彈劉整》）。然而不可因噎廢食，止兒之啼而土塞其口也。隸事運典，實即"婉曲語"（periphrasis）之一種，吾國作者於茲擅勝，規模宏遠，花樣繁多。駢文之外，詩詞亦尚。用意無他，曰不"直說破"（nommer un objet）①，俾耐尋味而已。如范攄《雲溪友議》卷下論杜牧、姚合詩，沈義父《樂府指迷》論"鍊句下語"；其在駢文，同歸一揆。末流雖濫施乖方，本旨固未可全非焉。至於駢語，則朱熹所謂"常說得事情出"，殊有會心。世間事理，每具雙邊二柄，正反仇合；倘求義賅詞達，對仗攸宜。《文心雕龍·麗辭》篇嘗云："神理爲用，事不孤立"，又稱"反對爲優"，以其"理殊趣合"；亦蘊斯旨。《六祖法寶壇經·付囑》第一〇："出語盡雙，皆取對法，來去相因"，不啻爲駢體上乘說法。徐陵此書中如："何彼途甚易，非勞於五丁，我路爲難，如登於九折"；"據圖刎首，愚者不爲，運斧全身，庸流所鑒"；"宮闈秘事，皆若雲霄，英俊訏謨，寧非帷幄；……朝廷之人，猶難參預，羈旅之人，何階耳目"；均《雕龍》命爲"反對"之例，非以兩當一，而是兼顧兩面、不偏一向。楊億《談苑》記開寶中遼涿州刺史耶律琮遺宋雄州刺史書，求通好，有一聯"文采甚足觀"："官無交於境外，言即非宜；事有利於國家，專之亦可"；亦足爲例。

【增訂四】《皇朝類苑》卷七八《楊文公談苑》引遼耶律琮遺書雄州刺史孫全興，求與宋"通好"，有曰："兵無交於境外，言即非宜；事有利於國家，專之亦可"，稱"其文采甚足觀"。竊謂朱熹言"偶語往往說得事理出"，此聯正是佳例。《全遼文》

---

① Mallarmé, in J. Huret, *Enquête sur L'Évolution littéraire*, 60; Cf. *Divagations*, p.246（parler vs. faire une allusion）.

卷四載耶律琮書全文，"兵"字作"臣"，是也，"兵"字無理
不根；此聯用《公羊傳》語，人所熟知，楊氏必不誤引，蓋傳
刻之訛耳。

説理出以儷偶，若是班乎。培根教人輯集反對以積學練才（the
compilation of *antitheta* as a preparatory store for the furniture
of speech and readiness of invention）[1]；萊辛謂銳識深究每發爲
反對（Jede scharfsinnige Unter-suchung lässt sich in eine Antith-
ese kleiden）[2]；或且以爲行文多作反對者，其人構思，必擅辯
證，如約翰生是（It is no coincidence that our first of dialecti-
cians，Gorgias in ancient times and Johnson in our own，were
noted for their antithetical style）[3]。故於駢儷文體，過而廢之可
也；若駢語儷詞，雖欲廢之，烏得而廢哉？

《與楊遵彥書》："或以顛沛爲言，或云資裝可懼；固非通論，
皆是外篇。"按"外篇"借用《莊子》、《抱朴子》等子書中名目，
意謂題外之文、節外之枝，即支吾拉扯之託詞藉口耳。駱賓王
《上吏部侍郎〈帝京篇〉啓》："固立身之殊路，行己之外篇"，又
《與程將軍書》："勿使將詞翰爲行己外篇；文章是立身歧路耳，
又何足道哉？"；亦言士以修德爲主，工文祇是餘事，而"外篇"
與"歧路"互文，幾如傍門"外道"之"外"矣。

---

① George Williamson，*Seventeenth-Century Contexts*，251-2.

② E. Engel，*Deutsche Stilkunst*，22. bis 24. Aufl.，258，337，340（Lessing，
Victor Hugo，Nietzsche）.

③ Frank Binder，*Dialectic or the Tactics of Thinking*，81. Cf. Voltaire：
"Trouvez-moi，je vous en défie，dans quelque poète et dans quelque livre qui vous plai-
ra，une belle chose qui ne soit pas une image ou une antithèse"（G. Guillaume，*J.-L.
Guez de Balzac et la Prose française*，444，note 20）.

二三一　全陳文卷九

　　徐陵《答周處士書》。按卷五有周弘讓《與徐陵書薦方圓》，此其答書也。"又承有方生，亦在天目"，即指周《書》："唯趙郡方圓，棲遲天目，……今復同在巖壑，畢志風雲。"吳兆宜《徐孝穆全集箋註》於"方生"一節無註，當是未見周《書》耳。"差有弄玉之俱仙，非無孟光之同隱。優游俯仰，極素女之經文；升降盈虛，盡軒皇之圖藝。雖復考槃在阿，不爲獨宿；詎勞金液，唯飲玉泉。比夫煮石紛紜，終年不爛，燒丹辛苦，至老方成，及其得道冥真，何勞逸之相懸也！"吳註引《抱朴子》"黃帝論導引"云云、《漢書・藝文志》"道家者流：黃帝銘、黃帝君臣"云云，支扯塞責，實未解詞意。楊慎《升菴全集》（從子有仁編本）卷四八《春宵秘戲圖》、徐𤊹《筆精》卷二《春閨》皆早言陵《書》此節本張衡《同聲歌》，徐且曰："'俯仰'、'升降'，則逼真房中之術"；別詳《全後漢文》論邊讓《章華臺賦》。弘讓隱居清修，未斷房室，是又一"周妻"也；而欲以容成之術爲長生之道，則業累過於周顒矣（《南齊書・周顒傳》）。"非無孟光之同隱"，可參觀卷一一徐陵《東陽雙林寺傅大士碑》："棄捨恩愛，非梁鴻之並遊。""素女之經文"指《素女經》、《素女方》

等，苟引《漢書·藝文志》，不當引《道家》，當引《方伎·房中》之《黃帝三王養陽方》；甄鸞《笑道論·道士合氣》第三五所言《黃書》，是其類。《抱朴子》内篇《微旨》、《釋滯》、《極言》、《雜應》等反復訶斥道士以爲房中術"可單行致神仙"之妄，謂唯煉丹服藥庶得長生，可與"比夫煮石"云云相發明。陵正誚弘讓之求仙而不肯辛勤修煉，却欲取巧得便宜，猶下文誚弘讓之不出仕而薦方圓登朝仕宦："己行所不欲，非應及人。……潁陽巢父，不曾令薦許由；商洛園公，未聞求微綺季。斯所未喻高懷，而躊躇於矛楯也。"姚範《援鶉堂筆記》卷四六記翁大均詆石濂事，因翁引陵此《書》，乃附註："然則弘讓蓋習容、彭之術者。又弘讓薦方圓於徐，而徐答云：'理當仰稟明師，總斯秘要'，疑亦習此術者，而忝名隱逸，蓋忍媿之詞矣。"觀下接"豈如張陵弟子，自墜高巖"云云，則方與弘讓同習容、彭之術，灼然無可"疑"。蓋通篇皆含譏隱諷也。"躊躇於矛楯"句吴註："《莊子》：'楚人有賣矛及楯者，見人來買矛，即謂之曰：此矛無何不徹；見人來買楯，則又謂之曰：此楯無何能徹者。買人曰：還將爾矛刺爾楯，若何？'"；謝章鋌《籐陰客贅》嘗斥吴氏此書"荒陋"，若本條硬奪《韓非子》之意而又厚誣《莊子》之文，直是荒誕矣！"忘懷爵祿，詎持犧牲之談；高視公卿，獨騁蜡蛭之訓"，下句吴註："未詳，按《莊子》：'蝍蛆甘帶'"；"蜡蛭"二字無意義，竊疑乃"鵲螳"之訛，出自《莊子·山木》螳螂"見得而忘其形"，異鵲"見利而忘其真"，莊周歎曰："物固相累。"

徐陵《與顧記室書》："忽有陳慶之兒陳暄者，……妄相陷辱，至六月初，遂作盲書，便見誣謗。"按"盲書"可與"瞽説"印證，似僅見於此。《西遊記》第七八回比邱國丈訶唐僧，亦曰：

“你這和尚滿口胡柴！……枯坐參禪，盡是些盲修瞎煉！”“盲書”
者，滿紙“胡柴”耳。今江南口語之“瞎說”、“瞎寫”、“瞎來”、
“瞎纏”等，皆指紕繆無理、虛妄無稽。以“盲”、“瞽”、“瞎”
示持之無故而言之不成理，亦猶以“明見”、“有眼光”、“胸中雪
亮”等示智力，如韓愈《代張籍與李浙東書》：“當今盲於心者皆
是，若籍自謂獨盲於目爾。”人於五覺中最重視覺（the primacy
or privileged position of the sense of vision），此足徵焉。

二三二　全陳文卷一〇

　　徐陵《諫仁山深法師罷道書》。按《全晉文》卷一一九桓玄《與釋慧遠書勸罷道》，命意適反，徐"諫"阻而桓"勸"誘也。李商隱《天平公座中呈令狐令公，時蔡京在坐，京曾爲僧徒，故有第五句》："白足禪僧思敗道"；"罷道"者，思凡而竟還俗，如馮惟敏《僧尼共犯》所寫是也，"敗道"者，破戒而未還俗，如徐渭《玉禪師翠鄉一夢》所寫是也。前者爲僧不了，後者仍可充粥飯僧。陵諫此僧："今若退轉，未必有一稱心，交失現前十種大利"；半屬世間法中佔便宜事，如"無執作之勞"、免稅免役、受人"尊貴"等等，借箸代籌，吐言鄙猥。《楞嚴經》卷六："云何賊人，假我衣服，裨販如來"；"十利"正"裨販"之事，豈爲下根說法，故卑無高論耶？然苟因此等計較而不"退轉"，長作師子身中蟲，烹佛煅祖，反不如"罷道"之尚是直心道場矣。桓玄《書》云："今世道士雖外毀儀容，而心過俗人，所謂道俗之際"；深法師即屬斯類，陵不"勸"而"諫"，豈不著此輩，則不足見佛門之廣大耶？陳說"十利"前，有："將非帷帳之策，欲集留侯，形類臥龍，擬求葛氏"云云，似此僧有宦情，還俗所以求官。"十利"後承以一大節："仰度仁者，……爲魔所迷。……

假使眉如細柳，何足關懷？頰似紅桃，詎能長久？同衾分枕，猶
有長信之悲；坐臥忘時，不免秋胡之怨。……法師未通返照，安
悟賣花"云云，似此僧更爲娶婦而還俗。《列子‧楊朱》："人不
婚宦，情欲失半"；李頎《送劉十》："三十不官亦不娶，時人焉
識道高下"；此僧"罷道"，亦正緣不娶而欲婚、不官而欲宦也。
其欲娶似更急於其欲官，故陵《書》戒其毋婚，丁寧反復，遠過
於勸其毋宦。《四十二章經》："牢獄有原赦，妻子情欲雖有虎口
之禍，己猶甘心投焉，其罪無赦"，又："愛欲莫甚於色，色之爲
欲，其大無外"；《十住毗婆沙論》專章痛言家室之害，《知家過
患品》第一六佛告郁伽羅"家是一切苦惱住處"等，於妻"應生
諸三想"，如"無常想"、"不淨想"、"羅刹想"、"大貓狸想"等。
今"魔迷"罷道，端由"頰桃"、"眉柳"，佛言不虛而佛誡無用
矣。雖然，"沒頭髮浪子、有房室如來"，六朝不少概見（參觀
《全宋文》論周朗《上書獻讜言》），梵嫂、貼夫，無須"罷道"。
此僧爲娶妻而必還俗，則未還俗時，凡心即動，清規尚守，已屬
難能而未可厚非；其退轉適見舉動光明，寧"罷道"而不"敗
道"，勿屑掛名和尚、混跡空門耳。《藝文類聚》卷二五引《文士
傳》："棄據嘲沙門干法龍曰：'今大晉弘廣，天下爲家。何不全
髮膚，去袈裟，舍故服，披綺羅，入滄浪，濯清波，隨太陽，耀
春華？而獨上違父母之恩，下失夫婦之匹，雖受布施之名，而有
乞丐之實乎？'"竊謂徐陵之諫與棄據之嘲，陳義相等，聞徐諫而
止退轉者，亦必聞棄嘲而欲罷道者也。抑徐學佛，師事智顗，同
卷《與釋智顗書》、《五願上智者大師書》可證，乃至釋子相傳，
陵以此大願，遂轉生爲台宗六祖智威（《佛祖統紀》卷七、卷
九）；智顗《摩訶止觀》卷八斥僧之爲供養利益而持戒者曰："起

於魔檀，爲有報故；持於魔戒，邀利餐故。”徐陳“十利”，正動深以“魔檀”，使守“魔戒”，亦當遭智顗之訶耳。

二三三　全陳文卷一一

　　徐陵《東陽雙林寺傅大士碑》："安禪合掌，説偈論經，滴海未盡其書，懸河不窮其義。"按吳兆宜註："《大悲經》：'如來爾時，知彼水滴在大海中……滴水者，喻一發心微少善根，大海者，喻佛如來應正徧知'"；非也。《全唐文》卷二六四李邕《五臺山清涼寺碑》："海墨樹筆，竹紙花書，密藏妙論，千章萬品"；與徐文同一來歷。《雜阿含經》卷三六之三："以四大海水爲墨，以須彌山爲樹皮，現閻浮提草木爲筆，復使三千大千刹土人盡能書寫舍利弗智慧之業"；《分別功德論》卷四之一："以須彌爲硯子，四大海水爲書水，以四天下竹木爲筆，滿中土人爲書師，欲寫身子智慧者，向不能盡"；寶雲譯《佛本行經·現乳哺品》第二六鋪張更甚。唐宋以來詩詞中點化沿用，面貌一新，讀者渾忘其爲梵經、讚頌語矣。貫休《觀懷素草書歌》："我恐山爲墨兮磨海水，天與筆兮書大地"；裴休《懷素臺放歌》："筆冢低低高似山，墨池淺淺深如海；我來恨不已，爭得青天化作一張紙！高聲喚起懷素書，搦管研朱點湘水"，踵事增華，因海墨樹筆，添出"青天作紙"，以代"須彌山爲樹皮"，語益奇肆，沾丐更廣，黄庭堅《題快軒》集句即鉤摘之；

【增訂三】范仲淹有《卓筆峰》五絕，集未收，見《水東日記》卷六：“笠澤硯池小，穹窿架山峨，仰憑天作紙，寫出太平歌。”

《五燈會元》卷一八宣秘禮禪師：“長江爲硯墨，頻寫斷交書”；張耒《張右史文集》卷三三《九日登高》：“黃梨丹柿已催寒，一月西風積雨乾；紺滑秋天稱行草，却憑秋雁作揮翰”；王質《雪山集》卷一五《道經》：“希聲絕想忘言處，海水墨山書不全”，自註：“或云：‘道家無經旨，五千言而已’，故作詩以呲之”；楊萬里《誠齋集》卷二四《謝邵德示〈淳熙聖孝詩〉》：“古人浪語筆如椽，何人解把筆題天？崑崙爲筆點海水，青天借作一張紙”，又卷二九《題龜山塔》之一：“銀筆書空天作紙，玉龍拔地海成湫”，又卷三七《送黃巖老通判全州》：“瀟湘之山可當一枝筆，瀟湘之水可當一硯滴。……好將湘山點湘水，洒滿青天一張紙”；呂渭老《卜算子》：“續續說相思，不盡無窮意；若寫幽懷一段愁，應用天爲紙”；張矩《摸魚兒》：“雙峯塔露書空穎，情共暮鴉盤轉”；劉辰翁《念奴嬌》：“以我情懷，借公篇翰，恨不天爲紙”；魏庭玉《賀新凉》：“一斗百篇乘逸興，要借青天爲紙”；葛長庚《菊花新》：“清晨雁字，一句句在天如在紙”；周濟川《八聲甘州》：“蘸西湖和墨，長空爲紙，幾度詩圓”；無名氏《檐前鐵》：“今番也，石人應下千行血；擬展青天，寫作斷腸文，難盡說”；《太平樂府》卷六周仲彬《蝶戀花》：“紙如海樣闊，字比針般大，也寫不盡衷腸許多”；《詞林摘艷》卷九無名氏《黃鐘喜遷鶯》：“指滄溟爲硯，管城豪健筆如椽，松烟、得太山作墨研，把萬里青天爲錦箋，都做了草聖傳。一會家書，書不盡心事；一會家訴，訴不盡熬煎”；馬榮祖《文頌》下《怪艷》：“濡染淋漓，長天伸紙"；趙翼《甌北詩鈔》七絶二《天河》："誰把虛空界畫粗，生將別恨怨黃姑；青天爲紙山爲筆，倒寫長江萬里圖"；魏源《古微堂詩集》卷六《岱山經石峪歌》："我欲仰空書大乘，以岱爲筆天爲繒"；江湜《伏敔堂詩録》卷八《題稗蘋花卉》："辛夷高發花數層，初如木筆有尖稜；青天不化一張紙，咄咄書空知亦能。"李商隱《樊南甲集序》："削筆衡山，洗硯湘江"，謂削衡山之筆，洗湘江之硯，即以山爲筆鋒，江爲硯池，如無名氏之"指滄溟爲硯"也；張矩《應天長・兩峰插雲》："瀲灧波心，如洗江淹筆"，則以峰爲筆而以湖爲洗盂矣。諸若此類，取釋書經偈，敷演渲染，以爲抒情寫景之用，幾全失梵筴本來氣味；談藝者好稱"脱胎换骨"或"有禪趣、不貴有禪語"，大可取此示例。唐人既從海墨、樹筆充類而言天紙，已奇外出奇；吾國本有"雁字"之説，五代以來，遂每以天紙與雁書撮合，孚甲新意，如前引張末、葛長庚句即是。《清異録》卷二《禽》門載陶敞賦《秋雁》早云："天掃閒雲秋淨時，書空匠者最相宜。"金君卿《金氏文集》卷上《九日過長蘆泊小港留題龍山古寺》："仰天一笑六朝事，過雁書空作文字"；《後村千家詩》卷一五黃伯厚《晚泊》："行草不成風斷雁，一江烟雨正黃昏"；張炎《醉連環・孤雁》："寫不成書，只寄得相思一點"；倪瓚《雲林詩集》卷六《十月》："停橈坐對西山晚，新雁題書已着行"；陳維崧《湖海樓詞集》卷四《青玉案・雁字》："未乾墨跡青天外，閒付與斜陽曬"；程穆衡《據梧亭詩集》卷三《泊射陽湖》："魚唅月影燈生暈，雁没雲端墨淡書"；皆着墨無多，而意足味永。明末袁宏道、中道兄弟倡《雁字》詩，屬和徧國中，有一人賦至二百首者，唐時升所作尤有名（參觀唐時升《三易集》卷九《釋義〈雁字〉詩序》）、錢謙益《牧齋初學集》卷八五《題項君禹〈雁字〉詩》又《題項孔彰〈雁字〉詩》)。唐氏《三易集》卷五《詠雁字》之八：“銀漢平鋪白地牋”，即以紙喻天；詩凡二十四首，羅織飛禽與書法典故，纖而不巧，多更動嫌；如第一〇首：“空裏作書皆咄咄，日來多暇不匆匆”，捉鵠配雞，小有心思。然欲求如宋湘《滇蹄集》卷三《雁字》：“直將羲頡開天意，橫寫雲霄最上頭”，一語不可得也。

　　【增訂四】《太平樂府》卷二貫酸齋《清江引‧惜別》：“不是不修書，不是無才思，遶清江買不得天樣紙。”光緒一〇年重鑴本明末馬注（字文炳）《清真指南》卷二亦云：“雖使海水爲硯，丘山爲墨，草木爲筆，大地爲紙，不能紀真主之全恩。天地爲軀，日月爲壽，恒沙爲心，海浪爲舌，不能讚真主之全恩”；卷七又云：“真主賜人極樂之境，雖木筆、山墨、地硯、河池，難可窮紀。”“池”、硯池也。

天紙、雁書亦見西方詩文中。如猶太古經(the Talmud)云：“海水皆墨汁，蘆葦皆筆，天作羊皮紙，舉世人作書手，尚不足傳上帝之聖心”（If all seas were ink and all rushes pens and the whole Heaven parchment and all sons of men writers, they would not be enough to describe the depth of the mind of the Lord）；兒歌則云：“苟世界化紙，大海化墨水，樹木盡化麵包與乾酪，則吾儕將以何物解渴乎？”（If all the world were paper,/And all the sea were ink，/If all the trees were bread and cheese,/What should we have to drink?）；普播遍傳，大同小異①。詞章運使，

---

　　①　Iona and Peter Opie，*The Oxford Dictionary of Nursery Rhymes*，436-8.

如云："苟茂林能語而以繁葉爲舌，海水都成墨汁，大地悉成紙，草茅胥成筆，尚不克道盡君之姿貌"（Se li arbori sapessen favellare，/E le lor foglie fusseno le lingue，/L'inchiostro fusse l'acqua dello mare，/La terra fusse carta e l'erbe penne，/Le tue bellezze non potria contare）[1]。書空雁字則如拉丁詩家寫大軍湧前云："如羣鵠（grues）疾飛成行，作字雲天之上"（ordinibus variis per nubia texitur ales/littera pennarumque notis conscribitur aër）[2]，謂形似希臘字母"λ"，正類吾國謂雁飛作"人"字也；西班牙詩家本之："天如透明紙，飛鵠作行書於其上"（Die Kraniche bilden bei ihm［Gongóra］geflügelte Schriftzeichen auf dem durchscheinenden Papier des Himmels—*Soledades*，I，609 f.）[3]。近人小説曰："羣燕掠碧空如疾書然"（Nel cielo azzurro le rondini scorrono come una veloce scrittura）[4]；又一詩人亦稱海鷗爲"風波欲起時於雲上作螺文之書家"（The gulls, the cloud calligraphers of windy spirals before a storm）[5]。

徐陵《天台山館徐則法師碑》："夫海水揚塵，幾千年而可見；天衣拂石，幾萬年而應平。"按上句本《神仙傳》記麻姑語，自不待言；吳兆宜註下句引《樓炭經》，亦即《長阿含經》之三〇《世紀經》，近是而未貼切。此碑爲道士作，用典不宜闌入佛

---

[1]　Leonardo Giustinian，quoted in E. M. Fusco，*La Lirica*，I，159.

[2]　Claudian，*De Bello Gildonico*，I.474-8，"Loeb"，I，132.

[3]　E. K. Curtius，*Europäischen Literatur und lateinisches Mittelalter*，2. Aufl.，349.

[4]　V. Brancati，*Il Vecchio con gli Stivali*（D. Provenzal，*Dizionario di Immagini*，758）.

[5]　Robinson Jeffers："The Cycle".

書；拂衣平石事，道書亦襲釋説而有之，雖乞諸其鄰，却已久假不歸矣。《雲笈七籤》卷二引《老君戒文》、《靈寶齋戒威儀經》皆云：“石壇高二十丈，飛仙一歲送一芥子著此城中，以衣拂巨石，令消與平地無別”，“石如崑山，芥子滿四十里，天人羅衣，百年一度，拂盡此石，取芥子一枚。”此聯用事固可視爲道門本地風光耳。

【增訂四】《劍南詩稿》卷八《小憩長生觀，飯已即行》：“人間空石劫，物外自壺春”；卷二〇《有懷青城霧中道友》：“坐更拂石芥城劫，時説開皇龍漢年。”前聯對句用“壺中日月”事，人所熟知；後聯對句本《雲笈七籤》卷二《道教三洞宗元》：“自開皇以前，三象明曜以來，至於開皇，經累億之劫”，又卷三《靈寶略記》：“過去有劫，名曰龍漢，⋯⋯龍漢一運，經九萬九千九百九十九劫。”若夫兩聯出句，則均如徐陵文之用《老子戒文》等道士家言。爲道流作詩文，勿宜闌入釋典故實。陸游此兩聯取材，不外《雲笈七籤》（《老君戒文》、《靈寶齋戒威儀經》見《七籤》卷二，壺公事見《七籤》卷二八）。苟如吳兆宜註徐孝穆文之引佛書《樓炭經》爲出句來歷，便見作者儉腹枯腸，乞鄰而與，非當行能手。《艇齋詩話》記湯進之所謂：“釋氏事對釋氏事，道家事對道家事”，箋註宋以後詞章者尤當理會也。

二三四　全陳文卷一四

　　沈烱《幽庭賦》：“長謠曰：‘故年花落今復新，新年一故成故人。’”按機調流轉，實開唐劉希夷《代悲白頭翁》：“年年歲歲花相似，歲歲年年人不同”（亦見賈曾《有所思》），

【增訂四】《全唐文》卷四太宗《感舊賦》：“林何春而不花，花非故年之秀。水何日而不波，波非昔年之溜。豈獨人之易新，故在物而難舊。”不曰人非故而曰“易新”，不曰物復新而曰“難舊”，不落恒言常蹊。

宋舒亶《一落索》：“只應花好似年年，花不似人憔悴”，《元詩選》二集黃清老《樵水集·行路難》：“去年紅花今日開，昨日紅顏今日老”，明唐寅《六如居士全集》卷一《花下酌酒歌》：“花前人是去年身，去年人比今年老”等。寠白易成，幾同印板；如岑參《西蜀旅舍春歎》：“春與人相乖，柳青頭轉白”，孟郊《雜怨》：“樹有百度花，人無一定顏，花送人老盡，人悲花自開”等，風格雖較凝重，而旨歸不異。若李商隱《憶梅》：“寒梅最堪恨，常作去年花”，人之非去年人，即在言外，含蓄耐味；司空圖《力疾山下吳村看杏花》之九：“近來桃李半燒枯，歸臥鄉園只老夫。莫算明年人在否，不知花得更開無！”，亂世物命危淺，

與人命一概；王安石《新花》："流芳不須臾，吾亦豈久長，新花
與故吾，已矣付兩忘"，善自解慰，作齊物之論；王世貞《臨江
仙》："我笑殘花花笑我，此時憔悴休爭。來年春到便分明，五原
無限緑，難染鬢千莖"，悽慨而出以諧戲；皆可謂破體跳出者。
《世説・言語》記桓温撫柳而歡曰："木猶如此，人何以堪!"，則
更進一解矣。歐陽修《漁家傲》："料得明年秋色在，香可愛，其
如鏡裏花顔改"；易春花爲秋花，尚未足於舊解出新意也。西詩
中亦有套語如十六世紀法國詩云："歲歲春回，去冬黄落之樹重
緑，而人則一死無復生之期，嗚呼!"（Las, helas! chaque Hyver
les ronces effeuillissent,/Puis de feuille nouvelle au Printemps
reverdissent,/Mais sans revivre plus une fois nous mourons!）[1]；
十七世紀意大利詩云："花嬌草蒨，物色與年俱新，而人一死不
重生、積衰不復少!"（pur col nov'anno il fiore e la verdura/de
le bellezze sue fa novo acquisto;/ma l'uom, poiché la vita un
tratto perde,/non rinasce più mai, né si rinverde）[2]。當世一意大
利詩人則歡天工無量世來，歲歲使大地萬物昭蘇，亦既勞止，倦
勤而强勉爾（Si porta l'infinita stanchezza/dello sforzo occulto/di
questo principio/che ogni anno/scatena la terra）[3]；地老天荒，
別具懷抱，一去陳言矣。

---

[1]　Antoine de Baïf, *Amours diverses*, I, quoted in H. Weber, *La Création poétique au 16ᵉ Siècle en France*, I, 354.

[2]　Marino, *L'Adone*, XIX.325, *Marino e i Marinisti*, 265.

[3]　G. Ungaretti: "Vita d'un uomo", *Poesie*, I, 100.

二三五　全陳文卷一六

　　傅縡《明道論》。按載於《陳書》本傳，俊辯不窮，六朝人爲釋氏所作説理文字，修詞雅淨，斯爲首出，劉勰相形亦成傖楚矣。《廣弘明集》未收，何也？"希向之徒，涉求有類，雖麟角難成，象形易失"；"麟角"語詳見論《全三國文》蔣濟《萬機論》，"象形"事出釋典，三國譯《佛説義足經》及《六度集經》第八九、西晉譯《大樓炭經》、後秦譯《長阿含經》之三〇《世紀經·龍鳥品》第五、隋譯《起世經》等皆載之。兹引《大般涅槃經·獅子吼菩薩品》第一一之六："譬如有王，告一大臣：'汝牽一象，以示盲。'……衆盲各言：'我已得見。'王言：'象爲何類？'其觸牙者，即言：'象形如蘆菔根'；其觸耳者，言：'象如箕'；其觸頭者，言：'象如石'；其觸鼻者，言：'象如杵'；其觸脚者，言：'象如木臼'；其觸脊者，言：'象如牀'；其觸腹者，言：'象如甕'；其觸尾者，言：'象如繩。'"《全梁文》卷七四釋僧順《釋〈三破論〉》："或有三盲摸象，得象耳者，爭云：'象如簸箕'；得象鼻者，爭云：'象如春杵。'雖獲象一方，終不得全象之實。"意實肖《莊子·則陽》："今指馬之百體而不得馬，而馬係於前者，立其百體而謂之馬也"；而敷説詳實，遂饒趣味。吾國文人如傅氏隸事及之者，不數數見也。

二三六　全後魏文卷一二

前廢帝《答羣臣勸進》。按《洛陽伽藍記》卷二《平等寺》節有帝《讓受禪表》，嚴氏漏輯；同節尚有長廣王曄《禪文》二首，亦應補入卷二〇。

二三七　全後魏文卷二一

張倫《諫遣使報蠕蠕表》:"遂令豎子,遊魂一方,亦由中國多虞,急諸華而緩夷狄也。……昔舊京烽起,虜使在郊。……且虜雖慕德,亦來觀我。……又小人難近,夷狄無親。……王人遠役,銜命虜庭。"按卷四一楊椿《上書諫內徙蠕蠕降戶》:"裔不謀夏,夷不亂華。……亦以別華戎、異內外也";卷四八袁翻《安置蠕蠕表》:"竊惟匈奴爲患,其來久矣。……遠夷荒桀,不識信順";"夷"、"虜"謂柔然也。《全北齊文》卷二范陽王紹義《在蜀遺封妃書》:"夷狄無信,送吾於此";"夷"謂北周也。《全北齊文》卷三邢卲《百官賀平石頭表》:"大江設隘,實限夷華,……聲教不通,多歷年代";《全後周文》卷二一闕名《爲行軍元帥郇國公韋孝寬檄陳文》:"豈安危亂之邦,事夷裔之主";"夷"謂南朝也。數例足覘名無定準而爲"賓",却有作用而爲"教",詳見論《全晉文》戴逵《放達爲非道論》。後魏、北齊、後周,皆鮮卑族之建國立朝者,正漢人所稱之"虜"、"夷"、"胡"。《南齊書》立《魏虜傳》,開宗明義曰:"匈奴種也";《全梁文》卷五六丘遲《與陳伯之書》:"故知霜露所均,不育異類;姬漢舊邦,無取雜種;北虜僭盜中原,多歷年所";《全後魏文》

卷三一韓顯宗《上言時務》："自南僞相承，竊有淮北，欲擅'中華'之稱"；楊衒之《洛陽伽藍記》卷二《景寧寺》記梁武帝遣陳慶之入洛陽，魏臣宴之，陳因醉曰："魏朝甚盛，猶曰'五胡'，正朔之承，當在江左。"漢人自稱"華"而目鮮卑爲"胡虜"，魏鮮卑自稱"華"而目柔然爲"夷虜"，先登之齊鮮卑又目晚起之周鮮卑爲"夷狄"；後來南宋人之於金、金人之於蒙古，若是班乎。《中州集》卷四周昂《北行即事》第一首："聞道崑崙北，風塵避僕窪；至今悲漢節，不合度流沙"，又《翠屏口》第二首："玉帳初鳴鼓，金鞍半偃弓。傷心看寒水，對面隔華風。山去何時斷，雲來本自通。不須驚異域，曾在版圖中"；金人對蒙古，儼然自命"漢節"、"華風"矣。至北齊人自稱"華"而目南朝爲"夷"，則金人於南宋所未有焉。顧此特堂皇之言耳，私衷初不如是；《北齊書·杜弼傳》記高祖謂弼曰："江東復有一吳兒老翁蕭衍者，專事衣冠禮樂，中原士夫望之以爲正朔所在"，蓋口有憾而心實慕之。《全隋文》卷五煬帝《敕責竇威、崔祖濬》："大吳之國，以稱人物。……及永嘉之末，華夏衣纓，盡過江表，此乃天下之名都。自平陳之後，碩學通儒、文人才子，莫非彼至。爾等著其風俗，乃爲東夷之人；度越禮義，於爾等可乎？……各賜杖一頓"；是隋雖一匡天下，而南北朝之套語一成難變也。又按《洛陽伽藍記》載楊元慎駁陳慶之曰："江左假息，僻居一隅。……短髮之君，無杅首之貌，文身之民，稟蕞陋之質，……禮樂所不沾，憲章勿能革。……卿沐其遺風，未沾禮化。……我魏膺籙受圖，……移風易俗之典，與五帝而並跡，禮樂憲章之盛，陵百王而獨高。"陳謂魏"猶曰'五胡'"，指種族也；楊不辯種族，勿同《魏書·序紀》之攀附爲黃帝"少子"後裔，而以禮樂文教抑南揚北。意謂魏"移風易俗"，已用夏變夷，故"正朔"而非閏位，猶《史通·曲筆》所譏"比桑乾於姬漢之國，目建鄴爲蠻貊之邦"矣。其說蓋有自來。《公羊傳》昭公二十三年七月戊辰："不與夷狄之主中國也。然則曷爲不使中國主之？中國亦新夷狄也"；即言華夷非徒族類（ethnos）之殊，而亦禮教（ethos）之辨。《法言·問道》："或曰：'孰爲中國？'曰：'五政之所加，七賦之所養，中於天地者爲中國。……聖人之治天下也，礙之以禮樂，無則禽，異則貉'"；語愈明決。楊元慎若曰："江左"既"禮樂不沾"，則"禽"耳、"貉"耳，安得與"禮樂憲章"大"盛"之魏比數哉？然《全唐文》卷六八六皇甫湜《東晉、元魏正閏論》適本此義而不以正統許魏："所以爲中國者，禮義也；所謂夷狄者，無禮義也。豈繫於地哉？杞用夷禮，杞即夷矣；子居九夷，夷不陋矣。"蓋楊所誇魏之"禮樂典章"，皇甫湜鄙夷不屑，嗤爲"無禮義"，斯又實無虧成而名可褒貶也。《全唐文》卷七六七陳黯《華心》："大中初年，大梁連帥范陽公得大食國人李彦昇，薦於闕下。天子詔有司考其才，二年，以進士第。……或曰：'求於夷，豈華不足稱也耶？'……曰：'以地言之，則有華夷也。以教言，亦有華夷乎？夫華夷者，辨在乎心，辨心在察其趣向。有生於中州而行戾乎禮義，是形華而心夷也；生於夷域而行合乎禮義，是形夷而心華也。……今彦昇也，華其心，而不以其地而夷焉'"；

【增訂三】元稹《新題樂府·縛戎人》："自古此冤應未有，漢心漢語吐蕃身"；謂漢人之"没落蕃中"者。元稹言"漢心"，乃"漢"人没"蕃"而不失其本"心"；陳黯言"華心"，則"夷"人向"華"而全失其本"心"。詞類肖而意乖倍，此又當

　如王安石所云"考其詞之終始"耳。

　又卷八二一程晏《內夷檄》："四夷之民，長有重譯而至，慕中華之仁義忠信，雖身出異域，能馳心於華，吾不謂之夷矣。中國之民，長有倔強王化，忘棄仁義忠信，雖身出於華，反竄心於夷，吾不謂之華矣。……華其名有夷其心者，夷其名有華其心者。……夷其名尚不爲夷矣，華其名反不如夷其名者也"；均不啻發揮公羊以至皇甫之論。後世之"夷"，動以此論爲緣飾，滿清尤甚。洪皓《松漠紀聞》卷上記遼道宗命漢臣講《論語》至"北辰居而衆星拱"句，道宗曰："吾聞北極之下爲中國，此豈其地耶？"，漢臣又讀至"夷狄之有君"句，不敢講，道宗曰："上世獯鬻、獫狁無禮無法，故謂之'夷'，吾修文物，彬彬不異中華，何嫌之有？"；宇文懋昭《大金國志》卷七："熙宗……能賦詩染翰，雅歌儒服，分茶、焚香、弈棋、象戲，盡失女真故態矣；視開國舊臣，則曰：'無知夷狄！'"；馬祖常《石田先生文集》卷五《飲酒》第五首："昔我七世上，養馬洮河西；六世徙天山，日日聞鼓鼙；金室狩河表，我祖先羣黎。詩書百年澤，濡翼豈梁鷃。嘗觀漢建國，再世有日磾；後來興唐臣，胤裔多羌氏。《春秋》聖人法，諸侯亂冠笄；夷禮即夷之，毫髮各有稽。吾生賴陶化，孔階力攀躋；敷文佐時運，爛爛應壁奎"；李光地《榕村語錄》續集卷七；"余閣學時，上〔康熙〕一日忽問：'《續綱目》何如？'余曰：'臣平生極不喜此書。朱子《綱目》義例，有以主天下者，便以統歸之。秦、隋之無道，尚爲正統，而況元乎？舜東夷，文王西夷，惟其德耳。'不謂此語與上意合，余遂升掌院。東海〔徐乾學〕由此深嫉而揚言於上曰：'李某竊聽余論而勦之。'"

【增訂四】《晉書·劉元海載記》劉淵爲冒頓子孫，冒姓劉氏，大言曰：“夫帝王豈有常哉！大禹生於西戎，文王生於東夷，顧惟德所授耳”；又《慕容廆載記》廆謂崔毖曰：“且大禹生於西羌，文王生於東夷，但問志略何如耳。”則李光地不過隱拾“亂華”五胡輩之牙慧耳，固無待乎“竊聽”徐乾學而後得此“論”也。

雍正《大義覺迷錄》又七年九月十二日諭、乾隆四十二年九月壬子日諭皆自辨非“夷”，即康熙之“意”。汪士鐸《悔翁乙丙日記》卷三：“‘夷狄’者、古人之私心而有激之言也”，因詳論春秋以至於清所謂“内中國而外四夷”者，而一言以蔽曰：“是知不用禮義，則中國可謂之‘夷’，用禮義，則唉吉利、米利堅不可謂之‘夷’，此以‘夷’爲貶辭之説也”（參觀江瀚《慎所立齋文集》卷三《答友人書》黎庶昌評語）。亦皆楊元慎之意爾。毛奇齡《西河合集·墓志銘》卷一四《何毅菴墓志銘》記文字獄興，何被逮對簿，吏摘其詩中詞句，詰之曰：“‘清戎’者何？”對曰：“清軍也。以‘戎’、兵而曰‘戎’、狄，則‘整我六師，以修我戎’，不惟‘戎’徐戎，並‘戎’周宣矣！”吏曰：“然則曷爲‘夷’？”對曰：“裔也；舜東夷、文王西夷也。且‘夷’與‘夏’對；今我有方夏，煌煌三祖，蒞中國而格四夷，誰‘夷’我者！”夫“夷”及媚“夷”者之飾詞，攘“夷”者即以爲自解之遁詞，可謂即以其人之箭還射其人之身矣。

二三八　全後魏文卷二二

　　張淵《觀象賦》。按參觀《全宋文》卷論謝靈運《山居賦》。淵於星象爲專門名家，賦中言星象處自註以便讀者，可也，顧乃句句疏釋。如首二句："陟秀峰以遐眺，望靈象于九霄"，自註："陟、昇，遐、遠，九霄、九天也"；夫"陟"、"遐"、"霄"須註，則"靈象"不應獨漏矣。又如："蓋象外之妙，不可以粗理尋，重玄之内，難以熒燎覩"，自註："言玄理微妙，不可知見也"；原句甚明了，毋庸提要鈎玄，而"陟"、"遐"、"霄"既有待解詁，"重玄"、"熒燎"豈容無訓？由前則贅也，由後則疎也。顔之推《觀我生賦》自註詞尚體要、下筆精嚴，謝、張相形，貽譏蕪穢矣。

二三九　全後魏文卷二四

崔光《諫靈太后頻幸王公第宅表》："致時飢渴，餐飯不瞻，賃馬假乘，交費錢帛。昔人謂'陛下甚樂，臣等甚苦'，或其事也。"按"昔人"云云出《三國志·魏書·辛毗傳》："嘗從帝射雉，帝曰：'射雉樂哉！'毗曰：'於陛下甚樂，而於羣下甚苦。'"周紫芝《竹坡詩話》："有數貴人遇休沐，携歌舞燕僧舍者，酒酣，誦前人詩：'因過竹院逢僧話，又得浮生半日閒。'僧笑曰：'尊官得半日閒，老僧却忙了三日：一日供帳，一日燕集，一日掃除也！'"；即此之謂。古羅馬詩人亦云："己作樂而不使他人累苦者，世無其事也"（Bona nemini hora est ut non alicui sit mala）[1]。

---

① Publius Syrus，§ 62，*Minor Latin Poets*，"Loeb"，22.

二四〇　全後魏文卷二七

　　源子恭《奏訪梁亡人許周》。按周自梁奔魏，自稱在梁官給事黃門侍郎，魏之朝士翕然信待；子恭覘其形跡可疑，度其誇言非實，恐其非"投化"而是受梁武帝"故遣"，遂"請下徐揚二州密訪"。異國亡人，即非諜倀，亦常捏造身世，自增聲價，蓋遠來則易大言也。此類事必不乏，如《南史》卷五一《梁宗室傳》上正德奔魏，"稱是被廢太子"；見諸《魏書》者，如《王慧龍傳》記慧龍亡入魏，自稱晉睿宗尚書僕射愉之孫、散騎侍郎緝之子，崔浩歎爲"真貴種"，及魯軌奔後歸國云："慧龍是王愉家豎僧彬所通生也。"若《孟表傳》記有南人姓邊，携妻息、從壽春"慕化歸國"，表察其"言色"有異，即加推覈，方知是南齊所遣，"規爲内應，所携妻子，並亦假妄"；則奸細矣。

二四一　全後魏文卷三一

　　韓顯宗《上書陳時務》：“伏惟陛下耳聽法音，目翫墳典，口對百辟，心虞萬幾。……文章之業，日成篇卷。雖叡明所用，未足爲煩，然非所以嗇神養性，頤無疆之祚。莊周有言：‘形有待而智無涯，以有待之形，役無涯之智，殆矣！’此愚臣所不安。”按此上高祖書也；《魏書·高祖紀》下稱帝“好讀書，手不釋卷”，喜爲文章，“有大手筆，馬上口授，及其成也，不改一字”，太和十年後詔冊皆出御撰。顯宗諫魏帝語與梁元帝自儆語大類；《金樓子·立言篇》上：“顏回希聖，所以早亡；賈誼好學，遂令速殞；揚雄作賦，有夢腸之談；曹植爲文，有反胃之論；以有涯之生，逐無涯之智！余將養性養神，獲麟於《金樓》之制也。”後來唐太宗嗜學好文，朝臣亦進諍言，如《全唐文》卷一四九褚遂良《請節勞表》：“數年已來，耽翫書史，每作文詠，兼諸手筆。……與羣臣論政數百千語。……陛下已讀得之者，用之不可盡；已知者，當世不能踰。伏願節諸言語，且無披卷”；又卷一五一劉洎《諫詰臣寮表》：“且多記損心，多語耗氣。……伏願略茲雄辯，浩然養氣，簡彼緗圖，淡焉怡目。”古來帝皇著述最富而又斑斑可見者，莫如清高宗；即以詩論，《晚晴簃詩匯》卷二謂："御製詩五集、四百三十四卷，共四萬一千八百首；登極前之《樂善堂集》、歸政後之《餘集》、又《全韻詩》、《圓明園詩》皆別行，不與此數。"是一人篇什幾埒見存《全唐詩》之數矣！才同倚馬，載可汗牛，乾隆臣工倘有如韓顯宗、褚遂良之上言者乎？未之考也。

【增訂四】有李慎修者，曾諫乾隆戒詩，《隨園詩話》嘗述其事。《晚晴簃詩滙》卷二載高宗一絕句，《李慎修奏對，勸勿以詩爲能，甚韙其言，而結習未忘焉。因題以誌吾過》："慎修勸我莫爲詩，我亦知詩可不爲。但是幾餘清宴際，却將何事遣閒時！"詩惡如此，當告其作者以"不能爲而能不爲"耳，却祗"勸"其"勿"露才揚己，"以詩爲能"，蓋"說難"也。然既知"過"而即"誌"成"詩"，又欲息火而增薪者歟。

二四二 全後魏文卷三二

常景《洛橋銘》，輯自《洛陽伽藍記》。按《伽藍記》卷一《永寧寺》：“是以常景《碑》云：‘須彌寶殿，兜率淨宮，莫尚於斯也’”；嚴氏漏輯。

二四三　全後魏文卷三五

李崇《請減佛寺功材以修學校表》。按《全北齊文》卷二楊愔《奏請置學及修立明堂》、卷三邢卲《奏立明堂太學》與此文全同，唯無末"誠知佛理淵妙"云云三十七字，是一文具三主名而三見，嚴氏亦無按語。楊、邢之《奏》載《北齊書·邢卲傳》；錢大昕《廿二史考異》卷三九謂"此奏實出於崇，與楊愔、魏收、邢卲諸人初不相涉"，是也。

二四四　全後魏文卷三六

李沖《又表彈李彪》：“高聲大呼云：‘南臺中取我木手去搭奴肋折。’”按《魏書·李彪傳》記彪嚴酷，“以姦狡難得，乃爲木手，擊其脅腋，氣絕而復屬者，時有焉”；《新五代史·閩世家》記延翰妃崔氏“性妒，良家子之美者輒幽之別室，繫以大械，刻木爲人手以擊其頰，又以鐵錐刺之”。

盧元明《劇鼠賦》。按南北朝人作小賦，亦振華鋪采，而不肯素繪白描，惟恐貽貧家儉腹之譏。此篇乃游戲之作，不求典雅，直摹物色，戛戛工於造語，《先唐文》卷一朱彥時《黑兒賦》、劉思真《醜婦賦》頗堪連類，惜其不全。"劇"如"劇盜"、"劇病"之"劇"，猖獗難制也。"託社忌器，妙解自惜；深藏厚閉，巧能推覓"；寫鼠之性能，簡而能賅。前八字言鼠善自全，後八字言人難匿物。"鬚似麥穗半垂，眼如豆角中劈，耳類槐葉初生，尾若酒杯餘瀝"；寫鼠之形模，揣侔甚巧。"眼如豆角中劈"之"劈"猶杜甫《胡馬》言"竹批雙耳"之"批"；

【增訂四】《齊民要術·養牛馬驢騾第五十六》相馬曰："耳欲小而銳如削筒"，又曰："耳欲得小而促，狀如斬竹筒。"即杜詩《房兵曹胡馬詩》之"竹批雙耳峻"，《李鄠縣丈人胡馬行》之"頭上銳耳批秋竹"；亦即李賀《馬詩》一二首之"批竹初攢耳"。"削"、"斬"與"批"、"劈"義同。王應奎《柳南續筆》卷二《杜詩註》言"竹批"有四解，錢湘靈主"耳欲如劈竹"之說，實源本《要術》耳。于慎行《穀山筆麈》卷三記萬曆乙亥西域獻千里馬，與唐儀部往會同館觀之，馬"耳如竹篾"；

雖亦以“竹”爲喻，而似言耳之薄，非言其“小而銳”也。
“尾若杯瀝”思致尤新，指殘瀝自酒杯傾注時纖長如線狀，非謂
涓滴留在杯底。“或牀上挦髭，或户間出額，貌甚舒暇，情無畏
惕”；寫鼠之意態，讀之解頤。“貌甚舒暇”仿賈誼《鵩鳥賦》：
“止於坐隅兮，貌甚閒暇”；《永樂大典》卷一九六三七《目》字
引周邦彦《游定夫見過，晡，飯既，去。燭下目昏，不能閲書，
感而賦之》：“餘氊未潔鼎，傲鼠已出額”，即用《賦》中語。《初
學記》引此文，作“牀上挦髭”，而《太平御覽》作“壁隙見
髭”，減色倍理；夫覩虎一毛，不知其斑也，壁罅祇出鼠髭，何
緣能見鼠貌之安閒而鼠情之恣放乎？“挦”字稍落滯相；近人陳
三立《散原精舍詩》卷下《月夜樓望》：“松枝影瓦龍留爪，竹
籟聲窗鼠弄髭”，常聞師友稱誦之，倘亦曰“牀上弄髭”，便髭毫無
遺憾矣。

崔纂《劉景暉九歲且赦後不合死坐議》："皆姦吏無端橫生粉墨，所謂爲之者巧，殺之者能。"按《顏氏家訓·風操》篇："凡親屬名稱，皆須粉墨，不可濫也"，盧文弨註："'粉墨'謂修飾也"；郝懿行《晉宋書故》亦引《家訓》語及徐陵《在吏部尚書答諸求官人書》："既忝衡流，應須粉墨，庶其允當"，說之曰："似謂文詞修飾、銓論之意。"竊謂顏書"粉墨"，謂潤色、增華，盧註是；徐文"粉墨"，謂衡量、品目，郝解"銓論"是，解爲"文詞修飾"，在此徒成蛇足；崔議"粉墨"，則謂深文、加誣。

【增訂四】《魏書·太武五王列傳》崔休曰："中山皂白太多"；"皂白"亦"粉墨"之意，謂中山王好臧否人物也。

顏、崔均以"粉墨"爲飾實之華、勝質之文，然顏指美（eulogistic, euphemistic）詞，崔指醜（dyslogistic, dysphemistic）詞，一登雪嶺，一落墨池；徐以"粉墨"爲評覈"允當"，善善惡惡，指無偏無黨（neutral）之詞，皂白分明。顏、崔意適相反，徐乃用中。《漢書》顏師古註《敘例》末節："詆訶言辭，……顯前修之紕僻，……乃效矛盾之仇讎，殊乖粉澤之光潤"；後顏之"粉澤"正前顏之"粉墨"。蓋六朝人用"粉墨"有三義：一如《文心雕

龍·事類》篇言“綴靚”所謂“金翠粉黛”，顏書其例也；二如
劉峻《廣絶交論》言“月旦”所謂“雌黄朱紫”，徐文其例也；
三如今語所謂“抹黑”、“搞臭”，崔篆此篇中語是，猶夫西施之
蒙不潔、李季之浴五牲矢也。李賀《感諷》六首之三：“走馬遣
書勳，誰能分粉墨！”即諷記功者不知所報之爲美言非實也，王
琦等註謂“誰能辨其黑白”，尚一間未達，蓋不悉六朝人語耳。

二四七　全後魏文卷四五

祖瑩《樂舞名議》。按嚴輯瑩文，祇得此首。《洛陽伽藍記》卷一《永寧寺》節載北海王顥與莊帝書全篇，末云："此黃門郎祖瑩之詞也。"可補。

二四八　全後魏文卷五一

　　温子昇《大覺寺碑》。按輯自《藝文類聚》，非全文也。《洛陽伽藍記》卷四《大覺寺》："温子昇《碑》云：'面水背山，左朝右市'，是也"，兩句即爲《類聚》略去，嚴氏未補。又子昇《寒陵山寺碑》亦輯自《類聚》，《類聚》原冠以"序曰"二字，則銘詞已略去，序復似經刪節。《朝野僉載》卷六記庾信論北方文章曰："惟有韓陵山一片石，堪共語！"正指此碑；據見存面目，已失本來，庾之特賞，祇成過譽耳。

　　荀濟《論佛教表》。按錢謙益《牧齋有學集》卷四三《〈釋迦方志〉辨》、《續辨》痛詆荀濟，並斥吳萊爲"荀濟之醜類"，即因此《表》而發。濟爲梁武帝故人，上此《表》後，懼獲死罪，遂亡入魏。於佛於僧，發聲徹色，削株掘根，《全梁文》卷五九郭祖深《輿櫬上封事》論僧尼"蠹俗傷法"，才得兩節，且不闕佛，視濟放言，抑爲懦矣。濟陳義匪高，專斥貪、淫，僭擬諸過惡，至舉"傾奪朝權"十事，蓋不恤危詞熗説，以求悚神聳聽。有曰："融、縝立論，無能破之"，指託名張融之《三破論》與范縝《神滅論》也。故改計以攻，切事而不窮理。竊意僧侶所深惡大懼者，正是此類，因跡誅心，即著推隱，筆如刀而墨爲酖；若

范縝以至韓、歐、程、朱闢佛，辨章學術，探析玄微，彼法中人
與之周旋，綽乎可賈餘勇也。濟《表》首曰："三墳五典，帝皇
之稱首，四維六紀，終古之規模。及漢武祀金人，莽新以建國；
桓靈祀浮圖，閹豎以控權。三國由兹鼎峙，五胡仍其薦食，衣冠
奔於江東，戎教興於中壤"；尾曰："宋齊兩代重佛敬僧、國移廟
改者，但是佛妖僧僞，姦詐爲心，墮胎殺子，昏淫亂道，故使宋
齊磨滅。今宋齊寺像見在，陛下承事，則宋齊之變，不言而顯
矣。"不特舉漢以來世亂國亡悉歸咎於事佛，並預警梁武事佛，
亦必"磨滅"；唐傅奕輩之論，實自濟發（參觀論《全梁文》武
帝《淨業賦》），奕輩事後追維，濟則犯顔强諫，不啻照在幾先。

【增訂三】《湧幢小品》卷一八："攻佛者惟昌黎一篇，淺淺説
去，差關其口。故佛子輩恨之，至今嘵嘵，若不共天。其餘極
口恣筆，自謂工矣；味之，翻是贊歎誇張，却不爲恨。"《閱微
草堂筆記》卷一八記僧明玉語即申明此意："闢佛之説，宋儒
深而昌黎淺，宋儒精而昌黎粗。然而披緇之徒畏昌黎而不畏宋
儒，衛昌黎而不衛宋儒也。……使昌黎之説勝，則香積無烟，
祇園無地。……使宋儒之説勝，……不過各尊所聞，各行所
知。"韓《原道》篇末："人其人，火其書，廬其居"，自屬快
語辣語，然全文仍以辨道講理爲多，視荀濟之《表》，尚迂遠
而不切於事情也。

【增訂四】英國十八世紀有人論英國新教徒仇視天主教，謂流
俗深信羅馬教皇爲"基督之怨家"、"巴比倫之娼婦"；此等醜
詆，衛道有功，勝於神學家理正詞嚴之辯駁多矣（The good
Protestant conviction, that the Pope is both Anti-Christ and
the whore of Babylon, is a more effectual preservation in

this country against Popery than all the solid and unanswerable arguments of Chillingworth. —Lord Chesterfield，*Letters*，ed. B. Dobrée，Vol. IV，p. 1307）。可與 "緇徒畏昌黎而不畏宋儒" 參觀。

濟亦儒家者流，觀 "四維六紀" 云云及《表》末責梁武 "虧名教"，又斥 "釋氏君不君，乃至子不子"，紊亂 "三綱六紀"，可徵也。"朝夕敬妖怪之胡鬼，曲躬供貪淫之賊禿"，又 "胡鬼堪能致福，可廢儒道，釋禿足能除禍，屏絕干戈"；人多知李瑒稱釋教爲 "鬼教"、佛爲 "鬼"（《全後魏文》卷三三李瑒《上言》、《自理》），以載在《魏書》也，濟《表》全文僅存於《廣弘明集》，"胡鬼" 之稱，遂尠知聞，韓愈《女挐壙銘》："佛夷鬼"，即 "胡鬼" 也。"賊禿" 見文中，莫早乎此《表》，貫華堂本《水滸》四四回遠落其後。"釋氏源流，本中國所斥，投之荒裔，……而陛下以中華之盛胄，方尊姚石羌胡之軌躅"，又屢曰 "胡鬼"、"姦胡"；在南北敵對之朝，承五胡亂華之後，申《春秋》內夏外狄之義，頗得相機諷諫之法。《高僧傳》二集卷二《彥琮傳》載《辯正論》亟辯："胡本雜戎之胤，梵唯真聖之苗，實是梵人，漫云胡族，莫分真偽，良可哀哉!"；蓋急欲正積世之訛，亦可息用夷之謗焉。"佛者戾也"，參觀論《全梁文》劉勰《滅惑論》；"行淫殺子，僧尼悉然"，參觀論《全宋文》周朗《上書獻讜言》。僧尼之 "行淫殺子"，歷世同譏，然無以此爲邦國 "磨滅" 之厲階者，有之，惟濟歟。其言張大，未必緣其識卑小。梁武《淨業賦》誇己爲天子後，"既不食衆生，無復殺害障，既不御內，無復欲罪障"，一若人君之 "殃國禍家，亡身絕祀"，都緣不 "除此二障"，未修 "淨業" 者。夫僧尼而 "行淫殺子"，則

"欲"而繼以"殺"，二障重疊，兩罪合并，是侮棄聖謨，無君犯上，事同大逆也。濟斤斤於不淨之業，或非委瑣，而正與梁武所沾沾自喜者，針對箭拄，餂之使怒僧尼耳。激之果怒矣，而不圖己即逢彼之怒，逆鱗遽攖，戴頭遠竄，此荀卿、韓非師弟子所以致慨於說難歟。唐人如《全唐文》卷二六九張廷珪《諫白司馬坂營大像表》、卷二七〇呂元泰《諫廣修佛寺疏》、卷二七二辛替否《陳時政疏》等，皆類李德裕《梁武論》之"以釋典"明佞佛之非，即以其教對治其弊；譎諫善諷，非郭祖深、荀濟所及，然而成效亦未必大過，此更可以致慨於說難者焉。

荀濟《見執下辯》："自傷年幾摧頹，恐功名不立，舍兒女之情，起風雲之事，故挾天子、誅權臣。"按《全梁文》卷五五鍾嶸《詩品》中評張華詩云："其體華艷，興託不奇。……亮疏之士猶恨其兒女情多，風雲氣少"；"風雲""兒女"對照，詞旨與荀語契合，想見六朝習用也。

二四九　全後魏文卷五四

　　姜質《亭山賦》：“司農張綸造景陽山”云云。按輯自《洛陽伽藍記》卷二《正始寺》節，“綸”當作“倫”，即《全後魏文》卷二一之張倫。質賦甚拙，惟“庭起半丘半壑，聽以目達心想”，“五尋百拔，十步千過”，數語差爲迥出。其餘多粗笨可笑，如“能造者其必詩，敢往者無不賦”，“嗣宗聞之動魄，叔夜聽此驚魂，恨不能鑽地一出，醉此山門”。至若“泉水紆徐如浪峭，山石高下復危多”，下句祇綴字未安，上句以“浪峭”形容泉水之“紆徐”，命意欠通矣。《伽藍記》錄質《賦》前，亦有摹寫景陽山風物一節：“其中重巖複嶺，嵚崟相屬，深谿洞壑，邐迤連接。高林巨樹，足使日月蔽虧；懸葛垂蘿，能使風烟出入。崎嶇山路，似甕而通；崢嶸嶮道，盤紆復直。是以山情野興之士，遊以忘歸。天水人姜質遂造《亭山賦》”云云。斐然好詞，乃爲惡札喤引，雖秦女之賸、楚珠之櫝，未足以喻。苟從阮元引申《文選》之説，則同寫一景，而《伽藍記》是“筆”，尚不如《亭山賦》之得與於斯“文”也！嚴氏按語引《北史·成淹傳》：“淹子霄好爲文詠，坦率多鄙俗，與河東姜質等朋游相好，詩賦間起，知音之士所共嗤笑。”夫俳諧之文，每以“鄙俗”逞能，噱笑策勳;《魏書·胡叟傳》稱叟"好屬文,既善爲典雅之辭,又工爲鄙俗之句",蓋"鄙俗"亦判"工"拙優劣也①。"鄙俗"而"工",亦可嘉尚。姜質輩既不善於"典雅"復未工於"鄙俗",斯《賦》即堪例證。惜胡叟舍寄程伯達一詩外,文無隻字流傳,殊累人聞聲相思耳。

---

① Cf. Thackeray, *Letters and Private Papers*, ed. Gorden N. Ray,II, 668:"You don't know yet to make good bad verses—to make bad ones is dull work".

二五〇　全後魏文卷五八

闕名《中岳嵩陽寺碑》："顯皮紙骨筆之重，半偈乍身之貴。"按此文據拓本過録，"乍"必誤，豈"三"字之六朝別體耶？"三身"諸説具見法雲《翻譯名義集》第三篇《通別三身》。

【增訂五】《中岳嵩陽寺碑》"半偈乍身之貴"，"乍"字無義理。余原疑爲"三"字之訛。按《大般涅槃經・聖行品第三》，釋提桓變羅刹，欲食苦行者，苦行者言："汝但具足説是半偈，當以此身，奉施供養。"佛曰："如我往昔爲半偈故捨奉此身。"此句蓋用其典，"半偈奉身"，漫漶成"乍"耳。

"皮紙骨筆"常入詩文，差如"海墨樹筆"，參觀論《全陳文》徐陵《傅大士碑》。《賢愚經》卷一："剥皮作紙，析骨爲筆，血用和墨"；《大般涅槃經・聖行品》第七之三："迦葉菩薩白佛言：'……我於今者實能堪忍，剥皮爲紙，刺血爲墨，以髓爲水，析骨爲筆，寫如是《大涅槃經》'"；《集一切福德三昧經》："有一仙人，名曰最勝。……時有天魔，來語仙言：'我今有佛所説一偈，汝今若能剥皮爲紙，刺血爲墨，析骨爲筆，書寫此偈，當爲汝説'"；《大智度論・毘梨耶波羅蜜義》第二七："以汝皮爲紙，以身骨爲筆，以血書之"，又《欲住六神通釋論》第四三："出骨爲筆，以血爲墨，以皮爲紙，書受經法"；經論屢言之。《洛陽伽藍記》卷五《凝圓寺》引惠生《行記》、宋雲《家記》載烏場國"王城南一百餘里，有如來昔作摩休國，剝皮爲紙、析骨爲筆處"。《全梁文》卷五三陸雲公《御講〈般若經〉序》："昔剜體供養，析骨書寫，歸依正法，匪吝身命"；《全後周文》卷一二庾信《陝州弘農郡五張寺經藏碑》："皮紙骨筆，木葉山花，象負之所未勝，龍藏之所不盡"；《全唐文》卷六七八白居易《蘇州重玄寺法華院石壁經碑文》："假使人刺血爲墨，剝膚爲紙，即壞即滅，如筆畫水"，

【增訂四】《全唐文》卷七七九李商隱《梓州道興觀碑銘》："柔皮具紙，折骨疎毫"，《樊南文集補編》卷九錢振常註則引《智度論》。李氏此文爲道士作，而闌入釋語，較之庾信、白居易所作，稍不謹矣。

又卷七八三穆員《東都龍興寺鎮國般舟道場均上人功德記》："經以皮爲紙，以血爲墨"；錢謙益《牧齋有學集》卷六《含光法師過紅豆莊》："身座肉燈思往劫，紙皮墨骨誓新參。"倪璠註庾文，錢曾註錢詩，均祇引《伽藍記》，賣花擔上看桃李也。韓愈《歸彭城》詩："刳肝以爲紙，瀝血以書辭"，顧嗣立《集註》、沈欽韓《補註》皆無註，方世舉註引王嘉《拾遺記》載浮提國獻善書二人"刳心瀝血以代墨"。其事見《拾遺記》卷三，二人乃"佐老子作《道德經》"者；蓋方士依傍釋典"以血爲墨"之事，又割截"閻浮提"之名，後世道書復掩襲之而託言出於《聖紀》（《雲笈七籤》卷七）。竊意韓詩實本釋書，以闢佛故，易"皮"爲"肝"，隱滅痕迹。古醫書稱"肝葉"，《難經》卷四第四一《難》："肝獨有兩葉，應木葉也"，遂可"刳以爲紙"；"木葉"代

紙供書寫，若鄭虔之用柿葉，早成佳話，懷素之用蕉葉，則韓不及知，鮑溶《寄王璠侍御求蜀箋》："野客思將池上學，石楠紅葉不堪書"，又此事之翻案。朱翌《猗覺寮雜記》卷上疑韓愈《贈張秘書》詩用《楞嚴經》，程大昌《演繁露》卷七疑《上廣帥》詩"出佛典"，沈欽韓《韓集補註》疑《雙鳥》詩用《觀佛三昧經》，聊復增疑似一欸云。《中興以來絕妙詞選》卷九黃師參《沁園春》："滴露研朱，披肝作紙，細寫靈均孤憤"，又承韓句。

【增訂三】韓愈《早春呈水部張十八》第一首發端"天街小雨潤如酥"，名句傳誦，而此喻亦見於佛書。如姚秦羅什譯《彌勒下生經》："降微細雨，用淹塵土，其地潤澤，譬如油塗"；鳩摩羅什譯《彌勒成佛經》則作："大龍王……以吉祥瓶，盛香色水，洒淹塵土，其地潤澤，譬若油塗。"苟五百家之流覿之，亦將謂韓隱用釋典耶？又按王惲《玉堂嘉話》卷二自記秘閣閱書畫二百餘幅，見"羲之與謝安評書帖，……有云：'自於山谷中學鍾氏張芝等書二十餘年，竹葉、樹皮、山石、板木不可知數。'"倘此蹟果真，則王羲之學書已用竹葉也。

【增訂四】樹葉足供書寫，唐詩中屢見。如杜甫《重過何氏》之三："石欄斜點筆，桐葉坐題詩"；韋應物《題桐葉》："憶在灃東寺，偏書此葉多"；賈島《寄胡遇》："落葉書勝紙，閒砧坐當牀"；竇鞏（一作于鵠）《尋道者所隱不遇》："欲題名字知相訪，又恐芭蕉不耐秋"；暢當《蒲中道中》："古刹棲柿林，綠陰覆蒼瓦。歲晏來品題，拾葉總堪寫。"若李商隱《牡丹》之"欲書花葉寄朝雲"，則非指"扶持牡丹"之"綠葉"，而指花瓣，《文苑英華》作"花片"可參。陸羽《懷素傳》："貧無紙，乃種芭蕉萬餘株以供揮灑"，可與竇鞏詩參印。暢當詩則又契合鄭虔故事矣。

"瀝血以書"亦西方詩中詞頭①，十七世紀一法國詩人有《血書怨歌》(La Plainte écrite de Sang)，怨所歡心堅性傲(Inhumaine beauté dont l'humeur insolente)，作此篇以轉其意，有曰："觀字色殷紅欲燃，見吾情如炎炎大火；觸字覺蒸騰發熱，傳吾心之烈烈猛燄"(Ces vers sont de a flamme une preuve évidente,/Et tous ces traits de pourpre en font voir la grandeur;/Cruelle, toucheles pour en sentir l'ardeur;/Cette écriture fume, elle est encore ardente)②。莎士比亞劇中一人被毆言："苟精皮膚爲紙而老拳爲墨跡，汝自覩在吾身上之題字，便知吾心中作麼想矣"(If the skin were parchment, and the blows you gave were ink,/Your own handwriting would tell you what I think)③；十七世紀德國詩人詠殺敵致果云："德國人以敵之皮爲紙，使刃如筆，蘸血作書其上"(Der Deutschen ihr Papier/war ihrs Feindes Leder;/der Degen war die Feder:/mit Blut schrieb man hier)④；不直指而傍通，以修文喻動武，都於舊解出新意者。

---

①　E. R. Curtius, *Europaïsche Literatur und lateinisches Mittelalter*, 2. Aufl., 349-52(Blutschrift; Corneille, Guillén de Castro, Gottfried Keller).

②　François Tristan l'Hermite, *Poésies*, choisies par P. A. Wadsworth, 41.

③　*The Comedy of Errors*, III.i.13-4(Dromio of Ephesus).

④　Fr. von Logau, *Sinngedichte*.

二五一 全後魏文卷五九

　　釋僧懿《魔主報檄文》：“大夢國長夜郡未覺縣㘉語里。”按《朝野僉載》卷四載隋辛亘爲吏部侍郎，選人作牓嘲之曰：“枉州抑縣屈滯鄉不申里銜恨先生”云云，可以連類。《莊子·應帝王》：“汝又何帛以治天下感予之心爲”，《釋文》：“‘帛’一本作‘㘉’”，郭慶藩《集釋》引《一切經音義》：“《四分律》卷三十二引《通俗文》曰‘夢語’，又引《三蒼》曰‘詭言謂之㘉’”（孫詒讓《札迻》卷五謂“帛”即“叚”字，非“㘉”字）。“㘉”即“囈”字，《説文》：“瞑言也”；釋氏書常以“囈”字作“㘉”，猶其常以“歸”字作“皈”。如《大般涅槃經·如來性品》第四之五：“譬如二人共爲親友，一是王子，一是貧賤。……是時貧人見是王子有一好刀，淨妙第一，心中貪着，……即於眠中㘉語：‘刀！刀！’”；《五燈會元》卷一〇清涼文益章次：“雲門問僧：‘甚處來?’曰：‘江西來。’門曰：‘江西一隊老宿㘉語住也未?’僧無對”，又龍華慧居章次：“祇如釋迦如來説一代時教，如瓶瀉水，古德尚云：‘猶如夢事㘉語一般’”；

　　【增訂四】《五燈會元》卷七玄沙師備章次：“如同夢事，亦如寐［㘉］語。”《劍南詩稿》卷六〇《山中飲酒》：“有酒君但飲，有山君但遊。雖云亦夢事，要是勝一籌。”

《宗鏡録》卷五引黄蘗答學人：“若是無物，便何處得照，汝莫開眼囈語。”見於俗人詞章者，如《全唐文》卷三八二元結《囈論》：“古有邰侯，得囈婢，寐則囈言。……有夷奴，每厭勞辱，寐則假囈”；

【增訂三】南唐史虛白之子《釣磯立談·自序》：“顧耳目之所及，非網罟之至議，則波濤之囈語也。”《後村大全集》卷一七四《詩話》摘朱敦儒七律，有一聯云：“幾許少年春欲夏，一番夢事綠催紅”（《宋詩紀事》卷四四採《後村詩話》遺此）。

楊萬里《誠齋集》卷一〇六《答周丞相》：“春前偶醉餘囈語《憶秦娥》小詞”云云（卷九七《詞》未收；《全宋詞》當據此尺牘補，不必轉輯自《詩人玉屑》）；錢謙益《牧齋有學集》卷一七《靈巖呈夫山和尚》之一：“厭囈語言殘夢後，欠呵情緒薄寒中”；而龔自珍《定盦文集·古今體詩》卷下《己亥雜詩》中“荳蔻芳温啓瓠犀”一首自註：“以下數首名《囈詞》”，尤爲人所熟曉。元結吾不知，竊疑萬里、謙益、自珍均沾染釋氏習氣。“夢事”亦見拾得《詩》：“常飲三毒酒，昏昏都不知，將錢作夢事，夢事成鐵圍”；世間法文字如王安石《夢》：“胡蝶豈能知夢事，蘧蘧飛墮晚花前”，又《次吳氏女子韻》：“能了諸緣如夢事，世間唯有妙蓮華”；范成大《石湖詩集》卷二一《晚步北園》：“天鏡風煙疑夢事，鬢霜時節尚官身。”不曰“夢幻”、“夢境”而曰“夢事”，亦本釋氏語，李壁《王荆文公詩箋註》卷四一、四五未詳。釋氏言“夢事”，猶其言“影事”也（如《楞嚴經》卷一：“內守幽閒，猶爲法塵分別影事”，“斯則前塵分別影事”）。

二五二　全北齊文卷二

楊愔《文德論》："古今辭人，皆負才遺行，澆薄險忌，惟邢子才、王元景、温子昇彬彬有德素。"按此見《魏書·温子昇傳》。《傳》又稱子昇："外恬静與物無競，言有準的，不妄毀譽，而内深險，事故之際，好預其間"；則愔於子昇，未爲具眼。《北齊書·楊愔傳》："然取士多以言貌，時致謗言，以爲愔之用人，似貧士市瓜，取其大者"，此亦聽言取貌之一歟。章炳麟《國故論衡·文學總略》篇謂"文德"之説發於王充，楊愔"依用"之而章學誠"竊"焉；即指此《論》。紫朱相亂，淄澠未辨，一言以爲不知矣。"文德"見於《經》如《易·小畜》、《書·大禹謨》、《詩·江漢》、《論語·季氏》等者，皆謂政治教化，以別於軍旅征伐；《左傳》襄公八年："小國無文德而有武功"，並立相形，猶《穀梁傳》定公十年之言"有文事必有武備"，厥義昭然。自漢以還，沿用最廣，如《後漢書·張綱傳》："廣陵賊張嬰，朝廷不能討，綱單車赴慰之曰：'今主上仁聖，欲以文德服叛'"，又《馬融傳》："俗儒世士以爲文德可興，武功宜廢"，又《袁紹傳》："不習干戈，……咸以文德盡忠"；張衡《東京賦》："文德既昭，武節是宣"；蔡邕《薦皇甫規表》："論其武勞，則漢室之干城，課其文德，則皇家之心腹"；楊泉《物理論》："高祖定天下，置丞相以統文德，立大司馬以統武事，爲二府焉"；或以"武"、或以"干戈"、或以"討"，與"文德"對稱，均左氏之遺意。《全後魏文》卷四八袁飜《安置蠕蠕表》："或修文德以來之，或興干戈以伐之"，又卷五四慕容紹宗《檄梁文》："恢之以武功，振之以文德"；《全北齊文》卷四魏收《爲侯景叛移梁朝文》："所務者息民，所存者文德，豈復以擒將威敵，漂杵溺驂，爲功于一時，示武於千載？"；又與楊惲時代相接之例也。然《左傳》僖公二十七年："一戰而霸，文之教也"，《正義》："謂是文德之教，以義、信、禮教民"，又二十八年："晉於是役也，能以德攻"，杜預註："以文德教民而後用之"；襄公二十七年："兵之設久矣，所以威不軌而昭文德也"；皆謂"武功"之於"文德"，如跡之於本、果之於因，事兩殊而道一貫，《左傳》哀公元年伍子胥言越"十年教訓"，吳其爲"沼"，《荀子·議兵》篇論"武卒"、"銳士"不能敵"齊"以"禮義教化"之兵，此物此志。理致深永，而"文德"之意義未改。

【增訂三】先秦兵家者流持論最近《左傳》所謂"文教"而能"戰霸"者，當爲《尉繚子》。其《戰威》篇云："古者率民必先禮信而後爵祿，先廉恥而後刑罰，先親愛而後律其身"；《兵令上》篇云："兵者，以武爲植，以文爲種，武爲表，文爲裏。"此等言説與《荀子·議兵》相出入矣。

王充《論衡》屢道"文德"，用意異乎《易》、《詩》、《左傳》等，又不同於楊惲《文德論》。充之旨略如《論語·顏淵》："文猶質也，質猶文也，虎豹之鞟，猶犬羊之鞟"，惲之旨則如《論語·憲問》："有德者必有言，有言者不必有德。"《論衡·佚文》篇：

"《易》曰：'大人虎變，其文炳，君子豹變，其文蔚'，又曰：'觀乎天文，觀乎人文'；此言天文以文爲觀，大人君子以文爲操也。……《五經》、《六藝》爲文，諸子傳書爲文，造論著説爲文，上書奏記爲文，文德之操爲文——立五文在世，皆當賢也。造論著説之文，尤宜勞焉"；此處"文德"之"文"非著書作文之"文"，乃品德之流露爲操守言動者，無"德"不能見諸"文"，有"文"適足顯其"德"。《書解》篇："夫人有文質乃成。……出口爲言，集札爲文。……夫文德，世服也。空書爲文，實行爲德，著之於衣爲服，故曰：德彌盛者文彌縟，德彌彰者人彌明，大人德擴其文炳，小人德熾其文斑，官尊而文繁，德高而文積。……非唯於人，物亦宜然：龍鱗有文，……鳳羽五色，……虎猛毛紛綸，龜知背負文，四者體不質，於物爲聖賢。……人無文德，不爲聖賢。……棘子成欲彌文，子貢譏之"；此處"文德"之"文"始兼指著書作文，子貢譏棘子成語即"文猶質也"云云，《三國志·蜀書·秦宓傳》："君子懿文德，采藻其何傷"，亦正"德盛文縟"。《自紀》篇："行與孔子比窮，文與揚雄爲雙，吾榮之。……名不流於一嗣，文不遺於一札，官雖傾倉，文德不豐，非吾所臧。德汪濊而淵懿，知滂沛而盈溢，筆瀧漉而雨集，言溶溢而泉出，……乃吾所謂異也"；此處"文德"之"文"則專指著書作文，即上文"或戲"所謂："幽思屬文，著記美言。"然不論"文"之爲操行抑爲著作，無不與"德"契合貫穿；"大人"、"小人"，具有何德，必露於文，發爲何文，即徵其德，"文"、"德"雖區別而相表裏者也。楊惲《文德論》殘闕不全，觀見存數句，用意如魏文帝《與吳質書》："古今文人多不護細行"（參觀論《全梁文》簡文帝《誡當陽公大心書》），其曰"負才遺行"，猶云"有文而無德"，是"文"與"德"不必相表裏而合一，却常相背離而判二矣。楊之於王，翩其反而。《全梁文》卷一二簡文帝《昭明太子集序》詞筆瀾翻，羅列其孝親、愛士、好學等"十四德"，掉尾餘波，方及其文曰："至於登高體物，展詩言志"云云；謀篇寓意，若曰："有此德必有其文，備陳其德則於文無待覯縷"，庶幾有當王充"文德"之義歟。章學誠之"文德"，厥旨又別。《文史通義》內篇二《文德》："古人……未嘗就文詞之中，言其有'才'、有'學'、有'識'，又有文之'德'也。凡爲古文詞者，必敬以恕。……敬非修德之謂，……恕非寬容之謂……。知臨文之不可無敬、恕，則知文德矣"；內篇五《史德》："德者何？謂著書者之心術也。"楊憒之"德"祇是學誠之"修德"，具憒所謂"文德"之人未必有學誠所謂"文德"。憒主文士平日之修身，學誠主文士操觚時之居心；生平修身端重，無竊婦貪財等輕薄"遺行"者，下筆時偏激而失公平、詭隨而乖良直，固比比皆是爾。學誠宗尚宋明性理，習聞提撕省察、存誠居敬，故於《易》"修詞立誠"之教，能切己入裏如此。閻若璩《潛邱劄記》卷五《與戴唐器》之一一一："昔人云：'諛墓文字須黑夜作'，以喪心也"；全祖望《鮚埼亭集》外編卷四四《文説》："水心應酬文字，半屬可删。吾故曰：'儒者之爲文也，其養之當如嬰兒，其衛之當如處女。'"暗室不欺、守貞不字之文，則學誠所謂有"德"也。王充籠統，楊憒粗疎，豈可與此並日而語哉。章炳麟徒欲榮古虐近，未識貌同心異，遽斥曰"竊"，如痴兒了斷公事，誣良爲盜矣。是以《易》、《詩》、《左傳》之"文德"兩字同義，疊成一詞，指稱一事，猶言"文或德"，可簡爲"文"以配"武"或"德"以配"力"。王充、楊憒之"文德"

分指二事，猶言“文與德”或“文、德”，特王之“文”與“德”兩者長相依不倍，而楊之“文”與“德”兩者輒各行其是。章學誠之“文德”又僅指一事，猶言“文之德”，如今語之“文學良心”、“藝術貞操”。《文心雕龍·原道》：“文之爲德也大矣”，亦言“文之德”，而“德”如馬融賦“琴德”、劉伶頌“酒德”、《韓詩外傳》舉“雞有五德”之“德”，指成章後之性能功用，非指作文時之正心誠意。唐人言“文德”，或復專指能文章，無與於蓄道德，如《全唐文》卷三一五李華《登頭陀寺東樓詩序》：“舅氏謂華老於文德，忘其瑣劣，使爲敍事”；卷三三二郭子儀《上尊號表》：“學貫九流，觀書過於乙夜；文高五始，逸興麗於《秋風》，此陛下明昭之文德也”；卷三八八獨孤及《檢校尚書吏部員外郎趙郡李公中集序》：“公與蘭陵蕭茂挺、長樂賈幼幾勃焉復起，振中古之風，以宏文德。”諸“文德”胥指文詞，李華言“老於文德”，與卷三八〇元結《大唐中興頌》：“刻之金石，非老於文學，其誰能爲？”，正是一意，斯又詮“文德”者所未辨矣。章學誠雖標“文德”，以術業專攻，遂偏重“史德”。胡應麟《少室山房筆叢》卷一三：“才、學、識三長，足盡史乎？未也！有公心焉、直筆焉”；學誠之“德”蓋以一字括“公心、直筆”。然“文德”寧獨作史有之哉？求道爲學，都須有“德”。《荀子·正名》：“以仁心説，以學心聽，以公心辯；不動乎衆人之非譽，不冶觀者之耳目，不賂貴者之權勢，不利傳僻者之辭”；即哲人著書立説之德操也。竟陵王子良、梁武帝篤信輪迴，而范縝無鬼，不改神滅之論；昭明太子、簡文帝特賞陶潛，而劉勰、鍾嶸談藝，未嘗異目相視；皆“不賂貴人之權勢”可謂“文德”。一切義理、考據，發爲“文”章，莫不判有“德”、無“德”。寡聞匭

陋而架空爲高，成見恐破而詭辯護前，阿世譁衆而曲學違心，均
"文"之不"德"、敗"德"；巧偸豪奪、粗作大賣、弄虛造僞之
類，更鄶下無譏爾。黑格爾教生徒屢曰："治學必先有真理之勇
氣（der Mut der Wahrheit）"①；每歎兹言，堪箋"文德"。窮理
盡事，引繩披根，逢怒不恤，改過勿憚，庶可語於真理之勇、文
章之德已。苟達心而懦，則不違心而罔者幾希。十七世紀英國一
哲人嘗謂："深思勤學，亦必心神端潔。吾欲視道德爲最謹嚴之
名辯"（The studious head must also bring with it a pure heart
and a well-rectified spirit. I could almost say that Ethics is the
best Logic）②；正如才、學、識，尚須有"德"也。

① *Geschichte der Philosophie*，"Heidelberger Einleitung"，Felix Meiner，I，
5-6；"Anrede an seine Zuhörer bei Eröffnung seiner Vorlesungen in Berlin"，
Ausgewählte Texte，hrsg. R. O. Gropp，I，48.

② John Norris，quoted in J. H. Muirhead，*Platonic Tradition in Anglo-Saxon
Philosophy*，87. Cf. C. S. Peirce，*Collected Papers*，ed. C. Hartshorne and P. Weiss，
VI，5："There is an ethics indissolubly bound with it［logic］，—an ethics of fairness
and impartiality—and a writer who teaches，by example，to find arguments for a con-
clusion he wishes to believe，saps the very foundations of science by trifling with its
morals".

二五三　全北齊文卷三

　　邢邵《蕭仁祖集序》：“昔潘、陸齊軌，不襲建安之風，顏、謝同聲，遂革太原之氣。自漢逮晉，情賞猶自不諧；江北、江南，意製本應相詭。”按謂北勝、南強，文風有別，已開《隋書·文學傳·序》：“江左宮商發越，貴於清綺，河朔詞義貞剛，重乎氣質；氣質則理勝其詞，清綺則文過其意。理深者便於時用，文華者宜於詠歌，此其南北詞人得失之大較也”（《北史·文苑傳·序》全本此）。《隋書》成於率土一統之世，無南無北，遂作大公一視之論，不偏不頗；顧稱北以“理勝”，即謂北之文遜，言外微旨，無可諱飾。《全唐文》卷一九一楊炯《王勃集序》：“妙異之徒，別爲縱誕，專求怪説，爭發大言；乾坤日月張其文，山河鬼神走其思，長句以增其滯，客氣以廣其靈。已逾江南之風，漸成河朔之制，謬相稱述，罕識其源”；初唐四傑爲六朝法嗣，尚“江南”而薄“河朔”，先唐之遺習也。邢邵此序不全，僅言南北“意製相詭”，未有臧否，而私心嚮往，實在江南。《北齊書·魏收傳》記南朝任昉、沈約“俱有重名”，魏收、邢邵“各有所好”，收譏邵曰：“伊常於沈約集中作賊，何意道我偷任昉！”；《隋唐嘉話》下：魏收“録其文以遺徐陵，令傳之江左，陵還，濟江而沉之曰：‘吾爲魏公藏拙！’”亦徵南風之競而北風斯下矣。《魏書‧温子昇傳》記梁武帝見子昇文筆，稱曰：“曹植、陸機復生於北土”，又記濟陰王暉業嘗曰：“江左文人，宋有顏延之、謝靈運，梁有沈約、任昉，我子昇足以陵顏轢謝、含任吐沈”；《太平廣記》卷一九八《庾信》（出《朝野僉載》）記信至北方，“温子昇作《韓陵山寺碑》，信讀而寫其本，南人問信曰：‘北方文士何如？’信曰：‘唯有韓陵山一片石，堪共語；薛道衡、盧思道少解把筆；自餘驢鳴犬吠，聒耳而已！’”是南北共推子昇爲河朔文伯，《全後魏文》卷五一存文無幾，惟碑銘數首，雖非全篇，尚可覘“意製”“清綺”，無殊江左。北文之蓄意“相詭”者，如《全後魏文》卷五五蘇綽《大誥》，承周太祖革除文弊之旨，抗志希古，以矯趨尚而樹楷模，然未得邯鄲之能步，每作壽陵之故行，所謂五穀不熟，勿如稊稗者。《全後周文》卷四滕王逌《庾信集序》記信入北“至今，……齒雖耆舊，文更新奇，才子詞人，莫不師教”；則周祖去雕返樸之舉，祇一曝之當十寒。蓋南北朝文同風合流，北士自覺與南人相形見絀，不恥降心取下，循轍追踪；初非夷然勿屑，分途別出，有若後來元好問之言“北人不拾江西唾”（《遺山詩集》卷一三《自題〈中州集〉後》）或傅山之言“不喜江南文章”（《鮚埼亭集》卷二六《陽曲傅先生事略》、參觀《霜紅龕全集》卷一四《序西北之文》、卷一五《五代史》、卷二九《雜記》論曾鞏文）。邢邵曰“相詭”，實即北學南而未至，五十步之於百步，其走也同；《隋書》曰“質勝”，以短爲長，猶因背傴而稱謙態鞠躬、頰腫而讚貴相頤豐也。或者不察“質勝”之言，舉《水經注》、《洛陽伽藍記》、《顏氏家訓》爲北文別開蹊逕之例。渾不知文各有體，擬必於倫。此等著作是

"筆"，以敍事爲宗，不得不減損雕繪，非北人與南立異；南方
"筆"語亦較去華近樸，如梁元帝《金樓子》、鍾嶸《詩品》。且
顏之推正同庾信，雖老死北方，而殖學成章，夙在江南梁代，苟
顏書可明北文"質勝"，則《周書・庾信傳・論》所訶之"詞賦
罪人"亦堪作北文"文勝"之證矣。豈得高下在心而上下其手
乎？《水經註》寫景無以過吳均，別見論《全梁文》吳均《與施
從事書》，其餘常苦筆舌蹇澀。《伽藍記》雍容自在，舉體朗潤，
非若《水經注》之可恍在碎也。魏收《魏書》敍事佳處，不減沈
約《宋書》；北方"筆"語，當爲大宗，而爲"穢史"惡名所掩，
賞音如馮夢禎者（參觀《快雪堂集》卷一《序重雕〈魏書〉》），
正復難遇耳。

　　邢卲《景明寺碑》。按非全文。《洛陽伽藍記》卷三《景明
寺》："七層浮圖一所，去地百仞，是以邢子才碑文云：'俯聞激
電，傍屬奔星'，是也"；兩句《藝文類聚》略去，嚴氏亦未輯
補，"聞"、"屬"疑是"閴"、"矚"二字之譌。"負沈石于苦海"
與"苦器易彫"之兩"苦"字異詁，參觀論《全後漢文》阮瑀
《文質論》。

二五四　全北齊文卷五

　　杜弼《檄梁文》。按前篇出《魏書·島夷蕭衍傳》；後篇即《全後魏文》卷五四慕容紹宗《檄梁文》，《藝文類聚》作魏收撰，嚴氏按："豈此檄魏收潤色之，曾編入魏集耶？疑誤也。"竊意後篇乃杜弼原文，前篇載在魏收所著《魏書》，當經其"潤色"，面目幾乎全非；《類聚》題魏收，主名雖誤，事出有因。兩篇相較，以前爲勝。前篇首斥梁武輕險昏暴，覼縷痛切；次斥侯景僉壬反側，梁武老悖，"蔑信義而納叛逋"；末言弔民伐罪，師動以義，有攻必克。謀篇有脊有倫，文曰"檄梁"，庶幾稱題得體。後篇則異乎此，以斥"侯景豎子"爲主；然後侈陳軍威，"援枹秉麾之將、投石拔距之士"一節，即前篇末節"扛鼎拔樹之衆，超乘投石之旅"一節；再斥侯景之"周章向背"；方及"彼梁主"之過惡，寥寥數語，於其否德失政，闊畧空洞；復以侈陳軍威終焉。章法碎亂，主客顛倒，斥侯景與耀兵威二意，皆分隔兩截，斷而復續，非盾鼻羽書之合作也。前篇寫梁"疲民"不堪"剥割"："死而可祈，甘同仙化"，語尤刻摯。後篇警拔惟："四七並列，百萬爲羣，風飄雲動，星羅海運；以此赴敵，何敵不摧？以此攻城，何城不陷？"，"四七"用漢光武雲臺二十八將之典，參觀《太平廣記》卷論卷二四七《石動箭》。《左傳》僖公四年齊桓公陳師謂楚使屈完曰：“以此衆戰，誰能禦之，以此攻城，何城不克？”《後漢書·邳彤傳》廷對：“以攻則何城不克？以戰則何軍不服？”；

> 【增訂三】《十六國春秋》卷三六《前秦録》六苻堅會羣臣，議伐晉，秘書朱肜曰：“陛下應天順時，恭行天罰，嘯咤則五嶽摧覆，呼吸則江海絕流”；又卷五九《南燕録》二慕容鍾傳檄青州諸郡曰：“奮劍與夕火爭光，揮戈與秋月競色。以此攻城，何城不克？以此衆戰，何敵不平？”

《全陳文》卷九徐陵《武皇帝作相時與北齊廣陵城主書》：“庸蜀氐羌之兵，烏丸百虜之騎，以此衆戰，誰能禦之？”；《全後周文》卷二一闕名《爲行軍元帥鄖國公韋孝寬檄陳文》：“鼓怒則江湖盪沸，叱咤則山嶽簸跳；以此攻城，何城不陷？以此衆戰，誰能抗禦？”；《全唐文》卷一三二祖君彦《爲李密檄洛州文》：“呼吸則河渭絕流，叱咤則嵩華自拔；以此攻城，何城不克？以此擊陣，何陣不摧？”同本《左傳》，而杜《檄》後篇句法圓整，口吻調利，祖《檄》遂仿之。駱賓王《代李敬業傳檄天下文》：“暗嗚則山岳崩頹，叱咤則風雲變色；以此制敵，何敵不摧？以此攻城，何城不克？”；

> 【增訂三】南宋無名氏《中興禦侮録》卷上金海陵南下，宋出兵三路禦之，軍前敵告曰：“騎師搗殽函之險，步軍衝伊洛之郊，前無堅鋒，勇有餘憤。以此制敵，何敵不摧？以此攻城，何城不克？”

歷世傳誦，不省其填匡格也，至其“山岳”、“風雲”一聯雖依葫蘆舊樣，而更近《全隋文》卷五煬帝《下詔伐高麗》：“莫非如豺如豶之勇，百戰百勝之雄，顧眄則山岳傾頹，叱咤則風雲勝鬱。”
《墨子·兼愛》中、下及《孟子·梁惠王》皆以“挈（挾）泰山
以超（越）江河（北海）”爲不可能之事，項羽垓下之歌却曰：
“力拔山兮氣蓋世。”陵加而增益焉，一則如此等句；一則如《全
晉文》卷六七趙至《與嵇茂齊書》：“披艱掃穢，蕩海夷岳，蹴崑
崙使西倒，蹋太山令東覆”（《全唐文》卷一九四楊炯《原州百泉
縣李君神道碑》：“蹴崑崙以西倒，蹋太山而東覆”，卷三二五王
維《送高判官從軍赴河西序》：“蹴崑崙使西倒，縛呼韓令北
面”），均成科臼矣。

二五五　全北齊文卷八

　　朱元洪妻孟阿妃《造老君像記》："敬造老君像一區［軀］。……願亡者去離三塗，永超八難，上昇天堂，侍爲道君。芒［茫］芒三界，蠢蠢四生，同出苦門，俱昇上道。"按卷九闕名《姜纂造老君像銘》："敬造老君像一軀。……神光照爛，遍滿閻浮；香氣氤氳，充塞世界。……以此勝因，追資亡略［其子名］，直登淨境。……飛出六塵，……長超八難，彈指則遍侍十方，合掌則歷奉衆聖。……三塗楚毒，俱辭苦海；六道四生，咸蒙勝福。"虔事老子"求福"，始於漢桓帝，觀《全三國文》卷六魏文帝《禁吏民往老子亭禱祝敕》可知；蓋相沿已久。然此兩篇屬詞遣言，純出釋書，倘拓本上"道君"、"老君"之字漫漶，讀者必以所造爲佛像，而"清信士"、"清信弟子"乃奉佛之白衣矣。弘雅如庾信，撰《道士步虛詞》，選藻使事，謹嚴不濫，而第一首第一句"渾成空教立"、第四首第六句"教學重香園"，未免闌入釋氏套語；

　　【增訂四】六朝《真誥‧運象篇》三九華安妃歌云："芥子忽萬頃，中有須彌山"；北宋《雲笈七籤》卷九七載此，改"須彌"爲"崑崙"，蓋惡道書之闌入釋氏典也。《運象篇》三紫微王夫人詩："虛刀揮至空，鄙拙五神愁"，亦似隱本僧肇臨刑説偈：

"四大元無主，五陰本來空。將頭臨白刃，猶如斬春風。"

出於俗手之造像文字雜糅混同而言之，更無足怪。固由當時道士掇拾僧徒牙慧，如甄鸞《笑道論》所指斥者，故"清信弟子"耳熟而不察其張冠李戴；亦緣流俗人妄冀福祐，佞佛諂道，等類齊觀，不似真人大德輩之辯宗滅惑、惡紫亂朱。《南史·宋宗室及諸王傳》下《竟陵王誕傳》記有人名夷孫曰："天公與道、佛先議欲燒除此間人，道、佛苦諫，强得至今"；可徵六朝野語塗説已視二氏若通家共事。李白《化城寺大鐘銘》、《崇明寺佛頂尊勝陀羅尼幢頌》兩篇均爲釋氏作，而一則曰："乃緇乃黄，髣趨梵庭"，一則曰："宣道先生孫太沖命白作頌"；杜光庭道家巨子，而《全唐文》卷九三四有其《迎定光菩薩祈雨文》，至曰："急難告佛，實出微誠"；陸游《入蜀記》記至廬山太平宮焚香，"自八月七日至一日乃已，謂之'白蓮會'；蓮社本遠法師遺跡，舊傳遠公嘗以此一日借道流。"即此數例，亦徵後世《封神傳》、《西洋記》、《西遊記》等所寫僧、道不相師法而相交關，其事從來遠矣。《紅樓夢》中癩僧跛道合夥同行，第一回僧曰："到警幻仙子宮中交割"，稱"仙"居"宮"，是道教也，而僧甘受使令焉；第二五回僧道同敲木魚，誦："南無解冤解結菩薩！"，道士當誦"太乙救苦天尊"耳（參觀沈起鳳《紅心詞客傳奇·才人福》第一二折）；第二九回清虛觀主張道士呵呵笑道："無量壽佛！"，何不曰"南極老壽星"乎？豈作者之敗筆耶？抑實寫尋常二氏之徒和光無町畦而口滑不檢點也？

二五六　全北齊文卷九

　　闕名《爲闍姬與子宇文護書》。按《全三國文》卷八魏文帝《典論·太子》："余蒙隆寵，忝當上嗣，憂惶踧踖，上書自陳。欲繁辭博稱，則父子之閒不文也，欲略言直説，則喜懼之心不達也。里語曰：'汝無自譽，觀汝作家書'，言其難也。"魏文"自陳"之"書"，欲徵無存，然想見其爲"文"而非"筆"，近表章之體，蓋"父子之間"而兼君臣之分，"家書"亦必官樣也。唐前遺篇，"不文"、"直説"，堪當"家書"之目者，以《全晉文》卷一七廢太子遹《遺王妃書》爲最早，次即此篇，皆"筆"語之上乘。若《全宋文》卷四七鮑照《登大雷岸與妹書》，則"文"語堪入昭明之《選》；又若《全漢文》卷一高帝《手敕太子》諸篇、《全齊文》卷四武帝《答豫章王嶷》諸篇、以及晉人帖，雖屬"筆"語，而皆短札便簡，乃後世所謂"尺牘"，異於篇幅舒展、首尾具悉之"書"。此篇之體爲"書"，則"文"也，其詞"直説不文"，則"筆"也；亦猶《洛陽伽藍記》以體言，當屬於"筆"，而以詞言，則綺偶居多，粲然"文"也。雖非錯比藻翰之"文"，而自是感盪心靈之文；"筆"雖非"文"而可爲文，此篇堪示其例。歐陽修嘗言："晉無文章，惟《歸去來辭》"，竊欲言

-2353-

北齊無文章，惟《爲閻姬與子宇文護書》，可乎？卷四魏長賢
《復親故書》追摹司馬遷、楊惲，在當時亦爲別調，較江淹《報
袁叔明書》稍能質勝，而未跌宕抑揚，殊病平衍也。

闕名《朱曇思等造塔頌》："庥聖蛟龍，看之若生。"按
"庥"當是"魔"之省體。《大般涅槃經・壽命品》第一之一：
"爾時欲界磨王波旬"；卷末《音釋》："俗作'魔'，梁武帝所
改也；古本作'磨'，謂其磨折人也"；《法苑珠林》卷六《諸
天部之餘・通力》謂"譬如石磨之壞功德也"。梁武改字之意，
觀《南史・梁本紀》中記其語："鬼而帶賊，非魔何也？"，頗
可揣摩。通行刊本梁前釋氏書幾一律作"魔"，乃後來追改。
此《頌》署"大齊河清四年"，想爾時梁武改字已流傳北方，
爲道俗所采用矣。

闕名《劉碑造像銘》："篤信佛弟子劉碑……以此果緣，福
鍾師僧七世，願使……見在寧康，子孫興茂，……宦極台相，
位累九坐。"按奉佛者發心得果有若是哉！生老病死，人身即
苦，成住壞空，世法不實；故捨身出世，佛之教也。劉碑乃佞
佛而一反其教，欲賴法力以致家興丁旺、祿厚官高，夢想顛
倒，從解脱之道以遂牽纏之欲，順緣即亦逆緣。然"篤信佛弟
子"齊心同此願者，數必如恒河沙，劉碑申言而銘諸金石，文
獻徵存，遂爲朔矣。胡寅《斐然集》卷一九《崇正辨序》："尊
佛者有三蔽，一曰懼，二曰惑，三曰貪"；誅心的論，然實可
以"貪"直貫傍通，並三爲一耳。《全北齊文》卷三邢卲《景
明寺碑》："曠息相催，飛馳同盡，……而皆遷延愛欲，馳逐生
死，……身世其猶夢想，榮名譬諸幻化，未能照彼因緣，體兹
空假，祛洗累惑，擯落塵埃"；故宜奉佛也。《全陳文》卷一〇

徐陵《諫仁山深法師罷道書》舉"現前十種大利"，如"佛法不簡細流，入者則尊，歸依則貴"，"身無執作之勞，口餐香積之飯"云云；亦所以宜奉佛也。兹《銘》言"以兹果緣"，庶幾"福鍾七世"，"位累九坐"，又所以宜奉佛也。歸於佛者遂衆，佛之門庭乃大盛。蓋無生之法，或藉以行厚生之事，捨身出世之教，并能有潤身澤世之用；借曰不然，佛之門必可羅雀而其庭必鞠爲茂草焉。歐陽修《集古録跋尾》卷六《唐萬回神迹記碑》："世傳道士駡老子云：'佛以神怪禍福恐動世人，俾皆信嚮，故僧尼得享豐饒，而爾徒談清淨，遂使我曹寂寞！'此雖鄙語，有足采也"；可相發明，然道士亦能"豐饒"而免於"寂寞"者，則以其託李老之五千言而從張氏之五斗米道也。此匪獨二氏也。《禮記·儒行》孔子答魯哀公曰："不寶金玉，不祈土地，不祈多積，多文以爲富，篳門圭窬，蓬户甕牖，易衣而出，并日而食"；《荀子·儒效》孫卿子答秦昭王曰："雖窮困凍餧，必不以邪道爲貪，無置錐之地，而明於持社稷之大義，雖隱於窮閭漏屋，人莫不貴，貴道誠存也"；故須學爲儒也。韓愈《符讀書城南》："人之能爲人，由腹有《詩》、《書》，《詩》、《書》勤乃有，不勤腹空虚。……兩家各生子，提孩巧相如，……三十骨骼成，乃一龍一豬，飛黄騰踏去，不能顧蟾蜍。一爲馬前卒，鞭背生蟲蛆；一爲公與相，潭潭府中居。問之何因爾，學與不學歟"；杜牧《冬至寄小姪阿宜》："經書括根本，史書閱興亡。……一日讀十紙，一月讀一箱。朝廷用文治，大開官職場，願爾出門去，驅爾如驅羊"；亦所以須學爲儒也（參觀王令《廣陵集》卷七《采選示王聖美、葛子明》、羅從彦《羅豫章先生集》卷一一《誨子姪文》、魏了翁《鶴山先生大全集》卷六一《跋程正伯家所藏山谷書杜少陵詩帖》、李之彦《東谷所見》論《勸學文》）。苟無韓、杜津津樂道之儒行、儒效，必衆口一詞，與"儒冠徒誤身"、"壯士恥爲儒"之歎，將麃誦説孔、荀所誇儒行、儒效者。《史記·叔孫通傳》記通弟子先"皆竊罵"而後"皆喜"，《後漢書·桓榮傳》記"農家子"歎"豈意學之爲利"，亦《論語·衛靈公》"學也禄在其中"之證矣。

【增訂四】《後漢書·桓榮傳》："大會諸生，陳其車馬印綬曰：'今日所蒙，稽古之力也。可不勉哉！'……及爲太常，［族人］元卿歎曰：'我農家子，豈意學之爲利，乃若是哉！'"韓愈、杜牧等詩文所道，正"學之爲利"也。

《全後魏文》卷七孝文帝《詔》禁孔子廟中"女巫妖覡，淫進非禮，殺生鼓舞，倡優媟狎"；唐封演《封氏聞見記》卷一："流俗婦人多於孔廟祈子，殊爲褻慢，有露形登夫子之榻者。後魏孝文詔孔子廟不聽婦人合雜，祈非望之福。然則聾俗所爲，有自來矣"；宋孔平仲《朝散集》卷二《止謁宣聖廟者》："上元施燈燭，下俗奠醪醴，高焚百和香，競爇黄金紙，所求乃福祥，此事最鄙俚"；則"聾俗"尚别有"儒效"也！基督教會三戒，一曰貧、不蓄財也，二曰巽、不上人也，三曰貞、不爲男女事也；十八世紀英國大史家嘗記："偶憶一大寺長老自言：'吾誓守清貧之戒，遂得歲入十萬金；吾誓守巽下之戒，遂得位尊等王公'；其誓守貞潔之戒所得伊何，惜余忘之矣"（I have somewhere heard or read the frank confession of a Benedictine abbot: "My vow of poverty has given me an hundred thousand crowns a year; my vow of obedience has raised me to the rank of a sovereign

Prince"—I forget the consequences of his vow of chastity)①。教宗行願，可以連類。《後漢書·王良傳·論》所謂："夫利仁者，或借仁以從利也。"政見之朋黨、清議之流別，亦復如是。匹似正論所以除邪，公道所以破私，而既得衆，則常比匪，必有附和正論以免被除、主張公道以濟厥私者，猶莊生之歎"胠篋"矣。

闕名《董洪達造像銘》："拔若天上降來，後［復?］似地中湧出。"按同卷《姜纂造老君像銘》："業盛飛行，事符踊出"；卷一〇闕名《宋買等造天宫石像碑》："既如天上降來，又似地中勇［湧］出。"岑參《登慈恩寺浮圖》："塔勢如湧出，孤高聳天宫"；談者每歎賞"湧出"爲工於體物鍊字，見白頭豕而未至河東耳。釋典如《妙法蓮華經·見寶塔品》第一一："爾時佛前有七寶塔從地踊出"；《佛本行集經·五百比邱因緣品》第五〇："其羅刹城，如白雲隊從地湧出。"六朝至唐，雅俗咸用，道俗無問，已成爛熟，此三《銘》堪爲其例。他如《洛陽伽藍記》卷一《瑶光寺》："刻石爲鯨魚，背負釣台，既如從地湧出，又似空中飛下"；《顔氏家訓·歸心》篇："化成淨土，湧出妙塔"；《全唐文》卷一八四王勃《廣州寶莊嚴寺舍利塔碑》："不殊仙造，還如湧出"，又《梓州郪縣兜率寺浮圖碑》："靈思孤出，神模獨湧"；沈佺期《奉和聖製同皇太子游慈恩寺應制》："湧塔初從地"；宋之問《奉和薦福寺應制》："湧塔庭中見"；崔湜《慈恩寺九日應制》："塔類承天湧"；李乂《慈恩寺九日應制》："湧塔臨玄地"；劉憲《陪

---

① 　Gibbon，*Decline and Fall of the Roman Empire*，ch. 7，"The World's Classics"，IV，83. Cf. Montesquieu，*Cahiers 1716—1755*，Grasset，132："Il est très surprenant que les richesses des gens d'Église ayant commencé par le principe de la pauvreté".

幸長寧公主東莊》："畫橋飛度水，仙閣涌臨空。"杜甫《八哀詩·贈秘書監江夏李公邕》亦曰："龍宮塔廟湧，浩劫浮雲衛。"岑參此句之佳，在於行布得所，有"發唱驚挺"之致，若其選字，初非慘淡經營。

【增訂四】岑參《登千福寺多寶塔》復云："寶塔陵太空，忽如湧出時。"北齊蕭慤《和崔侍中從駕經山寺》："塔疑從地湧，蓋似積香成"；《全唐文》卷一五六李君政《宣霧山鐫經像碑》："既疑從天化成，又若因地湧出。"幾似六朝以來詠寺廟落套詞意。《唐詩別裁》密圈"塔勢如湧出"句而評曰："突兀"，正謂其發唱驚挺，或非賞其鍊字創闢也。

古人詞句往往撮拾流行習語，信手漫與，當時尋常見慣，及夫代遠文龐，少見多怪，讀者遂詫爲作者之匠心獨造。陶潛《飲酒》詩云："凝霜殄異類，卓然見高枝，連林人不覺，獨樹衆乃奇"，可以斷章焉。

二五七　全後周文卷八

庾信《三月三日華林園馬射賦》。按庾信諸體文中，以賦爲最；藻豐詞縟，凌江駕鮑，而能仗氣振奇，有如《文心雕龍·風骨》載劉楨稱孔融所謂"筆墨之性，殆不可任"。然章法時病疊亂複沓，運典取材，雖左右逢源，亦每苦支絀，不得已而出於蠻做杜撰（參觀論《全漢文》揚雄《解嘲》）。明姚旅《露書》卷五論此篇云："曰'千乘雷動，萬騎雲騰'，曰'選朱汗之馬，開黃金之埒'，曰'鳴鞭則汗赭，入埒則塵紅'，曰'馬似浮雲向埒'，一事屢見。至如'騶虞九節'，後曰'詩歌九節'；如'吟猿落雁'，後曰'雁失羣而行斷，猿求林而路絕'；如'絲則錦市俱移，錢則銅山合徙'，後曰'小衡之錢山積，織室之錦霞開'，則不勝重犯矣。"清末汪瑔《松烟小録》卷三論"庾文用事往往牽合"，摘此篇之疵云："《莊子·秋水》、《至樂》兩篇文不相屬，而云：'至樂則賢乎秋水'"；可以隅反。《品花寶鑑》第四八回："金粟道：'我看庾子山爲文，用字不檢，一篇之内，前後疊出。今人雖無其妙處，也無此毛病。'"姚書幾若存若亡，汪書亦尠援引者，《寶鑑》尤談藝所不屑過問；聊表微舉仄，於評泊或有小補爾。

《馬射賦》："落花與芝蓋同飛，楊柳共春旗一色。"按王勃

《滕王閣序》警句："落霞與孤鶩齊飛，秋水共長天一色"，宋人謂以庾聯爲藍本。此原六朝習調，考索者多。《困學紀聞》卷一七翁元圻註引《捫蝨新話》而增數例；陳鴻墀《全唐文紀事》卷四七引《困學紀聞》、《捫蝨新話》、《野客叢書》，卷六七引《丹鉛總錄》；宋人如孔平仲《珩璜新論》、王得臣《麈史》卷中、王觀國《學林》卷七、《苕溪漁隱叢話》前集卷七引《西清詩話》等皆曾蒐討，不僅翁、陳所徵引也；清末周壽昌《思益堂日札》卷五舉《宋書》三聯，又諸家所未及。實則六朝文中，厥例尚夥，如《全後魏文》卷五九釋僧懿《平心露布》："旌旗共雲漢齊高，鋒鍔共霜天比淨"；《全後周文》卷九庾信自作《賀新樂表》即有："醴泉與甘露同飛，赤雁與斑麟俱下"，論者尤失之眉睫；王勃文中此類毋慮二十餘聯，詳見《全唐文》卷論王勃《游冀州韓家園序》。北宋李復《潏水集》卷三《回周泜法曹書》評王勃聯云："此不足稱也。唐初文章沿江左餘風，氣格卑弱。庾信作《馬射賦》云：'落花與芝蓋同飛，楊柳共春旗一色'，後人愛而效之。武德二年巢刺王建舍利塔於懷州，作記云：'白雲與嶺松張蓋，明月共巖桂分叢。'如此者甚多，勃狃於習俗，故一時稱之。"《懷州舍利塔記》即《歐陽文忠集》卷一三八所跋《唐德州長壽寺舍利碑》，歐陽修引碑中此聯，曰："乃知王勃云：'落霞'云云，當時士無賢愚，以爲警絕，豈非其餘習乎？"李氏并合庾聯論之，已發《學林》、《捫蝨新話》等之意，而未有道及者。李伃童貫，死於靖康之難，見方回《桐江集》卷三《讀李潏水集跋》；朱熹極稱其學行，《四庫總目》卷一五五所引朱熹《語錄》實即《朱文公集》卷七一《偶讀漫記》，同卷尚有《記〈潏水集〉二事》也。

　　《小園賦》。按庾信賦推《哀江南賦》爲冠，斯篇亞焉，《枯樹賦》更下之，餘皆鱗爪之而也。"非夏日而可畏，異秋天而可悲"，"雖有門而長閉，實無水而恒沉"；此等句真如《顏氏家訓·文章》篇記邢卲稱沈約所謂"用事不使人覺"，乍讀祇覺其語不猶人、一翻常案耳。"晏嬰近市，不求朝夕之利；潘岳面城，且適閑居之樂"；上句順適，下句使事已稍牽強，《閑居賦》明言："面郊後市。""崔駰以不樂損年，吳質以長愁養病"；上下句皆附會，下句尤貽譏杜撰，卷九《竹杖賦》直曰"吳質長愁"，并不道"病"而遽以鑿空之"長愁"爲典故。韓偓《闌干》："吳質謾言愁得病，當時猶不憑闌干！"殆謂姑妄聽庾賦之妄言歟。儷事乏材，遂左支右絀。實則"不樂損年，長愁養病"與"落葉半牀，狂花滿屋"，一情一景，通篇中白描本色，最爲工切，強加崔、吳兩人名，既損佳致，徒呈窘相，點鬼簿而又畫蛇足矣。"狂花"視"落英繽紛"、"園花亂飛"，新警遠勝；《荀子·君道》："狂生者不胥時而落"，謂卉植之早凋者，非"隨風上下狂"之意。

【增訂三】秦譯《出曜經》卷一《無常品》之一："猶樹生狂花，結實時希有。……狂花生長，遇風凋落，結實者鮮。""狂花"與"生"、"生長"連屬，則《荀子》所謂"狂生"之花，早落而不實者，非庾信賦之"狂花"也。

又按"無水而恒沉"句遙襲《莊子·則陽》"陸沉"郭象註語；《三國志·魏書·王、衛、二劉、傅傳》裴註引吳質謂董昭曰："我欲溺鄉里耳"，昭曰："君且止，我年八十，不能爲君溺攢也"，"溺"即"沉"而"鄉里"即"陸"之屬也。

《哀江南賦》。按全祖望《鮚埼亭集·外編》卷三三《題〈哀江南賦〉》："甚矣庾信之無恥也！失身宇文而猶指鶉首賜秦爲'天醉'，則信已先天而醉矣。後世有裂冠毀冕之餘，蒙面而談，不難於斥新朝、頌故國以自文者，皆本之'天醉'之説者也。即以其文言之，亦自不工；信之賦本序體也，何用更爲之序？故其詞多相複，瀯南直詆爲荒蕪不雅。"賦、序相複之評甚允，亦可易施於《馬射賦》；以前如班固《兩都賦》、揚雄《羽獵賦》、左思《三都賦》雖有長序，均無此病也。"天醉"二句抒慨，正杜甫《詠懷古跡》第一首詠庾信所謂"羯胡事主終無賴"；意亦尋常，何至逢全氏爾許盛怒，髮指齒齗以罵？當是陳古刺今，借庾信以指清貳臣而自居明遺民如錢謙益之類，猶夫朱鶴齡《愚菴小集•補遺》卷二《書元裕之集後》（參觀論《全三國文》靡元《譏許由》）。葉昌熾《緣督廬日記鈔》卷四光緒十二年四月十五日讀錢謙益《有學集》云："謝山全從此出，而詆牧翁不忠不孝，逢蒙之殺羿也！"此《題》蓋影射而非明詆者歟。《日知錄》卷一九："古來以文詞欺人者，莫若謝靈運。……宋氏革命，不能與徐廣、陶潛爲林泉之侶。既爲宋臣，……觸望至屢嬰罪劾，興兵拒捕，乃作詩曰：'韓亡子房奮，秦帝魯連恥，本自江海人，忠義動君子'，……若謂欲效忠於晉者，何先後之矛盾乎！"與全氏責庾，適堪連類。蓋"韓亡"、"天醉"等句，既可視爲謝、庾衷心之流露，因而原宥其跡；亦可視爲二人行事之文飾，遂并抹撥其言。好其文乃及其人者，論心而略跡；惡其人以及其文者，據事而廢言。半桃啗君，憎愛殊觀；一口吐息，吹噓異用；論固難齊，言不易知也。

《哀江南賦》："新野有生祠之廟，河南有胡書之碣。"按倪璠註未的；勞格《讀書雜識》卷六引《元和姓纂》卷六："庾會爲新野太守，百姓爲之立祠，支孫庾告雲爲青州刺史，羌胡爲之立碑。"倪氏《庾子山集註》用力甚劬，疏誤在所不免；《四庫總目》卷一

四八已指摘數事，李詳《媿生叢録》卷一據錢大昭《漢書辨疑》
糾此《賦》"枌陽亭有離别之賦"句用事舛誤，早見《總目》指摘
中矣。此賦中他如："楚老相逢，泣將何及！"，倪註引《漢書》兩
龔事，葉廷琯《吹網録》卷五謂當從吳兆宜説，引《列子·周穆
王》燕人長於楚，及老而還本國，哭不自禁；"鎮北之負譽矜前"，
倪註以屬邵陵王綸，錢大昕《潛研堂文集》卷三一《跋庾子山集》
謂指鄱陽嗣王範，範曾爲鎮北將軍。倪氏其他著述尠傳，行事亦
不詳。毛奇齡《西河合集·七言三韻詩·暫投湖墅吳氏園，喜倪
内史璠、姚文學際恒對酒，即席賦贈》："游來不記亡三篋，老去何
曾擁百城"，有註："時魯玉註《庾集》，西河每就立方問《易》義；
嘗曰：'吾自包二先生亡後，書庫毁矣。所可語者，立方、魯玉二
人耳'"；尤侗《艮齋雜説》卷三亦記倪註此集時，已嘗爲指示《喜
致醉詩》及《步虚詞》用事出處。稍可徵其與名輩交游耳。

　　《哀江南賦》："始則地名'全節'，終則山稱'枉人'。"按倪註
謂代王僧辯鳴冤，是也。蓋借地名以言僧辯能"全"大"節"而
不免"枉"死，修詞之雙關法。《東觀漢記》卷一七載鍾離意對漢
明帝："孔子忍渴於'盜泉'之水，曾參迴車於'勝母'之閭，惡
其名也"；《南史》卷四七《胡諧之傳》記范柏年答宋明帝問，謂
"梁州唯有文川、武鄉、廉泉、讓水"，帝又問："卿宅何處？"答：
"臣所居在廉、讓之間。"既顧名思義，遂斷章取義，俾望文生義，
自成詩文中巧語一格。潘岳《西征賦》："亭有'千秋'之號，子無
七旬之期"，已映帶有致；庾信此聯，始示範創例。如《太平廣記》
卷二四一《王承休》（出《王氏聞見録》）蒲禹卿諫蜀後主毋出游
曰："路遇'嗟山'，程通'怨水'"；蘇軾《八月七日初入贛》："山
憶'喜歡'勞遠夢，地名'惶恐'泣孤臣"；《梅磵詩話》卷上引胡

銓貶朱崖詩：“北望常思‘聞喜縣’，南來怕入‘買愁村’”；文天祥《過零丁洋》：“‘惶恐灘’頭説惶恐，‘零丁洋’裏歎零丁！”；袁宏道《新安江》：“草髡‘和尚嶺’，石腐‘秀才灘’”；吳文溥《南野堂筆記》卷三引人詩：“怕聞橋名郎信斷，愁看山影妾身孤”，指西湖之“斷橋”、“孤山”，不道破以見巧思；翁同龢《瓶廬詩稿》卷三《醇邸惠果食清泉賦謝》：“里古陶彭澤，軒新鄭板橋”，謂惠果中有栗與橄欖也，更不道破。

【增訂三】尚有字雖異而音則同之雙關，亦可入正經詩篇中助姿致。如元好問《遺山詩集》卷十二《出都》：“春閨斜月曉聞鶯，信馬都門半醉醒；官柳青青莫回首，短長亭是斷腸亭！”；李元度《天岳山房文集》卷一七《遊金焦北固山記》記楊繼盛〔椒山〕祠堂壁刻繼盛手書詩句：“楊子江行入揚子，椒山今日遊焦山”；鄧漢儀《詩觀》初集卷二黃雲《贈白璧雙》詩後附自作《聽白三琵琶》第三首：“白狼山下白三郎，酒後偏能説戰場；颯颯悲風飄瓦礫，人間何處不昆陽！”游戲文章中此例更不待舉。

【增訂四】張謙宜《絸齋詩談》卷六摘劉翼明《病瘧委頓過十八灘》一聯：“地過‘吉安’人益病，灘名‘惶恐’客何爲！”外國詞令亦有此法（veiled language）①，詩文中常見之②。

---

① O. Jespersen，*Linguistica*，409 ff.（“Cornwall”，“Borneo”，“Niort”，etc.）.

② E. g. Bandello，*Le Novelle*，I. 5：，Laterza，I，77-8："Io voglio che tu senza partirti da Napoli navighi in Inghilterra a Cornovaglia, e la tua nave passi per Corneto"；Meredith，*Diana of the Crossways*，ch. 1："Men may have rounded Seraglio Point；they have not yet doubled Cape Turk."

二五八　全後周文卷九

庾信《蕩子賦》：“手巾還欲燥，愁眉即膿開，逆想行人至，迎前含笑來。”按“手巾”句謂不復下相思之淚也。信有《贈別》詩：“藏啼留送別，拭淚强相參；誰言蓄衫袖，長代手中洽”，則言雙袖龍鍾，代巾拭淚；“燥”即“洽”之反，“中”疑“巾”之訛。

【增訂三】李賀《出城別張又新酬李漢》：“此別定沾臆，越布先裁巾。”足與庾詩相參。“先裁巾”者，“留”以備“送別”時“拭淚”之用，免於“雙袖龍鍾淚不乾”耳。拜倫少時，一日其母語之曰：“吾有近聞相告。掏汝手帕出，汝需用此物也（Take out your handkerchief，for you will want it）。汝意中人作新嫁娘矣”（Leslie A. Marchand，*Byron*，I，99）。先“掏帕”固爲備緩急，然祇如防雨攜傘，“先裁巾”則如未雨綢繆矣。

庾信《鴛鴦賦》：“共飛簷瓦，全開魏宮；俱棲梓樹，堪是韓馮。”按“韓馮”即“韓憑”，“馮”與信《黄帝雲門舞歌》“清夜桂馮馮”之“馮”同屬《蒸》韻，信乃讀如“馮婦”之“馮”。李賀《惱公》：“龜甲開屏澀，鵝毛滲墨濃；黄庭留衛瓘，緑樹養韓馮",亦然。蘇軾《用過韻冬至與諸生飲酒》:"河伯方夸若,靈娲自舞馮",紀昀批:"'馮夷'之'馮',押入《東》韻";蓋"馮夷"即"冰夷","馮"字復應屬《蒸》韻,不得與《東》韻字通押也。

二五九　全後周文卷一〇

　　庾信《謝趙王賚白羅袍袴啓》："懸機巧緤，變躡〔攝?〕奇文，鳳不去而恒飛，花雖寒而不落。"按倪璠註："謂羅上織成花、鳳文。"《全隋文》卷二八鄭辨志《宣州稽亭山妙顯寺碑銘》："檐虹欲起，表鳳凝翔"；下"凝"字最鍊，即"不去而恒飛"也。《全唐文》卷三八九獨孤及《巨靈仙掌銘》："不去不來，若飛若動"，手眼相近。

　　【增訂四】《玉臺新詠》卷五沈約《十詠·領邊繡》："不聲如動吹，無風自裊枝"，下句自爲"若飛若動"之意，上句又即所謂"造響於無聲"，參觀695-696頁又2271頁。

天然事物與時俱逝，而人工畫成、繡出、塑就之事態物象經久恒保，所謂"凝"耳；詳見論《全陳文》徐陵《鴛鴦賦》。庾信詩文再三言之，他如卷一二《至仁山銘》："真花暫落，畫樹長春"；又《庾子山集》卷三《奉和同泰寺浮圖》："鳳飛如始泊，蓮合似初生。……畫水流全住，圖雲色半輕"，鳳、蓮、水三句易解，"圖雲"句謂彩色亦幾如所畫之雲輕而欲浮。

　　【增訂四】《全五代詩》卷三九江爲《觀山水障歌》："灘頭坐久鬢絲垂，手把魚竿不曾舉。……片雲似去又不去，雙鶴如飛又

不飛。……垂柳風吹不動條，樵人負重難移步”；敷陳“不去
恒飛”、“水流全住”之狀耳。

後世題詠中命意遂有兩大宗：雕繪之事物，作流動態者長流而能
不逝，見新好狀者長新而能不故。前意如宋之問《詠省壁畫鶴》：
“騫飛竟不去，當是戀恩波”；李白《壁畫蒼鷹贊》：“吾嘗恐出戶牖
以飛去，何意終年而在斯”，又《博平王志安少府山水粉圖》：“浮
雲不知歸，日見白鷗在”，又《巫山枕障》：“朝雲入夜無行處，巴
水橫天更不流”；岑參《詠郡齋壁畫片雲》：“未曾得雨去，不見逐
風歸；只怪偏凝壁，回看欲惹衣”；劉長卿《會稽王處士草壁畫衡
霍諸山》：“歸雲無處滅，去鳥何時還”，可參觀李白之“浮雲不知
歸，日見白鷗在”，上句謂雲停因不知歸處，下句謂鳥去何竟忽已
還；張祜《題山水障子》：“嶺樹冬猶發，江帆暮不歸”，上句意同
李、劉；張塤《竹葉亭文集》卷一七《漢壓勝秘戲錢歌》：“兒女歡
情原最短，此錢頗閱千百年，金鏡瓦棺重出世，並頭交頸故依然。”
後意如岑參《劉相公中書江山畫障》：“晝日恒見月，孤帆如有風，
巖花不飛落，澗草無春冬”；白居易《題寫真圖》：“我昔三十六，
寫貌在丹青，我今四十六，衰領臥江城，一照舊圖畫，無復昔儀
形；形影默相顧，如弟對老兄”；杜荀鶴《題花木障》：“由來畫看
勝栽看，免見朝開暮落時”；梅堯臣《當世家觀畫》：“形隨畫去能
長好，歲歲年年應不老”；李覯《盱江全集》卷三六《謝傳神平上
人》：“丹青不解隨人老，相似都來得幾年！”；

【增訂三】《文鏡秘府論·六志》：“假作《屏風詩》曰：‘綠葉霜
中夏，紅花雪裏春；去馬不移跡，來車豈動輪！’釋曰：‘畫樹長
青，……圖花永赤……。毫模去跡，判未移踪；筆寫行輪，何能
進轍？’”即“雖寒不落”、“不去恒飛”。陸龜蒙《樂府雜詠·花

成子》："寫得去時真，歸來不相似"；即 "相似都來得幾年"。
陸游《劍南詩稿》卷二六《癸丑五月二日》："朱顏不老畫中人，
綠酒追歡夢裏身"；《全宋詞》三四三一頁曾寅孫《減字木蘭花·
題溫日觀葡萄卷》："露葉烟條，幾度西風吹不凋"；鄧漢儀《詩
觀》初集卷二顧九錫《白頭吟》："年與妾相似，貌與妾同好，妬
此畫中人，朱顏得常保"；金農《冬心集拾遺·雜畫題記》："今
余筆底爲之［菊］，濃霜猛雨，無從損我一花半葉也"；洪亮吉
《卷施閣詩》卷七《張憶娘簪花圖》："花紅無百日，顏紅無百年，
只有兹圖中，花與人俱妍"；

【增訂三】姚鼐《惜抱軒詩集》卷三《仇英〈明妃圖〉》："明妃
一出蕭關道，玉顏不似當時好。却留青塚地長春，復有畫圖容
不老"；末句意亦因陳，而以青塚草 "長春" 陪襯畫圖容 "不
老"，則善於儷事者。

馬樸臣《報循堂詩鈔》卷二《蠹書中檢得舊時小照，慨然書尾》：
"形神寧道子非我，鬚貌今成弟與兄"，以《南華經》對香山詩；舒
位《瓶水齋詩集》卷三《題畫牡丹》："賞花取次惜花殘，富貴神仙
事渺漫，不及夢中傳彩筆，尚能留到子孫看"；章華《倚山閣詩》
卷下《畫美人》："凝眸無語亦盈盈，繪影工時欲繪聲；千古紅顏遲
暮感，畫中白髮幾曾生！"古希臘詩人描寫盾上雕繪武士御車疾馳
爭錦標之狀，栩栩如生，歎曰："驅而無息，競而無終，勝負永無
定"（so they were engaged in an unending toil, and the end with
victory came never to them, and the contest was ever unwon）[1]；
如庾信所謂 "不去恒飛" 也。十六世紀哲學家謂吾人容貌日變而

---

[1]　*The Shield of Heracles*, 311-2, *Hesiod and the Homeric Poems*, "Loeb", p.241.

吾人畫像中容貌常保(Cosi, come là la pittura ed il ritratto nostro
si contempla sempre medesimo, talmente qua non si vada cangian-
do e ricangiando la vital nostra complessione)①；一詩人讚刺繡妙
手謂天然花卉不禁日炙霜凍，遜於繡出者之宜夏耐冬(Già la terra
non vanta il patto alterno/de'fiori suoi, soggetti al sole, al gelo:/
ché quinci era la state e lungi è il verno)②；如庾信所謂 "雖寒不
落" 矣。濟慈詠古器上繪男女欲就而未即之狀，謂 "彼其之子愛將
永不弛，彼姝者子色復終不衰" (For ever wilt thou love, and she be
fair!)③，蓋涵兩意。一猶俚語所謂："偷着不如偷不着"，"許看不許
吃"(江盈科《雪濤小說·知足》、《二刻拍案驚奇》卷九、李漁《比
目魚》第一○齣)，或龔自珍《端正好》所謂："月明花滿天如願，
也終有酒闌燈散，倒不如被冷更香銷，獨自去思千徧"；一即指畫中
人閱千載而 "朱顏不老"，"歡情依然"，所謂 "凝" 爾。

【增訂四】 參觀《談藝録》(補訂本)第三則 "靜安論述西方哲
學" 條補訂。法國一古后(La Reine Marguérite)閱世有省(un
mot d'observation pratique)，嘗誨人曰："汝欲愛心衰歇乎？

---

① Bruno, *Spaccio de la Bestia trionfante*, Dialogo I (Giove a Venere), *Opere
di Bruno e di Campanella*, Ricciardi, 480.

② Giuseppe Battista："Per famosa Ricamatrice"，*Marino e i Marinisti Ricciar-
di*, 1010.

③ Keats："Ode on a Grecian Urn"："Bold lover, never never canst thou kiss, /
Though winning near the goal.../.../More happy love! more happy, happy love! /
For ever warm and still to be enjoy'd, /For ever panting, and for ever young." Cf.
Anon., "Against Fruition", A. H. Bullen, *Speculum Amantis*, 71；Henry King："Para-
dox that Fruition destroys Love", Saintsbury, *Minor Poets of the Caroline Period*, III,
207-8；Sir John Suckling："Against Fruition", *Poems*, The Haworth Press, 25, 44.

獲取心愛之物而享有之也可"（Voulez-vous cesser d'aimer? Possédez la chose aimée. —Sainte-Beuve，*Causeries du lundi*，Vol. VI，p. 198；cf. "On n'aime que ce qu'on ne possède pas tout entière."—Proust，*La Prisonnière*，in *A La recherche du temps perdu*，Bib. de la Pléiade，Vol. III，p. 106）。即"偷着不如偷不着"、"許看不許吃"之旨也。米開朗琪羅詩言歡情未遂而奢望猶存，其境界勝於願欲償而愛慕息（For lovers—the surfeiting of desire—*un gran desir gran copia affrena*，is a state less happy than poverty with abundance of hope—*une miseria di speranza piena*. —Pater："The Poetry of Michelangelo"，*The Renaissance*，Macmillan，p. 91）。福樓拜書札及小説中尤反復闡説，以爲如願償欲必致失望生憎，厥爲人生悲劇之大原（Flaubert，*Correspondance*，ed. J. Bruneau，Bib. de la Pléiade，1973，Vol. I，p. 605，à Louis Bouilhet；cf. p. 1086，Note：Ce passage exprime admirablement la théorie flaubertienne du désir：que la satisfaction le détruit，ce qui est le fondement même，à ses yeux，de la tragédie humaine）。美國女詩人愛米萊·狄更生所謂"缺乏中生出豐裕來"（a sumptuous Destitution）者是（*Complete Poems of Emily Dickinson*，ed. T. H. Johnson，1960，No. 1382，p. 594）；眼饞滋慕，腹果乏味，其詩中長言永歎焉（No. 439，p. 211；No. 579，p. 283；No. 1306，p. 474；No. 1377，p. 572；No. 1430，p. 609）。實則《老子》七二章早云："夫唯不厭，是以不厭"；唯不厭足，故不厭惡，苟能饜飫，則必厭饜矣（參觀712頁）。願遂情隨盡，緣乖眷愈深，倘亦可資以解老喻老歟。

二六〇　全後周文卷一一

　　庾信《自古聖帝名賢畫讚》之二一《夫子見程生》。按倪註引《子華子·孔子贈》篇；《子華子》爲北宋人僞託，庾信無緣得見，渠自據《孔叢子·致思》篇，即《子華子》所竄取也。

　　庾信《鶴讚》：“松上長悲，琴中永別。”按信用事每重見疊出，如卷一二《思舊銘》：“媚機褻緯，獨鶴孤鸞”，《庾子山集》卷三《擬詠懷》：“抱松傷別鶴，留鏡映孤鸞”，卷四《代人傷往》第一首：“青田松上一黄鶴，相思樹下兩鴛鴦。”倪註或引“商陵牧子作《別鶴操》”，則不切“松”；或引《永嘉記》：“青田中有雙白鶴，年年生子，長大便去，恒餘父母一雙耳”，既不切“松”，又不切“一鶴”。王褒《洞簫賦》：“孤雌寡鶴娛優於其下兮”，《文選》李善註未釋；《列女傳》載陶嬰《黄鵠曲》：“黄鵠早寡兮，十年不雙”（參觀《樂府詩集》卷四五《黄鵠曲》諸篇），與信語亦難湊泊。《太平御覽》卷九一六引《永嘉郡記》，即倪所引《永嘉記》，同卷又引王韶之《神境記》頗略，卷九五三引《少神境記》則言：“孤松千丈，常有雙鶴，晨必接翮，而夕輒偶影，一者爲人所害，一者獨栖哀唳”，乃信諸句所本，尤貼切《讚》：“孤雄先絶，媚妻向影。”卷一二《終南山義谷銘》：

“青牛文梓，白鶴貞松”，卷一八《周趙國夫人紇豆陵氏墓志銘》：“松悲鶴去，草亂螢生”，亦用此事；卷九《枯樹賦》：“至如白鹿貞松，青牛文梓”，則鶴與鹿非一談。《全梁文》卷五九何遜《爲衡山侯與婦書》：“鏡想分鸞，琴悲別鶴”，如信之“琴中永別”，用《別鶴操》也。

【增訂四】《西京雜記》卷五：“劉道疆善彈琴，能作《單鵠孤鳧之弄》。”

二六一　全後周文卷一二

　　庾信《思舊銘》。按《哀江南賦》之具體而微也。文爲悼蕭永而作，信與永皆梁臣入北，是以觸緒興哀，百端交集，思逝者亦復自念。題似陸機《歎逝賦》，芝焚蕙歎，氣類之傷又正相似。然陸嗟光陰之不假，身老而舊要凋落，庾痛天地之無知，國亡而没世淪落，齎志長懷。陸曰："余將老而爲客"，然其賦以"老"爲主意，嗟將子立暮年，猶"訪舊半爲鬼"也；庾此銘則以"客"爲主意，痛必長流異域，猶"故國不堪回首"也。《哀江南賦》："班超生而望返，温序死而思歸，李陵之雙鳧永去，蘇武之一雁空飛"，即《銘》："思歸道遠，返葬無從。"卷一一《擬連珠四十四首》之二六："山河離異，不妨風月關人"，卷一六《周大將軍懷德公吴明徹墓誌銘》："何處樓臺，誰家風月"；持較"雕闌玉砌應猶在"、"故國不堪回首月明中"，情味正爾不異——明徹身世固與信、永同悲者。又陸機雖曰："何視天之茫茫，傷懷悽其多念"，却終曰："將頤天地之大德，……聊優游以娛老。"庾信則不復信天地有德於人："所謂天乎，乃曰蒼蒼之氣，所謂地乎，其實搏搏之土；怨之徒也，何能感焉！"《鶡冠子·度萬》："所謂天者，非是蒼蒼之氣之謂天也，所謂地者，非是膊膊之土之謂地也"；信逕駁其語。"徒"

猶《論語·陽貨》"夫召我者而豈徒哉"之"徒"、徒然，如言"徒
怨之也"，"之"指天與地。蓋謂天地並非顯赫有靈之神祇，乃是冥
頑無知之物質；信解道此，庶幾以情證理①，怨恨之至，遂識事
物之真。雖然，言"怨之徒也"，正恐是怨之甚耳，參觀《毛詩》
卷論《正月》。《小園賦》："諒天造兮昧昧，嗟生民兮渾渾"；《哀
江南賦》："以鶉首而賜秦，天何爲而此醉！且夫天道迴旋，生民
賴焉，……生死契闊，不可問天"；夫天既"昧"且"醉"，則
"問"之豈非"徒哉"？正如怨之"徒也"②。

　　庾信《周上柱國齊王憲神道碑》。按信集中銘幽諷墓，居其
太半；情文無自，應接未遑，造語謀篇，自相蹈襲。雖按其題，
各人自具姓名，而觀其文，通套莫分彼此。惟男之與女，撲朔迷
離，文之與武，貂蟬兜牟，尚易辨別而已。斯如宋以後科舉應酬
文字所謂"活套"，固六朝及初唐碑志通患。韓愈始破舊格，出
奇變樣，李耆卿《文章精義》至曰："退之諸墓誌，一人一樣，
絕妙！"；歐陽修、王安石亦堪繼美。姚鼐《古文辭類纂》於此體
錄三人作最多，而柳宗元、蘇軾不足倫比，蓋能別裁者也。庾信
碑誌，有兩慣技。一：駢文儷事，本借古比今。張問陶《船山詩
草》卷九《論文》之六："誌傳安能字字新，須知載筆爲傳真。
平生頗笑抄書手，牽率今人合古人"；駢文尤有此弊。顧雲《盋

---

　　① Cf. Keats: "For axioms in philosophy are not axioms until they are proved upon our impulses"; "Even a proverb is no proverb to you till your life has illustrated it" (*Letters*, ed. H. E. Rollins, I, 279；II, 81)；Newman, *A Grammar of Assent*, Burns, Oates, & Co., 74–5 (Notional assent vs Real assent).

　　② Cf. Ch.-J.-L. Chênedollé: "L'Indifférence de la Nature" (A. J. Steele, *Three Centuries of French Verse*, 279)；Stephen Crane: "The Open Boat": "But she[Nature] was indiffrerent, flatly indifferent" (*Works*, ed. F. Bowers, V, 88).

山文録》卷一《復鄧熙之書》謂六朝及唐初碑誌"將敍本事，必
以前事爲比附；苟隸前事，或於本事多參差"。

　　【增訂三】《曝書亭集》卷四七《漢冀州從事張君碑跋》："嘗怪
　　六朝文士爲人作碑表志狀，每於官閥之下，輒爲對偶聲律，引
　　他人事比擬，令讀者莫曉其生平。而斯碑序述全用韻語，不意
　　自漢已有作俑者。"可與張詩、顧文參觀。

信敍墓中人生平時，每於儷事後，亟自評所儷事之切當抑參差，
藉作頓挫。本《碑》即有四處："開府同于馬駿，秩擬六卿；驃騎
等於劉蒼，位高三事；宗子維城，彼多慙色"；"王武子以上將開
府，未滿立年；荀中郎爲十州都督，才踰弱冠；方之於公，已爲
老矣"；"成都有文翁之祀，非謂生前；漢陽有諸葛之碑，止論身
後；比之今日，豈可同年而語哉"；"姬旦封於曲阜，不廢居中；劉
交國於彭陽，無妨常從；豈直周、召二南，并居師傅，晉、鄭兩
國，俱爲卿士而已哉"。他如卷一一《周使持節大將軍廣化郡開國
公丘乃敦崇傳》："昔二馮同德，繼踵當官；兩杜齊名，夾河爲郡；
比斯榮寵，彼將慙色"；卷一三《周大將軍崔説神道碑》："移民下
邑，未學邊韶；走馬章臺，不同張敞"，又"中軍之司，既舉魏絳；
上卿之佐，實用荀林；以公方之，差無慙德"，又"淮陰一國，韓
信之故人；户牖萬家，陳平之鄉里；公此衣錦，足爲連類"；同卷
《周柱國大將軍拓跋儉神道碑》："杜鎮南之作牧，當世樹碑；竇車
騎之臨戎，生年刻石，方之今日，彼獨何人"；卷一四《周柱國大
將軍紇干弘神道碑》："白水良劍，罷朝而贈陳寵；青驪善馬，迴軍
而賜李忠；並經輿服，足爲連類"；同卷《周車騎大將軍賀婁公神
道碑》："相如西喻，鏤石于靈山；武侯南征，浮船于瀘水；方之今
日，彼獨何人"；卷一五《周上柱國宿國公河州都督普屯威神道

碑》："昔者受律赤符，韓信當千里；治兵白帝，張飛擬萬人；皆比
於今日，公之謂也"；同卷《周兗州刺史廣饒公宇文公神道碑》：
"婁敬上書於鹿輅，項伯舞劍於鴻門，公之此榮，足爲連類"；卷一
六《周驃騎大將軍開府侯莫陳道生墓誌銘》："趙儼之爲驃騎，正駕
單車；張堪之拜光禄，長乘白馬；以斯連類，朝野榮之"；同卷
《周大將軍懷德公吳明徹墓誌銘》："冠軍侯之用兵，未必師古；武
安君之養士，能得人心；擬于其倫，公之謂矣"；卷一七《周大將
軍聞嘉公柳遐墓誌銘》："王祥佩刀，世爲卿族；鮑永驄馬，家傳司
隸；以此連類，差無慙德"，又"魏侯之見劉廙，不覺斂容；漢主
之觀田鳳，遂令題柱；比之今日，曾何足云"。其謂"連類"、"擬
倫"者，未必貼合；謂"不可同年語"、"何足云"者，又每爲所儷
事不貼合之飾詞；謂"未學"、"不同"者，直是無事可儷而强儷事
之供狀，譬如自首之得減罪也。二：碑文及銘詞常寫景物作結，
語氣宛類詞賦，且例必道及封樹，幾有匡格。如卷一三《周太子
太保步陸逞神道碑》："山勢接飛，松形蓋起"；同卷《周大將軍崔
説神道碑》："松檟深沉，既封青石之墓"；同卷《周大將軍司馬裔
碑》："殖之松柏，不忍凋枯"，又"谷寒無日，山空足雲，……地
形樓起，松心蓋圓"；同卷《周柱國大將軍拓跋儉神道碑》："風雲
積慘，山障連陰，陵田野寂，松逕寒深"；卷一四《周柱國大將軍
紇干弘神道碑》："松門石起，金字碑生"；同卷《周車騎大將軍賀
婁公神道碑》："寒關樹直，秋塞雲平，……碑枕金龜，松橫石馬"；
卷一五《周上柱國宿國公河州都督普屯威神道碑》："陵原地迴，松
路風悲"；同卷《周柱國楚國公岐州刺史慕容公神道碑》："淚墮片
石，劍挂孤松"；同卷《周兗州刺史廣饒公宇文公神道碑》："倏忽
身世，俄然松檟"；卷一六《周大將軍襄城公鄭偉墓誌銘》："河陽

古樹，金谷殘花；隴昏雲暝，山深路晚，風氣纔高，松聲即遠”；同卷《周驃騎大將軍開府侯莫陳道生墓誌銘》：“霜隨柳白，月逐墳圓”；同卷《周車騎大將軍贈小司空宇文顯墓誌銘》：“草銜秋火，樹抱春霜，……孝水未枯，悲松先落”；同卷《周大將軍琅邪壯公司馬裔墓誌銘》：“風松雲蓋，白水山衣”；卷一七《周大將軍聞嘉公柳遐墓誌銘》：“松長風遠，地厚泉寒”；同卷《故周大將軍義興公蕭公墓誌銘》：“霜芬［華？］幕月，松氣陵秋”；同卷《周故大將軍趙公墓誌銘》：“樹密人稀，山多路小，十里松城，千年華表”；卷一八《周譙國公夫人步陸孤氏墓誌銘》：“樹樹秋聲，山山寒色，草短逾平，松長轉直”；同卷《周趙國公夫人紇豆陵氏墓誌銘》：“松悲鶴去，草亂螢生，新雲別起，舊月孤明”；同卷《周安昌公夫人鄭氏墓誌銘》：“鳥悲傷聽，松聲愴聞”；同卷《周大將軍隨東郡公侯莫陳君夫人竇氏墓誌銘》：“山迴廣柳，路没深松”；同卷《周冠軍公夫人烏石蘭氏墓誌銘》：“香填柏椁，路閉松城”；同卷《周太傅鄭國公夫人鄭氏墓誌銘》：“山深月闇，風急松悲”；同卷《後魏驃騎將軍荆州刺史賀拔夫人元氏墓誌銘》：“隴深結霧，松高聚風”；同卷《周大都督陽林伯長孫瑕夫人羅氏墓誌銘》：“悽切郊野，紆迴隰原，風慘雲愁，松悲露泣”；同卷《周儀同松滋公拓拔兢夫人尉遲氏墓誌銘》：“孟冬十月，長松九年”；同卷《周驃騎大將軍開府儀同三司冠軍伯柴烈李夫人墓誌銘》：“秋色悽愴，松聲斷絶。”江淹《報袁叔明書》曰：“一旦松柏被地，坟壟刺天”，蓋故事坟壟應有松柏，顧碑誌何必以松柏爲題中應有之義；信搖筆即來，强聒不舍，雖偶出悽警之句，復數見不鮮、緣多動嫌矣。

二六二　全後周文卷一四

庾信《周柱國大將軍紇干弘神道碑》："受書黃石，意在王者之圖；揮劍白猿，心存霸國之用。"按卷一六《周大將軍懷德公吳明徹墓誌銘》："圯橋取履，早見兵書；竹林逢猿，偏知劍術"，又用此兩事。《全唐文》卷四〇一趙自勵《出師賦》亦云："桓桓大將，黃石老之兵符；赳赳武夫，白猿公之劍術。"蓋張良事指兵法，越處女事指武藝，謀勇兼到，故賦詠將士者多儷事焉，不必意中有庾信文也。孔平仲《孔氏雜說》卷二、吳曾《能改齋漫錄》卷八引《潘子真詩話》皆謂庾信《宇文盛墓誌銘》："授圖黃石，不無師表之心，學劍白猿，遂得風雲之志"，杜牧本之，《題永崇西平王太尉愬院》："授符黃石老，學劍白猿翁"；吳氏因言李白《贈張中丞》："白猿傳劍術，黃石借兵符"，亦本庾語。竊謂此等熟典，已成公器，同用互犯者愈多，益見其爲無心契合而非厚顏蹈襲，參觀論《全後漢文》孔融《薦禰衡表》。庾文未見《宇文盛墓誌銘》，孔、潘當別有所據，李句出《中丞宋公以吳兵三千赴河南，軍次尋陽，脫余之囚，參謀幕府，因贈之》，此則可補入王琦註《李太白集》卷一一。

庾信有《愁賦》一首，惟見之葉廷珪《海錄碎事》卷九《聖

賢人事部》下，有"誰知一寸心，乃有萬斛愁"云云十數句，似
非全文。嚴氏漏輯之，倪璠註《庾子山集》，祇不忍削除羼入之楊
炯諸文，却了無拾補。文同《山城秋日野望感事書懷呈吳龍圖》
所謂："此愁萬斛誰量得，直爲重拈庾信文"，正指斯篇。晚唐、兩
宋詩詞中常及之，如韋莊《愁》、黄庭堅《山谷琴趣》外篇卷二
《減字木蘭花•距施州二十里張仲謀遣騎相迎》、晁説之《嵩山集》
卷七《村館寒夜忽忽不樂學古樂府當句對》、陳師道《後山詩註》
卷五《古墨行》、陳與義《簡齋詩集箋註》卷一六《道中書事》、袁
去華《踏莎行》；《宋詩選註》一〇八頁所舉例不復贅。

【增訂四】朱翌《灊山集》卷二《遣興》："客去抽書讀，愁來
閉户推。"

金人如王若虛亦加評騭，《滹南遺老集》卷三四《文辨》："嘗讀
庾氏諸賦，類不足觀，而《愁賦》尤狂易可怪"；大似當時庾集
中此篇與《哀江南賦》等並存者。不知何時佚失，遂爾淹没無
聞。博雅如文廷式，其《純常子枝語》卷四〇論周邦彦《玉樓
春》，祇云："'庾郎愁'字乃是宋人常語。"《全後周文》卷一一一
《擬連珠四十四首》爲信文較恣放之作，偶能刊落詞華，《愁賦》
更老手雄筆，不可鐵網漏此珊瑚也。參觀《易林》卷論《謙》之
《大畜》。

二六三　全後周文卷一九

　　劉璠《雪賦》。按"爾乃憑集異區，遭隨所適，遇物淪形，觸途湮迹"云云，不過鋪陳謝惠連《雪賦》中"值物成象，任地班形"之意。"無復垂霙與雲合，惟有變白作泥沉，本爲'白雪'唱，翻作《白頭吟》，吟曰：'……徒云雪之可賦，竟何賦之能雪！'"；因"白"字而以宋玉之對牽合文君之吟，言"垂霙"與"雲"之永絶，情事正同潘岳所謂："灌如葉落樹，邈然雨絶天"或謝朓所謂："邈若墜雨，翩似秋蒂"（《文選》謝朓《拜中軍記室辭隋王箋·李善註》），亦即《粵風》所謂："只見風吹花落樹，不見風吹花上枝。"含思悽悵，異於惠連賦中之雪"縱心"任運，"何慮何營"。"雪之可賦"句"雪"字是名詞，"霜雪"、"風雪"之"雪"也；"何賦之能雪"句"雪"字乃動詞，"洗雪"、"昭雪"之"雪"，承"變白"句來，謂垢不可濯也。語雙關，序顛倒，銖鋼稱而針鋒對。"混二儀而並色，覆萬有而皆空，埋沒河山之上，籠罩寰宇之中，日馭潛於濛汜，地險失於華嵩，既奪朱而成素，實矯異而爲同"；晉羊孚以還寫雪者僅言"奪朱成素"，此《賦》始拈出"險失"

若夷、"矯異爲同"①，體物揣稱而返虛入渾，以大筆爲工筆矣。
後來漸成此題中常有之義，如韓愈《喜雪》："地空迷界限，砌
滿接高卑，浩蕩乾坤合，霏微物象移"，又《詠雪》："隱匿瑕
疵盡，包羅委瑣該"；高駢《對雪》："如今好上高樓望，蓋盡
人間惡路歧"；王安石《次韻和甫喜雪》："平治險穢非無德，
潤澤焦枯是有才"；曾鞏尤反復言之，《元豐類稿》卷一《詠
雪》："併包華夷德豈薄，改造乾坤事尤譎；驅除已與塵滓隔，
濯溉終令枯槁悅"，卷二《雪詠》："長街隱缺甃，荒城混孤
稜"，又《詠雪》："兩儀混合去纖間，萬類韜藏絕塵跡"，卷六
《喜雪》一："混同天地歸無跡，潤色山川入有爲"，二："收功
歸潤物，全德在包荒"，又《賦喜雪》："山險龍蛇盤鳥道，野
平江海變畬田"；《後村千家詩》卷一三潘牥《雪》："鋪勻世界
能平等，鋪住梅花得十分"；《明文在》卷三徐有貞《三農望雪
賦》："化萬殊而爲一，見物情之大同"；洪亮吉《北江詩話》
卷二、楊亨壽錄本法式善《梧門詩話》卷三皆稱英夢堂《詠
雪》："填平世上崎嶇路，冷到人間富貴家"；程恩澤《程侍郎
遺集》卷三《上元後二日大雪復疊前韻答春浦》："祇恐乾坤填
欲窄，却教崖岸失其痕"；易順鼎《壬子詩存》卷上《雪後徐
園探梅作》："姑詠天地一籠統，且喜世界無凹凸。"黄震《黄
氏日鈔》卷六四論王安石聯曰："説得意思佳，但上句正可言
'才'，下句正可言'德'，布置似顛倒耳！"；其評甚當，曾鞏

---

① Cf. Emily Dickinson："It Sifts from Leaden Sieves"："It［Snow］makes an
Even Face/Of Mountain，and of Plain—/Unbroken Forehead from the East/Unto
the East again—"；Robert Bridges："London Snow"："Hiding difference，making un-
evenness even."

以"包荒"爲"德"，則"潤物"又衹可退而爲"功"。"平治險穢"語自可通，然《淮南子·泰族訓》稱伊尹、周公、孔子"皆欲平險除穢"，言"治穢"不如言"除穢"爲順，當作"平除"。安石本淮南而偶誤憶耳。

二六四　全後周文卷二〇

　　甄鸞《笑道論》。按與卷二三釋道安《二教論·服法非老九》合觀，便於六朝道士悠謬愚騃之說，如燭照數計。王世貞《弇州山人續稿》卷一五六《題〈笑道論〉後》："《老子化胡》諸經既見斥於《道藏》，不復見，而乃見之《佛藏》甄鸞《笑道論》中，蓋一無賴黃冠所作，不學寡識之故也。惜笑者尚未盡耳。……噫！其乖舛鄙俚、淺陋不經若此，不唯不足辯，併亦不足笑也。"斯言允矣。甄《論》采入《廣弘明集》卷九，王氏所謂"見之《佛藏》"也。《老子化胡經》久失傳，敦煌殘存三卷（卷一、卷一〇見《鳴沙石室佚書續編》，卷八見《敦煌秘籍留真新編》），晚近始出人間。羅泌《路史·發揮》卷三《老子化胡說》申說佛教之本《老子·德經》，"然釋氏之無知者，輒諱其事"，篇末曰："己丑閉日，閱《化胡經》書"；謂佛理出於道家言，乃唐宋儒者常談（參觀《列子》卷論《黃帝》篇），不必多怪，而大書特書"閱《化胡經》"，豈南宋初此《經》尚得"見"歟？竊疑其即自《笑道論》中"見"之，故自註引"道家善於報復"之例，正願比道士一洒被"笑"之辱耳。黃震《黃氏日鈔》卷八六《崇壽宮記》記道士張希聲據《老子化胡經》詳究"吾師老子之入西域也，嘗化爲摩尼佛"，唐憲宗時"回鶻入貢，始以摩尼偕來，置寺處之"；

【增訂四】羅泌言"閲《化胡經》書"，黄震記張道士據《化胡經》，想非誇誕。道士所云，確見《老子化胡經‧序説》第一："入西那玉界蘇鄰國中，降誕王室，亦爲太子。捨家入道，號末摩尼。……摩尼之後，年垂五九，金氣將興，我法當盛。"然《玄歌》第十篇中老子自歌《十六變詞》，却未及入道爲末摩尼事。

則不特似南宋末猶傳此《經》，更徵摩尼非獨如釋志磐《佛祖統紀》卷四四所訶"假名佛教"，或如王炎《雙溪類稿》卷二《沿檄如蒲圻訊民之食菜事魔者，作詩憫之》所謂"與佛歧又分"，亦且依託道門，"崇壽宮"實摩尼寺也。張道士及《佛祖統紀》卷四八皆引僞撰白居易《題〈摩尼經〉》："五佛繼光明"，本事早見甄鸞《論‧五佛並出五》。沈濤《交翠軒筆記》卷一論《破邪詳辯》、沈曾植《海日樓札叢》卷六《明教經禳鬼》、王國維《觀堂別集》卷一《摩尼教流行中國考》均未徵之黄氏此《記》，故僅知摩尼摅撦《金剛經》而與佛教瓜葛，未識其亦擷取《老子化胡經》而與道教絲蘿也。

王世貞《題〈笑道論〉後》所舉道士舛鄙諸例，其一云："尹喜斬父母七人頭，將至聘前，便成七豬頭。"甄《論‧害親求道二四》引《老子消冰經》云："老子語尹喜曰：'若求學道，先去五情。……'喜精鋭，因斷七人首持來。老笑曰：'吾試子心，不可爲事；所殺非親，乃禽獸耳！'伏視七頭爲七寶、七尻爲七禽"；無"成豬頭"語，王氏殆見別本耶？《法苑珠林‧破邪篇》引道士捏造諸《經》，有可補益者，如卷六九《道教敬佛第五》引《法輪經》即此《論‧道士奉佛三十四》所未及也。俞正燮

《癸巳類稿》卷一七《道笑論》刺取佛家荒唐迁怪之言以折甄《論》之"笑道"，反唇相稽，攘臂佐鬭。然所摘佛經，其鄙謬實不若甄摘道經之甚。蓋佛書無稽，初未憑藉道書；道書無稽，却每依仿佛書，《全北齊文》卷八劉晝《上書詆佛法》所謂："道士非老、莊之本，藉佛邪説，爲其配坐而已。"更可嗤者，擬之、襲之，因而强欲陵蓋之，婢學夫人，盜傷事主，兼而有焉。譬如佛經分"大乘"、"小乘"，道經"三洞"三十六部遂分"大乘"、"中乘"、"小乘"，增一成三，以示彼寡我衆；伎倆直似石動箇改郭璞句"青谿千餘仞，中有一道士"爲"青谿二千仞，中有兩道士"，自負"勝伊一倍！"（《太平廣記》卷二四七引《啓顔録》）。甄鸞一"笑"，遂使隱情大破，遁形無所。《高僧傳》二集卷三〇《道安傳》記鸞上此《論》，周武帝以爲"傷蠹道士，即於殿庭焚之"。顧此《論》終獲傳後，而遭其哂笑之道經唐初雖尚資諍辯，亦頗流布（參觀《全唐文》卷一六五張思道、劉如璿《不毀〈化胡經〉議》、卷二〇四劉仁叡《議沙門不應拜俗狀》又《佛祖統記》卷四〇中宗神龍元年），積漸而跡滅聲銷。後世道士之較有學識者亦諱莫如深，羞言家醜。北宋張君房《雲笈七籤》卷二《開闢劫運》、卷二二《天地五方》等篇未嘗以《化胡經》、《消冰經》之類隻字闌入。是鸞於道門蕪穢，亦有廓清之功矣。

甄《論·五佛並出五》引《玄妙篇》又《老子作佛十八》引《玄妙經》，即《全齊文》卷二二顧歡《夷夏論》所引《玄妙内篇》，惟甄引夫人名作"清妙"，顧引夫人名作"淨妙"。《改佛爲道二九》："昔有問道士顧歡，答：'《靈寶妙經》天文大字，出於自然，本非《法華》，乃是羅什與僧肇改我道經爲《法華》也'"；其語不見顧遺文中，《南齊書·高逸傳》、《南史·隱逸傳》上顧傳亦未載。

二六五　全後周文卷二二

　　釋僧勔《難道論》：“世之濫述，云老子、尹喜西度，化胡出家，老子爲説經解，尹喜作佛，教化胡人；又稱是鬼谷先生撰，南山四皓註。”“濫述”所云，西晉時已有，《弘明集》卷一闕名《正誣論》（《全晉文》卷一六六）“有異人者誣佛”云云，即其事，“正”誣謂“老子即佛弟子”，唐釋道宣《高僧傳》二集卷三二《法琳傳》記琳奏唐太宗謂“老子師佛”，所據相同。《化胡經》爲道士王浮僞造，見梁釋慧皎《高僧傳》卷一《帛遠傳》，託名鬼谷子作并有註，則似不見其他記載。隋僧智顗心裁別出，不辯老子化胡之非實事，而斥化胡者非老子真身；《摩訶止觀》卷六：“魔亦能以有漏心，作無漏形，變爲佛像，《老子西昇》亦云作佛化胡”，蓋不啻《吕氏春秋・疑似》所記黎邱奇鬼效丈人子、《西遊記》所寫紅孩兒變觀音、黄眉怪變如來矣（參觀《太平廣記》卷論卷四四七《陳羨》）。

　　《難道論》：“故班固《漢書》品人九等，孔丘之徒爲‘上上’類，例皆是聖，李老之儔爲‘中上’類，例皆是賢。何晏、王弼云：‘老未及聖。’此則賢、聖天分，優劣自顯。”按卷二三釋道安《二教論・君爲教主三》：“依《前漢書》品孔子爲‘上上’類，皆是聖，以老氏爲‘中上’流，並是賢。又何晏、王弼咸云：‘老未及聖。’此皆典達所位，僕能異乎？”又《依法除疑十二》：“始知釋典茫茫，該羅二諦，儒宗珞珞，總括九流。”釋智顗《摩訶止觀》卷六、《法華玄義》卷八上亦進周、孔而退老、莊。釋子稱儒，所以引爲己助，合力攻道門也。道士持論如《全齊文》卷二二顧歡《夷夏論》：“國師道士，無過老、莊；儒林之宗，孰出周、孔？若孔、老非聖，誰則當之？”《南史·隱逸傳》上詳記歡以《老子》降妖、《孝經》療病；《高僧傳》二集卷三〇《曇無最傳》記後魏明帝問佛、老，清通觀道士姜斌答：“孔子制法聖人，當明於佛，迥無文誌何耶？”其稱儒，所以引爲己助，合力攻佛門也。三家勢成鼎足，其中之一家遂得如武涉說韓信所謂：“足下右投則漢王勝，左投則項王勝。”然儒往往兼攻二氏；而二氏未嘗合力攻儒者，則因儒爲國家典學，自恃根深基固、名正言順，二氏亦知其不可動搖也。參觀《列子》卷論《仲尼》篇。

二六六　全後周文卷二三

　　釋道安《二教論》。按《全齊文》顧歡《夷夏論》："尋二教之源，故兩標經句"；《全宋文》卷五七朱昭之《難〈夷夏論〉》、朱廣之《諮〈夷夏論〉》獻疑送難；"二教"謂佛與道也。道安此《論》之"二教"則謂佛與儒，降道爲儒之附庸，不許其齊稱並列焉。故《歸宗顯本一》："若通論內外，則該彼華夷，若局命此方，則可云儒釋。釋教爲內，儒教爲外，……教唯有二，寧得有三？"；《儒道升降二》："老氏之旨，……既扶《易》之一謙，更是儒之一派"；《依法除疑十二》："始知釋典茫茫，該羅二諦，儒宗珞珞，總括九流。""內"、"外"之稱，參觀《史記》卷論《滑稽列傳》。《高僧傳》二集《曇顯傳》記北齊文宣召僧道辯校於朝，"諸道士……猶以言辯爲勝，乃曰：'佛家自號爲內，則小也；諸道家爲外，則大也。'顯應聲曰：'若然，則天子處內，定小於羣小庶人矣！'"；甄鸞《笑道論·佛生西陰八》引道士言"道生於東"，爲"陽"、爲"男"，"佛生於西"，爲"陰"、爲"女"；號"內"、名"外"，亦正可附會《易·家人》說爲男女之別也。羅泌《路史·前紀》卷三："禽陽而獸陰，老陽而釋陰，是故釋誤多毛，老誤多羽"；泌固信老子化胡者，"老陽釋陰"之

說即出"佛生西陰"來，又增以禽獸之別。然道士號"羽士"，
謂"多羽"猶有説，僧則"禿丁"、"頭毛猶未生"（語出《太平
廣記》卷二四八《李榮》出《啟顏録》），何以"誤"而成"毛
蟲"，殆以羨補不足、矯枉過正耶？《服法非老九》："但今之道
士，始自張陵，乃是鬼道，不關老子。……自下略引張氏數妄
説，用懲革未聞。"按所舉"三張鬼法"與《笑道論·事邪求道
二○》、《戒木枯死二十二》所"笑"者大同，亦即《全齊文》卷
二六釋玄光《辯惑論》所詆之六"極"也。《依法除疑第一二》：
"夫崑山多玉，尚有礫砂，浮水豐金，寧無土石。沙門之中，禪
禁實多，不無五三，缺於戒律，正可以道廢人，不應以人廢
道。……不可見紂、跖之蹤，而忽堯、孔之教，覽調達之迹，而
忘妙德之風。"按卷一九王明廣《上書宣帝請重興佛法》："竊以
山包蘭艾，海蘊龍蛇，美惡雜流，賢愚亂處。……或有改形換
服，苟異常人，淫縱無端，還同愚俗"；《高僧傳》二集卷三
○《智炫傳》周武帝召僧道面質，道士詞屈，帝因"自昇高座"，
言"佛法中有三種不淨"，其三曰"衆不淨"，謂"僧多造罪過，
行淫佚"，智炫對曰："僧衆自造罪過，乃言佛法可除，猶如至尊
享國，……豈可以臣逆子叛，遂欲空於大寶之位耶？"皆同道安
之意。

　　【增訂四】《全唐文》卷一五七李師政《内德論·辯惑》一辯
　　　　"昔有反僧"，謂"豈得以古有叛臣，而棄今之多士"云云，又
　　　　謂"青衿有罪，豈關尼父之失"云云，即道安、智炫之意也。

蓋沙門惡迹如周朗、荀濟、章仇子陁輩所斥者，確鑿難諱，甚且
聚衆作亂，《高僧傳》二集卷三一《曇選傳》即誡其弟子智滿曰：
"自佛法東流，矯詐非少，前代'大乘'之賊，近時'彌勒'之

妖，註誤無識，其徒不一。"曇選與僧勔、智炫均入《高僧傳·護法》列傳，王明廣上書能回宣帝之意，是佛門龍象亦不復能辨飾僧衆之矯詐罪過，故更端爲害馬之説，若曰未可治頭風而遽斷首、除惡草而并鋤禾爾。

二六七　全後周文卷二四

　　衛元嵩《上書請造平延大寺》："請造平延大寺，容貯四海萬姓，不勸立曲見伽藍，偏安二乘五部。夫平延寺者，無選道俗，罔擇親疏，以城隍爲寺塔，即周主是如來，用郭邑作僧坊，和夫妻爲聖衆。"按元嵩書全文失傳，僅釋道宣《廣弘明集》卷七鈎纂六百餘言；即如"周主"二字，必非本文。《全後周文》卷一九王明廣《上書宣帝請重興佛法》皆駁此篇，有曰："言'國主是如來'，冀崇諂説"，則原作"國主"，詞氣庶合。王《上書》中如："'外修無福'，是何言也！"，"上言'慢人敬石'，名作'痴僧'"，亦可度知爲引元嵩原語，道宣皆節去；又觀王所駁，元嵩原必有言出家爲背親不孝一節，道宣全刊落之。據見存六百餘字論之，元嵩非廢佛法，乃欲通國上下無一人而不奉佛也。凡人盡佛弟子，全泯出家在俗之別，則無須另有僧徒；舉國一大道場，全泯靜域熱界之別，則無須特設寺院。其意不止欲納白衣儒生、黄冠道士以入乎釋，推而至於朱紫百官，罔勿爲廣大佛門所包并，而國主身即教主焉。儒者牽合《論語・堯曰》與《周禮》所標治教不分、君師合一，或柏拉圖所標"哲學家爲國君"（philosopher-king），若是班乎。《全隋文》卷三文帝《手敕釋靈藏》：“弟子是俗人天子，律師是道人天子”；尚是平分事權，僅如但丁所謂人皇與法皇“二日中天”（due soli），各有專司。元嵩倡議，合道俗之二本，定治教於一尊，“即國主是如來”，雖“皇帝菩薩”如梁武亦不敢作此想；而劇類西藏所謂“活佛”者。與元嵩書同卷之任道林《修述鄴宮新殿廢佛詔對事》記周武帝面諭：“是知帝王即是如來，宜停丈六；王公即是菩薩，省事文殊”；蓋已入元嵩之説矣。智顗《摩訶止觀》卷二：“宇文邕毁廢，亦由元嵩魔業，此乃佛法之妖怪，亦是時代妖怪！”顧道宣於元嵩書按語有曰：“立詞煩廣，三十餘紙，大略以慈救爲先，彈僧奢泰不崇法度；無言毁佛，有協真道也。”明言元嵩“彈僧”而不“毁佛”，罷道而非叛道。王明廣《上書》痛詆元嵩，亦曰：“扇動帝心，名爲尊佛”；又曰：“元嵩乞簡，差當有理”，即謂不毁佛而彈僧也。故道宣撰《高僧傳》二集，於元嵩未嘗發聲微色以罵。卷三〇《靜藹傳》稱“前僧衛元嵩”與道士張賓“脣齒相副”；卷三五《釋衛元嵩傳》記周武帝以“信衛元嵩言毁廢佛法”，死後入地獄“大遭苦困”，而地府“曹司處處搜求”元嵩，“乃遍三界，云無、不見”。是逢君之首惡反逍遥於東岱法網之外，而地獄若不爲之設，謂非陽秋之筆可乎？王明廣《上書》：“嵩本歸命釋迦，可言善始；厭道還俗，非是令終，與彼嬖女亂臣，計將何別？”道宣却稱元嵩曰“前僧”、曰“釋”，原心而不忍決絶之恕詞也；釋志磐《佛祖統紀》卷三八《法運通塞志》逕言北周武帝“信道士張賓、衛元嵩”，則如《法言·修身》所謂“倚門牆則麾之”矣。元嵩《書》請廢沙門、去蘭若，而未請禁絶二乘五部，請人其人、廬其居，而未請火其書。良以末派失開宗之本真，徒孫爲師祖之罪人，有佛教之名，無佛法之實；故溝

而二之，不許僧徒、寺院託佛自庇，而亦免於佛爲僧徒、寺院所
玷累。西人嘗言：“耶穌基督而復生，必不信奉流行之基督教”
（Christ was not a Christian, and certainly would not have been if
born within the Christian era; If Christ were here now, there is
one thing he would *not* be——a Christian）①，足相發明。

【增訂四】尼采嘗言：“奚考其實，基督教徒祇有一人，渠已死
於十字架上矣”（im Grunde gab es nur einen Christen, und
der starb am Kreuz.——*Der Antichrist*, § 39, *Werke*, ed. K.
Schlechta, 1955, Vol. II, p. 1200）。亦即史文朋與馬克·吐
溫所謂“耶穌基督非基督教徒”或“使耶穌基督在世，決不信
奉基督教”。原註引亨利·詹姆士言，漏植來歷爲《中歲回憶》
（*The Middle Years*, p. 107）。參觀《談藝錄》第五十“雲門
事”條補訂。

元嵩覩道士之勢大張，周武之聽愈偏，而僧侶之行日下，授人以
柄，岌岌乎佛之教將根株俱絶，佛之徒將玉石同焚，乃順時應
變，先意承志。然匪特明哲保身，尚圖譎諫護法。元嵩他行事不
必較，就此《書》言，則正將計就機，以順緣爲逆緣者。其廢僧
適所以存佛，去寺乃欲化國爲寺，與道士張賓輩事急相隨，而陽
合陰離。《周書·藝術傳》、《北史·藝術傳》上皆附元嵩，謂其

① *The Swinburne Letters*, ed. C. Y. Lang, IV, 147; Mark Twain *Notebook*,
quoted in Philip S. Foner, *Mark Twain Social Critic*, International Publishers, 200.
Cf. John Wilkes: "The fellow is a Wilkite which Your Majesty knows I never was";
Henry James: "Tennyson was not Tennysonian"; Engels: "Ganz wie Marx von den
französisch 'Marxisten' der letzten 70er Jahre sagte: 'Tout ce que je sais, c'est que je
ne suis pas marxiste'"（Marx-Engels, *Ausgewählte Schriften*, Dietz, II, 457）.

"（性）尤不喜（信）釋教"，皮相之論耳。雖然，元嵩之志誠大
矣，元嵩之計則難行，事願相違，初心盡失，道宣蓋鑑其本衷而
諒之也。《高僧傳》二集卷三二《法琳傳》："每以槐里仙宗，互
陳名實，昔在荆楚，梗概其文，而秘法奇章猶未探括，自非同其
形服，塵其本情，方可體彼宗師，靜兹紛結。乃權捨法服，長髮
多年，外統儒門，内希聃術；遂以義寧初歲，假被巾褐，從其居
館。……致令李宗奉釋之典，包舉具舒，張僞葛妄之言，銓題品
録。武德初運，還蒞釋宗"；行徑直是暗探，喬裝混迹，投敵刺
情，然後脱身歸報。趙宋太祖遣"小長老"入南唐行間，事見龍
袞《江南野史》，馬、陸兩《南唐書》皆采之；此兩國相爭，僧
充諜倀也。法琳變緇冒黄，則兩教相爭，潛入道門中之僧諜耳，
而道宣列之於《護法》諸師，津津道其行事。爲護本法而降志屈
身，欲攻異端而貳心兩面，衛正破邪殆亦如用兵之不厭詐乎！
《淮南子·泰族訓》："夫聖人之屈者，以求伸也，枉者，以求直
也。故雖出邪僻之道，行幽昧之塗，將欲以興大道，成大功；猶
出林之中不得直道，拯溺之人不得不濡足也"，因歷舉周公、管
子、孔子行事而斷之曰："由冥冥至昭昭，動於權而統於善者
也。"法琳"權捨法服"，即"動於權"也。意大利文藝復興時有
"爲行善而作惡"（pro bono malum）之説，寖假而成耶穌會所標
"目的正，則手段之邪者亦正"（The end justifies the means）[1]。
僧家自有此善巧方便；元嵩於周武滅佛，"塵其本情"，以降爲
守，托梁易柱，不足異也。《全後魏文》卷五一荀濟《論佛教

---

　　①　Pareto，*A Treatise on General Sociology*，§1926，*op. cit.*，II，1339；R. Samat，*Per la Storia dello Stile rinascimentale*，73（Ariosto）.

表》：“行淫殺子，僧尼悉然”，《全北齊文》卷八劉晝《上書詆佛法》：“尼與優婆夷，實是僧之妻妾”；元嵩請“和夫妻爲聖衆”，乃以絕弊止謗，蓋知色戒最難守耳。《四十二章經》早曰：“愛欲莫甚於色，色之爲欲，其大無外；賴有一矣，假其二同，普天之民無能爲道者！”；後來《淨心誡觀法》至謂：“四百四病以夜食爲本，三塗八難以女人爲本”；苟夫妻亦即僧尼，則真可合撮龐蘊、楊傑兩偈曰：“男大須婚，女大須嫁，大家團圞頭，共說無生話”（《五燈會元》卷三、卷一六）。《鏡花緣》第一四回大人國觀音菴老叟曰：“小子稱爲僧，小子之妻即稱爲尼”，且以孔廟廟祝有家室爲比，正元嵩之所倡也。馬丁・路德力主教士當婚娶同俗人，因舉一尼菴池中有六千具嬰兒骸等事，慨然曰：“勉强獨身，得果如斯！”（Such were the fruits of enforced celibacy）① 。苟濟等詆“僧尼行淫殺子”，故元嵩欲“和夫妻爲聖衆”，倘見諸施行，則佛教亦如基督教之有“新教”歟？《高僧傳》二集元嵩本傳記其出家爲亡名法師弟子，師謂之曰：“汝欲名聲，若不佯狂，不可得也”；《舊唐書・文苑傳》中記李邕諫武則天，或爲危之，邕曰：“不願不狂，其名不彰，若不如此，後代何以稱也？”噉名賣聲，道俗合轍。太公《陰符》早曰：“大知似狂，不癡不狂，其名不彰”（《全上古三代文》卷七）；夫豈三代之遺教乎？亦百慮而一致爾。

【增訂三】貫休《輕薄篇》之一：“惟云‘不顛不狂，其名不彰。’悲夫！”蓋輕薄兒“鬬雞走狗”，“賭却妾”，輒援太公語以自文也。

【增訂四】《全唐文》卷二六三李邕《嵩岳寺碑》：“及傅奕進計，

① Luther, *Table Talk*, DCCLIV, tr. W. Hazlitt, “Bohn's Lib.”, 307；Burton, *Anatomy of Melancholy*, Part. III, Sect. II, Mem. V, Subs. V, “Everyman's Lib”, III, 244(Ulricus).

以元嵩爲師，凡曰僧坊，盡爲除削。"以傅奕爲師法衛元嵩，是未識劉知幾所謂"貌同心異"也。

釋靜藹《列偈題石壁》："解形窮石，散體巖松。……有求道者，觀我捨身；願令衆生，見我骸骨"云云。按《高僧傳》二集卷三〇《靜藹傳》記其事云："乃跏坐盤石，留一内衣，自條身肉段段，布於石上，引腸挂於松枝，五臟都皆外見，自餘筋肉手足頭面，臠析都盡，並唯骨現，以刀割心，捧之而卒。"從容自處凌遲之狀，當出夸飾，不特《護法篇》中無堪並比，即《遺身篇》以及《高僧傳》一集《忘身篇》、三集《遺身篇》中亦未載毒手自剮有第二人；釋如惺撰四集所載，更末而不足算已。釋道衍（即姚廣孝）著《道餘録》以駁程、朱闢佛；程顥謂"佛之學只是爲怕生死"，乃辯曰："佛之學者了生死性空，豈得怕生死也？"遂舉"靜藹法師毁教不能救，自捨其身"，以與釋迦"割截身體"、獅子尊者"不吝施頭"齊稱。蓋僧史中衛道之勇、殺身之忍，斯人爲絶類離倫矣。道士中護法忘身者似不見記載，殆未遭滅法之難耶？教宗無是非邪正，而信徒有真假誠僞；信徒能不惜以身殉教，足以明其心志之真誠，顧教宗有徒衆甘爲之死，却未堪證其道理之必是必正爾①。

———————

① Cf. Goethe, *Dichtung und Wahrheit*, III. xiv: "Beim Glauben, sagte ich, komme alles daraufan, dass man glaube; was man glaube, sei völlig gleichgültig... Mit dem Wissen sei es gerade das Gegenteil; es komme gar nicht darauf an, das man wisse, sondern was man wisse, wie gut und wie viel man wisse"(*Sämtliche Werke*, "Tempel-Klassiker", XII, 202); Kierkegaard, *Unscientific Postscript*: "The one prays in truth to God though he worships an idol; the other prays falsely to the true God, and hence worships in fact an idol... The objective accent falls on *what* is said, the subjective accent on *how* it is said"(R. Bretall, ed., *A Kierkegaard Anthology*, 212); Jaspers, *The Perennial Scope of Philosophy*, tr. R. Manheim, 4: "Giordano Bruno believed and Galileo knew"etc..

二六八　全隋文卷六

煬帝《與釋智顗書》三十五首。按同卷尚有《與天台山衆令書》、《與東林寺僧書》等八首，卷五有《敕答釋智越》、《敕度一千人出家》等五首，卷六《受菩薩戒疏》、《祭告智顗文》等通卷六首都爲釋氏作。前此帝王惟梁武爲釋氏作文最多，而見存不足三十首，特有浩汗巨篇，隋煬則無是也。《法苑珠林》卷二一《敬佛篇》第六之二《感應緣》："梁祖登極之後，崇重佛教，廢絕老宗，每引高僧談敍幽旨；又造登身金銀像兩軀於重雲殿，晨夕禮事，五十餘年，冬夏蹋石，六時無缺，足蹈石處，十指文現。"僧徒夸飾（參觀論《全梁文》武帝《捨道事佛疏文》），而又不善打誑語；夫趾文現石，豈梁武赤足禮佛耶？有十指文而無兩膝痕，殆兀立而不跪拜乎？較八公山之淮南王馬跡、天平山之西施履印，更堪齒冷。《十國春秋》卷二五《汪煥傳》記南唐後主"酷信"浮屠，煥苦諫曰："昔梁武事佛，刺血寫佛書，捨身爲佛奴，屈膝爲僧禮，散髮俾僧踐；及其終也，餓死於臺城。今陛下事佛，未見刺血、踐髮、捨身、屈膝，臣恐他日猶不如梁武也！"《南史·梁本紀》中記武帝兩次"捨身"，羣臣"以錢一億萬奉贖皇帝菩薩"，三請乃許，帝答書"並稱'頓首'"，則其

“屈膝”，復意中事；“刺血”、“踐髮”不見《南史》、《梁書》及唐前記載，雖僧徒誕妄，亦未嘗語及，不識汪煥何據。然梁武見僧，即果五體投地，其作文却大不然。《全梁文》卷一《淨業賦·序》：“内外經書，讀便解語”，又《唱斷肉經竟制》：“諸僧道、諸小僧輩看經未徧”，卷五《喻智藏敕》：“歧路贈言，古人所重，猶勸法師，行無礙心”，又《敕答釋明徹》：“善思至理，勿起亂想”；他篇亦儼以宗師自命，講經説法，當仁不讓，慢山高聳，我室嚴蒙，了無慊退未足之意。隋煬初未“捨身爲佛奴”，而諸文詞氣，卑以自牧，服善承教，頗見損上益下之沖襟焉。兩人同自稱“菩薩戒弟子皇帝”，覘厥遺篇，一貢高增上，一虚己足恭，區以別矣。佞佛帝王之富文采者，梁武、隋煬、南唐後主鼎足而三，胥亡國之君。史論每咎梁武、李後主之佞佛，却未嘗以此責隋煬。當緣梁武、李後主佞佛，害於其政，著於其尋常行事，而隋煬佞佛，不若是之甚。唐人小説《隋遺録》、《迷樓記》、《海山記》等隻字不道其佞佛逸事，有如梁武帝之散頭髮俾僧踐踏、李後主之削屎橛供僧抽解也。國清寺自隋文帝爲智顗勅建以還，香火綿延，故台宗文獻足徵，隋煬爲釋氏而作之箋啓誓告等篇，流遺遂多。脫於書盡信而且偏信，則據《國清百録》，煬帝“好内”之“内”，將非“内嬖”而是“内典”、“内學”耳！《逸周書·謚法解》云：“好内遠禮曰‘煬’，好内怠政曰‘煬’”；《全梁文》卷三武帝《謚安成王機詔》曰：“王好内怠政，可謚曰‘煬’。”隋人謚陳後主曰“煬”，亦以其内寵煽張而刑政不理也。

二六九　全隋文卷九

崔𪷷《答豫章王書》：“祖瀋燕南贅客，河朔倦游。”按“祖瀋”、𪷷字也。卷二七王貞《謝齊王索文集啓》：“孝逸生于爭戰之季，長於風塵之世”，“孝逸”、貞字也。皆下士上書於王公而自稱字；《全晉文》卷二五王羲之《雜帖》：“王逸少字［疑衍文］頓首謝。七日登秦望，可俱行，當早也”，又：“王逸少頓首敬謝。各可不？ 欲小集，想集後能果”，則是便牘，又受書者必屬平交而非貴人也。《全後周文》卷四宇文護《報母閻姬書》：“誰同薩保，如此不孝！”，護字“薩保”，乃骨肉至親間例得以小字自稱；如《宋書·宗室傳·長沙景王道憐傳》宋高祖對太后曰：“寄奴於道憐豈有所惜？”，《南史·宋宗室及諸王傳》下《元凶劭傳》始興王濬遇江夏王義恭，下馬“又稱字曰：‘虎頭來得無晚乎？’義恭曰：‘恨晚！’”——“字”即濬小字。家人口語常然，家書臨文可不改耳。袁文《甕牖閒評》卷五所舉柳公權、林逋等帖自稱“表德”，亦施於兄弟朋友輩者。

二七〇　全隋文卷一〇

　　江總《自敍》。按歐陽修《五代史·雜傳》第四二謂嘗讀馮道《自敍》，"其可謂無廉恥者矣!"夫馮道《自敍》以喪亂頻經而身名俱泰，坦然自章得意，椎直少文；江總權臣狎客，一人兩任，而此篇志明淡泊，義契苦空，遁詞綺語，更爲有忝面目。馮猶有憾，曰："其不足者，不能佐大君致一統，定四方，誠有愧於歷官，何以答乾坤之施!"雖裝鋪席，未失體統。江"歷升清顯"，"八法八典，無所不統"，回首平生，亦有餘憾，曰："弱歲歸心釋教，……暮齒……深悟苦空，更復練戒。運善於心，行慈於物，頗知自勵，而不能蔬菲，尚染塵勞，以此負愧平生耳!"儼然物外高人，富貴逼身，不得已爲朝裏熱官，糞土一切職守世事而勿屑縈懷掛齒；所熒熒在疚者，惟未能披緇斷肉而已。將誰欺乎! 正恐其所奉佛法未必印可爲直心道場也。《陳書》本傳録此篇而斷之曰："時人謂之實録"；復曰："後主之世，總當權宰，不持政務，但日與後主游宴後廷，……當時謂之'狎客'。由是國政日頹，綱紀不立，有言之者，輒以罪斥之。君臣昏亂，以至於滅。"總《自敍》則曰："不邀世利，不涉權幸。……官陳以來，未嘗逢迎一物，干預一事。……況復才未半古，尸素若兹；

晉太尉陸玩云：‘以我爲三公，知天下無人矣！’軒冕儻來之一物，豈是預要乎？”苟此而可稱“實錄”，則記總長君之惡、蓄同倡優、不音亡陳之禍梯厲堦，皆謗史而乖良直矣。《陳書》出姚察父子手，察與總兩朝僚友，“時人”即察在列，“當時”亦察所值；而數行之內，自相矛盾，父子操觚，蒙然不覺。抑“實錄”之目，豈祇指“尸素”、“天下無人”數句耶？則文章簡脉又殊粗率矣。古來宰執自敍之文，江馮兩篇最堪連類，馮作騰誚已多，杜濬《變雅堂文集》卷三《跋黄九烟户部絶命詩》至曰：“古今無氣之人，莫如馮道、留夢炎及平康里中阿家翁耳！”因拈江作，聊使分謗云。《舊唐書·鄭綮傳》昭宗制可禮部侍郎平章事中書，親朋來賀，綮搔首曰：“歇後鄭五作宰相，時事可知矣！”又堪與陸玩語並傳。“蔬菲”乃“蔬食菲衣”之縮文，卷一三姚察《遺命》亦曰：“深悟苦空，……吾習蔬菲五十餘年。”

二七一　全隋文卷一三

　　顏之推《觀我生賦》。按之推自註此《賦》，謹嚴不苟，僅明本事，不闌入典故。蓋本事無自註，是使讀者昧而不知；典故有自註，是疑讀者陋而不學。之推《家訓》論文甚精，觀此篇自註，亦徵其深解著作義法，非若謝靈運、張淵徒能命筆，不識體要也（參觀論《全宋文》謝靈運《山居賦》、《全後魏文》張淵《觀象賦》）。盧文弨有此《賦》註，殊審覈，附所增訂趙曦明註《顏氏家訓》末。之推《賦》與庾信《哀江南賦》命意大同，而文情遠遜。修詞潔適尠疵，是其所長，庾信波瀾騰瀉，不免挾泥沙耳。

二七二　全隋文卷一六

　　盧思道《勞生論》。按"設論"之體略如《答客難》、《解嘲》，而憤世疾俗之甚，彼出以婉諷者，此則發爲怒罵，遂兼《廣絶交論》與《晉紀總論》之命意。隋文壓卷，端推此篇，參觀《史記》卷論《孟嘗君列傳》。論中痛斥世態之"諂諛讒佞"，即思道《北齊興亡論》寫和士開等事所質言之者，如："噉惡求媚，舐痔自親，……近通旨酒，遠貢文蛇，艷姬美女，……金銑玉華"，即《興亡論》："或送婢妾，或進子女，筐篚苞苴，烟聚波屬。……折枝舐痔，輕者進賄賂，甚者結婚姻。"

　　盧思道《北齊興亡論》。按《太平廣記》卷二五三《盧思道》（出《啓顔録》）："思道爲周、齊《興亡論》，周則武皇、宣帝，咸有惡聲；齊［則］高祖、太上，咸無善言。……東宫曰：'爲卿君者，不亦難乎！'"此篇記和士開事特詳，多《北齊書·恩倖傳》所未道。如《北齊書》僅云世祖與之"親狎"，《論》則曰："一面之後，便大相愛悦，恒在卧内，同食共寢，淫穢之事，無所不爲"；乃知"恩倖"真爲《史記》、《漢書》立《佞幸列傳》之本意也。《論》言世祖："龍攢在殯，淚不承臉，太后之喪，亦不哀哭"；《北齊書》祇於《婁后傳》記其"不改服，緋袍如故"。

《論》曰："士開葬母，傾朝追送，諂諛尤甚者，至悲不自勝"，即《勞生論》所謂"詐泣佞哀，恤其喪紀"。哭爲古人死喪節文之一，不必有淚，具見俞正燮《癸巳類稿》卷一三《哭爲禮儀說》；然哭而闌干兩頰、龍鍾雙袖，自足徵情意之親密，亦即示禮儀之隆重。《三國志·魏書·荀彧傳》裴註引《平原禰衡傳》記衡曰："文若可借面弔喪"；夫"弔喪"獨曰"借面"者，無哀情而須戚貌，方爲知禮，荀彧必生成愁眉苦臉如所謂"哭喪着臉"、"喪門弔客面相"耳。齊世祖不哭無淚，既盡滅骨肉之情，復全失臣子之禮也。送和士開母喪之客悲不自勝；《魏書·恩倖傳》記王叡之喪，親故"衰絰縞冠"以送者千餘人，"皆舉聲慟泣，以要榮利，時謂之'義孝'"；《朝野僉載》卷五記高力士喪母，左金吾大將軍程伯獻、少府監馮紹正二人"直就喪前披髮哭，甚於己親"；禮貌厚而若哀情深也。《宋書·劉德願傳》記世祖所寵殷貴妃薨，"謂德願曰：'卿哭貴妃若悲，當加厚賞。'德願應聲便號慟，撫膺擗踊，涕泗交流，上甚悅。……又令醫術人羊志哭殷氏，志亦嗚咽；他日有問志曰：'卿那得此副急淚？'志時新喪愛姬，答曰：'爾時我自哭亡妾耳'"；《魏書·慕容廆傳》慕容熙妻苻氏死，制百官哭臨，"令有司檢有淚者爲忠孝，無淚者罪之，於是羣臣震懼，莫不含辛以爲淚焉"；一賞一罪，殊事一致，均明知其性情所無，而祇求其禮貌之有且過也。《南齊書·鬱林王紀》："文惠皇太子薨，昭業每臨哭，輒號眺不自勝，俄爾還內，歡笑極樂"，《南史·齊本紀》下作："文惠太子自疾及薨，帝侍疾及居喪，哀容號毀，旁人見者莫不嗚咽，裁還私室，即歡笑酣飲，備食甘滋。……武帝往東宮，帝迎拜號慟，絕而復蘇"；此盡禮以自文不情，與北齊世祖心同貌異也。《檀弓》記縣子曰：

"哭有二道：有愛而哭之，有畏而哭之"；慕容羣臣之哭，主威可畏也，鬱林之哭，不無人言可畏在。英人諷刺小説寫一國，其俗人死，戚友不唁不弔，以匣盛精製假涙爲賻儀（they send little boxes filled with artificial tears），視誼之親疏，自雙涙至十五、六涙不等，喪主得之累累粘著頰上以志哀（stuck with adhesive plaster to the cheeks of the bereaved）①；"禮儀"之哭泣，何異乎此！參觀論《全齊文》王秀之《遺令》、《全梁文》王僧孺《與何炯書》。

---

① Samuel Butler，*Erewhon*，ch. 13.

二七三　全隋文卷一九

　　薛道衡《老氏碑》：“莊周云：‘老聃死，秦佚弔之，三號而出，是爲遁天之形。’雖復傲吏之寓言，抑亦蟬蛻之微旨。”按巧爲斡旋。道士誦説老、莊，猶儒生言必稱周、孔；顧莊明云老死，而道士則稱老爲不死之神仙，兩説鑿枘不合。薛文遂以尸解彌縫之，所謂“蟬蛻”也。《路史·前紀》卷三《循蜚紀》：“許玉斧言黄帝鑄鼎以疾崩，葬橋山；莊周言老子之死，秦佚弔之，三號而出；而師曠亦謂周太子晉色赤不壽，後三年而死，孔子聞之曰：‘惜哉！殺吾君也！’是老子初無青鹿上昇之事，黄帝初無綵鳳空騫之語，皆方士之徒設辭以愚弄其君而取寵，亦自爲其教之害焉。且‘物壯不老，是謂不道’，陰陽固有終變；倔佺千歲，老彭七百，亦必死而已矣！”杜甫《謁玄元皇帝廟》冷語作結：“谷神如不死，養拙更何鄉？”；柳宗元《與李睦州論服氣書》極稱：“濮陽吳武陵最輕健，先作書，道天地、日月、黄帝等下及列仙、方士皆死狀，出千餘字，頗甚快辯”；《路史》此節得杜、吳遺意。開脱老子之死爲“蟬蛻”，祇如避穽而落坑。神仙家貴飛昇而賤尸解，《太平廣記》卷三《漢武帝》（出《漢武内傳》）王母曰：“屍解下方，吾甚不惜”；卷七《王遠》（出《神仙傳》）

遠謂蔡經曰："今氣少肉多，不得上去，當爲屍解，如從狗竇中
過耳!"；陶弘景、孫思邈均以修藥方而害物命，遂"爲尸解之
仙，不得白日昇舉"（見論《全梁文》陶弘景《本草序》）。薛碑
贊老子"蜺裳鶴駕"，"參日月之光華，與天地而終始"，乃"下
方"而"從狗竇中過"耶？技止此而已乎！唐道士成玄英作《莊
子》疏，於《養生主》"老子死"節，遂曰："此蓋莊生寓言耳。
老君爲天地萬物之宗，豈有生死哉？"不復以"蟬蛻"爲文飾，
亦知欲蓋彌彰，左支則右絀也。跨鹿上升之説，妄庸多事又增飾
爲跨鹿登檜、然後昇空。故歐陽修《昇天桂》云："惟能乘變化，
所以爲神仙，驅鸞駕鶴須臾間，飄忽不見如雲烟。奈何此鹿起平
地，更假草木相攀援？"王令《八桂圖》亦云："一龙盤拏老高大，
傳云聃老由飛躍，當時駕鹿蹋以上，跡有町疃遺相連。多應蝎殘
鳥啄啄，不爾誕者强鑱鐫。聃能惑人已自幸，豈此上去能欺天？
借如聃功可升躍，鹿亦何幸飛相聯？"白鹿昇桂直可比禪宗話頭
之"碧兔立柏"（《五燈會元》卷一二道吾悟真章次）矣！老子仙
去尚有一説，足爲《笑道論》之資。《太平廣記》卷一《老子》
（出《神仙傳》）："《九宫》及《三五經》及《元辰經》云：'人生
各有厄會，到其時若易名字以隨元氣之變，則可以延年度厄。'
老子必厄會非一，是以名字稍多耳。"則是《道德經》作者亦如
"道"之"可名非常名"，而神仙逃厄之行徑又大似亡命避捕者之
易姓化名；"名字稍多"正如《文史通義·繁稱》所譏："逸囚改
名，懼人知也。"

【增訂四】方文《嵞山續集》卷二《百歲翁歌贈趙撝謙先生》：
"我聞荆楚間，亦有彭仙翁；其年百餘歲，其道與翁同。只是
彭翁好逃劫，頻改姓名輕遠涉；翁言明年是劫年，亦欲預逃之

建業.”神仙“延年度厄”，改名避地，與亡命之徒無異，此亦一例。猶太古俗，人患大病，往往改去本名，庶幾逃死，蓋死神按其本名則索正身不得也（*Chaim*〔Hebrew for"life"〕, a common boy's name, was sometimes hastily acquired during a serious illness—as a talisman against death. It was actually believed that a changed name might confuse the Angel of Death, who would be looking for the victim under his original name. —Leo Rosten, *The Joys of Yiddish*, Penguin, 1971, p.67）。頗似道家“易名字可以延年”之教。然中國小説常記勾魂使者誤逮同姓名人事，未識猶太死神亦失察類此無。

改名猶不足，進而喬裝變貌，如豫讓漆身吞炭“使形狀爲不可知”，季布髡鉗衣褐衣，以至魯達落髮爲僧，武松削髮作頭陀。神仙逃厄亦然。《西遊記》第二回須菩提祖師言：“丹成之後，鬼神難容”，每五百年天降雷、火、風“三災”絶神仙之命，“把千年苦行，俱成虛幻”，故必學“躲避三災之法”，即“天罡三十六變化”、“地煞七十二變化”是也。“躲三災變化之法”與“易名字可以度厄”，比物此志，當一以貫之。

二七四　全隋文卷二〇

　　李諤《上書正文體》。按諤歷事齊、周，此書亦重修周太祖、蘇綽欲革文弊之故事，而充類加屬耳。《周書·蘇綽傳》言綽《大誥》後，羣臣“文筆皆依此體”，然《史通·雜説》中曰：“蘇綽軍國詞令，皆準《尚書》，太祖敕朝廷他文悉準於此，蓋史臣所記，皆稟其規”；則所“革”者限於官書、公文，非一切“文筆”，《周書》未覈。徵之見存詔令，惟魏恭帝元年太祖命盧辨作《誥》諭公卿、三年禪位周孝閔帝《詔》、孝閔帝元年登極《詔》稍“依”《大誥》體，明帝武成元年五月《詔》已作六朝慣體，去大統十一年頒《大誥》時不及十五年也。柳蚪存文雖無麗藻，仍尚比偶，觀其論史官《疏》可知；《周書》本傳云：“時人論文體者，有古今之異，蚪又以爲時有今古，非文有今古，乃爲《文質論》，文多不載”，則於文體復古早持異議。《周書·王褒、庾信傳·論》：“綽建言務存質朴，遂糠粃魏晉，憲章虞夏，雖屬詞有師古之美，矯枉非適時之用，故莫能常行焉”（《北史·文苑傳·序》同）；蓋得情實，“矯枉非適時之用”即柳蚪所謂“時有今古”爾。《隋書·文學傳·序》：“高祖初統萬幾，每念斵彫爲朴，發號施令，咸去浮華，然時俗詞藻猶多淫麗，故憲臺執法，

屢飛霜簡";又即李諤《書》所云:"開皇四年普詔天下,公私文
翰,並宜實録;其年九月,泗州刺史司馬幼之文表華艷,付所司
治罪。自是公卿大臣,咸知正路。……外州遠縣,仍踵敝風。"
隋文此詔未見,想其欲繼周太祖志事而光大之,由"公"文而波
及"私"著,故諤《書》首節痛斥魏、晉、齊、梁之詩賦。然欲
平天下而未齊家,普詔州縣而不嚴庭訓,隋文兩子即篤嗜"淫
麗"而不少悛者。《隋書·魏澹傳》:"廢太子勇命澹註庾信集",
《柳䛒傳》:"初〔晉〕王〔煬帝〕屬文,效庾信體。"睫在眼前固
不見歟。諤覘文帝"遏止""華綺",其效未廣,遂請勒司搜訪,
欲以憲綱制裁代藝苑別裁。《舊唐書·薛登傳》上疏極稱李諤此
書,且曰:"帝納李諤之策。……於是風俗改勵,政化大行。"諤
《書》曰:"若聞風即劾,恐掛網者多",與曹植《與楊德祖書》
言"設天網以該"作者,相映成趣;蓋揚推文詞而齊之以刑,脅
之以威,遂恃法網、戒尺爲珊瑚網、玉尺矣。然火攻下策,不特
終隋之世,"文體"未"正",即唐與隋代興,齊梁遺風,繩繼不
改。《全唐文》卷五二七柳冕《謝杜相公論房杜二相書》:"奉相
公手疏,以國家承文弊之後,房杜爲相,不能反之於質;誠如高
論。又以文章承徐庾之弊,不能反之於古;愚以爲不然。……蕭
曹雖賢,不能變淫麗之體;二荀雖盛,不能變聲色之詞;房杜雖
明,不能變齊梁之弊。風俗好尚,繫在時君,不在人臣,明矣。"
宋人尤反復言之;如歐陽修《居士集》卷四一《蘇氏文集序》:
"予嘗考前世文章政理之盛衰,而怪唐太宗致治幾乎三王之盛,
而文章不能革五代之餘習",卷一三八《隋太平寺碑》、《唐德州
長壽寺舍利碑》又卷一四○《唐元次山銘》諸跋尾皆歎"文章至
陳、隋",其"弊"已"極",而唐興以"積習之勢",不能"驟

革”；《續通鑑長編》熙寧九年五月癸酉神宗曰：“唐太宗亦英主也，乃學徐、庾爲文”；《困學紀聞》卷一四載鄭獬曰：“唐太宗功業雄卓，然所爲文章，纖靡浮麗，嫣然婦人小兒嘻笑之聲，不與其功業稱。甚矣淫詞之溺人也！”；蘇轍《欒城後集》卷二三《歐陽文忠公神道碑》：“雖唐貞觀、開元之盛，而文氣衰弱；燕許之流倔强其間，卒不能振”；《朱子語類》卷一三九至曰：“大率文章盛則國家却衰；如唐貞觀、開元都無文章，及韓、柳以文顯，而唐之治已不甚前矣。”柳冕謂文弊未革，責在君而不在相，上有好則下必甚，特不敢指斥本朝祖宗耳。然周之太祖、隋之高祖非無意於改革文弊，其成效僅如彼；而韓、柳“文顯”之時，唐之君若相未嘗欲遠追周、隋兩祖之軌躅，李商隱《韓碑》所稱“聖相”之裴度，曾《寄李翱書》深不以韓愈“矯時世之文”爲然，切戒“今之作者，當大爲防焉”（《全唐文》卷五三八）。唐太宗“學徐庾爲文”，見譏於宋神宗；而奉太宗敕撰《周書》之史臣於《庾信傳·論》中却訶信爲“詞賦罪人”，是亦病“徐庾之弊”也。何景明《何大復先生集》卷三二《與李空同論詩書》：“文靡於隋，韓力振之”，乃不知有任、沈，無論徐、庾，一若文至隋而弊者，前“七子”之空疎矜誕多類此。蓋周、隋至唐，知“五代餘習”之須革，初非一人而亦非一朝一夕矣。心知之而力不能及之，望道而未之見，見矣而未之至，識非而勿克示是以樹典範、易風尚。官府教令、私家論議，胥如紙上談兵、腹空説食而已。嘗試論之，亦姑妄言之。文如蘇綽，固不足矯“徐庾之弊”，即如陳子昂、蕭穎士、獨孤及、李華、元結輩，尚未堪與王勃、駱賓王、張説等爭出手。必得韓愈、柳宗元、劉禹錫其人者，庶乎生面別開，使一世之人新耳目而拓心胸，見異思遷而復見賢思齊，初無待於君上之提倡、談士之勸掖也。倘不獲韓、柳，而僅有李觀、呂溫、樊宗師之徒，則“古文”之“顯”未可保耳。又如五季文敝，石晉之馬胤孫已復“學韓愈爲文章”(《新五代史・雜傳》第四三)；宋初穆修、柳開奮然以起衰革敝自任，石介《怪説》以楊億“浮華纂組”之文與“釋老之爲怪”並舉而醜詆之，而所作皆無足動衆開宗；即蘇舜欽、尹洙亦如五穀不熟、畫虎未成。及夫歐陽修斐然爲之先，王安石、蘇洵、蘇軾卓爾爲之後，乃能蔚成風會，取徐鉉、楊億之體而代焉。《莊子・庚桑楚》曰：“越雞不能伏鵠卵，魯雞固能矣”，此之謂乎！或許李諤爲唐人“古文”擁彗清道，固迂遠而闊事情，又取此《書》與梁裴子野《雕蟲論》齊稱，亦擬不於倫。裴所重在作詩而不在文，且祇陳流弊，未籌方策；李則昌言“棄絶華綺”，“職當糾察”。拿破侖主法國時，嘗以文學不盛而申斥内務部長[1]；使李所請見諸施行，“公私文翰”，概歸“憲司”，“外州遠縣”，“普加搜訪”，御史臺而主轄詞館文林，搜幽剔隱，無遠勿屆，便略同拿破侖之内務部矣。

---

[1]　Lettre à J. -J. de Cambacérès, le 21 nov. 1806.

二七五　全隋文卷二四

　　牛弘《上表請開獻書之路》。按歷數自秦始皇焚書至梁元帝焚書，"書有五厄"。胡應麟《少室山房筆叢》卷一繼弘《表》復徵自隋以迄於元，"通前爲十厄"。弘僅言梁元帝悉取"江表圖書"焚於外城，《歷代名畫記》卷一并載其歎："儒雅之道，今夜窮矣！'"，《通鑑・梁紀》二一以其斫折寶劍，易爲："文武之道，今夜盡矣！"

　　【增訂三】《通鑑》載梁元帝語，與張懷瓘《二王等法書録》所記："乃歎曰：'……文武之道，今夜窮乎！'"僅兩字異。張彥遠採懷瓘文入《法書要録》卷四，而自撰《名畫記》載梁元此語，却易"文武"爲"儒雅"。古書記言不拘如此，參觀271－273頁。

　　【增訂四】張懷瓘《二王書録》記梁元帝將降，"集古今圖書并二王迹焚之，吳越寶劍並將作斫柱"，歎曰："文武之道，今夜窮乎！"與《歷代名畫記》記言稍異而與《通鑑》記言記事大同。

蕭氏難兄難弟，行事有相類者。《南史・賊臣傳》記侯景兵"登東宮牆，射城内。至夜，簡文募人出燒東宫臺殿，遂盡所聚圖籍數百廚，一皆灰燼。先是簡文夢有人畫作秦始皇，云：‘此人復焚書！’至是而驗”。胡應麟續“五厄”，不數宋滅南唐時事，豈小之歟？馬令《南唐書・後主書》及《女憲傳》皆記：“宮中圖籍萬卷，尤多鍾王墨跡。國主嘗謂所幸保儀黃氏曰：‘此皆累世保惜，城若不守，爾可焚之，無使散佚！’及城陷，文籍盡焫。”《楓窗小牘》卷上載後主《題〈金樓子〉後》七絶并《序》深慨梁元帝亡國焚書，有曰：“不是祖龍留面目，遺篇那得到今朝！”初不料己事之出一轍也。《後漢書・仲長統傳》載其“見志”二詩，有曰：“叛散《五經》，滅棄《風》、《雅》；百家雜碎，請用從火！”；自是道家緒論，猶《莊子・天道》之視書爲“古人之糟魄”。然史學家亦苦載籍之徒亂人意，《史通》外篇《雜説》中第八斥《隋書》曰：“以有限之神識，觀無涯之注記。必如是，則閲之心目，視聽告勞，書之簡編，繕寫不給。嗚呼！苟自古著述，其皆若此也，則知李斯之設坑穽，董卓之成帷蓋，雖所行多濫，終亦有可取焉。”

【增訂三】《史通》言李斯、董卓事，曰“成帷蓋”，本《後漢書・儒林傳》上記：“董卓移都之際，……縑帛圖書，大則連爲帷蓋，小乃制爲縢囊。”故牛弘此《表》述其事曰：“圖書縑帛，皆取爲帷囊。”《顏氏家訓・書證》早以斯、卓連類，則云：“史之闕文，爲日久矣，加復秦人滅學，董卓焚書”；却與《後漢書》指歸不異，蓋《後漢》書法乃《穀梁傳》所謂“舉重”（參觀1533頁），圖籍之不堪供帷囊料者，其遭拉絕摧燒，不言可喻耳。《後漢書・皇后紀》下《贊》：“事在《百官志》”，章懷註：“沈約《謝儼傳》曰：‘范曄所撰十《志》，一皆託儼。搜撰垂畢，遇曄敗，悉蠟以覆車’”；豈范氏《志》稿爲紈素耶？苟非素而爲紙，有如牛弘此《表》言姚泓“圖籍，五經子史，皆赤軸青紙”，豈傳蠟即勝“覆車”作“帷蓋”耶？古以“縑帛”繪圖，故帷囊而外，寒女衣裳亦取材焉。《歷代名畫記》卷一〇：“士人家有張璪松石障，士人云亡，李約知而購之，其家弱妻已練爲衣裹矣”；《類説》卷三二《語林》：“信州有女子，落魄貧窶。……或與以州圖，因過浣爲裙，墨迹未盡。……婢驚云：‘娘子誤燒裙！……正燒著大雲寺門’”；杜甫《北征》：“牀前兩小女，補綻才過膝。海圖拆波濤，舊繡移曲折，天吴及紫鳳，顚倒在短褐”，事正相肖。《後村大全集》卷一三《題江貫道山水》之一〇：“一匹好東絹，天寒家未温；儘教兒拆繡，閒管婦無褌”；即以此等談資作文字波瀾。

道學家以爲騖博可致塞心、多聞必妨近思，陳獻章《白沙子全集》卷一《道學傳序》曰：“自炎漢迄今，文字紀録著述之繁，積數百千年於天下，至於汗牛充棟，猶未已也。許文正〔衡〕語人曰：‘也須焚書一遭！’”；王鏊《震澤長語》卷上復記獻章“至有‘再燔一番’之語”。樸學家恨異端之害正學，蔣湘南《春暉閣詩選》卷三《焚書處》：“安得祖龍燎原永不滅，收拾侮聖之言付一爐！”，《七經樓文鈔》卷三《再書〈史記・六國表〉後》：“孔子之删書，正以待始皇之焚書也。”

【增訂三】歐陽玄記許衡語，不若陳獻章所述之激厲。《圭齋文集》卷九《追封魏國公謚文正許先生神道碑》：“先生平時，頗病文籍之繁，嘗曰：‘聖人復出，必大芟而治之，則周衰以來文勝之弊有以正救於其間。’”未識兩家記言，孰爲得實。然詞氣雖寬猛有異，摧除文籍之志事則同。唐順之《荆川文集》卷六《答王遵巖》：“其屠沽細人有一碗飯喫，其死後則必有一篇墓誌；其達官貴人與中科第人稍有名目在世間，其死後則必有一部詩文刻集。如生而飯食、死而棺槨之不可缺。……唐、漢以前，亦絕無此事。幸而所謂墓誌與詩文集者，皆不久泯滅。然其往者滅矣，而在者尚滿屋也。若皆存在世間，即使以大地爲架子，亦安頓不下矣！此等文字，倘使家藏人蓄者，盡舉祖龍手段作用一番，則南山煤炭竹木當盡滅價矣。可笑可笑！”即陳獻章所謂“再爝一番”。鄭燮《板橋集・家書・焦山別峰菴雨中無事書寄舍弟墨》逕稱孔子删書爲焚書：“秦始皇燒書，孔子亦燒書。……未怕秦灰，終歸孔炬耳。”尤導蔣湘南之先路矣。參觀 429－430 頁論法家李斯請“禁私學”與儒家董仲舒請“絕異道”。

【增訂四】《明文海》卷二三八海瑞《備志稿引》亦云：“許文正嘗語人，有‘書也須焚一遭’之説。……夫文正之與秦，不得已也；文正之不免於爲文，亦文正之不得已也。”明人欲焚書而舉標名目，既詳且明者，莫如祝允明，《明文海》卷八八録其《燒書論》，文頗恣肆，語鮮避忌。略謂願秦始皇“更生”，“得假其手”以燒“書室”所有“數十篋”中物，歷數“所謂相地風水術者”、“所謂花木水石園榭禽蟲器皿飲食譜録題詠不急之物者”、“所謂古今人之詩話者”、“所謂杜甫詩評註過譽者”、“所謂浙東戲文亂道不堪汙視者”、“所謂前人小説資力已微更爲剽竊潤飾苟成一編以獵一時浮聲者”等，都十八類。八股文却不與焉，以“科舉之作”，國家功令所定，“抑亦非文也，不足去”。

【增訂五】錢謙益《有學集》卷五〇《讀武闇齋〈印心七録記事〉》亦有“妄思設三大火聚，以待世間之書”云云。

詞章家惡作者使事冷僻，周壽昌《思益堂詩鈔》卷二《隨筆》：
"過江名士多於鯽，數典詩人穴似狐；想得咸陽焚未烈，著書費
却幾工夫。"是則"十阨"雖有百害，又未嘗或無一利焉。十九
世紀德國一小詩人作劇本，以秦始皇焚書（der grosse
Bücherbrand des Schihoangti）爲題；寫有士子惰不好學，惡典籍
浩汗，倘付丙丁，便大有利於儉腹舉子，應試不必繁徵博引
（Wie manchem Baccalaureus/Wär das ein seliger Genuss! /Er
hätte ja beim Promoviren/Fortan viel wen'ger zu citiren），因向
始皇獻燔書之策①。善戲謔兮，亦劉、周輩之意耳。梁、唐三主
皆好學嗜收藏，而事急"行潦"，無異斯、卓。不愛書者勿顧他
人之或愛而欲有之，而酷愛書者唯恐他人之亦愛而能有之，等付
摧燒而已矣，此又心異不妨貌同之例也。

---

①   Heinrich Stieglitz, *Bilder des Orients*, quoted in Elizabeth Selden, *China in German Poetry from 1773 to 1833*, 212-3.

二七六　全隋文卷三一

　　倭國王多利思北孤《國書》："日出處天子致書日没處天子。無恙!"按《洛陽伽藍記》卷五《城北凝圓寺》引宋雲《家記》載烏場國王"遣解魏語人問宋雲曰:'卿是日出處人也?'宋雲答曰:'我國東界有大海水,日出其中,實如來旨。'"蓋天竺視中土爲"日出處",而倭國視中土又爲"日没處"。吾國常稱日本爲"東人",而偶覷彼邦舊籍,如《唐文拾遺》卷七一引《日本書紀》卷二五日本國王《孝德薄葬詔》:"朕聞西土之君,戒其民曰"云云;齋藤謙《拙堂文話》卷一:"先師精里先生曰:'大抵世儒不能自立脚跟,常依傍西人之新樣而畫葫蘆';……袁子才以詩文鳴於西土,但其言頗淫靡,傷風教者不少",卷八:"精里先生《題觀弈圖》,孰謂東人之文不若西土哉?",皆稱吾國爲"西土"、"西人"。宋玉《登徒子好色賦》:"臣里之美者,莫若臣東家之子",而駱賓王《代女道士王靈妃贈道士李榮》:"何曾舉意西鄰玉,未肯留情南陌金",

　　【增訂三】《三國志·魏書·邴原傳》裴註引《原別傳》:"君謂僕以鄭爲'東家邱',君以僕爲西家愚夫邪?"其例更古於"西鄰玉"。

又王維《雜詩》："王昌是東舍，宋玉次西家。"王灼《碧雞漫志》
卷二："黃載萬《更漏子》曲：'憐宋玉，許王昌，東西鄰短牆'；
《好色賦》稱'東鄰之子'，即宋玉爲西鄰也，古樂府：'恨不嫁
與東家王'，即東鄰也"；蓋不知黃詞之本王維詩。杜甫《魏將軍
歌》："被堅執銳略西極，崑崙月窟東巉巖"；吳子良《林下偶談》
卷二："崑崙月窟在西而謂之'東'，何也？……蓋謂魏將軍略地
至西方之極，而回顧崑崙月窟却在東也。"

　　【增訂四】賈島《送李騎曹》："蕭關分磧路，嘶馬背寒鴻。朔
　　色晴天北，河源落日東"；《瀛奎律髓》卷二四方回批："謂
　　'嘶馬背寒鴻'，則雁南向而人北去。又謂'河源落日東'，河
　　源當在西，今反在落日之東，則身過河源又遠矣。"可與吳子
　　良評杜甫《魏將軍歌》參觀。

張問陶《船山詩草》卷九《博望驛》："河源萬里費搜求，千古爭
傳博望侯；使者近從西域返，崑崙還是水東頭。"此皆所謂"東
家謂之西家、西家謂之東家"或"東家之西乃西家之東"爾（參
觀《淮南子・齊俗訓》、《論衡・四諱》篇、邵博《聞見後錄》卷
一又王鞏《聞見近錄》記宋仁宗語）。《拙堂文話》卷七又云：
"我邦神聖繼統，別成一天下，其曰'中國'，謂我邦中土也。近
人稍知'倭奴'、'大東'之非，改曰'皇和'，是亦效西土，未
盡善也"；則如法顯《佛國記》稱印度爲"中國"而以中國爲邊
地，古希臘、羅馬、亞刺伯人著書各以本土爲世界中心[1]。家鉉
翁《則堂集》卷一《中齋記》、卷三《中菴說》所謂："中有定名

----

[1]　Cf. Morris R. Cohen, *The Meaning of Human History*, 148–150 (Aristotle, Vitruvius, Ibn Khaldum).

而無定位”，“隨地而各不同”也（參觀蘇天爵《國朝文類》卷三八家鉉翁《題〈中州詩集〉後》，集失收）。

　　突厥啓民可汗《上表陳謝》、《上煬帝表》。按此種文體，《隋書》以前所未載，至《元秘史》、《元典章》等而爲大觀。釋典譯文之椎魯者非同調也。

二七七　全隋文卷三三

　　釋彦琮《辯正論》。按參觀《易林》卷論《乾》之《乾》又論《全晉文》釋道安《摩訶鉢羅若波羅蜜經鈔序》。

　　釋彦琮《通極論》："行樂公子曰：'僕聞天生蒸民，剛柔爲匹，……嫁娶則自古洪規……何獨曠兹仇偶，壅此情性，……品物何以生？佛種誰因續？此先生之一蔽也。'"按後世論佛如《全唐文》卷七三八沈亞之《靈光寺僧靈佑塔銘》："匪媾匪育，孰後爾已？"；胡寅《斐然集》卷一九《崇正辨序》："使佛之説盡行，則斯民之種必至殄絶，而佛法亦不得傳矣！"；葉適《水心集》卷二一《劉夫人墓志》："龐蘊男女不婚嫁，爭相爲死，浮屠世世記之，以爲超異奇特人也。使皆若蘊，則人空而道廢，釋氏之徒亦不立矣！"他如黄宗羲《明文授讀》卷一九陳確《與朱康流書》、袁枚《小倉山房詩集》卷三六《雜詩》第一一首又《文集》卷三五《答汪大紳書》、趙翼《甌北詩鈔·五言古》三《書所見》第二首皆樹此義。清季陳澧《東塾集》卷一《説佛》仍曰："夫人之情，甘食悦色，愛生惡死，佛亦豈有異焉？而獨矯其情，爲人所不能爲，絶人所不能絶，故曰'猛'也。且佛非不知人之不能學也，亦未嘗必欲人之學之也。使人人學之，則人類死絶。佛願物之生，必不願人之死絶，明矣”；即趙翼詩所謂：“其教嚴戒殺，物命固長成，却絶男女欲，不許人類生；將使大千界，人滅而物盈。”歷來攻釋，恃爲利器。

【增訂四】《全唐文》卷六三六李翺《去佛齋論》：“向使天下之人，力足盡修身毒國之術，六七十歲之後，雖享百年者亦盡矣。天行乎上，地載乎下，其所以生育於其間者，畜獸禽鳥魚黿蛇龍之類而止爾!”亦以“人類死絶”爲闢佛之指要。

彦琮託“梵行先生”語“通”此“蔽”曰：“婚者‘昏’也，事寄昏成，明非昌顯之裁範，諒是庸鄙之危行。……豈可順彼邪風，嬰兹欲網？……品物之生，自有緣託，何必待我之相配，方嗣於吾師?”非僅詖詞，直是戲論。不假婚媾，“品物”自“生”，“嗣於”佛法，殆如《西遊記》中之石猴爲行者乎？明季天主教士龐迪我《七克・保守童身》或難以人俱不婚，人類將滅，答曰：“倘世人俱守貞，人類將滅，天主必有以處之”（《四庫總目》卷一二五）。與彦琮之“通”無獨有偶矣。

重排後記

　　《管錐編》（全四冊）由中華書局初版於一九七九年。一九八二年出版的單行本《管錐編增訂》總計三百零五則，八萬餘字。一九八九年末，作者又完成了《增訂之二》，共三百七十四則，約十萬餘言。《管錐編》第五冊一九九一年與讀者見面，收入《增訂》、《增訂之二》，一九九四年又最後完成了《增訂之三》。一九九四年，《管錐編》榮獲首屆國家圖書獎。

　　遵照作者的願望，此次重排，補入了中華版未載的論《高唐賦》的有關內容；將所有"增訂"依完成時間順序納入相關章節，本書的"增訂一"、"增訂二"見於中華版第一、第二冊，"增訂三"、"增訂四"、"增訂五"見於中華版第五冊（依次分別對應"增訂"、"增訂之二"、"增訂之三"）。希望能給讀者提供便利。

　　重排本以中華書局一九九四年十二月第四次印刷本爲底本，並參照作者在自存本上對部分內容所作的刪改、校正，予以修訂。

生活·讀書·新知 三聯書店

一九九九年十月

重排後記

　　此次再版，將第一册上下卷和第二册上下卷各併爲一册；各
次增訂内容的排版由楷體改爲仿體。我們還訂正了三聯書店初版
中少量的文字和標點訛誤，並對增訂的插入位置稍做調整。

生活 · 讀書 · 新知 三聯書店

二〇〇七年八月